Ehrverletzende Presseäußerungen
aus deutscher und französischer Sicht

Europäische Hochschulschriften
Publications Universitaires Européennes
European University Studies

**Reihe II**
**Rechtswissenschaft**

Série II Series II
Droit
Law

**Bd./Vol. 4188**

PETER LANG
Frankfurt am Main · Berlin · Bern · Bruxelles · New York · Oxford · Wien

Isabel Schnitzer

# Ehrverletzende Presseäußerungen aus deutscher und französischer Sicht

## Eine rechtsvergleichende Darstellung der zivilrechtlichen Ansprüche

PETER LANG
Europäischer Verlag der Wissenschaften

**Bibliografische Information Der Deutschen Bibliothek**
Die Deutsche Bibliothek verzeichnet diese Publikation in der Deutschen Nationalbibliografie; detaillierte bibliografische Daten sind im Internet über <http://dnb.ddb.de> abrufbar.

Zugl.: Mainz, Univ., Diss., 2004

D 77
ISSN 0531-7312
ISBN 3-631-53618-6



www.peterlang.de

**Vorwort**

Die vorliegende Dissertation wurde vom Fachbereich Rechts-und Wirtschaftswissenschaften der Johannes Gutenberg-Universität Mainz im Wintersemester 2002/2003 angenommen.

Meinem Doktorvater, Herrn Prof. Dr. Oechsler, danke ich für die Betreuung meiner Dissertation. Danken möchte ich auch Herrn Prof. Dr. Huber für die Erstellung des Zweitgutachtens.

Gewidmet ist diese Arbeit Claudia Kahlert und meinen Eltern.

München, im Dezember 2004

Isabel Schnitzer

**Inhaltsverzeichnis**

**„Ja, über´s Leben geht noch die Ehr!“**

Friedrich von Schiller, Wallenstein

**Einleitung**

Produkte der Printmedien werden zunehmend nicht nur im eigenen Land vertrieben. Besonders innerhalb der europäischen Union nimmt der grenzüberschreitende Handel mit Presseerzeugnissen konstant zu[1]. Damit wächst auch der Zündstoff für grenzüberschreitende Streitigkeiten auf dem Gebiet des Persönlichkeits- bzw. Ehrenschutzes. Zugleich sind die Risiken, dass das Opfer einer ehrverletzenden Veröffentlichung seine Klage im Anwendungsbereich einer fremden Rechtsordnung anhängig macht, vergleichsweise hoch. Denn im Bereich grenzüberschreitender Pressedelikte werden dem Kläger für die Bestimmung des Gerichtsstandes großzügige Wahlmöglichkeiten eingeräumt. So greift für Verletzungen durch deliktische Handlungen im Anwendungsbereich der EuGVVO der Gerichtsstand des Tatortes, vgl. Art 5 Nr. 3 EuGVVO[2]. Darunter fällt - je nach Belieben des Klägers[3] - sowohl der Ort des ursächlichen Geschehens (Handlungsort), als auch der Ort, an dem sich der Schadenserfolg verwirklicht hat (Erfolgsort)[4].Wer von einem ehrverletzenden Artikel betroffen ist, kann ein zivilrechtliches Verfahren daher nicht nur am Ort der *Niederlassung* des Herausgebers einleiten, sondern auch dort, wo die Zeitung bzw. Zeitschrift *verbreitet* wurde[5]. Das sind alle Orte, wo das Ansehen des Betroffenen beeinträchtigt ist[6]. Wurde das Druckwerk exportiert, so kann dies auch ein anderer Staat sein, vorausgesetzt, die Verbreitung erfolgte „bestimmungsgemäß“[7]. Die Anforderungen sind hier nicht hoch: Bereits der Verkauf weniger Exemplare reicht aus, sofern nur ein *regelmäßiger* Vertrieb vorliegt[8].

Angesichts der Gefahr, sich wegen der Veröffentlichung beleidigender Publikationen vor einem ausländischen Gericht verantworten zu müssen, bestehen für einen international operierenden Verlag, Journalist oder Herausgeber gute Gründe, sich Kenntnisse zu den Grenzen der Meinungsfreiheit der Presse nicht nur nach inländischem, sondern - je nach Verbreitungsradius der heimischen Druckerzeugnisse - auch nach dem Recht des jeweiligen Exportlandes zu verschaffen. Denn soweit in äußerungsrechtlichen

---

[1]Nixdorf, GRUR 1996, S. 842.

[2]Schack, Internationales Zivilverfahrensrecht, Rn. 289; vgl. zur internationalen Zuständigkeit bei Persönlichkeitsverletzungen ausf. Neumann-Klang, S. 202 ff.

[3] Schack, Internationales Zivilverfahrensrecht, Rn. 293; EuGH, Urt. v. 30.11.1976, C 21/76, NJW 1977, S. 493 - Bier/Mines de Potasse d'Alsace.

[4] BGH NJW 1980, 1224, 1225 mit Anmerkung Schlosser; EuGH, Urt. v. 30.11.1976, C 21/76, NJW 1977, S. 493 - Bier/Mines de Potasse d'Alsace; Schack, UFITA 108, S. 70.

[5] Thomas/Putzo, Art 5 EuGVVO Rn. 19. Entscheidet sich der Kläger für den Erfolgsort, so wird ihm allerdings nur der Ersatz des Schadens zugestanden, der ihm am Erfolgsort, an dem er klagt, auch tatsächlich entstanden ist, vgl. EuGH, Urt. v. 7.3.1995, C 68/93, NJW 1995, S. 1881 – Fiona Shevill; Mayer/Heuzé, Rn. 341.

[6] Thomas/Putzo, Art. 5 EuGVVO Rn. 19.

[7] Schack, Internationales Zivilverfahrensrecht, Rn. 303; derselbe in UFITA 108, S. 70f.

[8] Schack, UFITA 108, S. 51, 71; einschränkend: von Bar, Rn. 662 ff. Die Tatsache, dass das Opfer die streitgegenständlichen Druckwerke an seine Adresse bestellt hatte (Provokationsbestellung), hat der BGH für die Begründung des Klägergerichtsstandes allerdings nicht ausreichen lassen, vgl. GRUR 1980, S. 227, 230 – Monumenta Germaniae Historica.

Auseinandersetzungen ein inländischer Verlag im Ausland bzw. ein ausländischer Verlag im Inland verklagt wurde, ist das angerufene Gericht nicht gehindert, das Recht des Landes anzuwenden, in dem es ansässig ist[9]. Es ist also durchaus denkbar, dass die Rechtmäßigkeit eines in Deutschland veröffentlichten Artikels, soweit die betreffende Zeitung oder Zeitschrift in das Ausland exportiert wurde, nach den Maßstäben einer fremden Rechtsordnung bewertet wird.

Geht es um die Evaluierung der Risiken, wegen eines kritischen Artikels von einem ausländischen Zivilgericht zu Ausgleichszahlungen oder sonstigen Maßnahmen verurteilt zu werden, so sind insbesondere Kenntnisse des französischen Presserechts von Bedeutung. Denn abgesehen von den deutschsprachigen Ländern Österreich und Schweiz ist Frankreich im europäischen Vergleich der größte Abnehmer periodisch erscheinender Zeitungen und Zeitschriften aus Deutschland. Lediglich die Exportzahlen für Großbritannien bewegen sich seit wenigen Jahren auf einem ähnlich hohen Niveau[10]. Zur Veranschaulichung wird auf das auf Seite 22 abgedruckte Diagramm verwiesen.

Vor diesem Hintergrund werden die zivilrechtlichen Risiken untersucht, die die Veröffentlichung ehrverletzender Presseäußerungen jeweils nach deutschem und französischem Recht mit sich bringt. Dabei werden verschiedene Rechtsbereiche angesprochen. Der erste Teil der Arbeit widmet sich dem verfassungsrechtlichen Kontext, in dem sich äußerungsrechtliche Auseinandersetzungen nach deutschem und französischem Recht abspielen. Hier werden auch die Vorgaben der Europäischen Konvention zum Schutz der Menschenrechte und Grundfreiheiten behandelt sowie die Auslegungsgrundsätze, die der Straßburger Gerichtshof zum Spannungsverhältnis zwischen der Meinungsfreiheit der Presse und dem Schutz der persönlichen Ehre entwickelt hat. Der Schwerpunkt der Dissertation liegt auf ihrem zweiten und dritten Teil, in dem die deutschen und französischen zivil- bzw. strafrechtlichen Bestimmungen zum Schutz der persönlichen Ehre dargestellt und die wesentlichen Unterschiede und Gemeinsamkeiten bei der Lösung des Konflikts zwischen der Äußerungsfreiheit der Presse und dem Recht der persönlichen Ehre in den Rechtsordnungen beider Länder herausarbeitet werden.

---

[9] Im deutschen Recht folgt dies aus Art. 40 Abs. 1 S. 2 EGBGB, wonach der Verletzte bei grenzüberschreitenden Delikten anstelle des Rechts am Handlungsort auch das Recht des Erfolgorts wählen kann (Ubiquitätsprinzip). Bei Pressedelikten kommt insoweit neben dem Erscheinungsort des Druckwerks jeder Ort in Betracht, an dem dieses verbreitet wird, BGH NJW 1996, 1128 – Caroline von Monaco; Palandt, EGBGB 40 Rn. 4.
Im französichen Recht gilt entsprechendes, vgl. Cass. civ. v. 14.1.1997, D. 1997, S. 177, wonach im Falle grenzüberschreitender deliktischer Handlungen das Recht des Ortes Anwendung findet, in dem die Verletzungshandlung begangen wurde *(lex loci delicti)*, wobei dies „(...) sowohl der Ort der Eingriffshandlung sein kann, als auch der Ort, an dem sich diese Eingriffshandlung *verwirklicht* hat"; vgl. dazu Mayer/Heuzé, Rn. 685.

[10] Vgl. insoweit die rechtsvergleichende Dissertation von *Birgit Brömmekamp*: Die Pressefreiheit und ihre Grenzen in England und der Bundesrepublik Deutschland, 1997.

Das Problem der zivilrechtlichen Haftung für ehrverletzende Äußerungen ist, wenn man es rechtsvergleichend bearbeitet, so umfangreich, dass es, um eine sachgerechte Darstellung zu ermöglichen, einer Eingrenzung der rechtlichen Problematik bedarf. Schwerpunkt dieser Arbeit ist die Haftung der Medien aufgrund einfachgesetzlicher Regelungen, die zum Schutze der Ehre als Gegenstand der Persönlichkeitsrechte natürlicher oder juristischer Personen ergangen sind. Anspruchsgrundlagen, die die *Geschäfts*ehre schützen bzw. die *wirtschaftliche* Wertschätzung von Personen und Unternehmen sichern und sich somit auf den Bereich der beruflichen, wirtschaftlichen und kaufmännischen Betätigung beziehen[11], bleiben daher unberücksichtigt.

Die Bearbeitung beschränkt sich weiter auf die Haftung der *periodischen* Presse, die wegen ihrer hohen Auflage und niedrigen Preise eine gegenüber sonstigen Druckwerken besonders große Streukraft besitzt[12] und daher für Rechtsstreitigkeiten im Bereich des Äußerungsrechts ein erhöhtes Potential in sich birgt. Sie erfasst den größten Teil der durch Art. 5 Abs. 1 S. 2 GG geschützten Presseerzeugnisse[13]. Gemeint sind in Anlehnung an die Definition der Landespressesgesetze „alle Zeitungen, Zeitschriften, und andere in ständiger, wenn auch unregelmäßiger, Folge und dem Abstand von nicht mehr als sechs Monaten erscheinende Druckwerke“[14].

Auf der Seite der Passivlegitimation liegt der Schwerpunkt der Arbeit auf den Rechtsproblemen, die sich für die Haftung des „intellektuellen“ Verbreiters von ehrenrührigen Meinungen bzw. Tatsachen ergeben, d.h. derjenigen Personen, die zu der streitigen Äußerung eine gedankliche Beziehung haben[15]. Dazu gehören zum Beispiel die Redakteure, Verleger, Herausgeber und Journalisten. Ausgeklammert sind demgegenüber neben dem Drucker alle Personen, die in den Vertrieb von Druckschriften eingeschaltet sind, zum Beispiel Grossisten, Buchhändler, Kioskinhaber usw.[16].

---

[11] Vgl. zu der Frage, ob das Persönlichkeitsrecht die sogenannte „Geschäftsehre“ einschließt: Wenzel, 5 Rn. 179; KG, NJW 1979, 48; BGH, NJW 1972, 1658, 1659, wo das Persönlichkeitsrecht und der „wirtschaftliche Ruf“ als zwei voneinander *unabhängige* Schutzgüter genannt werden, a.A. BGH, NJW-RR 1995, 301, 303 – Dubioses Geschäfsgebaren.
[12] Vgl. Sedelmeier in Löffler, § 7 Rn. 65.
[13] Vgl. Sedelmeier in Löffler, § 7 Rn. 65.
[14] Vgl. nur § 7 Abs. 3 LPG (Rheinland-Pfalz).
[15] Vgl. zu dieser Unterscheidung Wenzel, 4 Rn. 100 f.
[16] Vgl. Wenzel 4 Rn. 101.

**Diagramm: Ausfuhr periodisch erscheinender Zeitungen/Zeitschriften aus Deutschland in verschiedene EU-Länder**
**(Quelle: Statistisches Bundesamt Wiesbaden)**

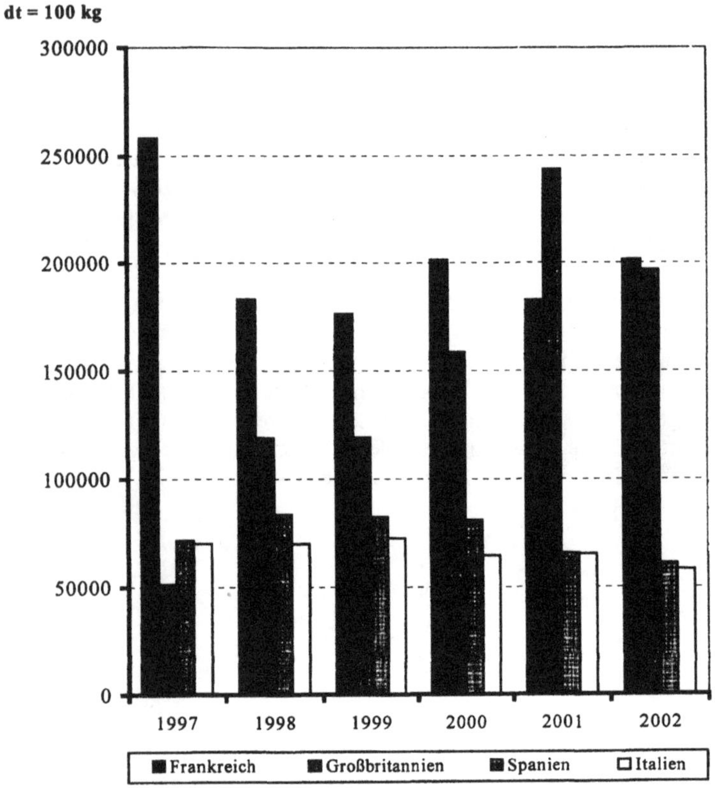

# 1. Teil: Die Stellung der Meinungsfreiheit der Presse und des Ehrenschutzes im deutschen und französischen Verfassungsrecht und in der Europäischen Menschenrechtskonvention

## 1. Kapitel: Überblick

Betrachtet man die verfassungsrechtliche Ausgangslage beider Länder, so erscheint es *prima facie*, als sei die Veröffentlichung ehrverletzender Pressepublikationen in Frankreich mit stärkeren Risiken verbunden als in Deutschland. Das deutsche Grundgesetz räumt dem Recht der persönlichen Ehre in Art. 5 Abs. 2 GG nicht nur eine Sonderstellung ein; das Bundesverfassungsgericht hat den Ehrenschutz zudem ausdrücklich als Gegenstand des grundrechtlich geschützten allgemeinen Persönlichkeitsrechts aus Art. 2 Abs. 1 i.V.m. Art. 1 Abs. 1 GG anerkannt[17]. Dagegen stehen sich in Frankreich für das hier relevante Spannungsverhältnis zwischen der Meinungsfreiheit der Presse und dem Recht der persönlichen Ehre Schutzgüter von unterschiedlichem Rang gegenüber. Während die Meinungsfreiheit *(liberté d'expression)* in Art. 11 MBRE ausdrücklich kodifiziert wurde, hat der französische Gesetzgeber das „Recht auf Ehre" *(droit à l'honneur)* weder in die Verfassungstexte aufgenommen, noch hat sich der Verfassungsrat *(Conseil constitutionnel)* bislang zur rechtlichen Stellung dieses Schutzguts geäußert. Klargestellt wurde nur, dass das Recht auf Achtung des Privatlebens *(droit au respect de la vie privée)* sowie die Menschenwürde *(dignité humaine)* Verfassungsrang genießen. Soweit ehrverletzende Äußerungen zugleich in das *Privatleben* eingreifen bzw. als Eingriff in die *Menschenwürde* zu bewerten sind, können sich daher nicht nur die Publizisten, sondern auch die Medienopfer auf ein Grundrecht *(droit fondamental)* berufen. In den übrigen Fällen stehen sich *de lege lata* unterschiedlich starke Rechte gegenüber - die verfassungsrechtlich garantierte Meinungsfreiheit auf der einen und die nur einfachgesetzlich geschützte persönliche Ehre auf der anderen Seite.

An diesem Gefälle zwischen der Rechtsstellung der Kläger und Beklagten in zivilrechtlichen Ehrenschutzverfahren können auch die Grundrechtsgarantien der Europäischen Konvention zum Schutz der Menschenrechte und Grundfreiheiten (EMRK) nichts ändern. Die Gewichtung von Meinungsfreiheit und Ehrenschutz entspricht insoweit der Entscheidung des französischen Verfassungsgebers. Als Menschenrecht haben die Väter der EMRK allein die Meinungsfreiheit (Art. 10 EMRK), nicht aber das Recht der persönlichen Ehre ausgestaltet.

Wie die Ausführungen im zweiten und dritten Teil dieser Arbeit zeigen werden, spiegelt sich diese jeweils unterschiedliche verfassungsrechtliche Ausgangssituation in der zivilgerichtlichen Rechtsprechung beider Länder keineswegs wider. Ist die deutsche Entscheidungspraxis traditionell so medienfreundlich, dass die Kritik im Schriftttum

---

[17] Vgl. BVerfGE 54, 148, 154 – Eppler = NJW 1980, 2070, 2071; 54, 298, 217 – Böll = NJW 1980, 2072; 75, 369, 379 f – Strauß = NJW 1987, 2661, 2662; BVerfG, NJW 1993, 1463 – Poller.

einen kaum noch überschaubaren Umfang erreicht hat, so ist die Stellung der Presse vor den französischen Gerichten in den letzten Jahren zwar eine stärkere geworden; vor allem im Verfahren des einstweiligen Rechtsschutzes verfügen die Richter indessen nach wie vor über weitreichende Eingriffsmöglichkeiten, von denen sie - zu Lasten der Presse - auf eine sehr großzügige Weise Gebrauch machen.

## 2. Kapitel: Deutschland

In Deutschland ist das verfassungsrechtliche Spannungsverhältnis zwischen der Meinungsfreiheit der Presse und dem Schutz der persönlichen Ehre seit mehreren Jahrzehnten Gegenstand einer lebhaft diskutierten Debatte[18], die im folgenden nur verkürzt wiedergegeben werden soll[19]. Die Unstimmigkeiten wurzeln darin, dass das Grundgesetz zwar über den Rang der Meinungsfreiheit keinerlei Zweifel hat aufkommen lassen, auf eine grundrechtliche Ausgestaltung des Ehrenschutzes demgegenüber verzichtet bzw. dieses Schutzgut lediglich als Schranke der Meinungsfreiheit in Art. 5 Abs. 2 GG ausdrücklich erwähnt hat. Vor dem Hintergrund dieser gesetzlichen Ausgangslage hat das Bundesverfassungsgericht eine Rechtsprechung entwickelt, die die Grenzen der Meinungsfreiheit sehr weit steckt. Im Schrifttum sind die Verfassungshüter damit auf umfassende Kritik gestoßen.

### A. Die Meinungsfreiheit

### I. Die Meinungsfreiheit als Grundrecht

Gem. Art. 5 Abs. 1 GG hat jeder

„(...) das Recht, seine Meinung in Wort, Bild und Schrift frei zu äußern und zu verbreiten und sich aus allgemein zugänglichen Quellen ungehindert zu unterrichten. Die Pressefreiheit und die Freiheit der Bildberichterstattung durch Rundfunk und Film werden gewährleistet. Eine Zensur findet nicht statt“.

Die Meinungs- und Pressefreiheit sind in Deutschland demnach *ausdrücklich* als Grundrechte geregelt. Dies entspricht ihrer Bedeutung für den modernen Rechtsstaat[20]. Das Bundesverfassungsgericht geht davon aus, dass die Freiheit der Presse für eine demokratische Staatsordnung „schlechthin konstituierend“[21] sei. In seinem seitdem viel zitierten *Spiegel-Urteil* begründet es seine Ansicht wie folgt:

> „Eine freie, nicht von der öffentlichen Gewalt gelenkte, keiner Zensur unterworfene Presse ist ein Wesenselement des freiheitlichen Staates; insbesondere ist eine freie, regelmäßig erscheinende politische Presse für

---

[18] Vgl. nur Schmid, NJW 1980, S. 2066; v.d. Decken, NJW 1983, S. 1400; Tettinger, JZ 1983, S. 317; Gornig, Jus 1988, 274; Kiesel, NVwZ 1992, S. 1129; Ladeur, AfP 1993, S. 531; Forkel, JZ 1994, S. 637; Stürner, JZ 1994, S. 865; Starck, JZ 1996, S. 1032; Stern in FS für Hübner, S. 815; Mackeprang, Ehrenschutz im Verfassungsstaat, Schriften zum Öffentlichen Recht Bd. 577, 1990; Stark, Ehrenschutz in Deutschland, Schriften zum Öffentlichen Recht Bd. 690, 1996; Kübler, NJW 1999, S. 1281 m.w.N.

[19] Für eine erschöpfende Darstellung der verfassungsrechtlichen Problematik vgl. Mackeprang, a.a.O.; Stark, a.a.O.

[20] BVerfGE 20, 162, 175; Kannengießer in Schmidt-Bleibtreu/Klein, Art 5 Rn. 8b.

[21] Vgl. BVerfGE 12, 113, 124 f – Schmid/Spiegel; 7, 198, 207 – Lüth.

> die moderne Demokratie unentbehrlich. Soll der Bürger politische Entscheidungen treffen, muss er umfassend informiert sein, aber auch Meinungen kennen und gegeneinander abwägen können, die andere sich gebildet haben. Die Presse hält die ständige Diskussion im Gang; sie beschafft die Informationen, nimmt selbst Stellung dazu und wirkt damit als orientierende Kraft in öffentlichen Auseinandersetzungen. [...] In der repräsentativen Demokratie steht die Presse zugleich als ständiges Verbindungs- und Kontrollorgan zwischen dem Volk und seinen gewählten Vertretern in Parlament und Regierung. Sie fasst die in der Gesellschaft und ihren Gruppen unaufhörlich sich neu bildenden Meinungen und Forderungen kritisch zusammen, stellt sie zur Erörterung und trägt sie an die politisch handelnden Staatsorgane heran, die auf diese Weise ihre Entscheidungen auch in Einzelfragen der Tagespolitik ständig am Maßstab der im Volk tatsächlich vertretenen Auffassungen messen können"[22].

Die Funktion der Presse ist es also einerseits, die Bürger als Ausgangspunkt aller staatlichen Gewalt (Art. 20 Abs. 2 S. 2 GG) über das Verhalten der von ihm gewählten Vertreter zu informieren. Damit wirkt sie als Kontrollorgan staatlichen Handelns. Zum anderen setzt sie die Volksvertreter in Kenntnis von den Stimmungen und Auffassungen der Wählerschaft, damit diese ihre Entscheidungen danach ausrichten können.

## II. Verhältnis zwischen der Meinungs- und Pressefreiheit

Genau genommen trifft Art. 5 Abs. 1 GG eine Unterscheidung zwischen der Meinungs- und Meinungsäußerungsfreiheit, vgl. Art. 5 Abs. 1 S. 1 GG und der Pressefreiheit, vgl. Art. 5 Abs. 1 S. 2 GG. Es stellt sich daher die Frage, welcher Satz des Art. 5 Abs. 1 GG zur Anwendung gelangt, wenn Meinungen nicht im privaten Bereich, sondern in der Presse veröffentlicht werden. Diesbezüglich hat sich die höchstrichterliche Rechtsprechung in den letzten zehn Jahren gewandelt. Lange Zeit hat das Bundesverfassungsgericht als Gegenstand der Pressefreiheit alle mit der Eigenart der Pressearbeit zusammenhängenden Tätigkeiten angesehen, „von der Beschaffung der Information bis zur Verbreitung der Nachricht und der Meinung"[23]. Danach war die Pressefreiheit im Sinne des Art. 5 Abs. 1 S. 2 GG ein *Spezialfall* der Meinungsäußerungsfreiheit aus Art. 5 Abs. 1 S. 1 GG[24]. In seiner neueren Rechtsprechung ist das Bundesverfassungsgericht von dieser Auffassung abgerückt. Nunmehr behält es den Schutzbereich der Pressefreiheit im Sinne des zweiten Satzes des Art. 5 Abs. 1 GG Fällen vor, in denen es

---

[22] BVerfGE 20, 162, 174.
[23] BVerfGE 10, 118, 121; BVerfGE 20, 162, 176; 50, 234, 240.
[24] Vgl. nur Pieroth/Schlink, 8. Auflage, Rn. 560.

> „(...) um die im Pressewesen tätigen Personen in Ausübung ihrer Funktion, um ein Presseerzeugnis selbst, um seine institutionell-organisatorischen Voraussetzungen und Rahmenbedingungen sowie um die Institution der freien Presse geht"[25].

Macht die Presse hingegen von dem jedermann zustehenden Recht auf freie Meinungsäußerung Gebrauch, so ist auch für sie Art. 5 Abs. 1 *S. 1* GG anwendbar[26]. Die Meinungsfreiheit der Presse und die Pressefreiheit stehen also mit je getrennten Anwendungsbereichen *nebeneinander*[27]. Die rechtsdogmatische Gleichstellung der Meinungsfreiheit in der Presse und im privaten Bereich hat zwar für die Äußerungsrechte von Journalisten keine sachliche Bedeutung[28]; allerdings bedeutet sie, dass für den Gegenstand dieser Arbeit bzw. für die auf Seiten der Publizisten streitenden Grundrechte - genau genommen - nicht die „Pressefreiheit", sondern die „Meinungsfreiheit (der Presse)" die richtige Bezeichnung ist.

## III. Inhalt der Meinungsfreiheit

Die Reichweite der Meinungsfreiheit wird durch die umfassende Rechtsprechung des Bundesverfassungsgerichts vergleichsweise klar umrissen und sowohl auf der Ebene des Schutzbereichs als auch auf der Ebene der Schranken begrenzt.

### 1. Schutzbereich

Im Mittelpunkt der verfassungsgerichtlichen Konkretisierung steht der Begriff der „Meinung", der grundsätzlich weit zu verstehen ist[29]. Nach überwiegender Ansicht werden sowohl Werturteile als auch - wahre oder unwahre - Tatsachen erfasst[30]. Vom Schutzbereich der Meinungsfreiheit sind unwahre Tatsachenbehauptungen nur dann ausgenommen, wenn sie bewusst geäußert werden oder ihre Unwahrheit zum Zeitpunkt der Äußerung[31] unzweifelhaft feststand[32]. Bei „nur" leichtfertigem Umgang mit der Wahrheit ist der sich Äußernde demgegenüber nicht gehindert, sich auf Art. 5 Abs. 1 S. 1 GG zu berufen[33]. Bei der Verbreitung von Zitaten setzt das Bundesverfassungs-

---

[25] BVerfGE 86, 122, 128.

[26] Vgl. BVerfGE 85, 1, 11 – Bayer; BVerfGE 86, 1, 9 – Titanic; 86, 122, 128; AfP 2001, S. 382, 384 – Wahlanfechtung; vgl. dazu Hager, Jura 1995, S. 566; Sachs, B 5 Rn. 31.

[27] Kritisch Sachs, B 5 Rn. 31; Bethge in Sachs, Art. 5 Rn. 89; zustimmend Pieroth/Schlink Rn. 571.

[28] Sachs, B 5 Rn. 31.

[29] BverGE 61, 1, 9; 71, 162, 179; Wendt in v. Münch/Kunig, Art. 5 Rn. 8.

[30] AllgA. vgl. BVerfGE, 61, 1, 7; 62, 230, 243; Herzog in Maunz/Dürig, Art. 5 I, II, Rn. 134; Löffler/Ricker, 7. Kap., Rn. 9; *Wendt* in v. Münch/Kunig, Art. 5 Rn. 31; einschränkend Sachs, B 5 Rn. 4.

[31] Klarstellend Grimm, NJW 1995, S. 1679, 1699; vgl. auch BVerfGE 99, 185, 197 – Helnwein.

[32] BVerfGE 12, 113, 130 – Schmid/Spiegel; BVerfG 85, 1, 15; BVerfGE 90, 241, 246 – Auschwitzlüge; BVerfGE 99, 185, 197 - Helnwein; zustimmend Herzog in Maunz/Dürig, Art. 5 I, II Rn. 146; Wendt in v. Münch/Kunig, Art. 5 Rn. 10; Sachs, B 5 Rn. 8.

[33] BVerfG, NJW 2000, 199 für den Fall der Äußerung eines Rechtsanwalts im Rahmen der Vertretung seines Mandanten; ebenso Soehring, NJW 2000, S. 2466, 2471; Schulze-Fielitz in Dreier, Art. 5 I, II,

gericht andere Maßstäbe. Danach leide weder die öffentliche Meinungsbildung, noch die demokratische Kontrolle unter dem Erfordernis, richtig zitieren zu müssen. Zudem werde demjenigen, der eine Äußerung wiedergibt, keine unzumutbaren Erschwerungen oder Risiken auferlegt, wenn er verpflichtet werde, korrekt zu zitieren[34]. Das unrichtige Zitat ist daher durch Art. 5 Abs. 1 S. 1 GG nicht geschützt[35]. Bei mehrdeutigen, d.h. auslegungsbedürftigen Äußerungen des Zitierten kann sich der Zitierende auf die Meinungsfreiheit nur berufen, sofern er kenntlich macht, dass es sich um eine Interpretation handelt[36].

Die Grundrechtsgarantie des Art. 5 Abs. 1 S. 1 GG schützt sowohl den Inhalt einer Äußerung als auch die Form der gewählten Darstellung[37]. Es macht auch keinen Unterschied, ob eine Publikation ein gewisses Niveau besitzt oder reine Unterhaltungs-, Geschäfts- oder Sensationsinteressen befriedigen soll[38]. Alle Versuche einer tatbestandlichen Ausgrenzung bestimmter Äußerungen würden zu einem „staatlichen Meinungsrichtertum" führen, gegen die Art. 5 Abs. 1 S. 1 und S. 3 GG gerade gerichtet sind[39]. In gegenständlicher Hinsicht bedeutet dies, dass sowohl Skandalblätter[40], der Leserbriefteil, der wirtschaftswerbende[41] oder sonstige Anzeigenteil einer Zeitung[42] bzw. reine Anzeigenblätter den Schutz der Meinungsfreiheit genießen. Das Niveau der Berichterstattung wird erst bei der Abwägung zwischen Art. 5 Abs. 1 S. 1 GG und den Persönlichkeitsrechten des Betroffenen berücksichtigt[43].

## 2. Schranken

Das Recht der Presse, ihre Meinung frei zu äußern und zu verbreiten, findet ihre Grenzen

„(...) in den Vorschriften der allgemeinen Gesetze, den gesetzlichen Bestimmungen zum Schutze der Jugend und in dem *Recht der persönlichen Ehre*".

---

Rn. 72; anders noch BVerfGE 12,113, 130 – Schmid/Spiegel; ablehnend Herzog in Maunz/Dürig, Art. 5 I, II Rn. 146.

[34] BVerfGE 54, 208, 220 – Böll.

[35] BVerfGE 54, 208, 219 – Böll; BVerfG, NJW 1993, 2925 – Verdatung; Soehring, NJW 2000, S. 2466, 2471; Peters, NJW 1997, S. 13, 1337.

[36] BVerfGE 54, 208, 221 – Böll.

[37] BVerfG, AfP 1982, S. 163, 164 – Kredithaie.

[38] BVerfGE 34, 269, 283 – Soraya; NJW 2000, 1021, 1024 – Caroline von Monaco; Starck in v. Mangoldt/Klein/Starck, Art 5 Rn. 59; Wendt in v. Münch/Kunig, Art. 5 Rn. 31.

[39] Schultze-Fielitz in Dreier, Art. 5 Abs. I, II, Rn. 44.

[40] BVerfGE 34, 269, 283 – Soraya; 66, 116, 134 – Springer/Wallraff; Herzog in Maunz/Dürig, Art. 5 I, II Rn. 128.

[41] Vgl. ausführlich Wendt in v. Münch, Art. 5 Rn. 11.

[42] BVerfGE 21, 271, 278 f. – Südkurier; Starck in v. Mangoldt/Klein/Starck, Art. 5 Rn. 61; Wendt in v. Münch/Kunig, Art 5 Rn. 32; vgl. auch BVerfGE, NJW 1986, S. 1743.

[43] BVerfGE 34, 269, 283 - Soraya; Kannengießer in Schmidt-Bleibtreu/Klein Art. 5 Rn. 8b; Wendt in v. Münch/Kunig, Art. 5 Rn. 31, 84; vgl. dazu unten 2. Teil 2. Kap. B I 2 bb (1) (2.1) (2.2.1).

Das Bundesverfassungsgericht macht keinen Unterschied zwischen „dem Recht der persönlichen Ehre“, den „allgemeinen Gesetzen“ und den „gesetzlichen Bestimmungen zum Schutze der Jugend“. Es wendet bei der Abwägung zwischen den kollidierenden Rechtgütern hier wie dort die im *Lüth*-Urteil entwickelte Wechselwirkungstheorie an[44]. Danach wird ein allgemeines Gesetz, das die Freiheit der Meinungsäußerung einschränkt, seinerseits durch die Grundrechte beschränkt, in die es eingreift[45]. Da das Bundesverfassungsgericht auch die zivilrechtlichen Ehrenschutzbestimmungen als „allgemeine Gesetze“ einordnet[46], müssen konsequenterweise auch diese

> „(...) im Lichte der Bedeutung des Grundrechts der Meinungsfreiheit gesehen werden; sie sind ihrerseits aus der Erkenntnis der wertsetzenden Bedeutung dieses Grundrechts im freiheitlichen demokratischen Staat auszulegen und so in ihrer das Grundrecht beschränkenden Wirkung selbst wieder einzuschränken“[47].

Die Wechselwirkung zwischen den Grundrechten und seinen gesetzlichen Schranken verlangt also vom Richter bei der Auslegung und Anwendung des einfachen Rechts eine Güterabwägung, wobei im Einzelfall eine umfassende Würdigung der widerstreitenden Interessen zu erfolgen hat[48]. Dabei sucht das Bundesverfassungsgericht der Gefahr zu begegnen, dass die durch Art. 5 Abs. 2 GG gebotene Rücksicht auf andere Rechtsgüter zur Relativierung der Meinungsfreiheit führt[49]. Die Wechselwirkungstheorie ist denn auch nicht, wie in der Literatur teilweise angenommen[50], eine bloße Ausformung des Prinzips der „praktischen Konkordanz“[51], erschöpft sich also nicht in der Herstellung eines nach beiden Seiten hin „schonendsten Ausgleichs“[52]. Vielmehr führt das Erfordernis einer an der besonderen Wertigkeit von Art. 5 Abs. 1 GG ausgerichteten Interpretation der „allgemeinen Gesetze“ letztlich zu einer „Vorab-Höherbewertung“ der Meinungsfreiheit, die sich mit den Direktiven des Konkordanzprinzips nicht verträgt[53]. Besonders deutlich wird dies im Zusammenhang mit der im *Lüth*-Urteil erstmals entwickelten sogenannten Vermutungsformel. Danach müssen die

---

[44] Vgl. BVerfGE 42, 143, 150 – Deutschland-Magazin; 42, 163, 169 – Deutschland-Stiftung; 54, 129, 136 – Römerberg-Gespräche; vgl. v.d. Decken, NJW 1983, 1401, 1402.
[45] BVerfGE 7, 198, 208/209 – Lüth.
[46] Vgl. dazu ausführlich unten B II.
[47] BVerfGE, 42, 143, 150; 54, 129, 136; vgl. auch BVerfG 7, 198, 208/209 – Lüth.
[48] BVerfGE 7, 198, 209, 210- Lüth; 86, 1, 11 – Titanic; BVerfG, NJW 1992, 2815, 2816 – Gestapo-Methoden; BVerfG, NJW 1999, 2358, 2359 – Alle reden vom Klima.
[49] BVerfGE 7, 198, 210, 212 – Lüth; 20, 162, 177 – Spiegel; 35, 202, 223 – Lebach; 35, 307, 309 – Rundfunkempfang in Untersuchungshaft II.
[50] Schmitt Glaeser, AöR 97 (1972), 60, 276, 283; ders. Jura 1987, 567, 573 f.; v.d. Decken, Meinungsäußerungsfreiheit und Ehrenschutz in der pol. Auseinandersetzunge, 1980, S. 133.
[51] So zu Recht Mackeprang, S. 136 f; vgl. zu diesem Begriff auch Stern in FS für Hübner, S. 815, 827.
[52] Vgl. Lerche, Übermaß und Verfassungsrecht, 1961, S. 125.
[53] Mackeprang, S. 137.

„(...) allgemeinen Gesetze (...) so interpretiert werden, dass der besondere Wertgehalt dieses Rechts [der Meinungsfreiheit], der in der freiheitlichen Demokratie zu *einer grundsätzlichen Vermutung für die Freiheit der Rede in allen Bereichen*, namentlich aber im öffentlichen Leben, führen muss, auf jeden Fall gewahrt bleibt"[54].

In seinem *Spiegel-Urteil* hat das Bundesverfassungsgericht die Vermutungsformel erstmals auch auf Äußerungen angewandt, die in der *Presse* veröffentlicht werden. Bezogen auf die Presse liege der Sinn des *Lüth*-Urteils darin,

„(...) diese vor einer Relativierung durch die allgemeinen Gesetze - und die sie anwendenden Gerichte - zu bewahren und durch den Zwang, die Auslegung der allgemeinen Gesetze stets an dem Grundwert der Pressefreiheit zu orientieren, ihr den angemessenen Raum zu sichern und jede Einengung der Pressefreiheit zu verhindern, die nicht von der Rücksicht auf mindestens gleichwertige Rechtsgüter unbedingt geboten ist"[55].

Daraus folge weiter, dass

„(...) Äußerungen der Presse in der Regel zur Bildung der öffentlichen Meinung beitragen wollen, also zunächst die Vermutung der Zulässigkeit für sich haben, auch wenn sie die Rechtssphäre anderer berühren"[56].

In späteren Entscheidungen hat das Bundesverfassungsgericht klargestellt, dass die Vermutung für die Zulässigkeit der freien Rede - anders als es die zitierten Grundsatzentscheidungen vermuten lassen - nicht *generell*, sondern nur für die Erörterung von Fragen gelte, „(...) die die Öffentlichkeit wesentlich berühren"[57]. Der Wirkungskreis der Vermutungsformel ist dennoch sehr umfassend, denn die Anzahl der Fragen, die „die Öffentlichkeit stark interessieren"[58], ist so grenzenlos, wie die verfassungsgerichtliche Formulierung dehnbar ist. Neben Diskussionen mit politischem Inhalt[59] wird auch die öffentlich geäußerte Sorge um „wirtschaftliche, soziale oder kulturelle Belange der Allgemeinheit" erfasst[60]. Unanwendbar ist die Vorzugsregel nur dann, wenn die Meinungskundgabe sich auf „Angelegenheiten *ohne* allgemeine Bedeutung"[61] bezieht,

---

[54] BVerfGE 7, 198, 208 f. – Lüth.
[55] BVerfGE 20, 162, 177 – Spiegel.
[56] BVerfGE 20, 162, 177 – Spiegel.
[57] Vgl. nur BVerfG, NJW 1999, S. 2358, 2359 - Alle reden vom Klima; BVerfGE 60, 234, 240 – Kredithaie.
[58] Vgl. BVerfGE 12, 113, 129 – Schmid/Spiegel.
[59] Vgl. BVerfG, NJW 1991, S. 95, 96 – Zwangsdemokrat; BVerfGE 61, 1, 13 – Wahlkampf.
[60] BVerfGE 25, 256, 264 – Blinkfüer.
[61] BVerfGE 60, 234, 240 – Kredithaie.

d.h. bei „Auseinandersetzungen im privaten Bereich“[62], wenn von der Meinungsfreiheit „in Verfolgung eigennütziger Ziele“[63] Gebrauch gemacht wird[64] oder wenn lediglich die Neugier der Leser befriedigt werden soll[65].

## B. Der Ehrenschutz

Die Väter des Grundgesetzes haben das Recht der persönlichen Ehre in Art. 5 Abs. 2 GG als verfassungsrechtlich garantierte Schranke der Meinungsfreiheit benannt, scheuten aber die Ausgestaltung als eigenständiges Grundrecht. Gleichwohl ist heute anerkannt, dass der gute Ruf als Bestandteil des allgemeinen Persönlichkeitsrechts im Sinne des Art. 2 Abs. 1 i.V.m. Art. 1 Abs. 1 GG geschützt ist.

### I. Das Recht der persönlichen Ehre als Schranke der Meinungsfreiheit

Die Ansichten über den Rang des „Rechtes der persönlichen Ehre“ im Sinne des Art. 5 Abs. 2 GG gehen weit auseinander. Im Mittelpunkt der Diskussion steht die Frage nach dem Verhältnis zwischen der ersten und dritten Schranke des Art. 5 Abs. 2 GG, d.h. den „allgemeinen Gesetzen“ und dem „Recht der persönlichen Ehre“.

#### 1. Die Rechtsprechung des Bundesverfassungsgerichts

Das Bundesverfassungsgericht behandelt das Recht der persönlichen Ehre - nach anfänglichen Schwankungen[66] - als Unterfall der ersten Schranke des Art. 5 Abs. 2 GG[67]. Folgerichtig ist dies mit Blick auf die Definition, mit der die Verfassungsrichter diese Schranke in ständiger Rechtsprechung konkretisiert haben. Danach sind allgemeine Gesetze

> „(...) Bestimmungen, die dem Schutz eines schlechthin, ohne Rücksicht auf eine bestimmte Meinung zu schützenden Rechtsgutes dienen“[68].

Für die zivilrechtlichen Anspruchsgrundlagen zum Schutz der persönlichen Ehre - die §§ 823 Abs. 1 und 2 BGB i.V.m. § 185 ff. StGB und das aus § 1004 BGB fließende

---

[62] BVerfGE 54, 129, 137 – Kunstkritik; 60, 234, 240 – Kredithaie; ähnlich BVerfGE 24, 278, 285 – Tonjäger; 61, 1, 11 – Wahlkampf; 66, 116, 151 – Springer/Wallraff.
[63] BVerfGE 42, 163, 171 – Echternach; 61, 1, 11 – Wahlkampf; 66, 116, 139 – Springer/Wallraff.
[64] So etwa bei der Verfolgung „eigener Interessen wirtschaftlicher Art“, vgl. BVerfGE 62, 230, 244 - Boykottaufruf.
[65] BVerfG, ZUM 2000, S. 149, 157 – Caroline von Monaco.
[66] BVerfGE 33, 1, 17 – Strafgefangene; BVerfGE 19, 73, 74; vgl. Schmitt-Glaeser, AöR 1988, S. 52, 96.
[67] Vgl. BVerfGE 42, 163, 169; 47, 130, 143; 54, 129, 136; 61, 1, 10 f.
[68] Vgl. nur BVerfGE 7, 198, 209 f. – *Lüth*; 12, 113, 124 – *Schmid-Spiegel;* 25, 256, 263 ff ; 34, 269, 282; 42, 133, 140 ff; 44, 197, 201; 61, 1, 10; 66, 116, 138; 82, 272, 280; vgl. die Übersicht zur Rechtsprechung des BVerfG in v.d. Decken, NJW 1983, S. 1400; zustimmend Schulze-Fieling in Dreier, Art. 5 I, II Rn. 120; Mackeprang, S. 127 f.; Bethge in Sachs, Art. 5 Rn. 162.

Recht auf Unterlassung oder Berichtigung - trifft dies insoweit zu, als sich diese Bestimmungen nicht gegen eine bestimmte Meinung, sondern gegen die Meinungsfreiheit als solche richten[69].

Ausgehend von dieser Einschätzung erstreckt das Bundesverfassungsgericht die zu den „allgemeinen Gesetzen" entwickelten Grundsätze auch auf den Ehrenschutz. Die Wechselwirkungstheorie bzw. die mit dieser Theorie untrennbar verbundene Vermutungsformel kommt auch dann zur Anwendung, wenn die Meinungsfreiheit der Presse mit dem „Recht der persönlichen Ehre" im Sinne des Art. 5 Abs. 2 GG kollidiert. Dies hat zur Folge, dass die Verfassungsrichter die einzelfallbezogene Güterabwägung bei herabsetzenden Publikationen, die Angelegenheiten von wesentlichem öffentlichen Interesse berühren, immer wieder unter Berufung auf die pauschale Vorzugsregel vorzeitig abbrechen[70]. Die Güterabwägung der Bundesverfassungsrichter beschränkt sich regelmäßig auf die Feststellung, dass die angegriffene Entscheidung das Prinzip verkannt hat, wonach „(...) im Interesse der freien Rede, für deren Zulässigkeit die Vermutung spricht (...), im Einzelfalle Schärfen und Überspitzungen des öffentlichen Meinungskampfes" hingenommen werden müssen[71]. Damit führt die Vermutungsformel als „Faustregel" der Wertabwägung insbesondere bei politischen Debatten zu einer weitgehenden Verdrängung entgegenstehender Rechte[72].

## 2. Kritik im Schrifttum

Im Schrifttum hat das Bundesverfassungsgericht mit seiner Rechtsprechung zum Spannungsverhältnis zwischen der Meinungsfreiheit der Presse und dem Recht der persönlichen Ehre massive und zum Teil harsche Ablehnung geerntet[73]. Es ist die Rede von der „Liquidierung des Ehrenschutzes"[74], der „verlorenen Ehre des Bundesbürgers"[75] und vom „Verfall der Kultur des öffentlichen Lebens"[76] - Deutschland werde gar zu einem „allgemeinen Verunglimpfungsstaat", einem „Eldorado für Ehrabschneider" degenerieren[77]. In der Sache beruht das Unverständnis für die verfassungsge-

---

[69] Schulze-Fieling in Dreier, Art. 5 I, II Rn. 120; Mackeprang, S. 127 f.; Bethge in Sachs, Art. 5 Rn. 162.
[70] Vgl. BVerfGE 54, 129, 139 – Kunstkritik; 60, 234, 241 – Kredithaie; BVerfGE 61, 1, 11 – Wahlkampf; Mackeprang, S. 141.
[71] Vgl. nur BVerfGE 60, 234, 241 – Kredithaie; 54, 129, 139 – Kunstkritik; BVerfG, NJW 1992, S. 2815, 2816 – Gestapo-Methoden.
[72] Ebenso Schmitt Glaeser, NJW 1996, 873, 874.
[73] Vgl. nur Schmid, NJW 1980, S. 2066; v.d. Decken, NJW 1983, S. 1400; Tettinger, JZ 1983, S. 317; Gornig, Jus 1988, 274; Kiesel, NVwZ 1992, S. 1129; Ladeur, AfP 1993, S. 531; Forkel, JZ 1994, S. 637; Stürner, JZ 1994, S. 865; Stark, JZ 1996, S. 1032; Stern in FS für Hübner, S. 815; Mackeprang, S. 144; zustimmend dagegen Kübler, NJW 1999, S. 1281 m.w.N.
[74] Kiesel, NVwZ 1992, S. 1129, 1137.
[75] Stürner, JZ 1994, S. 865.
[76] Forkel, JZ 1994, S. 637, 642.
[77] Kiesel, NVwZ 1992, S. 1129, 1137.

richtliche Rechtsprechung freilich auf fundierten rechtlichen Argumenten, die auch die obersten Richter nicht vollkommen ignorieren konnten[78].

Teilweise richtet sich die Kritik gegen die Einordnung der straf- und zivilrechtlichen Bestimmungen als „allgemeine Gesetze“[79]. Gegen diese Argumentation wird zu Recht eingewandt, dass für die Einordnung gesetzlicher Bestimmungen entscheidend sein muss, ob diese in ihrer objektiven Zielrichtung gerade gegen das Rechtsgut des Art. 5 Abs. 1 GG gerichtet sind[80], „(...) also akkurat das verzögern, hemmen oder gar verhindern, was das Grundgesetz durch die Gewährleistung der Meinungsfreiheit erreichen wollte: die (private oder politische) Meinungsbildung in Freiheit mit ihrer konstituierenden Wirkung für eine freiheitliche Demokratie“[81]. Für die zivil- und strafrechtlichen Ehrenschutzbestimmungen trifft dies aber gerade nicht zu[82]. Sie wollen nicht die Meinungsbildung verhindern, sondern die persönliche Ehre schützen.

Überzeugender ist die Auffassung, wonach die Rechtsprechung des Bundesverfassungsgerichts unvereinbar ist mit der ausdrücklichen verfassungsrechtlichen Positivierung des Ehrenschutzes in Art. 5 Abs. 2 GG[83]. Anders als in der zweiten Schranke des Art. 5 Abs. 2 GG, wo von den „gesetzlichen Bestimmungen zum Schutze der Jugend“ die Rede ist, schützt die dritte Schranke das „Recht der persönlichen Ehre“ schlechthin. Dabei hätte es durchaus nahegelegen, die Formulierung der dritten Schranke an die der zweiten anzulehnen[84]. Durch die eigenständige Kodifizierung kommt zum Ausdruck, dass die Väter des Grundgesetzes dem Recht auf Ehre einen eigenen Verfassungsrang zuerkennen wollten[85]. Das Recht der persönlichen Ehre im Sinne des Art. 5 Abs. 2 GG wird dadurch zwar nicht zum Grundrecht[86], es ist aber immerhin ein konstitutionelles Recht, bzw. ein „Verfassungsrechtsgut“[87] und somit einem Grundrecht nahezu gleichrangig[88]. Daraus folgt, dass im Falle der Kollision zwischen Meinungsfreiheit und persönlicher Ehre nach zutreffender Ansicht nicht die Wechselwir-

---

[78] Die Ablehnung in der Literatur hat z.B. dazu geführt, dass sogar Dieter Grimm, Richter des Ersten Senats, es für notwendig hielt, sich in der Form eines Erläuterungsaufsatzes zu Wort zu melden, vgl. Grimm, ZRP 1994, 276 ff; ders. NJW 1995, S. 1697 ff.; vgl. zur Sensibilisierung des BVerfG durch die Kritik im Schrifttum ausführlich Schmitt Glaeser, NJW 1996, S. 874.

[79] Vgl. Stern in FS für Hübner, S. 815, 823; v.d. Decken, NJW 1983, S. 1400, 1401f.; Gornig, JuS 1988, S. 274, 277.

[80] Schmitt-Glaeser, AöR 97, 1972, S. 60, 276, 278; Mackeprang, S. 128.

[81] Schmitt-Glaeser, AöR 97, 1972, S. 60, 276, 278.

[82] Ebenso Mackeprang, S. 128.

[83] Tettinger, Die Ehre – ein ungeschütztes Verfassungsgut?, S. 17; Stern in FS für Hübner, S. 815, 824; v.d. Decken, NJW 1983, S. 1400, 1402; v. Münch, Art. 5 I, II, Rn. 83; Schulze-Fieling in Dreier, Art. 5 I, II, Rn. 120; Gornig, Jus 1988, S. 274, 278; Kiesel, NVwZ 1992, S. 1129, 1133; Forkel, JZ 1994, S. 637, 641; Mackeprang, S. 23 f.; Stark, S. 33.

[84] Tettinger, JZ 1983, 317, 320.

[85] Gornig, Jus 1988, S. 274, 278; Stern in FS für Hübner, S. 815, 824f; Forkel, JZ 1994, S. 637, 641; Mackeprang, S. 23 f.; Tettinger, JZ 1983, S. 317, 320.

[86] Vgl. Gornig, Jus 1988, S. 274, 278; Stark, S. 31.

[87] Vgl. Stern in FS für Hübner, S. 815, 824.

[88] Gornig, Jus 1988, S. 274, 278.

kungstheorie anzuwenden ist, sondern der Grundsatz der praktischen Konkordanz[89]. Es ist eine grundsätzlich *gleichgewichtige Berücksichtigung* der sich gegenüberstehenden Schutzgüter erforderlich[90]. Beiden Rechtsgütern müssen im Kollisionsfall Grenzen gezogen werden, damit unter Beachtung der jeweiligen besonderen Umstände des konkreten Einzelfalles beide zu (relativ) optimaler Wirksamkeit gelangen können[91]. Die Anwendung der verfassungsgerichtlichen Vorzugsregeln bei Angelegenheiten, die die Öffentlichkeit wesentlich betreffen, lässt sich mit dieser Einschätzung nicht vereinbaren[92].

## II. Das Recht der persönlichen Ehre als Bestandteil des allgemeinen Persönlichkeitsrechts

Seine verfassungsrechtliche Verankerung findet das allgemeine Persönlichkeitsrecht in Art. 2 Abs. 1 in Verbindung mit Art. 1 Abs. 1 GG[93]. Die Aufgabe dieses Rechts, das als eigenständiges Grundrecht einzustufen ist[94], liegt darin,

> „(...) die engere persönliche Lebenssphäre und die Erhaltung ihrer Grundbedingungen zu gewährleisten, die sich durch die traditionellen Freiheitsgarantien nicht abschließend erfassen lassen“[95].

Auf der Grundlage dieser Feststellungen haben sich in der Rechtsprechung des Bundesverfassungsgerichts zahlreiche Schutzgüter des allgemeinen Persönlichkeitsrechts herausgebildet. Eines von ihnen beinhaltet das auf dem Gedanken der Selbstbestimmung beruhende Recht auf Selbstdarstellung[96], d.h. das Recht des einzelnen,

> „(...) selbst darüber zu befinden (...), wie er sich gegenüber Dritten oder der Öffentlichkeit darstellen will, was seinen sozialen Geltungsanspruch ausmachen soll und ob oder inwieweit Dritte über seine Persönlichkeit verfügen können (...)“[97].

Mit dem Hinweis auf die Gestaltung des sozialen Geltungsanspruchs stellt das Bundesverfassungsgericht klar, dass neben dem Bestimmungsrecht über den *Umfang* der

---

[89] Ebenso Mackeprang, S. 217 f.; Gornig, Jus 1988, S. 274, 278; Stern in FS für Hübner, S. 815, 827; Tettinger, Die Ehre – ein ungeschütztes Verfassungsgut?, S. 17.
[90] Mackeprang, S. 136: Stern in FS für Hübner, S. 815, 827; Tettinger, JZ 1983, S. 317, 318.
[91] Mackesprang, S. 136; Gornig, Jus 1988, S. 274, 278.
[92] Vgl. Tettinger, Die Ehre – ein ungeschütztes Verfassungsgut?, S. 28; Kiesel, NVwZ 1992, S. 1129, 1130; Mackeprang, S. 217.
[93] BVerfG 34, 269, 281 – Soraya; Tettinger, JZ 1983, 317, 318.
[94] BVerfGE 54, 148, 153; Jarass, NJW 1989, 857, 858; Stark, S. 34.
[95] BVerfGE 54, 149, 153- Eppler.
[96] Schmitt-Glaeser in Isensee/Kirchhof, Bd. VI, § 129 Rn. 25, 29; Mackeprang, S. 29; Stark, S. 35.
[97] BVerfGE 63, 131, 142 – Hamburger Pressegesetz; 35, 202, 220 - Lebach; 54, 148, 155 - Böll; 63, 131, 142f. – Gegendarstellungsrecht; Jarass, NJW 1989, S. 857, 858; Stark, S. 35.

Darstellung der eigenen Person auch der *Inhalt* derselben dem Entscheidungsrecht des Betroffenen unterliegt[98]. Damit geht es der Sache nach um das Recht der persönlichen Ehre[99], das das Bundesverfassungsgericht bereits in seinem *Eppler*-Beschluss vom 3. Juni 1980 - wenn auch lapidar - als Element des allgemeinen Persönlichkeitsrechts anerkannt hatte[100] und das den Einzelnen, wie die Verfassungshüter in ihrem *Helnwein*-Beschluss vom 10. November 1998 klargestellt haben[101], vor Äußerungen schützt,

> „(...) die geeignet sind, sich abträglich auf sein Bild in der Öffentlichkeit auszuwirken“[102].

Das Bestimmungsrecht über die eigene Darstellung gilt nach alledem *ohne* Beschränkung auf die Privatsphäre[103]. Daraus folgt zweierlei. Zum einen kann der Einzelne selbst über die Art und Weise befinden, wie er nicht nur im privaten Kreis, sondern auch gegenüber der Öffentlichkeit - also in den Medien - dargestellt wird[104]. Zum anderen kann sich das Recht des Einzelnen zur Abwehr personenbezogener Darstellungen durch Dritte - in Anlehnung an § 3 Abs. 1 BDSG[105] - sowohl auf Informationen aus dem Privat- als auch aus dem *öffentlichen* Leben beziehen[106]. Darüber hinaus ist das Bestimmungsrecht über die eigene Darstellung auf einen Eingriff in den Schutzbereich der nur vage umrissenen „Ehre“ nicht beschränkt. Erfasst werden zum Beispiel auch Äußerungen, die dem Betroffenen in fälschlicher oder entstellender - aber nicht unbedingt *ehrverletzender* - Weise die Zugehörigkeit zu einer weltanschaulichen oder religiösen Gruppe unterstellen[107].

---

[98] Zu dieser Unterscheidung Mackeprang, S. 29.

[99] Jarass, NJW 1989, S. 857, 858; Stark, S. 35; Mackeprang, S. 30.

[100] BVerfGE 54, 148, 154 – Eppler; vgl. auch BVerfG 54, 298, 217 – Böll; 75, 369, 379 f – Strauß; BVerfG, NJW 1993, 1463 – Poller; Mackeprang, S. 22; Prinz/Peters, 3. Kap., Rn. 89; Jarass, NJW 1989, 857, 858; Stark, S. 35 m.w.N.

[101] BVerfG, NJW 1999, S. 1322, 1323 – Helnwein.

[102] BVerfG, NJW 1999, S. 1322, 1323 – Helnwein.

[103] So schon ausdrücklich: BVerfG, NJW 1980, S. 2070, 2071 – Eppler.

[104] Mackeprang, S. 30.

[105] Danach sind personenbezogene Daten „Einzelangaben über persönliche und *sachliche* Verhältnisse einer bestimmten oder bestimmbaren natürlichen Person“.

[106] Vgl. Schmitt Glaeser in Isensee/Kirchhof, Bd. VI, § 129 Rn. 42. Deutlich wird dies am Beispiel der Entscheidungen BVerfG NJW 1999, 1322, 1323 – Helnwein; BVerfGE 54, 148, 156 – Eppler; BVerfG NJW 1980, 2072 – Böll.

[107] Vgl. für die Behauptung, der Künstler *Helnwein* sei Mitglied der Scientology-Kirche: BVerfG, NJW 1999, S. 1322, 1323 – Helnwein.

## III. Inhalt des Ehrenschutzes

### 1. Schutzbereich

Nicht nur die *verfassungsrechtliche Stellung* des Ehrenschutzes ist nach dem oben gesagten noch weitgehend ungeklärt, auch *inhaltlich* handelt es sich um ein nur vage umrissenes Rechtsgut. Es fehlt nicht nur an einem juristischen, sondern auch an einem gesellschaftlichen Konsens über eine Definition des verfassungsrechtlichen Ehrbegriffs[108]. Eine nähere Konturierung kann jedoch dadurch erfolgen, dass man auf die zum strafrechtlichen Ehrenschutz entwickelten Einsichten zurückgreift. Dies folgt daraus, dass sich der Verfassungsgebers bei der Konzeption des Grundgesetzes die Erfahrungen der unterinstanzlichen Gerichte mit dem Ehrbegriff des bereits 1871 in Kraft getretenen Strafgesetzbuchs vor Augen gehalten haben dürfte[109].

Die herrschende Meinung in der strafrechtlichen Literatur[110] sieht die Ehre - gefolgt durch die Rechtsprechung[111] - als ein aus normativen und faktischen Elementen zusammengesetztes Rechtsgut. Sie unterscheidet zwischen den inneren und den äußeren Aspekten des Ehrenschutzes[112]. Die „innere Ehre", die den Kern der Ehrenhaftigkeit des Menschen bildet, ist die ihm unverlierbar von Geburt an zuteilgewordene Personenwürde[113]. Sie unterfällt dem Schutzbereich des Art. 1 Abs. 1 GG[114] und ist damit ein schlechthin unantastbares Verfassungsgut, darf also unter keinen Umständen verletzt werden[115]. Ein Eingriff in diesen „inneren Wert eines Menschen"[116] liegt vor, wenn Äußerungen so abwertend sind, dass die Grenze zur sogenannten „Schmähkritik" überschritten wird[117]. Die eigentlichen Probleme der Güterabwägung entstehen erst im Bereich der „äußeren Ehre"[118]. Diese erfasst den sozialen Achtungsanspruch, d.h. den guten Ruf des einzelnen, der ihm aufgrund seines Verhaltens in der Gemeinschaft zuwächst[119]. Sie wird daher auch als der *verdiente* Anspruch auf Geltung inner-

---

108 Stark, S. 25; Tettinger, Die Ehre – ein ungeschütztes Verfassungsgut?, S. 14.

109 Herzog in Maunz/Dürig, Art. 5 I, II, Rn. 289; dementsprechend werden die strafrechtlichen Erkenntnisse im verfassungsrechtlichen Schrifttum vielfach übernommen, vgl. Schulze-Fielitz in Dreier, Art. 5 I, II, Rn. 119; Tettinger, Die Ehre – ein ungeschütztes Verfassungsgut?, S. 16; ders. in JZ 1983, S. 317, 319; Stern in Festschrift für Hübner, S. 815, 824.

110 Dreher/Tröndle, Vor § 185, Rn. 4; Arzt, Jus 1982, S. 717 f.; Otto, JZ 1989, S. 801, 803.

111 BGHSt 11, 67, 70 - Beate Uhse.

112 Lenckner in Schönke/Schröder, Vor. § 185, Rn. 1; Arzt, Jus 1982, S. 717 f.; Soehring, Rn. 12.8.

113 Vgl. BGHSt 11, 67, 70 f. – Beate Uhse; Arzt, Jus 1982, S. 717 f.; Otto, JZ 1989, S. 801, 803.

114 BGHSt 11, 67, 70 – Beate Uhse; Arzt, Jus 1982, S. 717; Stern in FS für Hübner, S. 815, 824.

115 BVerfG NJW 1987, 2661, 2662 – Konkret-Karikatur; Tettinger, Die Ehre – ein ungeschütztes Verfassungsgut?, S. 16; Stern in FS für Hübner, S. 815, 825.

116 Lenckner in Schönke-Schröder, Vorbem. §§ 185 ff., Rn. 1.

117 Vgl. Tettinger, S. 16; vgl. zum Begriff der Schmähkritik ausf. unten 2. Teil 2. Kap. B I 2 bb (2) (2.1).

118 Stern in FS für Hübner, S. 815, 825; Tettinger, S. 17.

119 BGHSt 11, 67, 71 – Beate Uhse, Otto, JZ 1989, S. 801, 803; Wenzel, 5 Rn. 178.

halb der Rechtsgemeinschaft (normativer Ehrbegriff)[120] bezeichnet[121]. Die Lebensführung des Betroffenen als *subjektives* Element der äußeren Ehre beinhaltet, dass von einem Eingriff in dieses Rechtsgut nur dann auszugehen ist, wenn der Betroffene seinen personalen Geltungswert nicht selbst geschmälert hat und die beanstandete Äußerung gerade darauf aufmerksam macht[122]. Soweit also ansehensschädigende Veröffentlichungen auf *zutreffende* Tatsachen hinweisen, sind sie nur dann als Eingriff in das Recht der persönlichen Ehre zu bewerten, wenn hiervon die „innere Ehre" betroffen ist, sofern sich also aus den Begleitumständen eine beleidigende Wertung ergibt[123] (sogenannte „Formalbeleidigung")[124].

### 2. Grenzen

Soweit das Recht der persönlichen Ehre als Bestandteil des Bestimmungsrechts über die eigene Darstellung eine grundrechtliche Verankerung in Art. 2 Abs. 1 i.V.m. Art. 1 Abs. 1 GG erfährt, findet es seine Grenzen in den Schranken des Art. 2 Abs. 1 GG[125]. Das allgemeine Persönlichkeitsrecht kann ehrverletzenden Veröffentlichungen in Zeitungen und Zeitschriften daher nur so lange entgegengehalten werden, wie damit nicht „die Rechte anderer verletzt" werden, d.h. beispielsweise in die Meinungsfreiheit der Presse eingegriffen wird.

## C. Folgen für die zivilrechtliche Haftung der periodischen Presse

Die Meinungsfreiheit der Presse hat als Grundrecht Verfassungsrang. Sie gibt der Presse eine geschützte Position, die die drei Gewalten bindet (Art. 1 Abs. 3 GG). Dies gilt auch für die Zivilgerichte im Rahmen äußerungsrechtlicher Auseinandersetzungen. Inwieweit auch das Recht der persönlichen Ehre auf die Auslegung und Anwendung einfachgesetzlicher Bestimmungen durch die Zivilgerichte ausstrahlt, hängt von dem weiterhin ungeklärten Stellenwerte dieses Schutzguts ab.

## I. Mittelbare Drittwirkung der widerstreitenden Schutzgüter

### 1. Allgemeines

Da die Grundrechte als Abwehrrechte des einzelnen gegenüber dem Staat entstanden sind[126], können sie im Privatrechtsverkehr keine *unmittelbare* Geltung beanspru-

---

[120] Arzt, Jus 1982, S. 717 f.; Tenckhoff, S. 35 f., S. 82 f., S. 105 f., S. 131 f., S. 171 f., S. 182.
[121] Stark, S. 29.
[122] Vgl. Herdegen in LK, Vor § 185, Rn 17.
[123] Prinz/Peters, Rn. 95.
[124] Vgl. dazu unten 2. Teil 2. Kap. B I 1 a bb (2).
[125] BVerfGE 65, 1, 43f.; Pieroth/Schlink, Rn. 382; Sachs, B 2 Rn. 63.
[126] BVerfGE 7, 198, 204 f. – Lüth; 50, 290, 337 – Mitbestimmung; BGHZ 63, 196, 198; *Herzog* in Maunz/Düring, Art. 5 Abs. I, II, Rn. 136; Stark, S. 40.

chen[127]. Nach Ansicht des Bundesverfassungsgerichts[128] und der ganz herrschenden Lehre im Schrifttum[129] entfalten sie jedoch *mittelbare* (Dritt)wirkung. Die Grundrechte, so die Verfassungsrichter in der Rechtssache *Lüth,* enthalten

> „(...) nicht nur subjektive Abwehrrechte des einzelnen gegen den Staat, sondern sie verkörpern zugleich eine *objektive Wertordnung*, die als verfassungsrechtliche Grundentscheidung für alle Bereiche des Rechts gilt und Richtlinien und Impulse für Gesetzgebung, Verwaltung und Rechtsprechung gibt“[130].

Mit dem Verständnis der Grundrechte als Verkörperung einer „objektiven Wertordnung“ wird deren Ausstrahlungswirkung auf die gesamte Rechtsordnung begründet[131]. Die Grundrechte, so das Bundesverfassungsgericht, beinflussen als objektives Wertsystem „selbstverständlich“ auch das bürgerliche Recht[132]. Daher darf keine bürgerlichrechtliche Vorschrift im Widerspruch zu ihnen stehen, jede muss in ihrem Geist ausgelegt werden[133]. Die damit begründete mittelbare Drittwirkung der Grundrechte hat freilich nur dort Auswirkungen auf die Entscheidung des Zivilrichters, wo die einfachgesetzlichen Regelungen im Wege sogenannter Generalklauseln Interpretationsspielraum belassen und somit als „Einbruchsstellen“ der Grundrechte in Frage kommen[134].

Geht es um die rechtliche Beurteilung von Ehrenschutzklagen, so fehlt es daran nicht. So wird etwa § 185 StGB bereits auf der Deutungsebene im Lichte von Art. 5 Abs. 1 S. 1 GG ausgelegt[135]. Dasselbe gilt für die Bestimmung von Inhalt und Umfang „offener“ deliktischer Haftungstatbestände wie zum Beispiel § 823 Abs. 1 BGB[136]. Insoweit ist von einer unzulässigen Grundrechtsbeschränkung auszugehen, wenn die Gerichte bei mehrdeutigen Äußerungen von der zur Verurteilung führenden Deutung ausgehen, ohne andere Deutungsmöglichkeiten mit überzeugenden Gründen auszuschließen[137]. Auch auf der Rechtfertigungsebene spielt die grundrechtliche Garantie des Art. 5 Abs.

---

[127] AllgA., vgl. statt aller Stark, S. 40; aA. Nipperdey, DVBl. 1958, S. 445, 447; Schwabe, NJW 1973, S. 229.

[128] BVerfGE 7, 198, 205 – Lüth; 7, 230, 233; 24, 278, 282; 25, 256, 263; 30, 173, 199; 34, 269, 280; 58, 377, 396.

[129] Dürig in Maunz/Dürig, Art. 1 III, Rn. 127; Fikentscher, Rn. 1277; Schwab, Rn. 87 ff.; Rupp, DVBl 1972, S. 66, 67; Canaris, AcP 184, S. 201, 210; Stark, S. 40.

[130] BVerfGE 7, 198, 205 – Lüth; 39, 1, 41 – Fristenlösung; 35, 79, 114 – niedersächsisches Hochschulgesetz; v. Münch in v. Münch/Kunig, Vorb. Art. 1-19 Rn. 22.

[131] Vgl. v. Münch in v. Münch/Kunig, Vorb. Art. 1-19 Rn. 22.

[132] BVerfGE 7, 198, 205 – Lüth.

[133] St. Rspr. seit BVerfGE 7, 198, 205 – Lüth; vgl. z.B. 7, 230, 233 – Wahlplakat eines Wohnungsmieters; 24, 278, 282 – Tonjäger; 25, 256, 263 – Blinkfüer; 34, 269, 280 – Soraya; 73, 261/269 – Auslegung eines Sozialplanes; 90, 27, 33 - Parabolantenne.

[134] Vgl. BVerfGE 7, 198, 206 – Lüth.

[135] Vgl. dazu ausf. Grimm, NJW 1995, S. 1697, 1700.

[136] BVerfGE, 66, 116, 138 – Springer/Wallraff.

[137] BVerfG, NJW 1990, S. 1980, 1981- Strauß-Transparent; Grimm, NJW 1995, S. 1697, 1700.

1 S. 1 GG eine für den Ausgang presserechtlicher Auseinandersetzungen wesentliche Rolle, nachdem die Gerichte im Rahmen des § 193 StGB eine umfassende Abwägung der widerstreitenden Interessen vornehmen[138].

## 2. Mittelbare Drittwirkung des Rechtes der persönlichen Ehre?

Vor dem Hintergrund, dass die persönliche Ehre als Schutzgut des allgemeinen Persönlichkeitsrechts im Sinne des Art. 1 Abs. 1 i.V.m. Art. 2 Abs. 1 - und somit auch als Grundrecht - anerkannt ist, liegt die Annahme nahe, dass sich nicht nur das Recht auf freie Meinungsäußerung, sondern auch der Ehrenschutz auf die Auslegung und Anwendung einfachgesetzlicher Bestimmungen durch die Zivilgerichte auswirkt[139]. Die gleichgewichtige Berücksichtigung sowohl der Meinungsfreiheit als auch des Ehrenschutzes, die das überwiegende Schrifttum mit der Sonderstellung der persönlichen Ehre in Art. 5 Abs. 2 GG begründet[140], ist demzufolge bereits aus der Stellung des Ehrenschutzes als Bestandteil des grundrechtlich geschützten allgemeinen Persönlichkeitsrechts herzuleiten[141].

Anders wäre dies nur dann, wenn die grundrechtliche Verstärkung, die das Recht der persönlichen Ehre aufgrund seiner Anerkennung als Schutzgut des allgemeinen Persönlichkeitsrechts erfährt, nicht den Ehrenschutz *insgesamt*, sondern nur Teilbereiche bzw. besonders *intensive* Eingriffe in dieses Rechtsgut erfassen würde. Soweit das Bundesverfassungsgericht das Verhältnis zwischen dem Ehrenschutz und dem allgemeinen Persönlichkeitsrecht überhaupt anspricht, sind seine Feststellungen indessen widersprüchlich. So heißt es im *Poller*-Beschluss des Ersten Senats, dass „(...) die persönliche Ehre in dem durch Art. 1 Abs. 1 GG geschützten *Kern* als Schutzgut des allgemeinen Persönlichkeitsrechts anerkannt“ sei[142]. Damit liegt der Umkehrschluss nahe, dass diese Feststellung *nicht* gilt, wenn die Ehrverletzung weniger gravierend ist, d.h. den Kernbereich der Menschenwürde unberührt lässt[143]. Gegen ein solches Verständnis spricht jedoch die Grundsatzentscheidung zum Bestimmungsrecht über die eigene Darstellung, in der der Erste Senat die persönliche Ehre ausdrücklich und ohne weitere Differenzierung als Schutzgut des allgemeinen Persönlichkeitsrechts anerkannt hat[144]. Auch der Definition, die die Verfassungsrichter dem sozialen Achtungsanspruchs im Sinne Art. 2 Abs. 1 i.V.m. Art. 1 Abs. 1 GG in ihrem *Helnwein*-Beschluss gegeben haben, lässt sich entnehmen, dass *jede* ehrverletzende Pressepublikation zugleich in das allgemeinem Persönlichkeitsrecht des Betroffenen eingreift. Eine besondere Eingriffsintensität setzten die Verfassungsrichter auch in dieser Entscheidung ge-

---

[138] Vgl. dazu ausf. unten 2. Teil 2. Kap. B I 2 b.
[139] Vgl. LG Paderborn, AfP 1998, S. 331, 332.
[140] Vgl. dazu oben B I.
[141] Ebenso Kiesel, NVwZ 1992, 1129, 1130.
[142] BVerfG, NJW 1993, 1436 – Poller; ebenso BVerfG, NJW 1987, 2661 – Konkret-Karikatur.
[143] So im Ergebnis Stark, S. 28, 34, wohl auch Schmitt Glaeser, AöR 1988, 52, 98 in Fn. 285.
[144] BVerfGE 54, 148, 154 – Eppler; vgl. auch BVerfG NJW 1998, S. 1381, 1383 – Hochzeit; ebenso BGH NJW 1979, 1041 – Exdirektor.

rade nicht voraus. Es genügte die Feststellung, dass eine Äußerung geeignet ist, sich abträglich auf das Bild des Betroffenen in der Öffentlichkeit auszuwirken[145]. Gegen die Annahme, dass das grundrechtlich geschützte Recht aus Art. 2 Abs. 1 i.V.m. Art. 1 Abs. 1 GG den Ehrenschutz nur dann erfasst, wenn eine herabsetzende Äußerung die Menschenwürde eines anderen verletzt, spricht schließlich, dass eine solche Unterscheidung die Abgrenzungsprobleme im Bereich der Grauzone zwischen „bloßen" Ehrverletzungen und solchen, die die Menschenwürde tangieren[146] auf die Frage der Beschwerdebefugnis im Sinne des § 90 Abs. 1 BVerfGG erstrecken würde. Damit würde sich die im Bereich des Ehrenschutzes ohnehin bestehende Rechtsunsicherheit noch verstärken[147].

Vorzugswürdig ist nach alledem die Ansicht, wonach die ausdrückliche verfassungsrechtliche Positivierung des Art. 5 Abs. 2 GG mit der persönlichen Ehre als Schutzgut des allgemeinen Persönlichkeitsrechts korrespondiert[148]. Insbesondere wenn Ehrverletzungen durch die *Presse* ausgeübt werden, weisen sie immer auch einen gewissen Öffentlichkeitsbezug auf. Sie tangieren daher *in jedem Fall* das grundrechtlich geschützte Recht des Betroffenen, frei darüber zu bestimmen, wie er sich anderen gegenüber darstellen will[149]. Damit steht fest, dass bei der Bewertung von Rechtsgüterkollisionen im Spannungsfeld zwischen öffentlichem Meinungskampf und Ehrenschutz auf *beiden Seiten* gewichtige Grundrechtsgarantien zu berücksichtigen sind.

## II. Verfassungsgerichtliche Kontrolle

Ein deutscher Richter, der bei der Auslegung und Anwendung des Privatrechts die Ausstrahlungswirkung der Grundrechte nicht oder nicht hinreichend berücksichtigt, verletzt

> „(...) als Träger öffentlicher Gewalt durch sein Urteil das Grundrecht, auf dessen Beachtung auch durch die rechtsprechende Gewalt der Bürger einen verfassungsrechtlichen Anspruch hat"[150].

Der Stellenwert von Meinungsfreiheit und Ehrenschutz ist daher entscheidend für die Frage, ob die Beteiligten einer äußerungsrechtlichen Auseinandersetzung die letztinstanzliche Zivilgerichtsentscheidung vom Bundesverfassungsgericht überprüfen lassen können. Angesichts der eindeutigen Stellung des Grundrechts auf Meinungsfreiheit kann der Verleger, Herausgeber oder Journalist, der sich durch ein zivilgerichtliches

---

[145] BVerfG, NJW 1999, S. 1322, 1323 – Helnwein; vgl. dazu oben B II.
[146] Vgl. dazu unten 2. Teil 2. Kap. B I 2 bb (2) (2.1).
[147] Dieses Problem sieht - an anderer Stelle - auch Stark, S. 36.
[148] Tettinger, Die Ehre – ein ungeschütztes Verfassungsgut?, S. 17.
[149] Mackeprang, S. 30, 191; Degenhart in BK, Art. 5 Abs. 1 und 2 Rn. 176; wohl auch Stern in FS für Hübner, S. 815, 824 f.
[150] BVerfGE 7, 198, 206/207 – Lüth; vgl. auch BVerfG, NJW 1976, S. 1680, 1681 – Deutschlandstiftung; BVerfG, NJW 1999, 1322, 1323 – Helnwein; BVerfGE 97, 125, 146.

Urteil in seinen Rechten aus Art. 5 Abs. 1 S. 1 GG verletzt fühlt, Verfassungsbeschwerde erheben, vgl. Art. 93 Abs. 1 Nr. 4 a GG; §§ 13 Nr. 8 a, 90 ff. BVerfGG[151]. Geht man - wie hier - davon aus, dass eine ehrverletzende Pressepublikation *in jedem Fall* das Grundrecht aus Art. 2 Abs. 1 i.V.m. Art. 1 Abs. 1 GG tangiert, so steht auch dem Opfer der ansehensschädigenden Publikation der Weg zum höchsten deutschen Gericht offen, sofern nur die Möglichkeit einer Ehrverletzung besteht. Auf die Feststellung, dass der ehrverletzende Artikel den Betroffenen möglicherweise in seiner *Menschenwürde* verletzt hat, kommt es dann nicht an.

## D. Zusammenfassung

Das Bundesverfassungsgericht erstreckt die Reichweite der Wechselwirkungstheorie auch auf die zum Ehrenschutz ergangenen einfachgesetzlichen Bestimmungen. In der Literatur sind die Verfassungshüter mit dieser Rechtsprechung zu Recht auf massive Kritik gestoßen. Losgelöst vom konkreten Einzelfall wäre eine - schon prinzipielle - Bevorzugung der Meinungsfreiheit gegenüber dem Recht der persönlichen Ehre nur dann denkbar, wenn die auf beiden Seiten betroffenen Schutzgüter in einem Rangverhältnis zueinander stünden. Nach richtiger Ansicht berührt jedoch jeder Eingriff in die persönliche Ehre zugleich das Bestimmungsrecht über die eigene Darstellung als Bestandteil des allgemeinen Persönlichkeitsrechts im Sinne des Art. 2 Abs. 1 i.V.m. Art. 1 Abs. 1 GG. Es stehen sich daher immer *gleichrangige Grundrechte* gegenüber. Daher ist für das Spannungsverhältnis zwischen Meinungsfreiheit und Ehrenschutz vom Grundsatz der „praktischen Konkordanz" auszugehen. Die miteinander kollidierenden Interessen müssen unter Berücksichtigung der falltypischen Gestaltung und unter Einbeziehung aller im konkreten Fall relevanten Umstände sorgfältig gegeneinander abgewogen werden. Die in der Rechtsprechung bei „Angelegenheiten öffentlichen Interesses" vielfach angewandte Vermutung zugunsten der freien Rede führt demgegenüber zu einer Verkürzung der Einzelfallabwägung. Sie ist mit dem verfassungsrechtlichen Rang des Rechtes der persönlichen Ehre nicht vereinbar.

---

[151] Vgl. Grimm, NJW 1995, S. 1697.

## 3. Kapitel: Frankreich

In den letzten zehn Jahren hat die Rechtsprechung der französischen Gerichte im Bereich presserechtlicher Auseinandersetzungen eine ereignisreiche Entwicklung durchgemacht. Während lange Zeit der Schutz der Persönlichkeitsrechte im Vordergrund stand, die Interessen der Publizisten hingegen weniger von den ober-, denn von den unterinstanzlichen Zivilgerichten berücksichtigt wurden, zeichnet sich neuerdings auch in der Rechtsprechung des obersten französischen Zivilgerichts *(Cour de cassation)* eine Kehrtwende ab, die den Ausgang von Ehrenschutzklagen künftig vielfach zugunsten der Presse und somit zu Lasten der betroffenen Medienopfer beeinflussen wird[152].

Die Probleme, die sich in diesem Bereich des französischen Privatrechts stellen, beziehen sich überwiegend auf das Verhältnis zwischen der Generalklausel des allgemeinen Deliktsrechts, Art. 1382 cc, und der *loi sur la liberté de la presse* vom 29. Juli 1881[153], die die Pressedelikte *(délits de presse)* in einem Gesetz bündelt und zugleich den einzigen ausdrücklich geregelten Schutz gegen ehrverletzende Publikationen darstellt. Damit ist zugleich das Verfassungsrecht betroffen; denn die Spezialkodifikation von 1881 ist durch eine Vielfalt an Sonderbestimmungen gekennzeichnet, die nach dem Willen des Gesetzgebers dem Schutz einer freien Presse dienen sollten[154]. Wenn also die *Cour de cassation* in den letzten Jahren dazu übergeht, die allgemeinen Regeln des Zivilrechts im Anwendungsbereich des Gesetzes von 1881 zurückzudrängen[155], so trifft sie eine Entscheidung zugunsten eines stärkeren Schutzes der Meinungsfreiheit. Auch hinsichtlich der - traditionell strengen - Anforderungen an die Art und Weise der Berichterstattung ist die sich noch im Fluss befindliche Rechtsprechung der französischen Zivilgerichte untrennbar mit dem Stellenwert verbunden, den die jeweils kollidierenden Interessen in der Normenhierarchie einnehmen. Handelt es sich um eine Kollision im wesentlichen *gleichrangiger* Grundrechte oder steht das eine Schutzgut seinem Rang nach *über* dem anderen? Das folgende Kapitel untersucht den verfassungsrechtlichen Hintergrund, vor dem sich die zentralen Probleme des französischen Presserechts abspielen.

Da sich das französische vom deutschen Grundrechtsverständnis grundlegend unterscheidet, bedarf es zunächst einer kurzen Einführung in das Recht der französischen Grundrechte, der sogenannten *droits fondamentaux*. Anschließend folgt ein kurzer Überblick über den Inhalt bzw. die Stellung der hier relevanten Schutzgüter.

---

[152] Vgl. dazu ausf. unten 2. Teil 3. Kap. C I 1.
[153] Im folgenden: Gesetz von 1881.
[154] Vgl. dazu ausf. unten 2. Teil 3. Kap. B I 1.
[155] Vgl. z.B. Cass. civ., Assemblée Plénière v. 12.7.2000, D. 2000, Jur., S. 463; vgl. dazu ausf. unten S. 2. Teil 3. Kap. C I 1 a bb.

## A. Der Grundrechtsschutz in Frankreich

Der Begriff der *droits fondamentaux* ist in Frankreich erst in den letzten dreißig Jahren gebräuchlich[156]. Wie in dem Adjektiv „*fondamentaux*" anklingt, korrespondiert dieser Begriff mit dem deutschen Wort „*Grund*rechte" und bezeichnet die Rechte und Freiheiten, die aufgrund verfassungsrechtlicher oder internationaler Normen geschützt werden[157]. Damit wird zugleich deutlich, weshalb sich dieser Ausdruck in Frankreich erst vergleichsweise spät hat durchsetzen können.

### I. Der Verfassungsrang der in der Menschen- und Bürgerrechtserklärung kodifizierten Rechte

Die französischen Menschenrechtskodifizierungen, namentlich die Menschen- und Bürgerrechtserklärung von 1789 *(Déclaration des droits de l'homme et du citoyen)*[158] sowie die Präambeln der Verfassung von 1958 und 1946 enthalten - anders als das Grundgesetz[159] - keinen Hinweis auf den Rang der in diesen Texten geregelten Individualrechte. Dementsprechend war ihr Stellenwert lange Zeit unklar[160]. Dies änderte sich erst mit der wegweisenden Entscheidung des *Conseil constitutionnel* vom 16. Juli 1971 – *liberté d'association*, in der das oberste französische Gericht im Verfahren der präventiv-abstrakten Normenkontrolle nach Art. 61 Abs. 2 der Verfassung von 1958[161] über die Verfassungsmäßigkeit eines Gesetzes zur Vereinigungsfreiheit zu entscheiden hatte. Die „juristische Revolution"[162], die die Entscheidungsgründe des obersten Gerichts auslösten, liegt darin, dass der *Conseil constitutionnel* die Verfassungswidrigkeit eines Gesetzes erstmals in der - vergleichsweise kurzen[163] - Geschichte seiner Tätigkeit mit einem Verstoß gegen ein *Menschenrecht aus der Erklärung von 1789* begründete, im konkreten Fall die Vereinigungsfreiheit. Da sich der *Conseil constitutionnel* gem. Art. 61 Abs. 1 i.V.m. 2 der französischen Verfassung[164] nur über die Vereinbarkeit von Gesetzen mit der „Verfassung" äußern darf[165], musste er hierfür zunächst den

---

[156] Vgl. Favoreu, Droit constitutionnel, Rn. 1196; Israel, S. 19; bis heute ist die Benutzung des Begriffs *libertés publiques* in der Literatur zum französischen Verfassungsrecht weit verbreitet, vgl. nur Turpin, Libertés publiques; Wachsmann, Rn. 5; *dagegen*: Favoreu, Droit des libertés fondamentales, Rn. 69; Favoreu, Droit constitutionnel, Rn. 1195 f. Auch vom Verfassungsrat wird dieser Ausdruck als Synonym für verfassungsrechtlich garantierte Rechte und Freiheiten verwendet, vgl. C.C. No. 84-181 DC v. 10.-11. 10. 1984 – *entreprises de presse;* C.C. No. 89-269 DC v. 22.1.1990.

[157] Favoreu, Droit constitutionnel, Rn. 1196; Israel, S. 19.

[158] Im folgenden auch: „MBRE".

[159] Vgl. Art. 1 Abs. 3 GG.

[160] Vgl. Hübner/Constantinescu, S. 60.

[161] Im folgenden: „Verf.".

[162] Bauer, S. 56.

[163] Der Verfassungsrat wurde erst 1958 mit der neuen Verfassung der 5. Republik eingeführt, vgl. dazu Bauer, S. 46.

[164] Im folgenden: „Verf.".

[165] Wörtlich: „*Les lois (...) doivent être soumises au Conseil Constitutionnel, qui se prononce sur leur conformité à la Constitution*".

Grundrechten aus der Menschen- und Bürgerrechtserklärung von 1789 Verfassungsrang verleihen. Den Ausgangspunkt der Entscheidung bildete daher eine Prämisse, die für die französische Grundrechtslehre von fundamentaler Bedeutung werden sollte. Sie lautet: Die *Präambel* der Verfassung von 1958 besitzt dieselbe Wertigkeit wie die Verfassungsartikel[166]. Damit stellte der *Conseil constitutionnel* zugleich klar, dass auch die beiden Rechtstexte, auf die die Präambel der Verfassung von 1958 verweist, auf der obersten Stufe der Normenhierarchie anzusiedeln sind[167]. Das sind die Menschen- und Bürgerrechtserklärung von 1789 sowie die Präambel der Verfassung von 1946, die die 150 Jahre ältere Erklärung bestätigt[168] und um - im wesentlichen soziale und wirtschaftliche Grundrechtspositionen - ergänzt. Da der *Conseil constitutionnel* seine Entscheidung dahingehend verstanden wissen wollte, dass nicht nur einzelne, sondern *alle* in der Menschenrechtserklärung von 1789 enthaltenen Rechte Verfassungsrang genießen[169], steht spätestens seit diesem, in der Folge vielfach bestätigten[170] Urteil außer Frage, dass sämtliche der in der MBRE geregelten Rechte „*supra-légal*"[171] sind, d.h. Verfassungsrang genießen. Damit besteht zugleich Klarheit über den Stellenwert der in Art 10, 11 MBRE geregelten Meinungs- und Pressefreiheit.

Dies bedeutet indessen nicht, dass auch der Umkehrschluss zutrifft, d.h. dass der Rang all jener Schutzgüter, die weder in der Menschenrechtserklärung von 1789, noch in den Präambeln von 1946 bzw. 1958 Erwähnung finden, zwingend *unterhalb* der Verfassungsebene anzusiedeln sind. So gibt es einerseits Rechte, die der *Conseil constitutionnel*, ohne dass sie in der Menschen- und Bürgerrechtserklärung von 1789 ausdrücklich genannt sind, als *droits fondamentaux* anerkannt hat. Dies gilt sogar für das wichtigste Menschenrecht, das Recht auf Leben *(droit à la vie)*[172]. Außerdem zählen zu den verfassungsrechtlichen Normen neben der Menschenrechtserklärung von 1789 und den Präambeln von 1958 und 1946 auch „die durch die Gesetze der Republik anerkannten verfassungsrechtlichen Grundsätze"[173].

Die Tatsache, dass dem französischen Verfassungsrecht - anders als in Deutschland - kein abschließend geregelter Grundrechtskatalog vorgegeben ist, hat in der presserechtlichen Literatur und Rechtsprechung vielfach dazu geführt, dass der verfassungsrechtliche Rang der Persönlichkeitsrechte „abstrakt" entwickelt wird, d.h. losgelöst

---

[166] Vgl. C.C. No. 71-44 DC v. 16.7.1971: „*Vu la constitution, et notamment son préambule* (...)".
[167] Vgl. nur Turpin, Libertés publiques, S. 19.
[168] Vgl. Art. 1 der Verf. von 1958: „*Le peuple français proclame solenellement son attachement aux Droits de l'Homme et aux principes de souveraineté nationale tels qu'ils ont été définis par la Déclaration de 1789, confirmée par le préambule de la Constitution de 1946*".
[169] Dies hat er später ausdrücklich klargestellt, vgl. C.C. No. 81-132 DC v. 16. 1. 1982 - *loi de nationalisation;* Bauer, S. 111.
[170] Vgl. Turpin, Libertés publiques, S. 223 m.w.N.
[171] Vgl. zu diesem Begriff Ravanas, D. 2000, chron. S. 459, 460.
[172] Israel, S. 32.
[173] Wörtlich : „*Principes fondamentaux reconnus par les lois de la République*", vgl. C.C. No. 71-44 DC v. 16.7.1971; vgl. auch de Villiers, Stichwort „bloc de constitutionnalité", S. 17; Burdeau/Hamon/Troper, S. 622.

von etwaigen Verfassungstexten bzw. von der Rechtsprechung des *Conseil constitutionnel*. Teilweise werden die Meinungsfreiheit und die Persönlichkeitsrechte pauschal auf die gleiche „supra-legale" Stufe gestellt[174]; andere Autoren bezeichnen das Recht auf Ehre, den Schutz der Unschuldsvermutung sowie das Recht auf Privatleben ohne weitere Begründung gleichermaßen als *droits fondamentaux*[175]; wohingegen manche Gerichte sogar einen Schritt weitergehen und den Schutz bestimmter Persönlichkeitsrechte - ebenfalls ohne Begründung - schlicht „über" die Meinungsfreiheit stellen[176]. *Louis Favoreu* meint hierzu, dass es jedem freigestellt sei, im Einklang mit seinen persönlichen Vorstellungen seine eigene Grundrechtsliste zu erstellen, *aber*, so der Verfassungsspezialist lakonisch:

> „ *(...) ce ne peut être la démarche du juriste (...)* "[177].

Dem ist zuzustimmen. Versteht man unter dem Begriff der *„droits fondamentaux"* die Gesamtheit der Rechte, die aufgrund *verfassungsrechtlicher* Normen geschützt werden, so lassen sich gesicherte Erkenntnisse über den Stellenwert all jener Schutzgüter, die in den Verfassungstexte unerwähnt bleiben, nicht dem luftleeren Raum, sondern allein der Rechtsprechung des Verfassungsrates entnehmen[178]. Denn die Entscheidungen des *Conseil constitutionnel* sind gem. Art. 61 Abs. 2 der Verfassung von 1958 für alle Behörden und Gerichte verbindlich[179]. Auch die Konkretisierung der oben genannten verfassungsrechtlichen Grundsätze obliegt nach herrschender Meinung weder dem Gesetzgeber, noch den Zivilgerichten[180], sondern allein dem *Conseil constitutionnel*[181]. Dabei ist zu beachten, dass der Verfassungsrat im Rahmen seiner Funktion als „Hüter" der Grundrechte bislang sowohl bei der Schutzbereichsbestimmung der *droits fondamentaux*[182], als auch bei der Herleitung der verfassungsrechtlichen Grundsätze äußerst zurückhaltend vorgegangen ist[183].

---

[174] Vgl. z.B. Ravanas, D. 2000, chron. S. 459, 460.

[175] Raguin/Bigot, Légipresse 1999, Heft 160, II-41, 43; vgl. auch Auvret, La liberté d'expresion du journaliste et le respect dû aux personnes, S. 33: *„(...) l'opposition entre la liberté d'expression du journaliste et le respect dû aux personnes est bien un conflit de droits fondamentaux"*.

[176] Vgl. nur CA Aix en Provence v. 6.4.2000, JCP 2000, IV-906.

[177] Freie Übersetzung: „Es kann nicht die Vorgehensweise des Juristen sein", Favoreu, droit constitutionnel, Rn. 1200. Vgl. auch Robert/Duffar, S. 211, wo von subjektiven Rechte die Rede ist, die für den Bürger als grundlegend „erscheinen".

[178] Ähnlich Bauer, S. 147, Wachsmann, Rn. 5; Pactet, S. 517 f.

[179] Rousseau, Droit du contentieux constitutionnel, S. 156.

[180] So Mathieu, zit. aus Beignier, S. 89.

[181] Burdeau/Hamon/Troper, S. 701; Wachsmann, Rn. 122; Rivero, D. 1997, chron. S. 265; Favoreu, droit constitutionnel, Rn. 1217.

[182] Vgl. dazu ausf. Bauer, S. 205 f.

[183] Vgl. Turpin, Libertés publiques, S. 30/31; Israel, S. 217; Favoreu, droit constitutionnel, Rn. 1217.

## II. Die Kompetenzen des *Conseil constitutionnel*

Seitdem der *Conseil constitutionnel* die verfassungsrechtliche Stellung der in der Menschenrechtserklärung von 1789 und den Präambeln von 1946 und 1958 kodifizierten Rechte in seiner Grundsatzentscheidung vom 16. Juli 1971 implizit anerkannt hat, besteht Klarheit, dass diese von jedem Staatsorgan zu beachten sind[184]. Darüber hinaus bleibt indessen die Bedeutung dieser Entscheidung begrenzt. Denn die Kompetenzen des *Conseil constitutionnel* sind vergleichsweise beschränkt. Seine für den Schutz der *droits fondamentaux* einzig relevante Zuständigkeit besteht in der Überprüfung der Verfassungsmäßigkeit von Gesetzen nach Art. 61 Verf. Abgesehen von diesem Verfahren, das zudem allein abstrakt-präventiv, also *vor* Inkrafttreten eines Gesetzes zulässig ist, hat der Verfassungsrat keinerlei Möglichkeiten, sich zu Inhalt und Umfang der Grundrechte zu äußern. Es gibt weder ein *konkretes* Normenkontrollverfahren, noch kennt das französische Recht eine mit der Verfassungsbeschwerde vergleichbare Möglichkeit *individualrechtlich* ausgestalteten Rechtsschutzes[185]. Wer sich von staatlicher Seite in seinen Grundrechten verletzt fühlt, kann dies, soweit er den innerstaatlichen Rechtsweg erschöpft hat, allein auf *internationaler* Ebene rügen, namentlich im Wege der Einleitung eines Individualbeschwerdeverfahrens vor dem Europäischen Gerichtshofs für Menschenrechte in Straßburg[186]. Gegenüber der nach deutschem Recht zulässigen Beschwerde vor dem Bundesverfassungsgericht ist dieses Rechtsschutzverfahren allerdings insoweit von Nachteil, als die Urteile aus Straßburg keine *unmittelbare* Wirkung entfalten[187]. Zudem ist das Verfahren vor dem Europäischen Gerichtshof für Menschenrechte überaus zeitaufwändig. Bis zum endgültigen Richterspruch können Jahre, wenn nicht ein Jahrzehnt vergehen - gerade im Pressebereich eine Zeitspanne, nach der sich die wenigsten noch an die Sache erinnern werden, soviel Wirbel sie auch zunächst erregt haben mag.

# B. Die Meinungsfreiheit

## I. Die Meinungsfreiheit als *droit fondamental*

Über den Umweg der Präambel sind die in der *Déclaration des droits de l'homme et du citoyen* von 1789 definierten Rechte noch heute geltendes Recht[188]. Dazu zählt auch die erste positivrechtliche Regelung der Meinungsfreiheit in Art. 10 und 11 der Menschenrechtserklärung. Diese lautet wie folgt:

---

[184] Vgl. Hübner, Constantinescu, S. 69.

[185] Vgl. kritisch hierzu Hübner/Constantinescu, S. 62; Ferid/Sonnenberger, Bd. 1, 1 B 6; Carbonnier, Introduction, S. 206; zu den Kompetenzen des *Conseil constitutionnel* vgl. ausf. Burdeau/Hamon/Troper, S. 681 f.

[186] Vgl. dazu ausf. unten 4. Kap. A 1.

[187] Vgl. dazu unten 4. Kap. A 1. Die Bindungswirkung der Urteile des Bundesverfassungsgerichts folgt hingegen aus Art. 31 Abs. 1 BVerfGG.

[188] Hübner/Constantinescu, S. 56; vgl. zum Zusammenspiel zwischen Präambel und Menschenrechtserklärung oben A I.

Artikel 10

*„Nul ne doit être inquiété pour ses opinions, même religieuses, pourvu que leur manifestation ne trouble pas l'ordre public établi par la loi"*[189].

Artikel 11

*„La libre communication des pensées et des opinions est un des droits les plus précieux de l'homme : tout citoyen peut donc parler, écrire, imprimer librement, sauf à répondre de l'abus de cette liberté dans les cas déterminés par la loi"* [190].

Aus der textlichen Grundlage des Art. 11 MBRE hat der *Conseil constitutionnel* die verfassungsrechtliche Garantie eines umfassenden Kommunikationsgrundrechts abgeleitet - die *liberté de communication*[191]. Es bezeichnet insgesamt vier Freiheiten: die Meinungsäußerungsfreiheit, die Informationsfreiheit[192], die Pressefreiheit und die Freiheit der audiovisuellen Medien[193]. In der Regel subsumieren die französischen Zivilgerichte das Recht der Presse, Meinungen öffentlich zu äußern, pauschal unter den „Grundsatz der freien Kommunikation von Gedanken und Meinungen" *(principe fondamental de la libre communication des pensées et des opinions)*[194]; vielfach ist indessen schlicht von der Meinungsfreiheit *(liberté d'expression)* die Rede[195].

Anknüpfend an seine wegweisende Entscheidung vom 16. Juli 1971[196] hat der *Conseil constitutionnel* den grundrechtlichen Rang der Kommunikations- bzw. Meinungsfreiheit im Sinne der Art. 10, 11 MBRE erstmals in einem Urteil vom 10.-11. Oktober 1984 - *entreprises de presse* ausdrücklich anerkannt[197]. Schon zuvor, in einer Entscheidung vom 27. Juli 1982 - *loi sur la communication audiovisuelle*, hatte der *Conseil constitutionnel* die Verfassungsmäßigkeit eines einfachen Gesetzes am Maßstab der Kommunikationsfreiheit aus Art. 11 MBRE überprüft[198] und den verfassungsrechtlichen Rang dieses Schutzguts damit implizit anerkannt. Ähnlich wie das Bundesverfassungsgericht in seinem *Spiegel-Urteil* sah sich der *Conseil constitutionnel* schließlich in einer Entscheidung vom 18. September 1986 - *loi relative à la liberté de*

---

[189] Freie Übersetzung: „Niemand soll wegen seiner Anschauungen, selbst religiöser Natur, belästigt werden, solange ihre Äußerung nicht die durch das Gesetz begründete öffentliche Ordnung stört".

[190] Freie Übersetzung: „Der freie Austausch der Gedanken und Meinungen ist eines der kostbarsten Menschenrechte; jeder Bürger kann mithin frei reden, schreiben und drucken, vorbehaltlich seiner Verantwortlichkeit für den Missbrauch dieser Freiheit in den durch das Gesetz bestimmten Fällen".

[191] Vgl. z.B. C.C. 82-141 DC v. 27.7.1982; 88-248 DC v. 17.1.1989; 89-259 DC v. 26.7.1989; vgl. Chevallier, D. 1991, chron., S. 247 f.

[192] Vgl. dazu ausführlich Chevallier, D. 1991, chron., S. 247.

[193] Bauer, S. 158; Auvret in Blin/Chavanne/Drago/Boinet, 10/31; Israel, S. 462; Favoreu, Droit des libertés fondamentales, Rn. 253.

[194] Vgl. z.B. Cass. civ. v. 5.5.1993, D. 1994, som. com., S. 193, 194, Anm. Massis.

[195] Vgl. z.B. CA de Versailles v. 13.10.1997, D. 1997, som. com., S. 73, Anm. Massis.

[196] Vgl. dazu oben A I.

[197] C.C. No. 84-181 DC v. 10.-11. 10. 1984 - *entreprises de presse.*

[198] C.C. No. 82-141 DC v. 27. 7. 1982; vgl. hierzu Chevallier, D. 1991, chron., S. 247, 248.

*communication,* zu der Feststellung veranlasst, dass die Kommunikationsfreiheit „eine der Bedingungen für die Demokratie" sei[199].

## II. Inhalt der Meinungfreiheit

Das Grundrecht der Meinungsfreiheit kann - anders als im deutschen Verfassungsrecht - nicht schon auf der Ebene des Schutzbereichs bestimmt und damit zugleich begrenzt werden. Angesichts seiner nur begrenzten Kompetenzen[200] hatte der *Conseil constitutionnel* bisher nur in wenigen Fällen die Gelegenheit, zu Inhalt und Grenzen der *liberté d'expression* Stellung zu nehmen; keine dieser Entscheidungen bezog sich auf die Meinungsfreiheit der Presse. Auch für die Zukunft ist eine verfassungsgerichtliche Konkretisierung der *liberté d'expression* nicht zu erwarten. Denn der Verfassungsrat nimmt die Gelegenheit zur Bestimmung des Schutzbereichs von Grundrechten, selbst dann, wenn sie sich ihm bietet, nur selten wahr. Dabei handelt er im Unterschied zum Bundesverfassungsgericht selbst problematische Fälle in extremer Kürze ab[201]. Die fehlende Schutzbereichsbestimmung hat zur Folge, dass prinzipiell jede schriftliche oder mündliche Äußerung von Gedanken von dem Grundrecht der Meinungsfreiheit im Sinne der Art. 10, 11 MBRE geschützt ist[202].

Begrenzt wird die Reichweite der *liberté d'expression* allein auf der Ebene der Schranken. Art. 11 MBRE sieht insoweit einen ausdrücklichen Gesetzesvorbehalt vor. Die Grenzen des Rechts frei zu sprechen, zu schreiben und zu drucken werden durch die „Gesetze" gezogen, „(...) die die missbräuchliche Ausübung dieser Grundrechte sanktionieren"[203]. Der *Conseil constitutionnel* hat an den Inhalt dieser die Meinungs- und Pressefreiheit einschränkenden Normen - ähnlich dem Konzept des „qualifizierten Gesetzesvorbehalts" im deutschen Verfassungsrecht - besondere Anforderungen gestellt. In seiner Entscheidung vom 10./11. Oktober 1984 - *entreprises de presse*, bezeichnete er das Recht aus Art. 11 MBRE als Grundrecht,

> „(...) das um so wertvoller ist, als es eine der wichtigsten Voraussetzungen für die Gewährleistung der anderen Rechte und Freiheiten und der nationalen Souveränität darstellt".

Daher könne der Gesetzgeber die Ausübung dieses Grundrechts nur regeln,

---

[199] C.C. No. 86-217 v. 18.9.1986 - *loi relative à la liberté de communication*; wörtlich: *„l'une des conditions de la démocratie";* vgl. dazu Luchaire, S. 124.
[200] Vgl. dazu oben A II.
[201] Vgl. Bauer, S. 198.
[202] Vgl. Favoreu, Droit des libertés fondamentales, Rn. 253.
[203] Wörtlich: *„(...) sauf à répondre de l'abus de cette liberté, dans les cas déterminés par la loi".*

„(...) um seine Wirksamkeit zu steigern oder um es mit anderen Regeln oder Prinzipien von Verfassungsrang in Einklang zu bringen“[204].

## C. Der Ehrenschutz

Während der verfassungsrechtliche Rang der *liberté d'expression* - nicht anders als in Deutschland - positiv feststeht, ist der Stellenwert jener Rechte, auf die sich die *Medienopfer* im Rahmen äußerungsrechtlicher Auseinandersetzungen berufen können, auch in Frankreich weitgehend ungeklärt.

Anders als in Deutschland, wo sämtliche Aspekte der Persönlichkeit in dem grundrechtlich geschützten „allgemeinen Persönlichkeitsrechts“ aus Art. 2 Abs. 1 i.V.m. Art. 1 Abs. 1 GG verankert sind - ihr verfassungsrechtlicher Rang somit feststeht - , ist ein vergleichbares, auf höchster Ebene angesiedeltes „monistisch“[205] ausgestaltetes Persönlichkeitsrecht der französischen Rechtsordnung fremd[206]. Daraus folgt, dass der Stellenwert der einzelnen Persönlichkeitsrechte jeweils gesondert untersucht werden muss. Für die Beurteilung von Ehrenschutzverfahren können neben dem sogenannten „Recht auf Ehre“ *(droit à l'honneur)* insbesondere das mit dem deutschen „Bestimmungsrecht über die eigene Darstellung“ vergleichbare *droit à l' identité personnelle,* das Recht auf Achtung des Privatlebens *(droit au respect de la vie privée)* sowie das Rechtsgut der Menschenwürde *(dignité humaine)* von Bedeutung sein. Die folgenden Ausführungen zum Stellenwert dieser Schutzgüter orientieren sich im wesentlichen an der bisherigen Entscheidungspraxis des *Conseil constitutionnel*[207].

### I. *Le droit à l'honneur*

Anders als in Deutschland und in der Europäischen Menschenrechtskonvention findet das Recht der persönlichen Ehre in den französischen Verfassungstexten keine ausdrückliche Erwähnung[208]. Zwar enthielten die verschiedenen Entwürfe zur Menschen-

---

[204] Wörtlich: „*(...) s'agissant d'une liberté fondamentale, d'autant plus précieuse que son existence est l'une des garanties essentielles du respect des autres droits et libertés et de la souveraineté nationale, la loi ne peut en réglementer l'exercice qu'en vue de le rendre plus effectif ou de le concilier avec celui d'autres règles ou principes de valeur constitutionnelle*“ , C.C. No. 84-181 DC v. 10.-11. 10. 1984 - *entreprises de presse,*

[205] Vgl. Beignier, S. 54.

[206] Vgl. zu der Unterscheidung zwischen dem sogenannten „monistischen“ und dem „pluralistischen“ Ansatz Beignier, S. 53 f.

[207] Dabei kann es sich nur um eine Bestandsaufnahme handeln. Es ist also nicht auszuschließen, daß der Verfassungsrat in seiner künftigen Rechtprechung denjenigen Stimmen in der Zivilrechtsliteratur folgen wird, die sämtliche Persönlichkeitsrechte pauschal als *droits fondamentaux* einstufen, vgl. dazu oben A I. Allerdings ist eine solche Entwicklung angesichts der bislang sehr restriktive Spruchpraxis des *Conseil constitutionnel* eher unwahrscheinlich.

[208] Beignier, S. 88.

und Bürgerrechtserklärung von 1789 überwiegend Verweise auf die *honneur* als schützenswertes Rechtsgut. So hieß es etwa in einem Vorschlag von *Lafayette*:

> „Jeder Mensch wird mit unveräußerlichen Rechten geboren: dazu gehört das Recht auf Eigentum, der Schutz seiner *Ehre* und seines Lebens“[209]

und im zweiten Entwurf von *Sieyès*:

> „Da jeder Mensch ein gleiches Recht zur Verteidigung seines Lebens, seiner *Ehre* und seines Eigentums hat, soll keinem ein ausschließliches Verteidigungsrecht verliehen werden“[210].

Gegen Ende des 18. Jahrhunderts erschien die persönliche Ehre den Franzosen jedoch als ein Wert, der vor allem der Aristokratie zugute kam[211]. Es ist daher nicht verwunderlich, dass dieses Recht in die endgültige Fassung der Menschenrechtserklärung vom 28. August 1789 keinen Eingang fand.

Das *droit à l'honneur* ist auch unter Zugrundelegung der Rechtsprechung des *Conseil constitutionnel* weder als Grundrecht, noch als verfassungsrechtliches Prinzip *(principe fondamental de droit)*[212] anzusehen. In der vergleichsweise kurzen Zeitspanne, in der das oberste Gericht die Verfassungskonformität einfacher Gesetze am Maßstab der Menschen- und Bürgerrechtserklärung von 1789 überprüft und somit *grundrechtskonkretisierend* sowie *grundrechtsgestaltend* tätig wird[213], hatte es bislang nicht die Gelegenheit, zum Rang des Ehrenschutzes Stellung zu nehmen[214]. Selbst wenn man mit einer in der Literatur vereinzelt vertretenen Ansicht[215] davon ausgeht, dass neben dem *Conseil constitutionnel* auch die *Zivilgerichte* dazu berufen sind, jene in den Gesetzen der Republik enthaltenen Grundsätze herauszuarbeiten, die Verfassungsrang genießen, lässt sich ein auf *oberster* Ebene angesiedelter Schutz der persönlichen Ehre nicht herleiten. Die französischen Zivilrichter betonen zwar immer wieder, dass der in *Art. 1* des Gesetzes vom 29. Juli 1881 enthaltene Grundsatz der *Pressefreiheit* ein mit Verfassungsrang ausgestattetes Grundprinzip darstellt[216]; für den in *Art. 29* desselben Ge-

---

209 Wörtlich: „*Tout homme nait avec des droits inaléables: tels sont le droit de propriété, le soin de son honneur et de sa vie..*“, zit. aus Beignier, S. 86.
210 Wörtlich: „*Comme tout citoyen a un droit égal à défendre sa vie, son honneur et sa propriété, nul moyen de défense ne doit être accordé à l'un exclusivement à l'autre*“, zit. aus Beignier, S. 87.
211 Beignier, S. 87.
212 Vgl. dazu oben A I.
213 Also erst seit seiner Entscheidung vom 16. Juli 1971 – *liberté d'association*, vgl. dazu oben A I.
214 Beignier, S. 88.
215 Mathieu, Bertrand, „Droit constitutionnel civil“, J.cl. administratif, fasc. 1449; Beignier, S. 89.
216 Cass. civ. v. 5.5.1993, wiedergegeben in D. 1994, som. com., S. 193; TGI de Paris v. 10.9.1996, Gaz. Pal. 1996, chron. S. 146, Jur. S. 325; CA de Versailles v. 13.10.1997, D. 1997, som. com., S. 73.

setzes kodifizierten Schutz der persönlichen Ehre geschieht dies hingegen nur ganz vereinzelt[217].

Anders als in Deutschland, wo der Stellenwert des Ehrenschutzes Gegenstand ausführlicher Debatten ist, verliert auch das auf dem Gebiet der *droits fondamentaux* spezialisierte französische Schrifttum über den Rang des Ehrenschutzes kein Wort[218]. Anders ist dies im medien- bzw. presserechtlichen Schrifttum. Hier scheuen sich die Spezialisten nicht, die Persönlichkeitsrechte bzw. das Recht auf Ehre ohne nähere Begründung als *droits fondamentaux* zu bezeichnen und daraus entsprechende Konsequenzen zu ziehen[219]. Dass diese Stellungnahmen für die Rechtsstellung der in äußerungsrechtlichen Streitigkeiten verwickelten Parteien nur begrenzt aussagekräftig sind, wurde oben bereits erwähnt[220].

### II. *Le droit à l' identité personnelle*

Auch aus dem sogenannten *droit à l'identité personnelle*[221] lassen sich für die verfassungsrechtliche Stellung der in ihrer Ehre betroffenen Medienopfer keine gesicherten Erkenntnisse herleiten. Zwar werden aus diesem „Recht auf die eigene Identität“ , das die Zivilgerichte weitgehend anerkannt haben[222], umfassende Befugnisse hergeleitet. So kann der Träger dieses Persönlichkeitsrechts verlangen, dass das Bild, das er sich von sich selbst macht oder zu machen gedenkt, nicht erheblich oder unwiederbringlich verzerrt wird[223]. Wie in Deutschland geht es damit der Sache nach zumindest *auch* um den Schutz des Persönlichkeitsbildes vor ehrverletzenden öffentlichen Verzerrungen bzw. Veränderungen. Auch das *droit à l'identité personnelle* hat indessen der *Conseil constitutionnel* bislang nicht als Rechtsposition anerkannt, deren Rang auf Verfassungsebene anzusiedeln ist.

---

[217] So unter - m.E. unzutreffender (vgl. dazu unten 4. Kap. B II) - Berufung auf Art. 10 Abs. 2 EMRK: TGI de Paris v. 13.10.1997, Gaz. Pal. 1997, Jur., S. 590; vgl. dagegen nur CA de Versailles v. 13.10.1997, D. 1997, som. com., S. 73 (keine Erwähnung) ; TGI de Paris v. 9.1.1992 u. 16.2.1993, D. 1994, som. com., S. 195 (Meinungsäußerungsfreiheit ist „stärkeres“ Recht).

[218] Vgl. nur Robert/Duffar; Turpin, Les libertés publiques; Israel, Droit des libertés fondamentales; Wachsmann, Libertés publiques; Favoreu, Droit des liberté fondamentales.

[219] Vgl. dazu oben A I; ebenso im Ergebnis Laure Marino, Rn. 339, die die nicht näher begründete Behauptung aufstellt, der Begriff der Ehre sei ein „Synonym“ der *dignité* und damit letztlich den auch vom *Conseil constitutionnel* bestätigten Verfassungsrang der *dignité* (vgl. unten IV) automatisch auf die Ehre überträgt; ebenso Cornu,Vocabulaire Juridique, 4. Auflage, Paris 1994.

[220] Vgl. oben A I.

[221] Kayser, La protection de la vie privée par le droit, Rn. 74 Fn. 36, Rn. 75 Fn. 44.

[222] Vgl. dazu Kayser, La protection de la vie privée par le droit, Rn. 74 Fn. 36, Rn. 75 Fn. 44.

[223] Vgl. TGI de Paris v. 10.1.1980 (nicht veröffentlicht); zitiert in Robert/Duffar, S. 426; Kayser, La protection de la vie privée par le droit, Rn. 74.

### III. *Le droit au respect de la vie privée*

Nachdem sich der Verfassungsrat anfangs zögerlich zeigte[224], ist er in einer Grundsatzentscheidung vom 18. Januar 1995 - im Einklang mit den Vorgaben aus der Europäischen Menschenrechtskonvention[225] - dazu übergegangen, das Recht auf Achtung des Privatlebens auf Verfassungsebene anzusiedeln. Die Missachtung dieses Rechts, so das oberste Gericht,

„ (...) *peut être de nature à porter atteinte à la liberté individuelle* " [226].

Noch deutlicher wird der *Conseil constitutionnel* in einer Entscheidung vom 9. November 1999 – *couverture maladie universelle*, in der er den Sinn der Vereinigungsfreiheit darin sieht, die natürlichen und unveräußerlichen Rechte des Menschen zu schützen. Zu diesen (Grund)rechten zählt das oberste Gericht neben der Freiheit, dem Eigentum, der Sicherheit und dem Widerstand vor Unterdrückung das *Recht auf Achtung des Privatlebens*[227].

### IV. *Le droit à la dignité*

Eine ehrverletzende Presseveröffentlichung kann zugleich in die Menschenwürde *(dignité de la personne humaine),* eingreifen. Dass auch der Stellenwert dieses Schutzguts auf *Verfassungsebene* anzusiedeln ist, hat der *Conseil constitutionnel* anlässlich der Überprüfung eines Gesetzesvorhabens zur Bioethik in einer Entscheidung vom 27. Juli 1994 - *loi bioéthique* ausdrücklich klargestellt. Aus dem ersten Satz der Präambel von 1946, so der Verfassungrat, gehe hervor,

> *„(...) que la sauvegarde de la dignité de la personne humaine contre toute forme d'asservissement et de dégradation est un principe à valeur constitutionnelle "*[228].

---

[224] Vgl. dazu Rousseau, Droit du contentieux constitutionnel, S. 376.

[225] Vgl. Art. 8 EMRK, dazu unten 4. Kap. B II.

[226] Freie Übersetzung: „Die Missachtung des Rechtes auf Achtung des Privatlebens ist geeignet, die individuelle Freiheit zu verletzen", C.C. No 94-352 DC v. 18.1.1995, JCP 1995, II, 22525 – *loi d'orientation sur la sécurité* ; ebenso im verfassungsrechtlichen Schrifttum: Favoreu, Droit des libertés fondamentales, Rn. 213; Turpin, libertés publiques, S. 222; Wachsmann, S. Rn. 447; Robert/Duffar, S. 372f.; Israel, S. 382.

[227] Wörtlich: „*(...) aux termes de l'art 2 de la Déclaration des droits de l'homme et du citoyen: le but de toute association politique est la conservation des droits naturels et imprescriptibles de l'Homme. Ces droits sont la liberté, la propriété, la sureté et la résistance à l'oppression; que la liberté proclamée par cet article implique le respect de la vie privée* ", C.C. No. 99-416 DC v. 9.11.1999 - *couverture maladie universelle.*

[228] Freie Übersetzung: „ (...), dass der Schutz der Menschenwürde gegen jede Form der Unterwerfung und der Herabwürdigung ein mit Verfassungsrang ausgestattetes Prinzip darstellt", C.C. No. 94-343/344 DC v. 27.7.1994 – *bioéthique* ; bestätigt in C.C. No. 94-359 DC v. 19.1.1995 – *Diversité de*

Es stellt sich somit die Frage nach der Reichweite der verfassungsrechtlich geschützten *dignité*. Bislang hat sich der *Conseil constitutionnel* in keiner seiner Entscheidungen mit dem Verhältnis zwischen der Menschenwürde und dem Recht auf Achtung der persönlichen Ehre befasst. Es spricht indessen viel dafür, dass der Verfassungsrat dem Schutzbereich der Menschenwürde als Rechtsgut mit Verfassungsrang nur den *Kernbereich* der menschlichen Ehre vorbehalten wollte[229]. So trifft der *Conseil constitutionnel* in seiner Entscheidung vom 27. Juli 1994 eine Unterscheidung zwischen der Menschenwürde und weiteren Prinzipien, die nur darauf „ausgerichtet" seien, die verfassungsrechtlich geschützte *dignité humaine* zu garantieren[230]. Zu diesen Grundsätzen zählt der Verfassungsrat unter anderem das Prinzip der *Achtung* des Menschen seit Anbeginn seines Lebens *(respect de l'être humain dès le commencement de sa vie)*. Dessen Rang dürfte somit *unterhalb* der Verfassungsebene anzusiedeln sein[231]. Der Schutzbereich der auf oberster Ebene angesiedelten Menschenwürde ist nach alledem vergleichsweise eng umrissen. Diffamierende Presseveröffentlichungen überschreiten die Schwelle zum Eingriff in dieses Grundrecht erst im Falle besonders schwerwiegender Kränkungen. Davon ist zum Beispiel auszugehen, wenn der Angegriffene nicht wie ein Mensch, sondern „wie eine Sache, ein Tier, ein Untermensch" behandelt wird, wenn also seine „Zugehörigkeit zur menschlichen Gemeinschaft geleugnet wird"[232].

## D. Folgen für die zivilrechtliche Haftung der periodischen Presse

Die Grundrechte *(droits fondamentaux)* sind auch in Frankreich positivrechtliche, unmittelbar anwendbare Bestimmungen, die von jedem Staatsorgan zu beachten sind[233]. Nach französischem Recht folgt dies allerdings nicht aus dem Text der Verfassung selbst[234]; es wurde vielmehr in einer Grundsatzentscheidung des *Conseil constitutionnel* vom 16. Januar 1982 - *loi de nationalisation,* so entschieden[235]. Daher sind auch die Zivilgerichte an die Grundrechte gebunden. Dabei macht es keinen Unterschied, ob sie über Klagen von Bürgern gegen den *Staat*[236] oder von Bürgern *untereinander* zu

---

*l'habitat* und C.C. No. 96-377 D.C. v. 16.7.1996 – *Perquisition de nuit;* vgl. Favoreu, Droit de libertés fondamentales, Rn. 211.

229 Ähnlich Beignier, S. 55: „*L'idée d'une „éminente dignité humaine" renvoie à une notion sacrée qui transcende l'individu (...). Ainsi nul ne peut renoncer à sa dignité (...)*"; a.A. Marino, Rn. 339: „ *La notion d'honneur est multiforme. Elle est synonyme de dignité",* ebenso Cornu,Vocabulaire Juridique, 4. Auflage, Paris 1994.

230 Wörtlich: „*les principes ainsi affirmés* ***tendent à assurer*** *le respect du principe constitutionnel de sauvegarde de la dignité de la personne humaine".*

231 Favoreu, Droit des libertés fondamentales, Rn. 210.

232 Fenouillet zit. aus Labbée, Anm. unter TGI de Lille v. 4.1.2000, D. 2001, Jur., S. 1503,1504; ähnlich Goubeaux/Bihr/Henry, Art. 16 Rn. 108.

233 Vgl. Hübner, Constantinescu, S. 69.

234 Vgl. dagegen Art. 1 Abs. 3 GG.

235 Vgl. C.C. No. 81-132 DC v. 16. 1. 1982– *loi de nationalisation: „(...) règles de valeur constitutionnelle qui s'imposent à tous les organes de l'Etat".*

236 Gem. Art. 66 Verf. ist der Zivilrechtsweg eröffnet für Amtshaftungsverfahren, die aus der Verletzung von Grundrechten durch Träger öffentlicher Staatsgewalt resultieren; dasselbe gilt für die Ver-

entscheiden haben. Zwar hat sich der Verfassungsrat zu der Frage der horizontalen Drittwirkung der *droits fondamentaux* niemals direkt geäußert[237]. Was das Bundesverfassungsgericht im Wege seiner Rechtsprechung zum „objektiven Wertesystem" der Grundrechte erreicht[238], lässt sich jedoch im französischen Recht aus dem historischen Verständnis der Grundfreiheiten herleiten. Diese werden als Rechte verstanden, die

> „(...) den anderen sowie der Gesellschaft entgegengehalten werden können und es dem Einzelnen ermöglichen, zu fordern, dass *niemand* die Ausübung der Freiheiten behindert"[239].

Die *droits fondamentaux* sind also „(...) Rechte auf Unterlassung durch andere"[240], unabhängig davon, ob es sich bei diesen „anderen" um den Staat oder um Privatpersonen handelt[241]. Der in der französischen Grundrechtslehre teilweise noch verwendete Begriff der *libertés publiques*[242], deutet zwar zunächst auf das *öffentliche* Recht hin[243], meint jedoch nur, dass die Freiheiten vom Staat anerkannt und geschützt werden; und zwar auch dann, wenn sie Angriffen von privater Seite ausgesetzt sind[244]. Anders als im deutschen Recht kann man in Frankreich demzufolge sogar von einer *unmittelbaren* Drittwirkung der Grundrechte sprechen. Dementsprechend hat das französische Schrifttum die Frage nach der Ausstrahlung der *droits fondamentaux* auch auf die Beziehungen zwischen Privaten überwiegend ignoriert[245], während die Gerichte vor allem im Presserecht immer häufiger dazu übergegangen sind, bei der Anwendung und Auslegung einfacher Gesetze die Rechte aus Art. 11 MBRE heranzuziehen, *ohne* die - vorgelagerte - Frage nach der horizontalen Drittwirkung der *droits fondamentaux* zu erörtern[246].

Nach alledem können sich die für ehrverletzende Publikationen verantwortlichen Personen im Rahmen zivilrechtlicher Auseinandersetzungen immer auf ihre Grundrechte

---

fahren wegen erheblicher Rechtsverletzungen durch die Verwaltung (*voie de fait)*; vgl. dazu Israel, S. 277 f.

[237] Favoreu, Droit constitutionnel, Rn. 1244.

[238] Vgl. dazu oben 2. Kap. C I 1.

[239] Wörtlich: *„(...) droits qui peuvent être opposés à autrui et à la société et qui permettent a chacun de revendiquer que personne ne gêne l'exercice de ces droits"* , Luchaire, S. 77.

[240] Wörtlich: *„Droit à l'abstention d'autrui"*, vgl. Luchaire, S. 77; Rivero, S. 19.

[241] Marino Rn. 346.

[242] Vgl. Turpin, libertés publiques; Wachsmann, Rn. 5.

[243] Im Französischen steht der Begriff *„droit public"* für „Öffentliches Recht".

[244] Vgl. Israel, S. 26; Rivero, S. 20 f.

[245] Vgl. Ferid/Sonnenberger, 1 B 6. In neueren Werken beschränken sich die Autoren meist auf die lapidare Feststellung, dass die Grundrechte auch zwischen Privaten gelten, vgl. Favoreu, Droit constitutionnel, Rn. 1201, 1244; Israel, S. 26; Carbonnier, Droit civil, Rn. 83.

[246] Ferid/Sonnenberger, 1 B 6; Sonnenberger/Autexier, S. 22; Favoreu, Droit constitutionnel, Rn. 1244; vgl. z.B. speziell für Pressedelikte: Cass. civ. v. 15.5.1993, zitiert in D. 1994, som. com., S. 193; TGI Paris v. 9.1.1992 u. 16.2.1993, D. 1994, som. com., S. 195; CA de Paris v. 27.4.1993 zitiert in D. 1997, Jur. S. 269, Anm. Ravanas; CA de Versailles v. 13.10.1997, D. 1997, som. com., S. 73, Anm. Massis; *kritisch* dazu Favoreu, Droit des libertés fondamentales, Rn. 124 f.

aus Art. 11 MBRE berufen. Legt man die bisherige Rechtsprechung des *Conseil constitutionnel* zugrunde, so gilt dies für die betroffenen Medienopfer nur eingeschränkt. Von einer Kollision zwischen *gleichrangigen* Schutzgütern ist nur dann die Rede, wenn ein besonderer Fall der Beleidigung vorliegt, d.h. wenn die ehrverletzende Äußerung zugleich Informationen über das Privatleben des Betroffenen enthüllt bzw. derart gravierend ist, dass von einem Eingriff in den eng umrissenen Schutzbereich der Menschenwürde auszugehen ist. Theoretisch müssen die Zivilgerichte nur in diesen Fällen zwischen den widerstreitenden Interessen einen *Ausgleich* herstellen; sie dürfen dann das eine Recht nicht zu Lasten des anderen prinzipiell bevorzugen[247].

## E. Zusammenfassung

Die Meinungsfreiheit der Presse unterfällt der Kommunikationsfreiheit im Sinne des Art. 10, 11 MBRE und genießt als Grundrecht Verfassungsrang. Sie bindet die Gerichte auch bei der Auslegung und Anwendung privatrechtlicher Ehrenschutzbestimmungen. Kommen diese ihrer Verpflichtung nicht nach, besteht jedoch auf nationaler Ebene keine Möglichkeit einer Kontrolle durch den Verfassungsrat.

Für das hier relevante Spannungsverhältnis zwischen der Meinungsfreiheit der Presse und Ehrenschutz stehen sich nach französischem Recht Interessen von *unterschiedlichem* Rang gegenüber. Während die grundrechtliche Stellung der Meinungsfreiheit *(liberté d'expression)* aus Art. 10 und 11 MBRE folgt, hat der französische Gesetzgeber das „Recht auf Ehre" *(droit à l'honneur)* weder in die Verfassungstexte aufgenommen, noch hat sich der *Conseil constitutionnel* bislang zur rechtlichen Stellung dieses Schutzguts geäußert. Klargestellt wurde nur, dass das Recht auf Achtung des Privatlebens *(droit au respect de la vie privée)* sowie die Menschenwürde *(dignité humaine)* Verfassungsrang genießen.

---

[247] Vgl. Auvret, thèse, S. 33.

## 4. Kapitel: Die Europäische Menschenrechtskonvention

Presserechtliche Streitigkeiten auf dem Gebiet des zivilrechtlichen Ehrenschutzes spielen sich nicht nur vor dem Hintergrund des nationalen Verfassungsrechts ab - sofern die letztinstanzlich zuständigen Gerichte verhindern wollen, dass das Ansehen des betreffenden Staates aufgrund eines Verfahrens vor dem Europäischen Gerichtshof für Menschenrechte[248] beschädigt wird, müssen sie bei ihrer Entscheidungsfindung auch die Vorgaben der Europäischen Konvention zum Schutz der Menschenrechte und Grundfreiheiten (EMRK) berücksichtigen. Im folgenden wird zunächst die Bedeutung untersucht, die die Konventionsgrundrechte für die Entscheidung zivilrechtlicher Pressestreitigkeiten im deutschen und französischen Recht einnehmen (A). Der nachfolgende Abschnitt widmet sich der Einbindung der Meinungsfreiheit und des Rechtes der persönlichen Ehre in den Grundrechtskatalog der EMRK und stellt die Leitlinien dar, die der Gerichtshof für die Abwägung zwischen diesen widerstreitenden Rechtsgütern entwickelt hat (B).

### A. Die Bedeutung der Konventionsgrundrechte für die zivilrechtliche Haftung der periodischen Presse

Die Konventionsgrundrechte, die auch auf Rechtsbeziehungen zwischen Privaten ausstrahlen und deren Einhaltung durch die nationalen Zivilgerichte der Kontrolle durch den Europäischen Gerichtshof für Menschenrechte unterliegt (I), haben in Deutschland und Frankreich einen jeweils unterschiedlichen Stellenwert erlangt (II).

#### I. Mittelbare Drittwirkung und Individualbeschwerdeverfahren

Ob die Konventionsgrundrechte nur in den vertikalen Rechtsverhältnissen zwischen Mitgliedsstaat und Privatperson Anwendung finden oder ob sich letztere auch untereinander, d.h. horizontal, auf die europäischen Menschenrechtsgarantien berufen können, lässt sich weder dem Text der EMRK, noch ihrer Entstehungsgeschichte entnehmen[249]. Gleichwohl häufen sich in der Literatur die - zutreffenden - Stimmen, die von einer mittelbaren Drittwirkung der Konventionsgrundrechte ausgehen[250]. Laut Art. 1 EMRK sind „die Hohen Vertragsschließenden Teile" zur Beachtung der Konventionsgrundrechte verpflichtet. Zu den Normadressaten des Art. 1 EMRK gehört also neben der Exekutive und Legislative auch die Judikative. Deren Verpflichtung aus Art. 1 EMRK ist umfassend. Sie betrifft auch Fälle, in denen die Richter über die Anwendung und Auslegung einfachgesetzlicher Bestimmung in Rechtsstreitigkeiten zwischen Privaten entscheiden müssen[251]. In presserechtlichen Auseinandersetzungen geht der Gerichtshof dementsprechend davon aus, dass die beanstandete Entscheidung des letz-

---

[248] Im folgenden auch: „Gerichtshof".
[249] Vgl. Kayser, La protection de la vie privée par le droit, Rn. 27.
[250] Vgl. Neumann-Klang, S. 218; Kayser, La protection de la vie privée par le droit, Rn. 27 m.w.N.
[251] Ähnlich Kayser, La protection de la vie privée par le droit, Rn. 27.

tinstanzlich zuständigen Zivilgerichts einen „Eingriff einer öffentlichen Behörde" im Sinne des Art. 10 Abs. 1 EMRK darstellt[252].

Wer sich durch das Urteil eines letztinstanzlich zuständigen Zivilgerichts in seinen durch die Konvention geschützten Rechten verletzt glaubt, kann nach Erschöpfung des innerstaatlichen Rechtsweges gem. Art. 34 EMRK Individualbeschwerde einlegen. Seit dem Inkrafttreten des 11. Zusatzprotokolls am 1. Januar 1999 geschieht die Anrufung des Gerichtshofs unmittelbar durch den Beschwerdeführer, ohne dass sich zunächst die Kommission mit der Beschwerde befassen muss. Die Urteile des Gerichtshofs haben zwar keine unmittelbare Wirkung, weder auf den konkreten Fall, noch auf die Rechtslage im Inland. Der Gerichtshof kann ein nationales Urteil daher weder aufheben, noch den Rechtsstreit zurückverweisen[253]. Gem. Art. 46 EMRK haben sich die Vertragsstaaten jedoch dazu verpflichtet, in allen Rechtssachen, in denen sie Partei sind, das endgültige Urteil des Gerichtshofs zu befolgen. Wenn auch die Art und Weise der Umsetzung damit im Ermessen der Vertragsparteien liegt[254], so bedeutet die Feststellung einer Konventionsverletzung immerhin, dass der betroffene Mitgliedsstaat künftig gleiche EMRK-Verletzungen gegenüber anderen Individuen in der gleichen Situation verhindern soll[255]. Die Gerichte des betreffenden Staates müssen daher ihre Rechtsprechung in künftigen Parallelverfahren mit der Auslegung, die der Gerichtshofs den Menschenrechten gegeben hat, in Einklang bringen[256]. Im Ergebnis gilt dasselbe für die Gerichte von Mitgliedsstaaten, die am konkreten Verfahren *nicht* beteiligt waren[257]. Zwar bindet Art. 46 EMRK die Vertragsstaaten nur in den Verfahren, „in denen sie Partei sind". Sofern dies nicht der Fall ist, sind sie streng genommen nur an den Text der Konvention, nicht aber an die Rechtsprechung des Gerichtshofs gebunden[258]. Indessen setzen sich Mitgliedsstaaten, dessen oberste Richter die Auslegung des Gerichtshofs unbeachtet lassen, der Gefahr aus, nach Straßburg zitiert zu werden. In der Praxis haben die Mitgliedsstaaten der Europäischen Menschenrechtskonvention ihre Rechtsprechung aus diesem Grund oftmals den europäischen Vorgaben angeglichen[259]. Die Bedeutung der Auslegungsgrundsätze des Europäischen Gerichtshofs für Menschenrechte folgt nach alledem wenn nicht aus ihrer rechtlichen, so doch aus ihrer *faktischen* Wirkung[260].

---

[252] Vgl. EGMR, Urt. v. 20.11.1989, EuGRZ 1996, S. 302, 304 (Ziff. 27) - Markt Intern Verlag; EGMR, Urt. v. 2.5.2000, Légipresse 2000, Heft 176, S. III-174 (Ziff. 33) - Bergens Tidende; EGMR, Urt. v. 19.4.200, Az. 32686/96 (Ziff. 47) - Maronek, abrufbar unter www.echr.coe.int.

[253] Frowein/Peukert, Art. 53 Rn. 3; Villiger, Rn. 232; vgl. auch Klein, AfP 1994, S. 9,11.

[254] Vgl. Villiger Rn. 233; Callewaert in Pettiti/Decaux/Imbert, Art. 53 II A 1.

[255] Villiger, Rn. 233.

[256] Vgl. z.B. EGMR, Urt. v. 13.6.1979, EuGRZ 1979, S. 454 – Marckx; EGMR, Urt. v. 22.10.1981, EuGRZ 1983, S. 488; Frowein/Peukert, Art. 53 Rn. 6.

[257] Callewaert in Pettiti/Decaux/Imbert, Art. 53 III m.w.N.

[258] Vgl. Cass. crim. v. 3.2.1993, D. 1993, Jurisprudence, S. 515, Anm. Renucci; Cass. crim. v. 4.5.1994, D. 1995, Jurisprudence, S. 80, Anm. Renucci.

[259] Vgl. Renucci, Rn. 363; Callewaert in Pettiti/Decaux/Imbert, Art. 53 III.

[260] Ebenso Callewaert in Pettiti/Decaux/Imbert, Art. 53 III; Renucci, Rn. 363.

## II. Die Einbindung der Konventionsgrundrechte in das deutsche und französische Recht

Die EMRK ist in beiden Ländern unmittelbar anwendbar. Die Berechtigten können sich somit vor den nationalen Gerichten direkt auf die materiellen Bestimmungen der Konvention berufen.

### 1. Deutschland

In Deutschland hat die EMRK als völkerrechtlicher Vertrag den Rang eines Zustimmungsgesetzes, also eines einfachen Bundesgesetzes, vgl. Art. 59 Abs. 2 GG[261]. Daraus ergibt sich prinzipiell im Verhältnis zu kollidierendem Landesrecht, beispielsweise zu den Landespressegesetzen, ihr Vorrang und im Verhältnis zu kollidierendem einfachen Bundesrecht die Geltung der lex-posterior-Regel. Für das Verhältnis zu den aus dem Jahre 1896 stammenden zivilrechtlichen und den seit 1871 geltenden strafrechtlichen Bestimmungen zum Schutz der persönlichen Ehre bedeutet dies, dass sich die europäischen Grundrechte im Falle der Kollision durchsetzen bzw. die nationalen Bestimmungen im Einklang mit der Konvention ausgelegt werden müssen[262].

Lange Zeit wurde im deutschen Schrifttum angezweifelt, ob die Konventionsgrundrechte für den Ausgang einer gegen die Presse gerichteten Ehrenschutzklage überhaupt von Bedeutung werden können[263]. Das deutsche und das europäische Grundrechtsverständnis, so die bisherige Einschätzung, habe sich *parallel* und nicht *gegeneinander* entwickelt[264]. Dies folge schon daraus, dass das Bundesverfassungsgericht die menschenrechtskonkretisierende Auslegung des Gerichtshofs in seine Interpretation der deutschen Grundrechte einfließen lasse, um Verstöße gegen die EMRK zu vermeiden[265]. Die Schutzwirkung deutscher Grundrechte sei daher mindestens ebenso stark wie die Menschenrechtsgarantien der EMRK[266].

Diese Einschätzung läßt sich spätestens seit dem viel beachteten Urteil des Gerichtshofs vom 24. Juni 2004 in der Sache *Caroline von Hannover*[267] nicht mehr aufrecht

---

[261] BGHZ 45, 30, 34; Engel, AfP 1994, S. 1; Seidl-Hohenveldern, Rn. 592; Klein, AfP 1994, S. 9,11; Frowein in Frowein/Peukert, Einführung, Rn. 6; Löffler/Ricker, 2. Kap., Rn. 7.

[262] Nach Ansicht des Bundesverfassungsgerichts ist allerdings auch ein Gesetz, das *nach* 1955 in Kraft getreten ist, EMRK-konform auszulegen. Es sei nicht anzunehmen, „(...) dass der Gesetzgeber, sofern er dies nicht klar bekundet hat, von völkerrechtlichen Verpflichtungen der Bundesrepublik Deutschland abweichen oder die Verletzung solcher Verpflichtungen ermöglichen will“, vgl. BVerfGE 74, 358, 370.

[263] Vgl. Bullinger in Löffler, § 1 LPG, Rn. 28; Klein, AfP 1994, S. 9, 17.

[264] Bullinger in Löffler, § 1 LPG, Rn. 28; Tomuschat in Isensee/Kirchhof, Bd. VII, § 172, Rn. 73; speziell in Bezug auf Art. 5 GG und Art. 10 EMRK: Klein, AfP 1994, S. 9, 17.

[265] Vgl. BVerfGE 74, 358, 370; Engel, AfP 1994, S. 1; vgl. Klein, AfP 1994, S. 9, 11; Löffler/Ricker, 5. Kap, Rn. 5.

[266] Frowein in Isensee/Kirchhof, Bd. VII, § 180, Rn. 7.

[267] EGMR, Urt. v. 24.6.2004, NJW 2004, S. 2647, 2650 (Ziff. 65) – Caroline von Hannover.

erhalten. Mit ihrem Feldzug gegen die Veröffentlichung von Fotos, auf denen sie bei privaten Handlungen in der Öffentlichkeit zu sehen war, etwa beim Einkauf, beim Radfahren, beim Reiten oder im mondänen Beach Club von Monte Carlo, hatte die Prinzessin die deutsche höchstrichterliche Rechtsprechung zur Klärung wesentlicher Rechtsfragen veranlasst. Auf nationaler Ebene scheiterte die Beschwerdeführerin an dem medienfreundlichen Kurs des Bundesverfassungsgerichts, das die Rechte vor allem der Boulevardpresse in seinem Urteil vom 15. Dezember 1999 weiter stärkte[268]. Das als „Magna Charta der Bildberichterstattung"[269] gefeierte Urteil wurde dem Gerichtshof zur Prüfung vorgelegt. Dieser gelangte vier Jahre später zu der Entscheidung, das Urteil des Bundesverfassungsgerichts verstoße gegen das Recht auf Achtung des Privatlebens aus Art. 8 EMRK. Zerstört war damit die Illusion, deutsches und europäisches Verfassungsrecht ergänzten einander harmonisch[270]. Seitdem mag zwar der Gang nach Straßburg für Medienverantwortliche, die wegen der Veröffentlichung ehrverletzender Publikationen verurteilt werden, in der Praxis nicht mehr bieten als eine „letzte Hoffnung für Querulanten"[271]; aus Sicht der *Opfer* persönlichkeitsverletzender Publikationen bietet die Rechtsprechung des Gerichthofs indessen eine wertvolle Auslegungshilfe für die Bestimmung von Inhalt und Reichweite der Persönlichkeitsrechte, insbesondere des Rechts auf Achtung des Privatlebens[272].

## 2. Frankreich

Mit seiner - vergleichsweise späten - Entscheidung für ein Individualbeschwerdeverfahren vor dem Straßburger Gerichtshof[273] hat Frankreich die für natürliche Personen *einzige* Möglichkeit geschaffen, eine spezifische Verletzung von Grundrechten zu rügen[274]. Obwohl der Rang der EMRK gem. Art. 55 Verf. *unterhalb* der *droits fondamentaux* anzusiedeln ist[275], kann die Berufung auf die europäischen Grundrechte den Ausgang eines Rechtsstreits daher stärker beeinflussen als der Verweis auf die Men-

---

[268] BVerfG, NJW 2000, 1021 – Caroline von Monaco.

[269] Soehring/Seelmann-Eggebert, NJW 2000, S. 2466, 2467; Heldrich, NJW 2004, S. 2634.

[270] Ohly, GRUR Int. 2004, S. 902, 903.

[271] Vgl. Engel, AfP 1999, S. 1.

[272] Vgl. ausführlich zu den Auswirkungen der Entscheidung des Gerichtshof auf die forensische Praxis in Deutschland: Mann, NJW 2004, 3220; allgemein zur Berücksichtigung der Entscheidungen des EGMR durch deutsche Gerichte: BVerfG, NJW 2004, 3407.

[273] Anders als in Deutschland, wo die EMRK bereits im Jahre 1955 in Kraft trat, wurde sie in Frankreich erst im Jahre 1974 ratifiziert. Die Möglichkeit zur Individualbeschwerde besteht erst seit Oktober 1981, vgl. Israel, S. 183; Auvret in Blin/Chavanne/Drago/Boinet, 20/17; Robert/Duffar, S. 93.

[274] Vgl. Robert/Duffar, S. 89, 93; Cohen-Jonathan, revue trimstrielle de droit européen 1987, no 2, S. 255, 256.

[275] Vgl. C.C. No. 74-54 v. 15.1.1975 – *loi relative à l'interruption volontaire de grossesse*; C.C. No. 91-294 v. 25.7.1991 – *convention d'application de l'accord de Schengen*; Turpin, Libertés publiques, S. 55. Andererseits steht sie - anders als im deutschen Recht - *über* den einfachen Gesetzen, vgl. dazu Israel, S. 184; Robert/Duffar, S. 96; Cohen-Jonathan, revue trimestrielle de droit européen 1987, no 2, S. 255, 256

schenrechtserklärung von 1789[276]. Soweit nämlich ein letztinstanzlich zuständiges Zivilgericht bei der Anwendung und Auslegung einfachen Rechts gegen die *nationalen* Grundrechte verstößt, kann diese Entscheidung mit Rechtsmitteln nicht mehr angefochten werden[277]. Hat das Gericht demgegenüber die Reichweite der Konventionsgrundrechte verkannt, so kann der Einzelne den Straßburger Gerichtshof schon nach Erschöpfung des zivilgerichtlichen Verfahrens anrufen. Anders als in Deutschland, wo diese Aufgabe dem Bundesverfassungsgericht zukommt[278], obliegt es somit den letztinstanzlich zuständigen Zivilrichtern, rechtskräftige konventionswidrige Enscheidungen und damit das Risiko eines imageschädigenden Verfahrens vor dem Gerichtshof zu vermeiden. Diese sind sich ihrer Verantwortung wohl bewusst und haben sich schon früh - und seitdem in ständiger Rechtsprechung - auf die europäischen Menschenrechte berufen[279]. Anders als in Deutschland gibt es vor allem im Presserecht unzählige Urteile, in denen die Bedeutung des europäischen Grundrechts auf Meinungsfreiheit aus Art. 10 EMRK ausdrücklich betont wird[280].

## B. Der Schutz der Meinungsfreiheit und der persönlichen Ehre in der EMRK und der Rechtsprechung des Gerichtshofs

Für das hier relevante Spannungsverhältnis zwischen der Meinungsfreiheit der Presse und dem Recht der persönlichen Ehre trifft die EMRK eine ähnliche Gewichtung wie das deutsche und das französische Verfassungsrecht. Während die Meinungsfreiheit gem. Art. 10 EMRK den Rang eines Menschenrechts einnimmt (I), ist der Ehrenschutz auch hier nicht als eigenständiges Grundrecht ausgestaltet (II). Daraus folgt naturgemäß eine Rechtsprechung, die die Belange der Presse deutlich stärker schützt als die Interessen derjenigen, die durch herabsetzende Medienveröffentlichungen in ihren Persönlichkeitsrechten verletzt wurden (III).

### I. Die Meinungsfreiheit

Die EMRK schützt die Meinungsfreiheit der Presse nicht ausdrücklich, sondern als Bestandteil des für jedermann geltenden Rechts zur freien Rede. Gemäß Art. 10 Abs. 1 EMRK hat jeder

---

[276] Vgl. Auvret in Blin/Chavanne/Drago/Boinet, 20/35.

[277] Wie oben bereits erwähnt wurde, vgl. oben A II, ist ein mit der Verfassungsbeschwerde vergleichbares Individualbeschwerdeverfahren im französischen Verfassungsrecht nicht vorgesehen

[278] Vgl. Frowein in Frowein/Peukert, Art. 26 Rn. 9f.

[279] Robert/Duffar, S. 96; Israel, S. 184; Auvret, L´évolution matériel de la presse, S. 26; vgl. zu den frühen Entscheidungen z.B. CA de Paris v. 8.6.1971, A.F.D.I. 1972, S. 932, Anm. J.F. Lachaume.

[280] Vgl. nur Cass. crim. v. 11.7.1995, D. 1997, som. com., S. 70; CA de Paris v. 18.9. 1997, D. 1998, som. com., S. 83; TGI de Paris, 10.9.1996, Gaz. Pal. 1997, Jurisprudence, S. 325; CA de Rouen v. 17.2.1997, D. 1998, som. com., S. 84; CA de Paris v. 17.9.1997, D. 1998, som. com. , S. 432; CA de Paris v. 18.9.1997, D. 1998, som. com. , S. 83, bestätigt durch Cass. crim. No. 810 v. 20.2.2001 (bisher unveröffentlicht).

„(...) Anspruch auf freie Meinungsäußerung. Dieses Recht schliesst die Freiheit der Meinung und die Freiheit zum Empfang und zur Mitteilung von Nachrichten oder Ideen ohne Eingriffe öffentlicher Behörden und ohne Rücksicht auf Landesgrenzen ein (...) "[281].

Ähnlich den deutschen und französischen Verfassungsrichtern hat auch der Europäische Gerichtshof die Bedeutung des Rechtes auf freie Meinungäußerung als „Grundpfeiler einer demokratischen Gesellschaft"[282] immer wieder betont. Dies gelte insbesondere im Hinblick auf die Presse, die der Öffentlichkeit eines der besten Mittel biete „(...) die Ideen und Einstellungen ihrer politischen Führer herauszufinden und sich eine Meinung darüber zu bilden"[283]. Aus dieser Funktion folge die „hervorragende Rolle"[284] der Presse, die die unverzichtbare Rolle des „öffentlichen Wachhunds" übernehme[285].

Die Reichweite der Meinungsfreiheit im Sinne des Art. 10 EMRK wird - wie in Deutschland, aber anders als in Frankreich - nicht nur durch die Schranken, sondern bereits auf der Ebene des Schutzbereichs bestimmt.

## 1. Schutzbereich

Der Schutzbereich des Art. 10 Abs. 1 EMRK ist grundsätzlich weit auszulegen[286]. In persönlicher Hinsicht kann sich „jedermann", also auch eine im Pressewesen tätige Person, auf das Recht zur freien Rede berufen. In sachlicher Hinsicht werden von Art. 10 Abs. 1 EMRK sowohl Tatsachenbehauptungen als auch Werturteile erfasst[287]. Die Mitteilungen können publizistisch wertvoll sein, aber auch rein kommerzielle[288] Zwecke verfolgen. Nicht nur Informationen, die positiv aufgenommen werden, sondern auch solche, die den Staat oder einen Teil der Bevölkerung verletzen, schockieren

---

281 Im französischen Originalwortlaut: *„Toute personne a droit à la liberté d'expression. Ce droit comprend la liberté d'opinion et la liberté de recevoir ou de communiquer des informations ou des idées sans qu'il puisse y avoir ingérence d'autorités publiques et sans considération de frontière (...)"*.
282 EGMR, Urt. v. 26.4.1979, EuGRZ 1979, S. 386, 390 - Sunday Times.
283 EGMR, Urt. v. 23.4.1992, ÖJZ 1992, S. 803, 805 (Ziff. 43) - Castells; EGMR, Urt. v. 8.7.1986, EuGRZ 1986, S. 424, 428 (Ziff. 42) - Lingens; EGMR, Urt. v. 23.5.1991, EuGRZ 1991, S. 216, 222 (Ziff. 58) – Oberschlick.
284 EGMR, Urt. v. 25.6.1992, ÖJZ 1992, S. 810, 813 (Ziff. 63) – Thorgeirson; EGMR, Urt. v. 2.5.2000, Légipresse 2000, Heft 176, S. III-174 (Ziff. 49) - Bergens Tidende.
285 Vgl. EGMR, Urt. v. 23.9.1994, ÖJZ 1995, S. 229 (Ziff. 35) – Jersild; EGMR, Urt. v. 2.5.2000, Légipresse 2000, Heft 176, S. III-174 (Ziff. 49) - Bergens Tidende; EGMR, Urt. v. 25.6.2002, Az. 51279/99 (Ziff. 55) - Colombani, abrufbar unter www.echr.coe.int.
286 Cohen-Jonathan in Pettiti/Decaux/Imbert, Art. 10, I A 2 a (S. 370).
287 Cohen-Jonathan in Pettiti/Decaux/Imbert, Art. 10, I A 2 a (S. 370); Klein, AfP 1994, S. 13; Frowein in Frowein/Peukert, Art. 10 Rn. 5.
288 EGMR, Urt. v. 25.3.1985; EuGRZ 1985, S. 170 (Ziff. 42) - Barthold; EGMR, Urt. v. 28.3.1990, EuGRZ 1990, S. 255 (Ziff. 54 f.) – Groppera; Cohen-Jonathan in Pettiti/Decaux/Imbert, Art. 10, I A 2 a (S. 372); Villiger, Art. 10 Rn. 613 f.

oder beunruhigen, fallen unter Art. 10 Abs. 1 EMRK[289]. Auch ein gewisses Maß an Übertreibung, ja sogar an Provokation kann zulässig sein[290]. Überschritten ist diese Grenze jedoch bei Äußerungen rassistischer Natur. Anders als im deutschen Recht werden diese schon vom Schutzbereich der Meinungsfreiheit nicht erfasst[291]. Wie Art. 5 Abs. 1 S. 1 GG schützt auch Art. 10 Abs. 1 EMRK nicht nur den Inhalt der geäußerten Ideen und Nachrichten, sondern auch die Form, in der sie vermittelt werden[292]. Die von den Journalisten gewählte Technik der Berichterstattung, beispielsweise die Veröffentlichung einer Strafanzeige[293] oder die Wiedergabe eines Interviews[294], darf daher bei der Abwägung nicht zu ihren Lasten berücksichtigt werden. Auch die Benutzung polemischer Ausdrücke hat der Gerichtshof unter diesem Aspekt als zulässig angesehen[295].

## 2. Schranken

Größer als beim Schutzbereich der Meinungsfreiheit, der sowohl in Deutschland und Frankreich, als auch auf europäischer Ebene grundsätzlich *weit* auszulegen ist, sind die Unterschiede der grundrechtlichen Gewährleistungen auf der Ebene der Schranken. Art. 10 Abs. 2 EMRK lautet wie folgt:

„Da die Ausübung dieser Freiheiten Pflichten und Verantwortung mit sich bringt, kann sie bestimmten, vom Gesetz vorgesehenen Formvorschriften, Bedingungen, Einschränkungen oder Strafdrohungen unterworfen werden, wie sie *vom Gesetz vorgeschrieben* und *in einer demokratischen Gesellschaft im Interesse* der nationalen Sicherheit, der Aufrechterhaltung der Ordnung und der Verbrechensverhütung, des Schutzes der Gesundheit und der Moral, *des Schutzes des guten Rufes oder der Rechte anderer*, um die Verbreitung von vertraulichen Nachrichten zu verhindern oder das Ansehen und die Unparteilichkeit der Rechtsprechung zu gewährleisten, *notwendig* sind“[296].

---

[289] St. Rspr. vgl. EGMR, Urt. v. 7.12.1976, EuGRZ 1977, S. 38, 42 (Ziff. 49) - Handyside; EGMR, Urt. v. 25.6.1992, ÖJZ 1992, S. 810, 813 (Ziff. 63) - Thorgeirson; EGMR, Urt. v. 2.5.2000, Légipresse 2000, Heft 176, S. III-174 (Ziff. 48) - Bergens Tidende.

[290] EGMR, Urt. v. 22.3.1995, Az. 15974/90 (Ziff. 38) - Prager/Oberschlick, EGMR, Urt. v. 21.1.1999, Az. 29183/95 (Ziff. 45) – Fressoz/Roire, jeweils abrufbar unter www.echr.coe.int.

[291] EGMR, Urt. v. 23.9.1994, ÖJZ 1995, S. 227, 229 (Ziff. 33-35) - Jersild. Im Ergebnis dürfte dies jedoch keine *restriktivere* Handhabung der Meinungsfreiheit zur Folge haben. Denn auch nach deutschem Recht ist davon auszugehen, dass rassistische Äußerungen als unzulässige *Schmähungen* auf der Ebene der Abwägung immer hinter das Recht der persönlichen Ehre zurücktreten.

[292] EGMR, Urt. v. 23.9.1994, ÖJZ 1995, S. 227, 228 (Ziff. 31) - Jersild; EGMR, Urt. v. Urt. v. 23.5.1991, EuGRZ 1991, S. 216, 222 - Oberschlick (Ziff. 57).

[293] EGMR, Urt. v. Urt. v. 23.5.1991, EuGRZ 1991, S. 216, 222 - Oberschlick (Ziff. 57).

[294] EGMR, Urt. v. 23.9.1994, ÖJZ 1995, S. 227, 228 (Ziff. 31) - Jersild.

[295] EGMR, Urt. v. 25.5.1997, Az. 20834/92 (Ziff. 33) - Oberschlick No. 2, abrufbar unter www.echr.coe.int.

[296] Im französichen Originalwortlaut: *„L'exercice de ces libertés comportant des devoirs et des responsabilités peut être soumis à certaines formalités, conditions, restrictions ou sanctions, prévues*

Aus diesem Text hat der Gerichtshof sowohl formelle als auch materielle Beschränkungen der Meinungsfreiheit abgeleitet.

### a. Formelle Schranken

Die formellen Schranken hat der Gerichtshof dem Tatbestandsmerkmal „vom Gesetz vorgeschrieben" entnommen. Daraus folgert er zweierlei. Einerseits muss das die Grundrechte einschränkende Gesetz ausreichend zugänglich sein; der Bürger soll in hinreichender Weise erkennen können, welche rechtlichen Vorschriften auf einen gegebenen Fall anwendbar sind[297]. Das zweite Erfordernis betrifft den menschenrechtlichen Bestimmtheitsgrundsatz[298]. Eine Norm kann nicht als „Gesetz" im Sinne des Art. 10 Abs. 2 EMRK angesehen werden,

> „(...) wenn sie nicht so präzise formuliert ist, dass der Bürger sein Verhalten danach einrichten kann: Dieser muss - gegebenenfalls aufgrund entsprechender Beratung - in der Lage sein, die Folgen eines bestimmten Verhaltens mit einem den Umständen entsprechenden Grad an Gewissheit zu erkennen"[299].

Diese Voraussetzungen liegen immer dann vor, wenn zu einem Gesetz, das durch „vage Begriffe"[300] gekennzeichnet ist, eine „klare und beständige" ständige Rechtsprechung vorliegt, die in der Literatur ausreichend kommentiert worden ist[301].

### b. Materielle Schranken

In materieller Hinsicht enthält Art. 10 Abs. 2 EMRK - anders als Art. 5 Abs. 2 GG und Art. 11 MBRE - keine generalklauselartige Schrankenregelung, sondern abschließend

---

*par la loi, qui constituent des mesures nécessaires, dans une société démocratique, à la sécurité nationale, à l'intégrité territoriale ou à la sûreté publique, à la défense de l'ordre et à la prévention du crime, à la protection de la santé ou de la morale, à la protection de la réputation ou des droits d'autrui, pour empêcher la divulgation d'informations confidentielles ou pour garantir l'autorité et l'impartialité du pouvoir judiciaire".*

[297] EGMR, Urt. v. 26.4.1979, EuGRZ 1979, S. 386, 387 - Sunday Times; Klein, AfP 1994, S. 9, 13.

[298] Engel, AfP 1994, S. 1, 2; dieser Grundsatz folgt auch aus Art. 6 und 7 EMRK.

[299] EGMR, Urt. v. 26.4.1979, EuGRZ 1979, S. 386, 387 – Sunday Times; Klein, AfP 1994, S. 9, 13.

[300] Als solche bezeichnete der Gerichtshof den Ausdruck „gute Sitten" in § 1 UWG, vgl. EGMR, Urt. v. 20.11.1989, EuGRZ 1996, Urt. v. 20.11.1989, S. 302, 305 - Markt Intern Verlag.

[301] EGMR, Urt. v. 20.11.1989, EuGRZ 1996, S. 302, 305 - Markt Intern Verlag. Im französischen Recht haben die Anforderungen an die Bestimmtheit des die Meinungsfreiheit einschränkenden Gesetzes dazu geführt, dass die Vorschriften zur Veröffentlichung von Prozessakten vor ihrer Verlesung (Art. 38 Abs. 3 des Gesetzes vom 29. Juli 1881) geändert werden mussten. Damit wurde eine Entscheidung der *Cour de cassation* (No. 810 v. 20.2.2001 - bisher unveröffentlicht) umgesetzt, in der die oberste Strafkammer im Einklang mit der *Cour d'appel de Paris* (CA de Paris v. 18.9.1997, D. 1998, som. com. , S. 83, Anm. Dupeux) die Formulierung des Art. 38 Abs. 3 aF. als „ausweichend und widersprüchlich" und insoweit mit Art. 10 Abs. 2 EMRK unvereinbar gewertet hatte; vgl. dazu Louvet, Légipresse 2000, Heft 177, S. II, 144, 142.

aufgezählte materielle Ziele, deren Anwendungsbereich nach ständiger Rechtsprechung eng auszulegen ist[302]. Praktische Unterschiede für die Beschränkung der Meinungsfreiheit zum Schutze anderer Rechtsgüter ergeben sich hieraus jedoch nicht. Die Eingriffsziele des Art. 10 Abs. 2 EMRK sind weit gefasst. Es bestehen daher keine Schwierigkeiten, einen Eingriff einem dieser Ziele zuzuordnen[303]. Speziell für ehrverletzende Äußerungen kommen die sich überschneidenden Einschränkungsgründe Schutz des „guten Rufes" oder der „Rechte anderer" zur Anwendung[304].

Die maßgebliche Weichenstellung erfolgt in nahezu allen Fällen bei der Prüfung der Frage, ob die Beschränkung der Meinungsfreiheit, wie von Art. 10 Abs. 2 EMRK gefordert, „in einer demokratischen Gesellschaft notwendig" ist[305]. Bei der Beurteilung dieser Frage haben die Vertragsstaaten einen weiten Ermessenspielraum, der dennoch einer europäischen Kontrolle unterliegt[306]. Danach ist die Einschränkung „notwendig" im Sinne des Art. 10 Abs. 2 EMRK, wenn für sie ein „dringendes soziales Bedürfnis besteht", das vom Staat überzeugend darzulegen ist[307]. Außerdem muss die Beschränkung verhältnismäßig, d.h. zur Erreichung der Eingriffsziele geeignet sein und keine unakzeptable Belastung darstellen[308]. Eine strikte Erforderlichkeitsprüfung wird hingegen nicht durchgeführt. Das Adjektiv „notwendig" im Sinne von Art. 10 Abs. 2 EMRK bedeutet nicht, dass die einschränkende Maßnahme zur Erreichung des Eingriffsziels „unbedingt erforderlich" sein muss[309]. Es ist daher unbeachtlich, ob ein milderes Mittel zur Verfügung steht[310].

## II. Der Ehrenschutz

Das Recht der persönlichen Ehre findet in der EMRK ausdrücklich nur in Art. 10 Abs. 2 EMRK unter dem Stichwort „Schutz des guten Rufes" Erwähnung. Die Ausgangslage ist also mit dem Grundgesetz vergleichbar. Dennoch rechtfertigt - anders als im deutschen Recht - nicht schon die Nennung des „guten Rufes" in den Schranken der Meinungsfreiheit die Annahme, das Spannungsverhältnis zwischen Meinungsfreiheit und Ehrenschutz sei ein Konflikt zwischen *gleichrangigen* bzw. *nahezu gleichrangi-*

---

302 Vgl. nur EGMR, Urt. v. 12.7.2001, Az. 29032/95 (Ziff. 72) – Feldek, abrufbar unter www.echr.coe.int.
303 Klein, AfP 1994, S. 9, 13.
304 Frowein in Frowein/Peukert, Art. 10 Rn. 32, 33.
305 Klein, AfP 1994, S. 9, 13.
306 EGMR, Urt. v. 8.7.1986, EuGRZ 1986, S. 424, 427 (Ziff. 39) - Lingens; EGMR, Urt. v. 2.5.2000, Légipresse 2000, Heft 176, S. III-174 (Ziff. 48) - Bergens Tidende; Coussirat-Coustere in Petti-ti/Decaux/Imbert, Art. 10 § 2, II C (S. 415).
307 EGMR, Urt. v. 25.6.1992, ÖJZ 1992, 810, 813 (Ziff. 63) - Thorgeirson; EGMR, Urt. v. 2.5.2000, Légipresse 2000, Heft 176, S. III-174 (Ziff. 48) - Bergens Tidende.
308 EGMR, Urt. v. 2.5.2000, Légipresse 2000, Heft 176, S. III-174 (Ziff. 48) - Bergens Tidende; Klein, AfP 1994, S. 9, 14.
309 EGMR, Urt. v. 7.12.1976, EuGRZ 1977, 38, 41(Ziff. 48) - Handyside.
310 Ebenso Klein, AfP 1994, S. 9, 14; a.A. Villiger, Art. 10 Rn. 594.

*gen* Rechtsgütern[311]. Die Systematik des Art. 10 Abs. 2 EMRK unterscheidet sich erheblich von der des Art. 5 Abs. 2 GG. Im Grundgesetz geht aus der Bezeichnung der persönlichen Ehre als eigenständiges „Recht" hervor, dass dieses Schutzgut im Verfassungsgefüge ein gegenüber den anderen Schranken des Art. 5 Abs. 2 GG - den „allgemeinen Gesetze" und den „gesetzlichen Bestimmungen zum Schutze der Jugend" - besonderen, da *anderen* Rang einnimmt. Aufgrund dieser Sonderstellung erscheint es gerechtfertigt, die persönliche Ehre als „Verfassungsrechtsgut" zu bezeichnen[312]. Aus Art. 10 Abs. 2 EMRK lässt sich demgegenüber eine Privilegierung des Ehrenschutzes *nicht* entnehmen. Hier werden alle Beschränkungsziele in derselben Weise erwähnt. Nähme der „gute Ruf" im Sinne des Art. 10 Abs. 2 EMRK denselben verfassungsrechtlichen Rang ein wie die Meinungsfreiheit aus Art. 10 Abs. 1 EMRK, so müsste dies auch für alle anderen Schutzgüter des Art. 10 Abs. 2 EMRK gelten. Dadurch würde aber das Recht der freien Meinungsäußerung in einer Weise relativiert, die zu der vom Gerichtshof hervorgehobenen besonderen Bedeutung der Presse bzw. der Meinungsfreiheit im Widerspruch steht. Die Straßburger Richter gehen denn auch davon aus, dass es im Falle der Kollision zwischen der Meinungsfreiheit und dem Schutz der Beschränkungsziele des Art. 10 Abs. 2 nicht um eine Entscheidung „(...) zwischen zwei widerstreitenden Grundsätzen" geht, sondern (nur) um den „(...) Grundsatz der freien Meinungsäußerung (...), der einer Reihe von Ausnahmeregelungen unterliegt, die eng auszulegen sind"[313].

Wie im französischen Verfassungsrecht ist indessen die persönliche Ehre auch in der EMRK insoweit *grundrechtlich* geschützt, wie sie mit der Menschenrechtsgarantie des Privat- und Familienlebens zusammenfällt[314]. Art. 8 Abs. 1 1. Alt EMRK soll dem Einzelnen eine Sphäre sichern, in der er die Entwicklung und Erfüllung seiner Person anstreben kann[315]. Fraglich ist, ob hieraus - wie in Deutschland aus dem allgemeinen Persönlichkeitsrecht - ein Bestimmungsrecht über die eigene Darstellung abgeleitet werden kann, das sich neben der Berichterstattung über *private* auch auch auf die Darstellung *öffentlicher* Angelegenheiten erstreckt[316]. Zumindest die Europäische Kommission für Menschenrechte ist in einer Entscheidung vom 16. Oktober 1985 von einer

---

[311] So aber das TGI de Paris v. 13.10.1997, Gaz. Pal. 1997, Jur., S. 590.

[312] Vgl. dazu oben 2. Kap. B I 2.

[313] EGMR, Urt. v. 26.4.1979, EuGRZ 1979, S. 386, 390 - Sunday Times; vgl. speziell zum Spannungsverhältnis zwischen Meinungsfreiheit und dem Schutz des „guten Rufes anderer": EGMR, Urt. v. 19.4.200, Az. 32686/96 (Ziff. 54) - Maronek, abrufbar unter www.echr.coe.int.

[314] Zwar hat es bislang noch keine Fälle gegeben, in denen der Gerichtshof zum Verhältnis zwischen dem Schutz des Privatlebens aus Art. 8 Abs. 1 1. Alt EMRK und dem Schutz des „guten Rufes" in Art. 10 Abs. 2 EMRK Stellung nehmen musste. Individualbeschwerdeverfahren, in denen sich die gerügte innerstaatliche Sanktion auf Presseveröffentlichungen bezieht, die zugleich ehrverletzend sind *und* das Privatleben betreffen, sind jedoch durchaus denkbar, vgl. zum Verhältnis zwischen diesen beiden Aspekten des Persönlichkeitsrechts auch unten 2. Teil 3. Kap. B II 2.

[315] Frowein in Frowein/Peukert, Art. 8 Rn. 3.

[316] Vgl. die knappe Erwähnung dieser Frage bei Villiger, Rn. 599; Engel, Privater Rundfunk vor der Europäischen Menschenrechtskonvention, S. 304 und Klein, AfP 1994, S. 9, 16, jeweils ohne näheren Ausführungen.

*weiten* Auslegung des Rechtes auf Achtung des Privat- und Familienlebens ausgegangen. Anlässlich eines schwedischen Urteils, in dem eine vom Kläger beanstandete Pressepublikation für rechtmäßig gehalten wurde, ging die Kommission ihrerseits davon aus, die angegriffene Entscheidung verkenne die Reichweite des Art. 8 Abs. 1 1. Alt EMRK[317]. Bezeichnend ist, dass die streitgegenständliche Veröffentlichung Informationen über den betrügerischen Verkauf von Teppichen und Musikinstrumenten enthielt - Mitteilungen also, die eher den öffentlichen als den privaten Lebensbereich betreffen. Demgegenüber hat sich der Gerichtshof in der Rechtssache *Lingens* ausdrücklich *gegen* eine solche Ausdehnung des Art. 8 Abs. 1 1. Alt EMRK ausgesprochen. Dem österreichischen Bundeskanzler *Kreisky*, dem in einer Wiener Tageszeitung wegen eines verbalen Angriffs auf *Simon Wiesenthal* „übelster Opportunismus" und „unmoralisches, ja würdeloses" Verhalten vorgeworfen worden war, wurde ein Rückgriff auf sein Recht auf Achtung des Privatlebens aus Art. 8 Abs. 1 1. Alt EMRK ausdrücklich versagt. Den Grund hierfür sah das Gericht - zu Recht - darin, dass sich die inkriminierten Äußerungen *Lingens'* auf „(...) *öffentliche* Angriffe *Kreiskys* gegen *Wiesenthal* sowie auf *Kreiskys Einstellung als Politiker* zum Nationalsozialismus" bezogen habe[318]. Entscheidendes Kriterium war also, dass der streitgegenständliche Artikel das *Privat*leben des Bundeskanzlers unberührt ließ.

Wie in Frankreich ist nach alledem auch auf europäischer Ebene davon auszugehen, dass das Recht auf Achtung des Privat- und Familienlebens keinen Schutz vor ehrverletzenden Äußerungen bietet, die sich auf das *öffentliche* Leben einer Person beziehen[319]. Eine Verstärkung ihrer rechtlichen Stellung garantiert die EMRK den Opfern ehrverletzender Publikationen nur dort, wo die beanstandeten Äußerungen zugleich ihren privaten Lebensbereich betreffen.

## III. Die Abwägung zwischen der Meinungsfreiheit der Presse und dem Recht der persönlichen Ehre in der Rechtsprechung des Gerichtshofs

Die Rechtsprechung des Gerichtshofs zum Spannungsverhältnis zwischen der Meinungsfreiheit der Presse und dem Schutz der persönlichen Ehre hat zunehmend an Kontur gewonnen. Vor allem im Laufe der letzten zehn Jahre haben sich einzelne Fallgruppen bzw. Vorzugsregeln herausgebildet, die zur Vereinheitlichung der Spruchpraxis beitragen und die Vorhersehbarkeit der Entscheidungen aus Straßburg zumindest ansatzweise gewährleisten. Im folgenden werden die wichtigsten Leitlinien dargestellt.

---

[317] Vgl. EKMR, No. 11366/85 v. 16.10.1985, DR 50, S. 173, 175.
[318] EGMR, Urt. v. 8.7.1986, EuGRZ 1986, S. 424, 428 (Ziff. 38) - Lingens.
[319] Ebenso: Kayser, La protection de la vie privée par le droit, Rn. 10: *„Elle [l'honneur] n'est pas ainsi limitée à la vie privée; elle s'étend aux activités publiques".*

### 1. Art und Intensität des Informationsinteresses

Wie das Bundesverfassungsgericht betont auch der Gerichtshof den Vorrang der freien politischen Auseinandersetzung vor den Reputationsinteressen der an ihr Beteiligten. Die Grenzen zulässiger Kritik sind besonders weit gesteckt, wenn die inkriminierten Äußerungen „Angelegenheiten von öffentlichem Interesse" berühren[320]. Dies gilt in erster Linie für Beiträge zu politischen Diskussionen[321]. Hier dürfen die Gerichte die Meinungsfreiheit nur aufgrund besonders dringender Gründe einschränken[322]. Privilegiert werden auch Beiträge zu anderen Angelegenheiten von öffentlichem Interesse, so zum Beispiel zu Vorgängen, die für die öffentliche Gesundheit von Bedeutung sind[323] oder, vor dem Hintergrund eines innerbetrieblichen Konflikts über erhöhte Lohnforderungen, die Veröffentlichung des vom Vorstandsvorsitzenden bezogenen Gehalts[324].

Anders als das Bundesverfassungsgericht, das mit seiner „Vermutung" zugunsten der freien Rede im Falle von Fragen, die die Öffentlichkeit stark interessieren, Abwägungsprobleme künstlich verkürzt[325], nimmt der Gerichtshof auch in sensiblen Bereichen der Presseberichterstattung eine umfassende Analyse der inkriminierten Äußerungen vor. Er prüft die gerügten Gerichtsentscheidungen nach ständiger Rechtsprechung auch dann

> „(...) im Lichte des Gesamtzusammenhangs, einschließlich der Veröffentlichung des Beschwerdeführers und der Umstände, unter welchen sie verfasst wurde"[326],

wenn sich die streitgegenständlichen Publikationen auf Angelegenheiten von öffentlichem Interesse beziehen. Im Ergebnis hindert dieses Vorgehen den Gerichtshof freilich nicht, die Grenzen zulässiger Kritik vergleichsweise weit zu stecken. Dies gilt insbesondere dann, wenn die Pressepublikationen das Privatleben der Betroffenen unberührt lassen.

---

[320] EGMR, Urt. v. 25.6.1992, ÖJZ 1992, 813, 813 (Ziff. 63) - Thorgeirson; EGMR, Urt. v. 25.5.1997, Az. 20834/92 (Ziff. 29) - Oberschlick No. 2, abrufbar unter www.echr.coe.int; EGMR, Urt. v. 2.5.2000, Légipresse 2000, Heft 176, S. III-174 (Ziff. 49) - Bergens Tidende.

[321] EGMR, Urt. v. 25.6.1992, ÖJZ 1992, 813, 813 (Ziff. 63) - Thorgeirson; EGMR, Urt. v. 25.5.1997, Az. 20834/92 (Ziff. 29) - Oberschlick No. 2, abrufbar unter www.echr.coe.int.

[322] EGMR, Urt. v. 12.7.2001, Az. 29032/95 (Ziff. 83) – Feldek, abrufbar unter www.echr.coe.int.

[323] Vgl. für einen kritischen Bericht über die Fähigkeiten eines plastischen Chirurgen, EGMR, Urt. v. 2.5.2000, Légipresse 2000, Heft 176, S. III-174 (Ziff. 49) - Bergens Tidende.

[324] EGMR, Urt. v. 21.1.1999, Az. 29183/95 (Ziff. 50) – Fressoz/Roire, abrufbar unter www.echr.coe.int.

[325] Vgl. dazu oben 2. Kap. A III 2.

[326] St. Rspr. , vgl. EGMR, Urt. v. 8.7.1986, EuGRZ 1986, S. 424, 428 (Ziff. 40) – Lingens; EGMR, Urt. v. 23.5.1991, EuGRZ 1991, S. 216, 222 (Ziff. 60) - Oberschlick; EGMR, Urt. v. 24.6.1992, Az. 13704/88 (Ziff. 29) - Schwabe; EGMR, Urt. v. 22.2.1989, Az. 11508/85 (Ziff. 28) - Barfod; vgl. auch Tettinger, S. 41.

Eine Verletzung von Art. 10 Abs. 1 EMRK erblickte der Gerichtshof etwa in der strafrechtlichen Verurteilung des isländischen Schriftstellers *Thorgeirson*, der in einer Zeitung einen kritischen Artikel über die Vorgehensweise der Polizei veröffentlicht hatte und die Polizisten darin als „wilde Bestien in Uniform", als „Scheusale und Sadisten" bezeichnet hatte, die „ihre Perversionen" auslebten und deren Verhalten bei ihrer Selbstverteidigung durch „Einschüchtern, Fälschen" und „unrechtmäßiges Handeln" gekennzeichnet sei[327]. Zwar räumten die Richter ein, dass es sich hier um „besonders harte" Ausdrücke handele[328]; diese seien jedoch, da sie sich auf eine Angelegenheit „ernsthaften öffentlichen Interesses" bezogen, nicht als „exzessiv" zu werten[329].

In seinem *Caroline*-Urteil vom 24. Juni 2004 hat der Gerichtshof erstmals diejenigen Fragen näher umrissen, die von vornherein *ungeeignet* sind, die Öffentlichkeit zu interessieren. Die Veröffentlichung von Fotos, auf denen die Prinzessin beim Einkauf, beim Radfahren, beim Reiten oder im Beach Club von Monte Carlo zu sehen war, wolle nur „die Neugier eines bestimmten Publikums" über das Privatleben der Prinzessin befriedigen und könne trotz deren hohen Bekanntheitsgrades „nicht als Beitrag zu irgendeiner Diskussion von allgemeinem Interesse für die Gesellschaft" angesehen werden[330]. Im deutschen Schrifttum wurde vor einer undifferenzierten Verallgemeinerung dieser Rechtsprechung zu Recht gewarnt. Die Einschränkung, die sich für das Grundrecht der Pressefreiheit aus der Entscheidung des Gerichthofs vom 24. Juni 2004 ergebe, sei nicht so zu verstehen, dass nur noch solche Berichte einen Beitrag zu einer Diskussion in einer demokratischen Gesellschaft leisten, die sich auf Personen des politischen Lebens bei Wahrnehmung ihrer Amtsgeschäfte beziehen[331]. Dem ist zuzustimmen. Dass sich die Publikation auf Vorgänge bezieht, die mit der Wahrnehmung von Amtsgeschäften zu tun haben, erwähnt der Gerichtshof nur *beispielhaft* als Indiz dafür, dass die Berichterstattung geeignet ist, einen Beitrag zu einer Diskussion in einer demokratischen Gesellschaft zu leisten[332]. Die Straßburger Richter gestehen ausdrücklich zu, dass das Recht der Öffentlichkeit auf Informationen „auch Aspekte des Privatlebens von Personen des öffentlichen Lebens einbeziehen kann"[333]. Dies gilt, so der Gerichtshof, „insbesondere wenn es sich um Politiker handelt"[334]. Doch auch an dem Privatleben anderer Personen des öffentlichen Lebens ist ein öffentliches Interesse nicht schon von vornherein ausgeschlossen. Entscheidend ist, dass die vom Gerichtshof monierten „besonderen Umstände" vorliegen, die die Publikation - anders als die Fotos der Prinzessin *Caroline* - nicht „außerhalb jeder politischen oder öffentlichen Diskussion" erscheinen lassen[335]. Dies ist prinzipiell auch bei Personen denkbar, die,

---

[327] EGMR, Urt. v. 25.6.1992, ÖJZ 1992, 810, 811 - Thorgeirson.
[328] EGMR, Urt. v. 25.6.1992, ÖJZ 1992, 810, 813 (Ziff. 67) - Thorgeirson.
[329] EGMR, Urt. v. 25.6.1992, ÖJZ 1992, 813, 813/814 (Ziff. 67) - Thorgeirson.
[330] EGMR, Urt. v. 24.6.2004, NJW 2004, 2647, 2650 (Ziff. 65) – Caroline von Hannover; kritisch Ohly, GRUR Int. 2004, 902, 910.
[331] Mann, NJW 2004, 3220, 3221; aA. Grabenwarter, AfP 2004, 310.
[332] EGMR, Urt. v. 24.6.2004, NJW 2004, 2647, 2650 (Ziff. 63) – Caroline von Hannover.
[333] EGMR, Urt. v. 24.6.2004, NJW 2004, 2647, 2650 (Ziff. 64) – Caroline von Hannover.
[334] EGMR, Urt. v. 24.6.2004, NJW 2004, 2647, 2650 (Ziff. 64) – Caroline von Hannover.
[335] Vgl. EGMR, Urt. v. 24.6.2004, NJW 2004, 2647, 2650 (Ziff. 64) – Caroline von Hannover.

wie die Prinzessin, keinerlei öffentliches Amt bekleiden. Allerdings dürften sich in diesen Fällen die Anforderungen an die besonderen Umstände, die ein öffentliches Interesse an der betreffenden Publikation begründen, weiter verschärfen.

### 2. Adressat der Kritik

Die Grenzen zulässiger Kritik variieren ferner je nach Adressat. Am weitesten sind sie gesteckt, wenn die Regierung betroffen ist:

> „In einem demokratischen System müssen die Handlungen und Unterlassungen der Regierung einer genauen Überprüfung (...) auch durch die Presse und die öffentliche Meinung unterworfen werden“[336].

Gleiches gilt, wenn sich die Kritik nicht gegen den Staat als solchen, sondern gegen einzelne Vertreter der Regierung bzw. gegen sonstige Politiker richtet. Die Presse darf sich nicht nur über deren Ideen, sondern auch über ihre Handlungen und Haltung frei äußern[337]. Personalisierende Kritik bzw. persönliche Angriffe sind somit prinzipiell zulässig[338]. Dabei muss ein Politiker, der aufgrund seiner *öffentlichen* Funktion attakkiert wird, tendenziell die schärfste Kritik hinnehmen[339]. Er setze sich, so der Gerichtshof, „(...) unvermeidlich und wissentlich der genauen Beobachtung seiner Worte und Taten durch die Journalisten und durch die Öffentlichkeit im allgemeinen aus“[340].

Eine wichtige Rolle spielte dieses Kriterium u.a. in der dritten Entscheidung des Gerichtshofs vom 25. Juni 1997, die den österreichischen Herausgeber und Journalisten *Oberschlick* betraf. Der Beschwerdeführer hatte *Jörg Haider* in einer Zeitschrift als „Trottel“ bezeichnet und war dafür wegen Beleidigung strafrechtlich verurteilt worden. Grund für die Betitelung war eine öffentliche Rede *Haiders* gewesen, in der dieser die Ansicht äußerte, dass im zweiten Weltkrieg alle Soldaten, einschließlich jener der deutschen Wehrmacht, für den Frieden und die Freiheit gekämpft hatten und dass man daher

---

[336] Unzulässig war daher die strafrechtliche Verurteilung eines Mitglieds der baskischen Koalition, der in einem Zeitungsartikel behauptet hatte, bewaffnete Gruppen operierten bei ihren Mordangriffen in völliger Straffreiheit und die Regierung trage die Verantwortung, vgl. EGMR, ÖJZ 1992, S. 803, 806 (Ziff. 46) – Castells.

[337] Bigot, Anm. unter CA de Paris v. 22.3.1994, D. 1995, som. com. S. 274; Chavanne, Jur. Cl. Pénal, 90/123.

[338] Bigot, Anm. unter CA de Paris v. 22.3.1994, D. 1995, som. com. S. 274; Chavanne, Jur. Cl. Pénal, 90/123.

[339] EGMR, EuGRZ 1991, S. 216, 222 (Ziff. 59) - Oberschlick; EGMR, Urt. v. 24.6.1992, Az. 13704/88 (Ziff. 28) - Schwabe; EGMR, Urt. 27.2.2001, Az. 26958/95 (Ziff. 38) – Jerusalem; EGMR, Urt. v. 25.6.2002, Az. 51279/99 (Ziff. 55) - Colombani, jeweils abrufbar unter www.echr.coe.int.

[340] EGMR, EuGRZ 1986, S. 424, 428 (Ziff. 42) – Lingens; EGMR, EuGRZ 1991, S. 216, 222 (Ziff. 59) - Oberschlick; EGMR, Urt. v. 25.5.1997, Az. 20834/92 (Ziff. 29) - Oberschlick No. 2, abrufbar unter www.echr.coe.int.

nicht zwischen „guten“ und „schlechten“ Soldaten differenzieren dürfe, sondern „allen Soldaten jener Generation für die Gründung der demokratischen Gesellschaft“ dankbar sein solle[341].

Auch von Politikern, die für ihr Verhalten als *Privat*person kritisiert werden, kann ehrverletzenden Äußerungen gegenüber mehr Toleranz verlangt werden als von sonstigen Privatpersonen[342]. Dies gilt insbesondere dann, wenn das streitgegenständliche Verhalten für die Beurteilung relevant ist, ob die betroffene Person zur Ausübung des öffentlichen Amtes geeignet ist[343].

Zulässig war unter diesem Gesichtspunkt die Verteilung einer Presseerklärung an verschiedene Redaktionen, in der der Beschwerdeführer die Öffentlichkeit auf die strafrechtliche Verurteilung eines Politikers der SPÖ aufmerksam machte, die mehr als zwanzig Jahre zurücklag und bereits verbüßt worden war[344].

Umgekehrt folgt aus dem bereits erwähnten *Caroline*-Urteil vom 24. Juni 2004, dass die Meinungsfreiheit bei Berichten über Personen, die keinerlei öffentliches Amt bekleiden, tendenziell enger auszulegen ist. Artikel über Ereignisse aus deren Privatleben sind indessen nicht schon von vornherein ungeeignet, einen Beitrag zu einer Debatte von allgemeinem gesellschaftlichem Interesse zu liefern. Zu dieser Einschätzung dürfen die Gerichte nur dann gelangen, wenn auch nach der gebotenen Abwägung aller Umstände des Einzelfalles keine Gesichtspunkte erkennbar sind, die, anders als im Fall der Prinzessin *Caroline*, ein öffentliches Interesse an der betreffenden Publikation begründen[345]. Eine besonders kritische Überprüfung der Handlungen von Privatpersonen kann zum Beispiel deswegen geboten sein, weil sich diese in „die Arena der öffentlichen Auseinandersetzung“ begeben haben, so zum Beispiel, wenn sie im Bereich der Drogenpolitik aktiv sind, an öffentlichen Diskussionen teilnehmen und mit einer Partei kooperieren[346].

Restriktiv ist die Meinungsfreiheit auch dann auszulegen, wenn der Adressat der Kritik zwar ein öffentliches Amt ausübt, dies aber nicht freiwillig tut, sondern eine ihn treffende Bürgerpflicht erfüllt[347].

Eines der wenigen Urteile, in denen der Gerichtshof eine Verletzung der Meinungsfreiheit *verneinte*, betraf denn auch einen Artikel, in dem der Beschwerdeführer *Barfod* zwei Schöffenrichtern unter-

---

341 EGMR, Urt. v. 25.5.1997, Az. 20834/92 (Ziff. 8) - Oberschlick No. 2, abrufbar unter www.echr.coe.int.
342 Coussirat-Coustere in Pettiti/Decaux/Imbert, Art. 10 § 2, II C (S. 415); vgl. auch EGMR, Urt. v. 24.6.2004, NJW 2004, 2647, 2650 (Ziff. 64) – Caroline von Hannover.
343 EGMR, Urt. v. 24.6.1992, Az. 13704/88 (Ziff. 32) - Schwabe.
344 EGMR, Urt. v. 24.6.1992, Az. 13704/88 (Ziff. 32) - Schwabe.
345 Vgl. oben 1.; aA. Ohly, GRUR Int. 2004, 902, 910.
346 EGMR, Urt. 27.2.2001, Az. 26958/95 (Ziff. 38) - Jerusalem, abrufbar unter www.echr.coe.int.
347 Vgl. EGMR, Urt. v. 22.2.1989, Az. 11508/85 (Ziff. 18, 36) - Barfod; Coussirat-Coustere in Pettiti/Decaux/Imbert, Art. 10 § 2, II C (S. 415).

stellte, sie seien bei ihrer Entscheidungsfindung, die zugunsten des Königreichs Grönland ausfiel, befangen gewesen, da sie neben ihrer Verpflichtung als Schöffenrichter auch Beamte der regionalen Verwaltung seien[348].

Einen geringeren Schutz der Meinungsfreiheit befürwortet der Gerichtshof schließlich dann, wenn die Kritik geeignet ist, das Vertrauen der Bürger in ein Institut zu erschüttern, das für den Rechtsstaat von grundlegender Bedeutung ist[349].

Zulässig war unter diesem Gesichtspunkt die Verurteilung des österreichischen Journalisten *Prager*, der die Richter Österreichs und somit nach Ansicht des Gerichtshofs „die rechtsprechende Gewalt" als „Garant des Rechts" an den Pranger stellte, indem er diesen u.a. vorwarf, alle Angeklagten von vornherein so zu behandeln, als seien sie schuldig, bzw. ihnen unterstellte, „zu allem fähig" zu sein[350].

## 3. Art und Weise der Berichterstattung

Die Ausübung der Meinungsfreiheit ist, wie bereits aus Art. 10 Abs. 2 EMRK hervorgeht, mit Pflichten und Verantwortlichkeiten verbunden. Die Presseberichterstattung muss in redlicher Absicht, auf der Grundlage zutreffender Tatsachen erfolgen und zudem - im Übereinstimmung mit den journalistischen Standesregeln - „zuverlässige und genaue" Informationen liefern[351]. Aus diesen Anforderungen lässt sich eine journalistische Recherchepflicht herleiten, die umso größer ist, je stärker die veröffentlichten Vorwürfe den Betroffenen belasten.

So wurde der Umstand, dass der Journalist *Oberschlick* einen österreichischen Strafrichter wegen dessen Entscheidungspraxis mit schweren Vorwürfen konfrontiert hatte, ohne bei einer seiner Verhandlungen anwesend gewesen zu sein, zu Lasten des Beschwerdeführers gewertet[352].

*Gegen* die Zulässigkeit ehrverletzenden Äußerungen kann es weiter sprechen, wenn persönliche Herabsetzungen im Vordergrund stehen, obwohl die Kritik in einer objektiv-sachlichen Art und Weise hätte vorgebracht werden können. Die Entscheidungspraxis des Gerichtshofs lässt insoweit allerdings keine einheitliche Linie erkennen.

In der bereits erwähnten Rechtssache *Barfod* wirkte es sich zum Nachteil des Beschwerdeführers aus, dass dieser die zwei Schöffenrichter persönlich angegriffen hatte, obwohl es nach Ansicht des Ge-

---

[348] EGMR, Urt. v. 28.1.1989, Az. 11508/85 - Barfod, abrufbar unter www.echr.coe.int.
[349] EGMR, Urt. v. 22.3.1995, Az. 15974/90 (Ziff. 34) - Prager/Oberschlick.
[350] EGMR, Urt. v. 22.3.1995, Az. 15974/90 (Ziff. 9) - Prager/Oberschlick.
[351] EGMR, Urt. v. 21.1.1999, Az. 29183/95 (Ziff. 54) - Fressoz/Roire, abrufbar unter www.echr.coe.int.; EGMR, Urt. v. 2.5.2000, Légipresse 2000, Heft 176, S. III-174 (Ziff. 53) - Bergens Tidende; EGMR, Urt. v. 25.6.2002, Az. 51279/99 (Ziff. 65) - Colombani, abrufbar unter www.echr.coe.int.
[352] EGMR, Urt. v. 22.3.1995, Az. 15974/90 (Ziff. 37) - Prager/Oberschlick, abrufbar unter www.echr.coe.int.

richtshofs möglich gewesen wäre, sich auf eine Kritik an der Zusammensetzung des betreffenden Gerichts zu beschränken[353]. Demgegenüber wurde die Bezeichnung *Jörg Haiders* als „Trottel" wegen dessen vorhergehender provokativer Diskurse *nicht* als „willkürlicher persönlicher Angriff" gewertet[354].

## 4. Werturteile und Tatsachenbehauptungen

Der Gerichtshof unterscheidet zwischen Tatsachen und Werturteilen[355]. Während erstere bewiesen werden können, stellt es im Hinblick auf letztere einen ungerechtfertigten Eingriff in Art. 10 Abs. 1 EMRK dar, wenn die Presse einer Verurteilung nur dadurch entgehen kann, dass sie die Richtigkeit der beanstandeten Äußerungen beweist[356]. Die Beurteilung der Rechtmäßigkeit von *Werturteilen* richtet sich danach, ob diese als „exzessiv" zu bewerten sind, wovon der Gerichtshof insbesondere dann ausgeht, wenn sie jeglicher faktischen Grundlage entbehren[357].

Verneint wurde dies angesichts der - als Werturteil qualifizierten - Pressepublikation, in der einem Minister der slowakischen Regierung eine „faschistische Vergangenheit" unterstellt wurde. Der Gerichtshof wertete es *zugunsten* des Beschwerdeführers, dass dessen Äußerungen auf Informationen aufbauten, die bereits einer breiteren Öffentlichkeit bekannt waren[358].

Richtet sich die Beschwerde gegen die Inkriminierung von *Tatsachenbehauptungen*, so liegt eine Verletzung der Meinungsfreiheit vor, wenn die Presse daran gehindert wird, die Richtigkeit einer Aussage zu beweisen, obwohl diese - wie dies bei Tatsachenbehauptungen prinzipiell der Fall ist - einem solchen Versuch zugänglich ist[359]. Umgekehrt kann es unzulässig sein, die Rechtmäßigkeit einer Äußerung von einem erfolgreich erbrachten Wahrheitsbeweis abhängig zu machen, wenn dies den Journalisten mit einer „(...) unverhältnismäßig schwierigen, wenn nicht unmöglichen Aufgabe"

---

353 EGMR, Urt. v. 22.2.1989, Az. 11508/85, (Ziff. 33) - Barfod, abrufbar unter www.echr.coe.int. Allerdings sind hier die Besonderheiten des Falles zu berücksichtigen, die der Gerichtshof darin gesehen hat, dass die Schöffenrichter nicht *freiwillig* an der Gerichtsentscheidung und damit an der Ausübung einer öffentlichen Funktion beteiligt gewesen waren.

354 EGMR, Urt. v. 25.5.1997, Az. 20834/92 (Ziff. 33) - Oberschlick No. 2, abrufbar unter www.echr.coe.int; vgl. dazu unten 5.

355 EGMR, Urt. v. 12.7.2001, Az. 29032/95 (Ziff. 76) - Feldek, abrufbar unter www.echr.coe.int.

356 EGMR, Urt. v. 8.7.1986, EuGRZ 1986, S. 424, 428 (Ziff. 46) – Lingens; EGMR, Urt. v. 23.5.1991, EuGRZ 1991, S. 216, 222 (Ziff. 63) - Oberschlick; EGMR, Urt. v. 24.6.1992, Az. 13704/88 (Ziff. 34) - Schwabe; EGMR, Urt. v. 27.2.2001, Az. 26958/95 (Ziff. 38) – Jerusalem; EGMR, Urt. v. 12.7.2001, Az. 29032/95 (Ziff. 72) – Feldek, jeweils abrufbar unter www.echr.coe.int.

357 St. Rspr., vgl. EGMR, Urt. v. 25.5.1997, Az. 20834/92 (Ziff. 34) - Oberschlick No. 2; EGMR, Urt. 27.2.2001, Az. 26958/95 (Ziff. 43) – Jerusalem; EGMR, Urt. v. 12.7.2001, Az. 29032/95 (Ziff. 76) – Feldek, abrufbar unter www.echr.coe.int.

358 EGMR, Urt. v. 12.7.2001, Az. 29032/95 (Ziff. 86) – Feldek, abrufbar unter www.echr.coe.int.

359 EGMR, Urt. v. 23.4.1992, ÖJZ 1992, S. 803, 806 (Ziff. 48) - Castells; Coussirat-Coustere in Petti-ti/Decaux/Imbert, Art. 10 § 2, II C (S. 416).

konfrontieren würde[360]. Während eine verfahrensrechtliche Regelung, wonach der Antrag auf Erbringung des Wahrheitsbeweises rechtzeitig vor Verhandlungsbeginn gestellt werden muss, als rechtmäßig angesehen wurde[361], befand der Gerichtshof in der Rechtssache *Thorgeirson*, dass es unzulässig sei, die Presse zum Beweis der Richtigkeit von Äußerungen zu verpflichten, die wiedergeben, was von anderen über die Brutalität der Polizei gesagt worden ist[362]. Unter Zugrundelegung dieser Rechtsprechung dürfen die Gerichte die Anforderungen an eine erfolgreiche Erbringung des Wahrheitsbeweises nicht zu hoch ansetzen. Prinzipiell reicht es aus, dass die behaupteten Tatsachen „im wesentlichen richtig" sind[363]. Bei der Wiedergabe von Gerüchten kann das Erfordernis des Wahrheitsbeweises, wie aus der Rechtssache *Thorgeirson* ersichtlich, sogar schlechthin unzulässig sein. Allerdings sind die in dieser Entscheidung getroffenen Aussagen insoweit zu relativieren, als sich Herr *Thorgeirson* einer Haftung nach isländischem Recht *ausschließlich* durch einen erfolgreich geführten Wahrheitsbeweis entziehen konnte[364]. Hätte er abgesehen hiervon noch andere Möglichkeiten gehabt, einer strafrechtlichen Sanktion aus dem Wege zu gehen, so wäre der Fall aller Wahrscheinlichkeit nach anders beurteilt worden[365].

## 5. Gegenschlagsprinzip

Auch den Umständen, unter denen ehrverletzende Aussagen publiziert werden, hat der Gerichtshof wiederholt Bedeutung beigemessen. So muß derjenige ein größeres Maß von Toleranz zeigen, der selbst öffentliche Erklärungen abgibt, die geeignet sind, Kritik auf sich zu ziehen[366].

Ein wichtiges Kriterium dafür, dass *Jörg Haider* als „Trottel" betitelt werden durfte, war die Empörung, die dieser mit seiner Rede zu Ehren aller Soldaten des Zweiten Weltkrieges, einschließlich der deutschen, wissentlich hervorgerufen hatte[367]. Auch in einem weiteren Fall, der den Journalisten *Oberschlick* mit der Regierung von Österreich konfrontierte, stellte der Gerichtshof auf das vorangegangene Verhalten des kritisierten Politikers ab. Dessen Vorschlag, die Familienbeihilfe für österreichische Frauen um 50 % zu erhöhen und die für Gastarbeitermütter auf die Hälfte zu kürzen, sei geeignet gewesen, „viele zu schockieren", weshalb die streitgegenständliche Behauptung Herrn *Oberschlicks,* ein

---

360 EGMR, Urt. v. 25.6.1992, ÖJZ 1992, 810, 813 (Ziff. 65) - Thorgeirson; vgl. Coussirat-Coustere in Pettiti/Decaux/Imbert, Art. 10 § 2, II C (S. 416).

361 EGMR, Urt. v. 7.5.2002, Az. 46311/99 - McVicar (nicht veröffentlicht).

362 EGMR, Urt. v. 25.6.1992, ÖJZ 1992, 810, 813 (Ziff. 65) - Thorgeirson.

363 EGMR, Urt. v. 24.6.1992, Az. 13704/88 (Ziff. 34) - Schwabe.

364 Vgl. EGMR, Urt. v. 25.6.1992, ÖJZ 1992, 810, 813 (Ziff. 65) - Thorgeirson.

365 Insoweit ist im deutschen Recht der Rechtfertigungsgrund der „Wahrnehmung berechtigter Interessen" zu nennen, vgl. dazu unten 2. Teil 2. Kap. B 2 b; im französischen Recht können sich die Journalisten auf den Rechtfertigungsgrund der „*bonne foi*" berufen, vgl. dazu unten 2. Teil 3. Kap. C I 3 b.

366 EGMR, Urt. v. 23.5.1991, EuGRZ 1991, S. 216, 222 (Ziff. 59) – Oberschlick; EGMR, Urt. v. 25.6.2002, Az. 51279/99 (Ziff. 56) - Colombani, abrufbar unter www.echr.coe.int.

367 EGMR, Urt. v. 25.5.1997, Az. 20834/92 (Ziff. 34) - Oberschlick No. 2, abrufbar unter www.echr.coe.int.

solche Idee entspreche der „Weltanschauung und den Zielen des Nationalsozialismus", nicht sanktioniert werden durfte[368].

## F. Fazit

In der Europäsischen Menschenrechtskonvention hat nur die Meinungsfreiheit den Rang eines Grundrechts. Die persönliche Ehre wird zwar in der Schrankenregelung des Art. 10 Abs. 2 EMRK ausdrücklich erwähnt, ein „Menschenrecht der persönlichen Ehre" sieht der völkerrechtliche Vertrag jedoch nicht vor. Auch aus der Erwähnung des „guten Rufes" in Art. 10 Abs. 2 EMRK lässt sich nicht herleiten, dass das Recht der persönlichen Ehre und die Meinungsfreiheit denselben Rang einnehmen. Die Konvention gewährt den Opfern ehrverletzender Publikationen jedoch zumindest insoweit einen individualrechtlich ausgestalteten Menschenrechtsschutz, wie eine herabsetzende Äußerung zugleich deren Privatleben und somit die aus Art. 8 Abs. 1 1. Alt EMRK fließende Grundrechtsgarantie berührt.

Die Angehörigen der Presse haben nach alledem grundsätzlich die Möglichkeit, ein letztinstanzliches Zivilgerichtsurteil, das ihre Rechte nicht hinreichend berücksichtigt, von dem Straßburger Gericht überprüfen zu lassen. Die Zulässigkeit einer solchen Individualbeschwerde hängt allein davon ab, dass die Beschwerdeführer den innerstaatlichen Rechtsweg ausschöpfen (vgl. Art. 35 Abs. 1 EMRK) und eine Verletzung ihrer Meinungsfreiheit „behaupten". Komplizierter gestaltet sich das Verfahren für diejenigen, die aufgrund einer Pressepublikation in ihrer Ehre verletzt wurden und vor den innerstaatlichen Gerichten keine zivilrechtlichen Ersatzansprüche durchsetzen konnten. Auf ein „Recht" im Sinne des Art. 34 EMRK können sich die Opfer herabsetzender Kritik nur dann berufen, wenn sich das gerügte nationale Urteil auf eine Äußerung bezieht, die zugleich ihr Privatleben berührt. Bleibt die beanstandete Publikation hingegen „nur" auf ehrverletzende Äußerungen beschränkt, so ist der Zugang zum Gerichtshof weit beschwerlicher. Eine Rechtsverletzung im Sinne des Art. 34 EMRK können die Betroffenen allenfalls damit begründen, dass die Verletzung der persönlichen Ehre im Hinblick auf den Schutz des guten Rufes in Art. 10 Abs. 2 EMRK einen Eingriff in die Fairness-Garantie des Art. 6 EMRK darstellt[369].

Die starke Rechtsstellung, die die EMRK den Medien verleiht, spiegelt sich auch in den Urteilen wider, die der Gerichtshof zum Spannungsverhältnis zwischen Meinungsfreiheit und Ehrenschutz erlassen hat. So ist eine Rechtsprechung, die es ermöglicht, Politiker sanktionslos als „Trottel"[370] und Mitglieder der Polizei als „wilde Bestien in Uniform" oder. als „Scheusale und Sadisten"[371] zu bezeichnen, nur in einem Rechtssy-

---

[368] EGMR, Urt. v. 23.5.1991, EuGRZ 1991, S. 216, 222 (Ziff. 61) – Oberschlick.

[369] So schon der Vorschlag von Tettinger, S. 41; vgl. auch Forkel, JZ 1994, S. 642.

[370] Vgl. EGMR, Urt. v. 25.5.1997, Az. 20834/92 - Oberschlick No. 2, abrufbar unter www.echr.coe.int.

[371] Vgl. EGMR, Urt. v. 25.6.1992, ÖJZ 1992, S. 810, 813 (Ziff. 63) – Thorgeirson.

stem möglich, das der Meinungsfreiheit der Presse einen deutlich stärkeren Schutz verleiht als dem Recht auf Achtung der persönlichen Ehre.

Wie sich im zweiten Teil dieser Arbeit zeigen wird, ist dies vor allem für Journalisten von Bedeutung, deren Publikationen den Zulässigkeitsanforderungen des *französischen Rechts* genügen müssen. Ungeachtet der pressefreundlichen Tendenzen, die sich vor allem in der jüngeren Zivilrechtsprechung abzeichnen, bleibt der Stellenwert, den die Meinungsfreiheit in den Entscheidungen der französischen Gerichte einnimmt, hinter den Vorgaben aus Straßburg weit zurück.

Doch auch für das *deutsche Recht* sind die Erkenntnisse, die sich aus einer Analyse der europäischen Enscheidungspraxis ergeben, keineswegs bedeutungslos. Bei ehrverletzenden Publikationen, die zugleich Ereignisse aus dem Privatleben der Betroffenen offenbaren, werden deutsche Gerichte künftig die Rüge beachten müssen, die der Europäische Gerichtshof für Menschenrechte dem pressefreundlichen Kurs des Bundesverfassungsgerichts in seinem *Caroline*-Urteil vom 24. Juni 2004 erteilt hat.

Die Leitlinien des Gerichtshofs sind überdies der Hintergrund, vor dem sich die Debatte abspielt, die das Bundesverfassungsgericht mit seiner presseprivilegierenden Vermutungsformel ausgelöst hat. So ist zwar den Kritikern der Verfassungshüter zuzugeben, dass bei der Bewertung von Rechtsgüterkollisionen im Spannungsfeld zwischen öffentlichem Meinungskampf und Ehrenschutz auf *beiden Seiten* gewichtige Grundrechtsgarantien zu berücksichtigen sind, was sich in der deutschen Verfassungsgerichtsbarkeit nur zögerlich und vereinzelt widerspiegelt[372]. Es ist jedoch zu Recht darauf hingewiesen worden, dass das Bundesverfassungsgericht, sofern es seinen Kritikern folgen würde, Korrekturen durch die Straßburger Richter zu befürchten hätte[373]. Gegen eine Aufgabe der - stark umstrittenen - Vermutungsformel lässt sich hingegen auch mit Blick auf die pressefreundliche Entscheidungspraxis des Gerichthofs nichts einwenden. Wie oben dargestellt wurde, bemühen sich auch die Straßburger Richter um eine umfassende Analyse aller Umstände des Einzelfalles[374]. Zudem bedeutet der Verzicht auf die Pauschalregel nicht, dass die Entscheidungen des Bundesverfassungsgerichts der Rechtsprechung des Gerichtshofs *im Ergebnis* widersprechen müssen. So kann die Bezeichnung eines Politikers als „Trottel" auch dann von der Meinungsfreiheit gedeckt sein, wenn das Recht zur freien Rede und das Recht der persönlichen Ehre als *gleichrangige* Schutzgüter anerkannt werden – vorausgesetzt, das zuständige Gericht kann die Verwendung eines derart beleidigenden Ausdrucks im Rahmen der Würdigung aller *in concreto* relevanten Umstände mit guten Gründen rechtfertigen.

---

[372] So etwa in BVerfG, NJW 1999, 1322, 1324 – Helnwein, wonach eine Abwägung vorzunehmen sei „(...) zwischen der Schwere der Persönlichkeitsbeeinträchtigung durch die Äußerung einerseits und der Einbuße an Meinungsfreiheit durch die Untersagung der Äußerung andererseits, *die (...) die besonderen Umstände des Falles zu berücksichtigen hat*".

[373] Kübler, NJW 1999, 1281, 1282.

[374] Vgl. dazu oben 1. Teil 4. Kap. III 1.

# 2. Teil: Der Schutz der persönlichen Ehre im deutschen und im französischen Zivilrecht

## 1. Kapitel: Überblick

Gemeinsam ist beiden Ländern, dass der zivilrechtliche Ehrenschutz hier wie dort zugleich Gegenstand des Strafrechts ist. In Deutschland fließen die bürgerlichrechtlichen Ersatzansprüche wegen ansehensschädigender Publikationen wahlweise aus § 823 Abs. 2 BGB in Verbindung mit §§ 185 ff. StGB oder aus dem allgemeines Persönlichkeitsrecht im Sinne des § 823 Abs. 1 BGB; in Frankreich können sich die Medienopfer auf die Pressedelikte der Art. 29 ff. des Gesetzes vom 29. Juli 1881 berufen, um im Wege einer sogenannten *action civile*[375] einen materiellen oder immateriellen Schadensausgleich zu verlangen. An dieser Stelle hören die Gemeinsamkeiten zwischen beiden Rechtsordnungen allerdings schon auf.

Der wichtigste Unterschied zwischen beiden Ländern besteht darin, dass der französische Gesetzgeber die Sanktionierung öffentlich geäußerter Ehrverletzungen nicht in das allgemeine Strafgesetzbuch *(Code pénal)* integriert, sondern in einem speziellen Regelungswerk - der *loi sur la liberté de la presse* vom 29. Juli 1881 - kodifiziert hat. Der erklärte Normzweck dieses Sondergesetzes liegt darin, die Tätigkeit der Presse zu privilegieren[376]. Für den Fall, dass die Opfer ehrverletzender Publikationen Schadensersatz verlangen, stellt sich damit die Frage, ob - und wenn ja, inwieweit - die deliktische Generalklausel des Art. 1382 cc *neben* dem presseprivilegierenden Sondergesetz zur Anwendung gelangt. Um dieses - bis heute nicht abschließend geklärte Problem - rankt sich die derzeit wichtigste Debatte des französischen Presserechts. Ihre Bedeutung erklärt sich daraus, dass die deliktische Auffangklausel des Art. 1382 cc - anders als § 823 Abs. 1 BGB - nicht an eine Verletzung absoluter Rechte anknüpft, sondern an den vergleichsweise konturlosen Begriff der "Pflichtverletzung" *(faute)*. Im Schrifttum hat dies schon vor vielen Jahren die Befürchtung hervorgerufen, dass die Rechtsprechung mehr und mehr der Gewohnheit verfallen könne,

> „(...) alles über die Anwendung der Art. 1382 ff. zu lösen; man stellt einen Schaden fest, eine Pflichtverletzung, und spricht dem Kläger Schadensersatzansprüche zu. Auf diese Weise wird nicht nur die zivilrechtliche Haftung „der Mittelpunkt des Rechts", sie ist vielmehr dabei, das Recht insgesamt zu absorbieren" [377].

---

[375] Vgl. dazu unten 3. Kap. A I 1.

[376] Vgl. Boccara in Blin/Chavanne/Drago/Boinet, 305/13; vgl. dazu ausf. unten 2. Teil 3. Kap. B I 1.

[377] Wörtlich: *„Auteurs et tribunaux prennent de plus en plus l'habitude - certes commode - de tout résoudre par l'application des articles 1382 et suivants; on constate un préjudice, une faute, et l'on accorde au demandeur des dommages-intérêts. Ainsi, non seulement la responsabilité civile devient „le centre du droit", mais elle est en train d'aborber le droit tout entier",* Henri Mazeaud, 1935, zit. aus Joinet, Anm. unter Cass. civ., Assemblée plénière, v. 12.7.2000, Légipresse 2000, Heft 175, S. III-153.

In dem sensiblen Bereich der Presseberichterstattung erscheint der Rückgriff auf eine Generalklausel, deren Anwendungsbereich so vage umrissen ist, dass die Gerichte bei der Auslegung ihrer Tatbestandsmerkmale weitgehend freie Hand haben, besonders problematisch. Während das Schrifttum dies schon Anfang der fünfziger Jahre erkannte[378], ist die *Cour de cassation* erst in den letzten zehn Jahren dazu übergegangen, den spezialgesetzlichen Charakter des Gesetzes von 1881 stärker zu betonen. Wenn auch viele Fragen offen bleiben, hat das Gericht das Risiko, das mit der Publikation kritischer Presseartikel einhergeht, auf diesem Wege erheblich entschärft.

Klarer ist die Situation nach deutschem Recht. Konkurrenzprobleme zwischen den strafrechtlichen Ehrenschutzbestimmungen und dem allgemeinen Deliktsrecht bleiben den Beteiligten presserechtlicher Auseinandersetzungen erspart. Die aus dem Strafrecht abgeleiteten Ansprüche aus § 823 Abs. 2 BGB i.V.m. §§ 185 ff. StGB und das allgemeine Persönlichkeitsrecht aus § 823 Abs. 1 BGB gelangen schlicht *nebeneinander* zur Anwendung. Anders als in Frankreich, wo die verfassungsrechtliche Stellung der *liberté d'expression* in die Frage nach der richtigen Anspruchsgrundlage einfließt, berücksichtigen deutsche Gerichte das Spannungsverhältnis zwischen Meinungsfreiheit und Ehrenschutz erst auf der Ebene der Gesetzes*auslegung*. Besonders weitgehend ist hier der Schutz von Werturteilen. Unzulässig sind diese erst dann, wenn sie die - eng umrissenen - Grenzen zur sogenannten „Schmähkritik" überschreiten. Demgegenüber gehen die französischen Gerichte bei der Interpretation der einfachgesetzlichen Ehrenschutzbestimmungen einen sehr unterschiedlichen Weg. Die Chance, eine als Beleidigung *(injure)* qualifizierte Äußerung zu rechtfertigen, tendiert hier gegen Null - und zwar unabhängig vom Status des Klägers oder vom Gegenstand der Kritik.

Auffällig sind die Unterschiede zwischen den Rechtsordnungen beider Länder auch auf der Ebene der Rechtsfolgen. Werden immaterielle Schäden geltend gemacht, so sind in Deutschland die Unterlassungs- und Berichtigungsansprüche das gegenüber einer finanziellen Entschädigung vorrangige Mittel der Kompensation. In Frankreich verhält es sich genau umgekehrt. Auch als Mittel zur Beseitigung der *immateriellen* Einbußen, die mit einer Rufschädigung einhergehen, ist die Geldentschädigung die zentrale Rechtsfolge, die allerdings vielfach in Form eines sogenannten „symbolischen Euro" (*Euro symbolique)* erfolgt und damit weit hinter den Summen zurückbleibt, die die Betroffenen vor deutschen Gerichten erstreiten können. Zudem ist die Anordnung *nicht* auf Geld gerichteteter Rechtsfolgen - mit Ausnahme des Rechts, den Abdruck einer Gegendarstellung zu verlangen - in das Ermessen der zuständigen Gerichte gestellt. Anders als in Deutschland ist ein hinsichtlich Voraussetzungen und Rechtsfolgen konkretisierter Unterlassungs- oder Berichtigungsanspruch dem französischen Presserecht fremd.

---

[378] Vgl. Carbonnier, Le silence et la gloire, D. 1951, chron. S. 199;. dazu ausf. unten 2. Teil 3. Kap. C I 1 a.

Hervorzuheben sind schließlich die traditionell sehr weitreichenden Kompetenzen, die die französischen Richter im einstweiligen Rechtsschutzverfahren genießen und die über die Befugnisse ihrer deutschen Kollegen weit hinausgehen. Die Meinungsfreiheit der Presse wird durch die einschneidenden Rechtsfolgen, die die Gerichte unter Berufung auf die nur vage umrissene Generalklausel des Art. 809 NCPC anordnen können, erheblich eingeschränkt. Selbst die bereits erwähnten Bemühungen der *Cour de cassation*, dem presseschützenden Charakter des Gesetzes von 1881 im Hauptsacheverfahren Geltung zu verschaffen, haben für das Schnellverfahren nur begrenzte Auswirkungen.

## 2. Kapitel: Deutschland

### A. Einführung

Für den Schutz der persönlichen Ehre ist im deutschen Recht das Zivilrecht der Dreh- und Angelpunkt[379]. Zwar besteht für die Opfer beleidigender Publikationen auch die Möglichkeit, auf der Grundlage der §§ 185 ff. StGB im Wege der Privatklage (§ 374 Abs. 1 Nr. 2 StPO) gegen die Verantwortlichen vorzugehen. Von einer Entscheidung der Gerichte können die Betroffenen insoweit jedoch nicht mehr erwarten als die moralische Genugtuung einer Bestrafung[380]. Wird das Urteil der Strafgerichte zum Medienereignis geadelt, so stellt sich darüber hinaus das Problem, dass der Makel, der dem Betroffenen aufgrund der ehrverletzendenVeröffentlichung anhaftet, durch eine erneute Erwähnung in der Presse im Zweifel nur verstärkt wird. Denn, so die treffenden Worte des französischen Schriftstellers *Sébastien Chamfort*:

> „Die Verleumdung ist wie die Wespe, die einen belästigt und gegen die man sich, wenn man nicht sicher ist, sie zu töten, nicht wehren darf; ansonsten erneuert sie ihren Angriff, wütender denn je“[381].

Während das Strafrecht nicht geeignet ist, den persönlichen Ruf vor den weiteren Auswirkungen bereits erfolgter Schmähungen oder vor den künftigen Schäden noch bevorstehender Ehrverletzungen zu schützen und somit „die Wespe zu töten“, ist das Zivilrecht weitaus effektiver. Im Wege der Unterlassungsklage kann der Betroffene erreichen, dass es der Presse verboten wird, bei Vermeidung eines Ordnungsgeldes bzw. einer Ordnungshaft die angegriffene Äußerung (erstmals oder erneut) zu behaupten oder zu verbreiten[382]. Auch die Berichtigung, die dem Publizisten eine „eigene“ Erklärung abverlangt, ist darauf ausgerichtet, eine rechtswidrige Störung abzustellen bzw. eine andauernde Rufbeeinträchtigung zu beseitigen[383]. Darüber hinaus können die Betroffenen die Veröffentlichung einer von ihnen selbst redigierten sogenannten Gegendarstellung verlangen[384]. Obschon dieser Rechtsbehelf weitaus weniger effektiver ist als das sogenannte *„droit de réponse“* im französischen Recht, ist es ver-

---

[379] Vgl. Stoll, Jura 1979, S. 576; Soehring, Rn. 12.56; Wasserburg, S. 61.

[380] Überschattet wird die Erhebung der Privatklage als Reaktion auf beleidigende Publikationen zudem durch das Risiko, dass das Verfahren gem. § 153 Abs. 1 StPO eingestellt wird, was sogar noch im Berufungsverfahren geschehen kann, vgl. § 390 Abs. 5 StPO.

[381] Wörtlich: *„La calomnie est comme la guêpe qui vous importune et contre laquelle il ne faut faire aucun mouvement à moins qu'on ne soit sûr de la tuer, sans quoi elle revient à la charge, plus furieuse que jamais“*, Chamfort, zit. aus Bonnefoy, revue science criminelle 1953, S. 625; ähnlich bereits Tacitus: *„L'injure dès qu'on la méprise tombe d'elle-même, mais si l'on s'en fâche, cela ne contribue qu'à la faire valoir“*, zit. aus Chavanne, Jur. Cl. Pénal, 90/1.

[382] Vgl. dazu ausf. unten B I 3 a.

[383] Vgl. dazu ausf. unten B I 3 a.

[384] Vgl. dazu ausf. unten B II.

gleichsweise einfach durchzusetzen und daher als Mittel, die schädigenden Wirkungen ehrverletzender Äußerungen auf ein Minimum zu reduzieren, besonders beliebt[385].

## B. Die Anspruchsgrundlagen zum Schutz der persönlichen Ehre

Während die tatbestandlichen Voraussetzungen der Unterlassungs-, Berichtigungs- und Schadensersatzklage im Deliktsrecht geregelt sind (I), liegen dem Gegendarstellungsanspruch die Landespressegesetze zugrunde (II).

### I. Die Ansprüche im Deliktsrecht

#### 1. Anspruchsvoraussetzungen

Die deliktsrechtlichen Ansprüche zum Schutz der persönlichen Ehre können die Betroffenen wahlweise auf § 823 Abs. 2 BGB i.V.m. den strafrechtlichen Beleidigungsdelikten (a) oder auf das allgemeine Persönlichkeitsrecht im Sinne des § 823 Abs. 1 BGB stützen (b).

##### a. § 823 Abs. 2 BGB i.V.m. §§ 185 ff. StGB

Schutzgut der strafrechtlichen Beleidigungstatbestände der §§ 185 ff. StGB, die als Schutzgesetze im Sinne des § 823 Abs. 2 BGB anerkannt sind[386], ist die persönliche Ehre[387]. Dabei unterscheiden die Strafrechtswissenschaftler zum Zwecke der näheren Konturierung des Ehrbegriffs zwischen der „inneren" Ehre, die absoluten Schutz beanspruchen kann, und der „äußeren Ehre", die nur den „verdienten" sozialen Geltungsanspruch umfasst[388].

##### aa. Beleidigung, § 185 StGB

Den Tatbestand der Beleidigung erfüllt, wer die Nichtachtung oder Missachtung der Ehre eines anderen kundtut[389], wobei publizistische Veröffentlichungen kraft Natur der Sache „Kundgaben" i.S.d. § 185 StGB sind[390]. Im Unterschied zu den §§ 186, 187 StGB werden von § 185 StGB auch Werturteile erfasst; Tatsachenbehauptungen hingegen nur, sofern sie nicht dem Anwendungsbereich der §§ 186 ff. StGB unterfallen, d.h. sofern sie nicht „in Beziehung auf einen anderen", sondern (nur) gegenüber dem

---

[385] Soehring, Rn. 30.1.

[386] AllgA., vgl. Tenckhoff, S. 16; Lenckner in Schönke/Schröder, Vor. § 185, Rn. 1 m.w.N.; Löffler, § 6 LPG, Rn. 74; Damm/Rehbock, Rn. 301; strenger mit Blick auf § 189 StGB; vgl. dazu Lenckner in Schönke-Schröder, § 189 Rn. 1.

[387] Vgl. zu § 185 StGB: BGHSt 1, 288, 289; zu § 186 StGB: Prinz/Peters, Rn. 149.

[388] Vgl. dazu oben 1. Teil 2. Kap. B III.

[389] BGHSt 1, 288, 289; Dreher/Tröndle, § 185 Rn. 2; Damm/Rehbock, Rn. 310; Soehring, Rn. 12.9; zum Ehrbegriff vgl. oben 1. Teil 2. Kap. B III.

[390] Soehring, Rn. 12.9.

Beleidigten selbst geäußert werden[391]. Für die Presseberichterstattung ist dies von vornherein ausgeschlossen, da sie sich naturgemäß an einen größeren Kreis von Personen wendet. Daher ist der Anwendungsbereich des § 185 StGB für das Presserecht auf die Äußerung ehrverletzender *Werturteile* beschränkt[392].

### bb. Üble Nachrede, § 186 StGB

In der täglichen Praxis handelt es sich beim Tatbestand der üblen Nachrede um diejenige Norm des Strafrechts, die als Schranke der Medienberichterstattung die größte Bedeutung hat[393].

#### (1) Voraussetzungen

Erfasst werden nur ehrverletzende Tatsachen, nicht auch Werturteile[394]. Tatbestandsmäßig ist nur die Veröffentlichung „nicht erweislich wahrer" Tatsachen. Neben Äußerungen, deren Unwahrheit positiv feststeht, unterfallen dem Schutzbereich des § 186 StGB alle ehrverletzenden Tatsachen, die der Behauptende nicht beweisen kann. Strafrechtlich irrelevant sind nur Äußerungen, deren Richtigkeit bewiesen oder offenkundig ist. Das Erfordernis der „Nichterweislichkeit" der behaupteten Tatsache führt somit zu einer Umkehr der Beweislast zugunsten der in ihrer Ehre betroffenen Personen, die über § 823 Abs. 2 BGB auch in das Zivilverfahren übertragen wird[395]. Anders als nach den allgemeinen zivilprozessualen Grundsätzen müssen nicht die Kläger die Unwahrheit der streitigen Aussagen beweisen, sondern umgekehrt die Beklagten deren Richtigkeit[396]. Davon macht die Rechtsprechung nur dann eine Ausnahme, wenn sich der Behauptende gem. § 193 StGB auf die "Wahrnehmung berechtigter Interessen" berufen kann[397].

Tathandlungen der üblen Nachrede sind das „Behaupten" und „Verbreiten", d.h. die Aussage muss entweder als Gegenstand eigener Überlegung dargestellt[398] oder als fremde weitergegeben worden sein[399]. Die Verantwortlichkeit wird weder dadurch beseitigt, dass sich der Täter auf eine fremde Quelle beruft, noch dadurch, dass er eine Mitteilung als Gerücht[400] oder Verdacht[401] bezeichnet. Die Behauptung muss „in Be-

---

[391] Tröndle, § 185 Rn. 5 m.w.N.
[392] Vgl. Soehring, Rn. 12.9.
[393] Prinz/Peters, Rn. 145; Soehring, Rn. 12.10.
[394] Vgl. zur Abgrenzung zwischen Tatsachenbehauptungen und Werturteilen ausf. unten 3. Teil E II.
[395] BGH, NJW 1996, S. 1131, 1133 – Der Lohnkiller; BGH, NJW 1987, S. 2225, 2226 – Chemiegift; NJW 1985, S. 1621, 1622 – Türkol I; Löffler, § 6 LPG, Rn. 95; Prinz/Peters, Rn. 151; Soehring, Rn. 30.24.
[396] Vgl. zu dieser Verteidigungsmöglichkeit ausf. unten 2 a.
[397] Vgl. dazu unten 2. Teil 2. Kap. B 2 b aa.
[398] BGH, NJW 1970, S. 187, 188 – Hormoncreme.
[399] Damm/Rehbock, Rn. 316.
[400] BGH, NJW 1977, 1288 – Abgeordnetenbestechung.
[401] BGH, NJW 1970, S. 187 – Hormoncreme.

ziehung auf einen anderen“, d.h. nicht nur gegenüber dem Betroffenen erfolgen[402]. Für den hier relevanten Bereich ehrverletzender Pressepublikationen ist dieser Drittbezug naturgemäß *immer* gegeben.

In subjektiver Hinsicht muss sich der Vorsatz des Täters nur auf die Ehrenrührigkeit der geäußerten Tatsache beziehen. Dieses Tatbestandsmerkmal ist immer erfüllt. Zumindest für einen psychisch gesunden Menschen dürfte es unmöglich sein, einen anderen zu beleidigen, ohne sich dessen bewusst zu sein; ehrverletzende Äußerungen erfolgen demnach per se vorsätzlich. Darüber hinaus ist nicht erforderlich, dass sich der Behauptende über den Wahrheitsgehalt seiner Mitteilung bestimmte Vorstellungen macht[403]. Die Nichterweislichkeit der Tatsache ist eine von den subjektiven Voraussetzungen nicht erfasste „objektive“ Bedingung der Strafbarkeit[404].

### (2) Sonderfall: Formalbeleidigung

Gem. § 192 StGB kann eine ehrverletzende Tatsachenmitteilung im Einzelfall selbst dann mit Sanktionen belegt werden, wenn der Behauptende bzw. der Verbreiter der beanstandeten Äußerung den Wahrheitsbeweis erbracht hat. Voraussetzung ist, dass das „Vorhandensein einer Beleidigung aus der Form der Behauptung oder Verbreitung oder aus den Umständen, unter welchen sie geschah, hervorgeht“. Auch wer die Wahrheit spricht, muss danach grundsätzlich die Form waren. Für die Qualifizierung einer Äußerung als sogenannte „Formalbeleidigung“ ist allerdings zu beachten, dass das Grundrecht der Meinungsfreiheit aus Art 5 Abs. 1 S. 1 GG nach der Rechtsprechung sowohl des Bundesverfassungsgerichts[405], als auch des Europäischen Gerichtshofs für Menschenrechte[406] nicht nur den Inhalt, sonder auch die *Form* erfasst, in der eine Meinung geäußert wird. Daher darf § 192 StGB nicht dazu benutzt werden, die durch die Zulassung des Wahrheitsbeweises geschaffene Freiheit, Ehrmängel anderer aufzudecken, praktisch wieder zu beseitigen[407]. Die Anforderungen an die Annahme eines sich aus der Form der Äußerung ergebenden „Exzesses“[408] dürfen demnach nicht zu niedrig angesetzt werden. Auch eine drastische, einprägsame Sprache ist zur Übermittlung und Kommentierung von Tatsachen grundsätzlich erlaubt[409]. Von einer Überschreitung der Grenzen zur Formalbeleidigung ist erst bei Publikationen auszugehen, die die Grenze zur „Schmähkritik“ überschreiten[410]. Abgesehen von diesen Fällen, in

---

[402] Löffler/Ricker, 53. Kap., Rn. 16.
[403] Löffler/Ricker, 53. Kap., Rn. 19; Tröndle, § 186, Rn. 13; Löffler, § 6 LPG, Rn. 185.
[404] Löffler, § 6 LPG, Rn. 185.
[405] BVerfG, AfP 1982, S. 163, 164 – Kredithaie; vgl. dazu oben 1. Teil 2. Kap. A II 1.
[406] EGMR, Urt. v. 23.9.1994, ÖJZ 1995, S. 227, 228 (Ziff. 31) - Jersild; EGMR, Urt. v. Urt. v. 23.5.1991, EuGRZ 1991, S. 216, 222 – Oberschlick (Ziff. 57); vgl. dazu oben 1. Teil 2. Kap. A II 1.
[407] Tenckhoff, Jus 1989, S. 35, 39.
[408] Tenckhoff, Jus 1989, S. 35, 39.
[409] Soehring, Rn. 12.13.
[410] BGH, AfP 1978, S. 33 – Halsabschneider; Soehring, Rn. 12.13; Wenzel, 5 Rn. 97; vgl. zum Begriff der Schmähkritik ausf. unten 2. Teil 2. Kap. B I 2 bb (2) (2.1).

denen sich der Exzess aus der *Intensität* der ehrverletzenden Tatsachenbehauptung ergibt, wird eine Formalbeleidigung teilweise auch dann bejaht, wenn lange zurückliegende Verfehlungen aus dem Schatten der Vergangenheit „hervorgezerrt" werden (sogenannte "Reaktualisierung")[411].

### cc. Sondertatbestände

Neben den allgemeinen Beleidigungstatbeständen der §§ 185 ff. StGB kennt das Strafgesetzbuch eine Reihe von Sondertatbeständen, in denen der Gesetzgeber besondere Fälle der Beleidigung bzw. der üblen Nachrede spezialgesetzlich kodifiziert hat. Neben der Verleumdung (§ 187 StGB) und der Verunglimpfung des Andenkens Verstorbener (§ 189 StGB) zählen hierzu die Normen zum Schutz der Ehre bestimmter Personen des öffentlichen Lebens[412]. Anders als im französischen Recht, wo die besonderen Beleidigungsdelikte auch für die Durchsetzung zivilrechtlicher Ansprüche präzise voneinander unterschieden werden müssen[413], entfalten die ehrenschutzrechtlichen Sonderbestimmungen des deutschen Strafgesetzbuchs für die zivilrechtliche Risiken, die mit der Veröffentlichung kritischer Pressepublikationen einhergehen, keine eigenständige Bedeutung. Publikation, in denen die Presse vorsätzlich unwahre Tatsachenbehauptungen aufstellt und die somit den Tatbestand der Verleumdung erfüllen, werden bereits von dem Schutzgesetz des § 186 StGB bzw. von dem in § 823 Abs. 1 BGB geschützten allgemeinen Persönlichkeitsrecht erfasst. Auch der Tatbestand der „Verunglimpfung des Andenkens Verstorbener", § 189 StGB, ist für bürgerlichrechtliche Streitigkeiten insofern bedeutungslos, als die Zivilgerichte postmortalen Persönlichkeitsschutz regelmäßig über §§ 1004, 823 Abs. 1 BGB i.V.m. Art. 1 und 2 GG, § 22 KUG, § 77 Abs. 2 StGB analog gewähren[414].

## b. § 823 Abs. 1 BGB

Über § 823 Abs. 1 BGB ist das allgemeine Persönlichkeitsrecht als absolut geschütztes subjektives Recht ausgestaltet - eine deutsche Besonderheit, die zu dem pluralistischen Verständnis der Persönlichkeitsrechte im Sinne des französischen Rechts[415] in deutlichem Gegensatz steht.

### aa. Die persönliche Ehre als absolutes Recht

Der Bundesgerichtshof hat das allgemeine Persönlichkeitsrecht erstmals in seiner *„Leserbrief-Entscheidung"* vom 25. Mai 1954 - und seitdem in ständiger Rechtsprechung

---

[411] Tenckhoff, Jus 1989, S. 33, 39; Lenckner in Schönke-Schröder, § 192, Rn. 1.
[412] Vgl. § 90 StGB (Verunglimpfung des Bundespräsidenten), § 103 StGB (Beleidigung von Organen und Vertretern ausländischer Staaten) und § 188 StGB (Üble Nachrede und Verleumdung gegenüber Personen des politischen Lebens).
[413] Vgl. dazu unten 3. Kap. C I 2 c.
[414] OLG Bremen, NJW-RR 1995, S. 84 - Wilhelm Kaisen; vgl. dazu ausf. unten IV 1 a bb.
[415] Vgl. dazu ausf. unten 3. Kap. B II.

- als „sonstiges Recht“ im Sinne von § 823 Abs. 1 BGB anerkannt[416]. Dem Grundsatzurteil des Bundesgerichtshof lag die Erkenntnis zugrunde, dass das nur sechs Jahre zuvor in Kraft getretene Grundgesetz „(...) das Recht des Menschen auf Achtung seiner Würde (Art. 1 GG) und das Recht auf freie Entfaltung der Persönlichkeit auch als privates, von jedermann zu achtendes Recht“ anerkenne[417]. Da die persönliche Ehre eine Fallgruppe des grundrechtlich geschützten allgemeinen Persönlichkeitsrechts darstellt[418], ist damit auch die persönliche Ehre als absolut geschütztes subjektives Recht anzusehen[419]. Für die Opfer ehrverletzender Presseveröffentlichungen bedeutet dies, dass sie als Anspruchsgrundlage für etwaige Schadensersatz-, Unterlassungs- oder Berichtigungsansprüche neben § 823 Abs. 2 BGB i.V.m. §§ 185 ff. StGB auch die deliktische Generalklausel des § 823 Abs. 1 BGB heranziehen können.

In der Literatur wurde die Anerkennung des allgemeinen Persönlichkeitsrechts als Schutzgut des § 823 Abs. 1 BGB überwiegend zustimmend aufgenommen[420]. Manche Autoren halten dem Bundesgerichtshof jedoch entgegen, das Persönlichkeitsrecht stehe den vier in § 823 Abs. 1 BGB *zuerst* genannten Rechtsgütern näher als dem Eigentum oder den sonstigen (eigentumsähnlichen) Rechten. Deshalb biete sich eine Analogie zum Schutz von Leben, Körper, Gesundheit und Freiheit an, die auch Teile der Persönlichkeit seien[421]. Mit deren Hilfe könnten Einzeltatbestände zum Schutz einzelner Persönlichkeitsgüter schrittweise entwickelt werden[422]. In der Praxis ist die Bedeutung des Meinungsstreits gering. Zum einen gewährt die Rechtsprechung Unterlassungs- und Störungsbeseitigungsansprüche in Analogie zu § 1004 BGB nicht nur für absolute Rechte, sondern auch für geschützte Rechtsgüter[423]. Zudem trifft auch die herrschende Meinung eine Unterscheidung zwischen den ausdrücklich benannten Schutzgütern des § 823 Abs. 1 BGB und dem allgemeinen Persönlichkeitsrecht. Wäh-

---

[416] BGHZ 13, 334, 338; vgl. auch BGHZ 24, 72, 76; 26, 349, 354, 27, 284, 285; 35, 363, 367; BGH, NJW 1962, S. 152; 1977, S. 1288; 1978, S. 751, 752; 1998, S. 3047, 3048. Dagegen sollte nach dem Willen des historischen Gesetzgebers der Ehrenschutz nur im Rahmen der § 823 Abs. 2 BGB, §§ 185 StGB ff. bestehen, vgl. Stoll, Jura 1979, S. 576, 576. Auch das Reichsgericht akzeptierte die Leitlinien des BGB-Gesetzgebers und lehnte eine aus § 823 Abs. 1 BGB fließende zivilrechtliche Haftung für ehrverletzende Äußerungen in ständiger Rechtsprechung ab, vgl. RGZ 51, S. 369, 372 ff (1902) bis RGZ 156, S. 372, 374 (1937); vgl. auch Heinz, AfP 1992, S. 234, 234.

[417] BGHZ 13, 334, 338.

[418] Vgl. in der Rechtsprechung der Zivilgerichte nur BGH, NJW 1963 S. 902 – Fernseh-Ansagerin; 1960, S. 476, 477 – Burschenschaft; vgl. auch Wasserburg, S. 53, 54; Schwerdtner in MüKo, § 12 Rn. 249, 250; Zeuner in MüKo, § 823 Rn. 90; Medicus, Rn. 615; Prinz/Peters, Rn. 89; vgl. auch oben 1. Teil 2. Kap. B II.

[419] Vgl. Wasserburg S. 48, 54.

[420] Helle, S. 6f.; Schwerdtner in MüKo, § 12 Rn. 250; Hager in Staudinger, § 823, C 63; Mertens, JuS 1962, S. 261, 264; v. Gamm, NJW 1979, S. 513, 514; Prien, S. 15; aA. dagegen Fikentscher, Rn. 1230, der eine zivilrechtliche Haftung wegen Ehrverletzungen nur nach § 823 Abs. 2 BGB i.V.m. §§ 185 ff. StGB für zulässig hält.

[421] Medicus, Rn. 615; Schwerdtner, Jus 1978, 289, 292; Brox, Rn. 450.

[422] Brox, Rn. 450.

[423] So schon die ständige Rspr. des RG, vgl. RG v. 5.1.1905, RGZ 60, 6, RG v. 15.2.1927, RGZ 116, 151, 153; RG v. 2.9.1937, RGZ 156, 372, 374, vgl. Helle, S. 18.

rend nach klassischer Ansicht in den ersten Fällen bereits die Tatbestandsmäßigkeit der Verletzungshandlung ihre Rechtswidrigkeit indiziert[424], wird bei Eingriffen in die Persönlichkeitsrechte auf der Ebene der Rechtfertigung eine umfassende Güter- und Interessenabwägung im Einzelfall vorgenommen[425]. Schließlich ist die Einordnung der Persönlichkeitsrechte bzw. der persönlichen Ehre als „sonstige Rechte" im Sinne des § 823 Abs. 1 BGB mit Blick auf die ständige Rechtsprechung des Bundesgerichtshofs als Gewohnheitsrecht einzustufen[426].

#### bb. Verhältnis zwischen § 823 Abs. 2 i. V.m. §§ 185 ff. StGB und § 823 Abs. 1 BGB

Die Auffangbestimmung des § 823 Abs. 1 BGB steht zu den §§ 185 ff. StGB, § 823 Abs. 2 BGB im Verhältnis der Idealkonkurrenz[427]. Das allgemeine Persönlichkeitsrecht kommt nicht bloß *subsidiär* zur Anwendung[428]; der Schutz der persönlichen Ehre wird vielmehr von beiden Anspruchsgrundlagen erfasst, und zwar unter den gleichen Voraussetzungen und mit der gleichen Rechtsfolge[429].

Die parallele Anwendbarkeit des § 823 Abs. 1 BGB und der §§ 185 ff. StGB, § 823 Abs. 2 BGB hat für den Betroffenen erhebliche Vorteile. Das Recht der persönlichen Ehre ist nur eines der Vielzahl von Ausprägungen des „Rahmen-"[430], „Mutter-"[431] bzw. „Quellrechts"[432], aus dem auf der Grundlage des § 823 Abs. 1 BGB für die verschiedenen Aspekte der Persönlichkeit ein ihrer Eigenart entsprechender, spezieller Rechtsschutz abgeleitet werden kann. Ist es im Einzelfall unklar, ob die beanstandete Publikation das begrenzte[433] und juristisch nur schwer fassbare Tatbestandsmerkmal der „Ehrenrührigkeit" erfüllt, so können die Betroffenen sämtliche Abgrenzungsprobleme vermeiden, indem sie sich pauschal auf eine Verletzung ihres allgemeinen Per-

---

[424] Vgl. Thomas in Palandt, § 823 Rn. 33.

[425] BVerfGE 35, 202, 221 – Lebach; BGHZ 24, 72, 80; 45, 296, 307 - Höllenfeuer; Thomas in Palandt, § 823 Rn. 184; Löffler/Ricker, 42. Kap., Rn. 3 m.w.N.

[426] Wasserburg, S. 54.

[427] Vgl. BGH, MDR 1985, S. 1014 – Nachtigall II; BGH, 1966, S. 1213; zurückhaltender dagegen Dunz in RGRK, § 823 Anh. I Rn. 84: "gewisse Zweispurigkeit".

[428] aA. Löffler, § 6 LPG, Rn. 74, 76, 55 und Fikentscher, Rn. 1230, wonach das allgemeine Persönlichkeitsrecht für die von den §§ 185 ff. StGB *nicht* erfassten Bereiche der Persönlichkeit entwickelt worden ist.

[429] So ausdrücklich der BGH in einem Fall, in dem es um unzutreffende Tatsachenbehauptungen ging: BGH, MDR 1985, S. 1041 – Nachtigall II; auch die folgenden Urteile nennen beide Normen als Anpruchsgrundlagen nebeneinander und prüfen deren Voraussetzungen gemeinsam: BGH, NJW 1966, S. 1213 ff.; BGH, NJW-RR 1998, S. 3047 – Stolpe; BGH, NJW-RR 2000, S. 321 – Galinski; OLG Köln, NJW-RR 1998, S. 1175, 1176 – Schwangerschaftsabbruch; OLG Hamburg, AfP 1990, S. 135; LG Düsseldorf, AfP 1999, S. 518 – Aktien; Dunz in RGRK, § 823 Anh. I, Rn. 84; Wasserburg, S. 66; Prinz/Peters, Rn. 145.

[430] BGH, NJW 1994, S. 124, 125 – FCKW; Stoll, Jura 1979, S. 576, 577; Prinz/Peters, Rn. 51.

[431] Stoll, Jura 1979, S. 576, 577.

[432] BGHZ 72, 78; Wasserburg, S. 53; Löffler/Ricker, 42. Kap., Rn. 2.

[433] Vgl. Löffler, § 6 LPG, Rn. 76.

sönlichkeitsrechts berufen[434]. Dies kann den Ausgang der Klage im Einzelfall entscheidend beeinflussen. So hat beispielsweise der Bundesgerichtshof entschieden, dass die Herstellerin eines Präparates zum Reinigen und Befestigen von Zahnprothesen *(Kukident)* gem. § 823 Abs. 1 BGB haftet, wenn sie in einer Werbeanzeige den Namen einer Künstlerin *(Caterina Valente)* erwähnt und diese deshalb bei einem großen Teil der Leser „(...) unwillkürlich mit den für ihr persönliches Ansehen nicht gerade schmeichelhaften Vorzügen des Produktes der Beklagten in Verbindung gebracht" wird[435]. Ob der Zusammenhang zwischen Zahnprothese und Künstlerin darüber hinaus geeignet war, letztere verächtlich zu machen oder in der öffentlichen Meinung herabzuwürdigen und somit einen *ehrverletzenden* Charakter aufwies, erscheint demgegenüber zumindest zweifelhaft[436].

### c. § 826 BGB

Neben § 823 BGB können zivilrechtliche Ansprüche wegen Verletzungen der persönlichen Ehre auch auf § 826 BGB gestützt werden[437]. Danach ist, wer in einer gegen die guten Sitten verstoßenden Weise einem anderen vorsätzlich Schaden zufügt, diesem zum Ersatze des Schadens verpflichtet. Gegenüber einer Haftung aus § 823 Abs. 1 BGB ergeben sich aus § 826 BGB indes keine weitergehenden Rechtsfolgen[438]. Da auch die Haftungs*voraussetzungen* wegen des Erfordernisses einer „vorsätzlichen" Schädigung *enger* sind als im Rahmen des § 823 Abs. 1 BGB, wo bereits leichte Fahrlässigkeit ausreicht, hat diese Anspruchsgrundlage für den Ausgang äußerungsrechtlicher Auseinandersetzungen keine praktische Bedeutung[439].

## 2. Verteidigungsmöglichkeiten

Die Verteidigungsmöglichkeiten der Presse unterscheiden sich je nach Art der Äußerung. Hat der Betroffene die Veröffentlichung ehrverletzender *Tatsachenbehauptungen* beanstandet, so kann sich der Journalist gegebenenfalls auf die Wahrheit der Äußerung berufen (a). Der Rechtfertigungsgrund der „Wahrnehmung berechtigter Interessen" gem. § 193 StGB kommt dagegen *unabhängig* von der Frage zur Anwendung, ob es sich bei den inkriminierten Äußerungen um *Tatsachen* oder um *Werturteile* handelt (b). Während das aus Art. 42 Abs. 3 GG, § 37 StGB folgende Privileg im Falle subjektiv geprägter Stimmungsberichte keinen Erfolg verspricht (c), ist der Inhalt der beanstandeten Publikation naturgemäß auch für die Einrede der Verjährung ohne Bedeutung (d).

---

[434] Vgl. Stoll, Jura 1979, S. 576, 577.
[435] Vgl. BGHZ 30, 7 – Caterina Valente.
[436] Ebenso Stoll, Jura 1979, S. 576, 577.
[437] Löffler, § 6 LPG, Rn. 240.
[438] Vgl. Prinz/Peters, Rn. 176.
[439] Vgl. zur Bedeutung des § 826 BGB für Persönlichkeitsverletzungen allgemein: Löffler/Ricker, 42. Kap., Rn. 37; Prinz/Peters, Rn. 176.

### a. Wahrheitsbeweis

Nicht anders als in Frankreich besteht das Recht, die Wahrheit der beanstandeten Äußerung zu beweisen, nur für herabsetzende Tatsachenbehauptungen, nicht aber für ebensolche Werturteile[440]. Dabei sind die Anforderungen an die erfolgreiche Erbringung des Wahrheitsbeweises - in Übereinstimmung mit den pressefreundlichen Grundsätzen des Europäischen Gerichtshofs für Menschenrechte[441] - vergleichsweise niedrig. Eine volle Übereinstimmung zwischen behaupteten und bewiesenen Tatsachen ist nicht erforderlich[442]; es genügt vielmehr, dass die beanstandeten Äußerungen in den „wesentlichen Punkten" als richtig festgestellt sind[443] bzw. dass zumindest der Tatsachen*kern* zutreffend ist[444]. Ist dies der Fall, so sind einzelne Übertreibungen, unrichtige Nebensächlichkeiten oder von der Sache her nicht nennenswert ins Gewicht fallende Ungenauigkeiten unschädlich[445]. Maßgeblicher Zeitpunkt für die Beurteilung der Wahrheit ist der Augenblick, in dem die Erklärung abgegeben wird[446]. Anders als im französischen Recht[447] ist demgegenüber unbeachtlich, ob auch die *Mittel* für die Durchführung des Wahrheitsbeweises dem Beklagten bereits zum Zeitpunkt der Veröffentlichung vorlagen. Geht es bei den inkriminierten Äußerungen um die Unterstellung einer Straftat, so wird die Beweislastumkehr des § 186 StGB zudem durch den - auch im Zivilrecht anwendbaren[448] - § 190 S. 1 StGB entschärft. Danach ist der den Presseverantwortlichen obliegende Wahrheitsbeweis beim Vorliegen eines rechtskräftigen Strafurteils als erbracht anzusehen. Umgekehrt ist gem. § 190 S. 2 StGB der Beweis der Wahrheit von vornherein ausgeschlossen, wenn der Betroffene rechtskräftig freigesprochen wurde.

Gelingt es dem Journalisten, die Richtigkeit der beanstandeten Tatsachenbehauptung zu belegen, so entfällt in aller Regel seine zivilrechtliche Haftung. Der geglückte Wahrheitsbeweis ist jedoch keine Garantie für die Abweisung der Klage. Der Journalist muss auch im Falle *zutreffender* Tatsachenbehauptungen mit Sanktionen rechnen, sofern er die Grenze zur sogenannten „Formalbeleidigung" überschritten hat, vgl. § 192 StGB[449]. Gleiches gilt, wenn die (zutreffende) ehrverletzende Behauptung auf

---

[440] RG 35, 232; Dreher/Tröndle, § 186 Rn. 2; Lenckner in Schönke-Schröder, § 185 Rn. 7; aA. Tenckhof, Jus 1989, S. 33, 36 m.w.N.

[441] Vgl. dazu oben 1. Teil 4. Kap. III 4.

[442] Tenckhoff, Jus 1989, S. 35, 38.

[443] OLG Karlsruhe, AfP 1987, S. 614; Lenckner in Schönke-Schröder, § 186, Rn. 15; Tenckhoff, Jus 1989, S. 35, 38.

[444] BGHSt 18, 182, 183; Prinz/Peters, Rn. 150.

[445] OLG Karlsruhe, AfP 1987, S. 614, 616; Lenckner in Schönke-Schröder, § 186, Rn. 15; Prinz/Peters, Rn. 150; *ebenso*: EGMR, Urt. v. 24.6.1992, Az. 13704/88 (Ziff. 34) - Schwabe; vgl. dazu oben 1. Teil 4. Kap. III 4.

[446] Prinz/Peters, Rn. 150; Steffen in Löffler, § 6 LPG, Rn. 111 c; aA. Roeder, FS für Maurach, S. 347, 355.

[447] Vgl. dazu unten 3. Kap. C I 3 a cc.

[448] BGHZ 95, 212 – Nachtigall II; Prinz/Peters, Rn. 151.

[449] Tenckhoff, Jus 1989, S. 35, 39; vgl. dazu ausf. oben 2. Teil 2. Kap. B I 1 a bb (2).

rechtswidrige Weise in das Recht des Klägers auf Achtung seiner Privatsphäre eingreift bzw. andere Aspekte seines allgemeinen Persönlichkeitsrechts verletzt[450].

### b. Wahrnehmung berechtigter Interessen, § 193 StGB

Der strafrechtliche Rechtfertigungsgrund der Wahrnehmung berechtigter Interessen ist nach einhelliger Ansicht auch im Zivilrecht anwendbar[451] und stellt eine Konkretisierung des allgemeinen Grundsatzes dar, wonach Äußerungen, die sich im Rahmen des Grundrechts aus Art. 5 Abs. 1 S. 1 GG halten, nicht rechtswidrig sind[452]. Daraus wird teilweise gefolgert, dass ein Rückgriff auf die Spezialregelung des § 193 StGB entbehrlich ist, wenn bereits der allgemeine Grundsatz greift[453]. Im Rahmen des § 823 Abs. 1 BGB habe bereits die Sonderstellung des allgemeinen Persönlichkeitsrechts als „Rahmenrecht" bzw. als „offener Tatbestand"[454] eine umfassende Güter- und Interessenabwägung zur Folge, nach der sich die Rechtmäßigkeit eines Eingriffs bemesse; eines gesonderten Rechtfertigungsgrundes bedürfe es daher nicht[455]. Dem ist entgegenzuhalten, dass § 193 StGB für die Herstellung eines Ausgleichs zwischen der Meinungsfreiheit aus Art. 5 Abs. 1 S. 1 GG und dem Recht der persönlichen Ehre die präzisere Rechtsgrundlage darstellt. Es kann der Rechtssicherheit daher nur dienen, wenn der Entscheidung äußerungsrechtlicher Auseinandersetzungen statt der allgemeinen die spezielle Regelung zugrunde gelegt wird.

#### aa. Bedeutung

Der Anwendungsbereich der sogenannten „Magna Charta der Kritikfreiheit von Presse und Rundfunk"[456] ist deutlich umfassender als der Schutzumfang des entsprechenden Rechtfertigungsgrundes des französischen Presserechts, der sogenannten *"bonne foi"*[457]. Die "Wahrnehmung berechtigter Interessen" im Sinne des § 193 StGB erfasst

---

[450] So zum Beispiel, wenn die Äußerung das Recht des Klägers auf Beachtung der Unschuldsvermutung verletzt, in Fällen der unzulässigen Verdachtsberichterstattung (vgl. dazu Prinz/Peters, Rn. 271, 274; Soehring, 19.30) oder wenn aus sonstigen Gründen feststeht, dass die Publikation auf rechtswidrige Weise in das - übergreifende - Bestimmungsrecht über die eigene Darstellung eingreift.

[451] Vgl. nur BVerfG, NJW 1999, S. 1322, 1323 aE. – Helnwein.

[452] BVerfG, NJW 1999, S. 1320, 1323 – Helnwein; BVerfG, NJW 1995, S. 3303, 3304 – Soldaten sind Mörder; BVerfG, NJW 1961, S. 819, 822 – Gegenäußerungen in der Presse; BGH, NJW 1998, S. 3047, 3049 - Stolpe; BGH, AfP 1994, S. 295, 297 – Versteckte Behauptung I; Soehring, Rn. 15.2; Löffler/Ricker, 42. Kap., Rn. 65.

[453] Vgl. Soehring, 15.3.; Prinz/Peters, Rn. 254.

[454] Prinz/Peters, Rn. 254.

[455] Prinz/Peters, Rn. 254; vgl. auch Seyfarth, NJW 1999, S. 1287, 1292, der § 193 StGB für den Fall, dass das allgemeine Persönlichkeitsrecht berührt ist, nur dann anwendet, wenn „die Wahrnehmung berechtigter Interessen" „grundrechtlich fundiert" ist, dabei aber übersieht, dass dies für Meinungsäußerungen im Hinblick auf Art. 5 Abs. 1 S. 1 GG *immer* gilt.

[456] Löffler, § 6 LPG, Rn. 66; Soehring, Rn. 15.1; Löffler/Ricker, 53. Kap., Rn. 29.

[457] Vgl. dazu unten 3. Kap. C I 3 b; für eine ausführliche Darstellung der Unterschiede zwischen beiden Rechtsfertigungsgründen vgl. unten 3. Teil C.

sämtliche Äußerungen, die dem Schutzbereich von Art. 5 Abs. 1 S. 1 GG unterfallen, eröffnet der Presse aber bei Werturteilen besonders weitreichende Rechtfertigungsmöglichkeiten[458]. Geht es darum, ehrverletzende *Tatsachenbehauptungen* zu legitimieren, so nimmt § 193 StGB der Presse das Risiko ab, dass sich die beanstandete Äußerung nachträglich als unwahr herausstellt[459]. Ungeachtet der besonderen Beweislastverteilung des § 186 StGB ist auch die Veröffentlichung einer *nicht erweislich wahren* Tatsachenbehauptung rechtmäßig, sofern sich die Presse auf ein berechtigtes Informationsinteresse berufen kann[460].

Sind die Voraussetzungen des § 193 StGB erfüllt, so fehlt es an der Rechtswidrigkeit der Verletzungshandlung. Damit entfällt die Möglichkeit des Betroffenen, einen materiellen oder immateriellen Schadensausgleich zu verlangen. Gleiches gilt für den Anspruch auf Abdruck einer Berichtigung. Eine Teilstattgabe ist hier jedoch denkbar, wenn sich die Unwahrheit der beanstandeten Behauptung nachträglich herausstellt. Denn der Journalist hat kein Interesse daran, die von nun an rechtswidrige Störung in der Welt zu lassen[461]. In diesen Fällen wird der Publizist zur Veröffentlichung einer Klarstellung verpflichtet, wonach er seine Behauptung nach der inzwischen erfolgten Klärung des Sachverhalts nicht mehr aufrechterhalten oder nicht weiter verbreitet wird[462]. Schließlich wird, wenn die Presse in Wahrnehmung berechtigter Interessen gehandelt hat, auch die Geltendmachung von Unterlassungsansprüchen erheblich erschwert, da mangels Rechtsverletzung die Wiederholungsgefahr entfällt[463]. Allerding schließt dies ein Äußerungsverbot unter dem Gesichtspunkt der Erstbegehungsgefahr nicht aus, so zum Beispiel, wenn sich die Unwahrheit einer Tatsachenbehauptung nachträglich herausstellt und die Möglichkeit besteht, dass die Äußerung dennoch aufrechterhalten wird[464]. Unbeachtlich ist die Wahrnehmung berechtigter Interessen lediglich für den Anspruch auf Abdruck einer Gegendarstellung[465].

### bb. Voraussetzungen

Die „Wahrnehmung berechtigter Interessen" im Sinne des § 193 StGB verlangt dreierlei. Zunächst müssen die Journalisten mit der Veröffentlichung „berechtigte" Interessen verfolgt haben (1). In einem zweiten Schritt ist zu prüfen, ob unter Berücksichti-

---

[458] Die Grenzen der Zulässigkeit werden hier erst in den eng umrissenen Fällen der Schmähkritik gezogen, vgl. dazu unten 2. Teil 2. Kap. B I 2 bb (2) (2.1).
[459] Prinz/Peters, Rn. 254.
[460] BGH, NJW 1981, 2117, 2120 - Abgeordnetenprivileg; BGH, NJW 1985, 1621, 162 - Türkol; Prinz/Peters, Rn. 254.
[461] Löffler, § 6 LPG, Rn. 287.
[462] BGH, NJW 1966, S. 647, 649 – Reichstagsbrand; Löffler § 6 LPG, Rn. 287; vgl. auch BVerfG, NJW 1999, S. 1322, 1324 – Helnwein; Soehring, Rn. 31.4.
[463] BGH, NJW 1993, 525, 528 – Ketten-Mafia; BGH, NJW 1987, 2225, 2227 - Chemiegift; Prinz/Peters, Rn. 151.
[464] Vgl. BVerfG, NJW 1999, 1322, 1324 – Helnwein.
[465] Dieser Anspruch besteht unabhängig von der Rechtmäßigkeit der beanstandeten Äußerung, vgl. dazu unten II 2 a aa.

gung aller Umstände des Einzelfalles die von den Publizisten wahrgenommenen Interessen gegenüber den Belangen der in ihrer Ehre betroffenen Personen höherwertig sind (2). Schließlich ist Voraussetzung, dass der verantwortliche Publizist seine Sorgfaltspflichten eingehalten hat (3).

### (1) Berechtigtes Interesse

Nicht jedes, sondern nur das „berechtigte" Interesse ist geeignet, die beanstandete Publikation zu legitimieren[466]. Damit sich die Presse auf ihre verfassungsgerichtlich bestätigte Aufgabe berufen kann, die Bürger über öffentliche Angelegenheiten zu unterrichten und an der politischen Meinungsbildung mitzuwirken[467], muss der Gegenstand, über den berichtet wird, eine gewisse Bedeutung für die Öffentlichkeit haben. An der Berichterstattung über Belanglosigkeiten und Banalitäten besteht kein schützenswertes Informationsinteresse. Insoweit besteht noch Einigkeit[468].

Allerdings belässt die Frage, ab wann ein Informationsinteresse der Allgemeinheit „berechtigt" ist bzw. umgekehrt über eine bloße „Banalität" berichtet wird, viel Raum für Interpretationen. So ist einhellig anerkannt, dass bei „Angelegenheiten von öffentlichem Interesse", d.h. bei wichtigen Themen aus Politik, Wirtschaft, Kultur und Zeitgeschehen ein berechtigtes Interesse prinzipiell gegeben ist[469].

Demgegenüber bestand lange Uneinigkeit darüber, ob auch die Verfolgung reiner Unterhaltungsinteressen die Möglichkeit mit einschließt, sich auf § 193 StGB zu berufen. Mit Blick auf die Rechtsprechung des Bundesgerichtshofs[470] wurde dies in der Literatur vielfach abgelehnt[471]. Nach der Entscheidung des Bundesverfassungsgerichts vom 15. Dezember 1999 in der Rechtssache *Caroline von Monaco* war diese einschränkende Auffassung mit der Rechtsprechung der Karsruher Richter nicht mehr vereinbar. Der Erste Senat lehnte die noch vom Bundesgerichtshof in letzter Instanz vertretene Ansicht, wonach ein „bloßes Interesse an Unterhaltung" von der Meinungsbildungsfunktion des Art. 5 Abs. 1 S. 1 GG nicht erfasst werde[472], ausdrücklich ab[473]. Hatten sich die Verfassungshüter in der *Soraya*-Entscheidung vom 14. Februar 1973 noch auf die bloße Feststellung beschränkt, dass es zu weit gehe, "(...) der Unterhaltungs- oder

---

466 Soehring, Rn. 15.7; Prinz/Peters, Rn. 256.
467 Vgl. BVerfGE 20, 162, 174.
468 Vgl. Soehring, Rn. 15.7.; Prinz/Peters, Rn. 257 m.w.N.
469 Vgl. Prinz/Peters, Rn. 256.; vgl. dazu oben 1. Teil 2. Kap. A III 2.
470 Vgl. BGHSt 18, 182, 187 – Callgirl I; BGH, NJW 1963, S. 902 – Fernsehansagerin; JZ 1965, S. 411, 413 – Gretna Green; NJW 1965, S. 2148, 2149 – Spielgefährtin I; NJW 1996, S. 1128, 1130 – Caroline von Monaco; OLG Düsseldorf, AfP 1990, S. 303, 305.
471 Lenckner in Schönke-Schröder, § 193 StGB, Rn. 9; Rudolphi in SK, § 193 Rn. 11; Prinz/Peters, Rn. 256.
472 BGH, NJW 1996, S. 1228, 1130 – Caroline von Monaco; ebenso BGHSt 18, 182, 187 – Callgirl I.
473 BVerfG, NJW 2000, S. 1021, 1024 – Caroline von Monaco; ebenso Starck in v. Mangoldt/Klein/Starck, Art 5 Rn. 59; Wendt in v. Münch/Kunig, Art. 5 Rn. 31; Soehring, 15.11; Wenzel, 6 Rn. 64 m.w.N.

Sensationspresse den Schutz dieses Grundrechts [der Pressefreiheit] überhaupt zu versagen"[474]; so wurde die Bedeutung, die dem sogenannten „Infotainment" - d.h. der Vermengung von Information und Unterhaltung - für die Meinungsbildung im positiven Sinne zukommt, nunmehr unter Berücksichtigung teilweise als bedenklich empfundener[475] kommunikationswissenschaftlicher Aspekte explizit hervorgehoben:

> „Meinungsbildung und Unterhaltung sind keine Gegensätze. Auch in unterhaltenden Beiträgen findet Meinungsbildung statt. Sie können die Meinungsbildung unter Umständen sogar nachhaltiger anregen oder beeinflussen als ausschließlich sachbezogene Informationen. Zudem lässt sich im Medienwesen eine wachsende Tendenz beobachten, die Trennung von Information und Unterhaltung sowohl hinsichtlich eines Presseerzeugnisses insgesamt als auch in den einzelnen Beiträgen aufzuheben und Information in unterhaltender Form zu verbreiten oder mit Unterhaltung zu vermengen („Infotainment"). Viele Leser beziehen folglich die ihnen wichtig oder interessant erscheinenden Informationen gerade aus unterhaltenden Beiträgen"[476].

Dieser Auffassung hat der Europäische Gerichtshof für Menschenrechte in seiner *Caroline*-Entscheidung vom 24. Juni 2004 eine klare Absage erteilt. Danach ist unterhaltenden Beiträgen zwar nicht schon prinzipiell die Eignung abzusprechen, ein berechtigtes Informationsinteresse zu befriedigen. Anders ist dies jedoch, wenn sich die Publikationen darauf beschränken, die „Neugier eines bestimmten Publikums" über das Privatleben der Betroffenen zu befriedigen und „nicht als Beitrag zu irgendeiner Debatte von allgemeinem Interesse für die Gesellschaft" angesehen werden können[477]. Diese Bewertung liegt vor allem dann nahe, wenn der Betroffene keine offiziellen Aufgaben wahrnimmt und sich der umstrittene Bericht ausschließlich auf Einzelheiten aus dessen Privatleben bezieht[478], ist aber auch hier nicht zwingend geboten[479].

### (2) Interessenabwägung

Im Mittelpunkt der Prüfung des § 193 StGB steht die Abwägung zwischen den widerstreitenden Verfassungsgütern. Der Beklagte kann sich auf die „Wahrnehmung berechtigter Interessen" nur berufen, wenn eine Gesamtabwägung aller Umstände ergibt, dass die wahrgenommenen Belange aus Art. 5 Abs. 1 S. 1 GG gegenüber dem verletzten Recht der persönlichen Ehre aus Art. 2 Abs. 1 i.V.m. Art. 1 Abs. 1 GG bzw. aus Art. 5 Abs. 2 GG höherwertig sind[480]. Es gelten unterschiedliche Leitlinien, je

---

[474] Vgl. BVerfGE 34, 269, 283 – Soraya.
[475] Vgl. Soehring, AfP 2000, 230, 231.
[476] BVerfG, NJW 2000, S. 1021, 1024 – Caroline von Monaco.
[477] EGMR, Urt. v. 24.6.2004, NJW 2004, S. 2647, 2650 (Ziff. 65) – Caroline von Hannover;
[478] EGMR, Urt. v. 24.6.2004, NJW 2004, S. 2647, 2650 (Ziff. 76) – Caroline von Hannover;
[479] Vgl. dazu ausf. oben 1. Teil 4. Kap. B III 1 und 2.
[480] Vgl. BGH, NJW 1998, S. 3047, 3049 – Stolpe; Soehring, Rn. 15.8; Wenzel, 6 Rn. 61.

nachdem, ob es sich bei den beanstandeten Äußerungen um Schmähungen (2.1.) oder um Äußerungen handelt, deren Angriffsintensität unterhalb dieser Schwelle liegt (2.2).

### (2.1) Schmähungen

Von Art. 5 Abs. 1 S. 1 GG nicht mehr gedeckt und somit generell rechtswidrig sind Äußerungen, die die Schwelle zur Schmähkritik überschreiten[481]. Dabei ist der Begriff der Schmähkritik mit Rücksicht auf Art. 5 Abs. 1 S. 1 GG eng auszulegen[482]. Sogar eine überzogene oder gar ausfällige Kritik macht eine Äußerung für sich genommen noch nicht zur Schmähung[483]. Die Grenze der Unzulässigkeit ist erst erreicht, wenn sich die Äußerung „(...) jenseits auch polemischer und überspitzter Kritik in der Herabsetzung der angegriffenen Person" erschöpft[484] bzw. sofern „(...) die Absicht zu verletzen stärker hervortritt, als die Absicht zur Äußerung einer eigenen Meinung"[485], ferner bei ehrverletzenden Äußerungen ohne tatsächliche Bezugspunkte[486] sowie bei Wertungsexzessen, die die Menschenwürde verletzen[487]. Diese Voraussetzungen werden im Hinblick auf die Vermutungsformel des Bundesverfassungsgerichts insbesondere bei „(...) Äußerungen in einer die Öffentlichkeit wesentlich berührenden Frage (...) nur ausnahmsweise vorliegen"[488]. Ihr Anwendungsbereich ist „(...) eher auf die sogenannte Privatfehde beschränkt"[489]. Diese Einschätzung wird bestätigt durch die folgenden Beispiele aus der verfassungsgerichtlichen Entscheidungspraxis, in denen die Grenzen der Schmähkritik sehr eng gezogen wurden:

Als unzulässige Schmähkritik beurteilte das Bundesverfassungsgericht zwar die Betitelung *Heinrich Bölls* als „steindummer, kenntnisloser und talentfreier" Autor, der „einer der verlogensten, ja korruptesten" und ein „zum Teil pathologischer, zum Teil ganz harmloser Knallkopf" gewesen sei[490]. Gleiches galt für die Bezeichnung eines querschnittsgelähmten Reserveoffiziers als „Krüppel"[491]. Derselbe

---

[481] BVerfG, NJW 1999, S. 1322, 1324 – Helnwein; BVerfGE, NJW 1999, S. 2358, 2359 – Alle reden vom Klima; BVerfGE 93, 266, 294 – Soldaten; BGH, NJW 1981, 2117, 2119 – Abgeordnetenprivileg; BVerfG, NJW 1992, S. 2073,2074 – Titanic; Soehring, NJW 2000, S. 2472; Prinz/Peters, Rn. 91.
[482] BVerfG, NJW 1991, 95, 96 – Zwangsdemokrat; BVerfG, NJW 1999, 204, 206; Ebenso BGH, NJW 2000, S. 1036, 1038 – Schleimschmarotzerpack.
[483] BVerfGE 93, 266, 294; BVerfG, NJW 1999, 204, 206.
[484] BVerfG, NJW 1991, S. 95, 96 - Zwangsdemokrat; BGH, NJW 1974, S. 1762, 1763 - Deutschlandstiftung; OLG Hamm, AfP 2002, S. 224,225.
[485] BVerfG, NJW 1991, 95, 96 – Zwangsdemokrat; BVerfGE 82, 272, 283f. – Strauß; BGH, AfP 1974, S. 702, 704 – Deutschlandstiftung.
[486] OLG Köln, AfP 1983, S. 472, 473; LG Köln, AfP 1988, S. 376, 380; Soehring, 20.9; vgl. zu diesem Kriterium auch EGMR, Urt. 27.2.2001, Az. 26958/95 (Ziff. 43) - Jerusalem; EGMR, Urt. v. 12.7.2001, Az. 29032/95 (Ziff. 76) - Feldek, abrufbar unter www.echr.coe.int; vgl. dazu oben 1. Teil 4. Kap. III 4.
[487] BGH AfP 2000, S. 167, 170; BVerfG, NJW 1987, S. 2661 – Konkret-Karikatur; Soehring, Rn. 20.9.
[488] BVerfG, NJW 1999, 204, 206.
[489] BVerfGE 93, 266, 294; BVerfG, NJW 1999, 204, 206.
[490] BVerfG, NJW 1993, S. 1462 – Böll.
[491] BVerfG, NJW 1992, 2073, 2074 – Titanic.

Beschwerdeführer durfte allerdings als „eine der 7 peinlichsten Persönlichkeiten" qualifiziert und mit dem Zusatz „geb. Mörder" versehen werden. Ebenso zulässig war die Gleichsetzung von *Franz Josef Strauß* mit einem „Zwangsdemokraten", der die Demokratie nur formal aus opportunistischen Gründen handhabe[492]. Rechtmäßig war auch die Bezeichnung der Prinzessin *Erna von Sachsen* als „Münzen-Erna", mit der angedeutet werden sollte, aus welchen (vermeintlichen) Gründen die Beschwerdeführerin in den Adel eingeheiratet hatte[493]. Gleiches galt für den einer politisch auftretenden Person erteilten Rat, lieber einen Arzt aufzusuchen, „(...) als sich im Dolchstoß zu üben"[494].

Ungeachtet der Bedeutung verfassungsgerichtlicher Entscheidungen für die Zivilrechtsprechung[495] sind die unterinstanzlichen Gerichte eher bereit, auch Äußerungen, die Angelegenheiten von öffentlichem Interesse betreffen, als unzulässige Schmähkritik zu beanstanden.

So war für das Landgericht Essen bereits mit der Beschimpfung eines Polizisten als „Bulle" die Grenze des Zulässigen überschritten[496]. Ebenso ließ das Oberlandesgericht Köln die Titulierung der GSG9 als „Killertruppe"[497] und das Landgericht Kaiserslautern die Bezeichnung eines Bundeswehroffiziers als „Wehrsklavenhalter" nicht mehr gelten[498]. Die Bezeichnung einer Fernsehansagerin als „ausgemolkene Ziege" und eines Arbeitgebers als „Halsabschneider" wurde vom Bundesgerichtshof[499], die Bezeichnung der Rock-Gruppe „Böhse Onkelz" als „Neonazi-Band" vom Landgericht Göttingen beanstandet[500].

Diese Beispiele zeigen, dass die Frage, ab wann eine ehrverletzende Äußerung die Grenze zur Schmähkritik überschreitet, von Gericht zu Gericht sehr unterschiedlich beantwortet wird. Der Ausgang einer Ehrenschutzklage ist somit nur schwer vorhersehbar. Allerdings liegen die Chancen des Betroffenen auf einen erfolgreichen Verfahrensausgang vor den Fachgerichten tendenziell besser, als wenn die Streitigkeit bis vor das Bundesverfassungsgericht gelangt.

---

492 BVerfG, NJW 1991, 95 – Zwangsdemokrat; vgl. dagegen OLG München, NJW-RR 1990, 1435, 1436.
493 BVerfG, NJW 1998, 1386, 1387.
494 BVerfG, AfP 2001, S. 382, 383 – Wahlanfechtung.
495 Vgl. § 31 Abs. 1 BVerfGG, der für den hier relevanten Bereich insoweit besondere Bedeutung erlangt, als sich das Bundesverfassungsgericht bei Eingriffen in die Meinungsfreiheit nicht auf eine *Auslegung der Grundrechte* beschränkt, sondern zudem für sich in Anspruch nimmt, im einzelnen zu prüfen, ob die Fachgerichte bei der Auslegung und Anwendung des *einfachen Rechts* die Grundrechte aus Art. 5 Abs. 1 GG verletzt haben; st. Rspr., vgl. BVerfG, NJW 1992, S. 2815, 2816 – Gestapo; BVerfGE 43, 130, 136; 82, 43, 50 f.; vgl. dazu ausf. Mackesprang, S. 91.
496 LG Essen, NJW 1980, 1639.
497 OLG Köln, AfP 1980, 112.
498 LG Kaiserslautern, NJW 1989, S. 1369.
499 BGHZ 39, 124 – Fernsehansagerin.
500 LG Göttingen, NJW-RR 1998, S. 1036 – Böhse Onkelz.

### (2.1) Sonstige Äußerungen

Ist die beanstandete Äußerung nicht schon als Schmähkritik unzulässig, so kommt es für die Interessenabwägung entscheidend auf die folgenden Gesichtspunkte an.

#### (2.1.1) Intensität des Informationsinteresses

Die Chancen der Presse, sich mit Erfolg auf den Rechtfertigungsgrund der Wahrnehmung berechtigter Interessen zu berufen, sind umso größer, je seriöser oder wichtiger das Thema ist, mit der sich die beanstandete Publikation befasst[501]. Dies folgt aus der vom Bundesverfassungsgericht entwickelten „Vermutung für die Freiheit der Rede", auf die sich der Journalist berufen kann, wenn die beanstandete Publikation Angelegenheiten betrifft, die die Öffentlichkeit wesentlich berühren[502]. Zwar genießt die Meinungsfreiheit auch insoweit keinen „absoluten Vorrang"[503]. Die Vorzugsregel bedeutet jedoch, dass eine Entscheidung zugunsten des mit der Redefreiheit kollidierenden Interesses einen höheren Begründungsaufwand erfordert[504] bzw. dass die Schwelle, ab der eine Werturteil rechtswidrig und deshalb zu verbieten ist, „(...) in aller Regel erst bei einer diffamierenden Schmähkritik überschritten ist"[505]. Auch für Tatsachenbehauptungen, bei denen die Abwägung zunächst vom Wahrheitsgehalt abhängt[506] und die Vermutungsformel somit nur eingeschränkt zur Anwendung gelangt, spielt die Intensität des Informationsinteresses eine ausschlaggebende Rolle. Denn die Bedeutung der Angelegenheit, über die berichtet wird, beeinflusst die Anforderungen, die an das jeweils erforderliche Maß publizistischer Sorgfalt gestellt werden[507].

Unter dem Gesichtspunkt des starken Informationsinteresses kann die Formulierung besonders scharf ausfallen, wenn sich der Journalist an einer politischen Auseinandersetzung beteiligt, insbesondere dann, wenn es sich um Wahlkampfäußerungen handelt[508]. Eine „(...) scharfe, schonungslose, polemische Sprache, überspitzte Formulierungen, die Aufmerksamkeit der Leserschaft erregende, aufreißerische Begriffsbildungen"[509] sind aber auch bei sonstigen Angelegenheiten von öffentlichem Interesse zulässig, zum Beispiel, wenn sich die beanstandete Publikation auf Umweltfragen oder auf wirtschaftspolitische, soziale, konfessionelle oder künstlerische Auseinanderset-

---

501 Soehring, 15.10; Steffen in Löffler, § 6 LPG, Rn. 50.
502 Vgl. dazu oben 1. Teil 2. Kap. A III 2.
503 BVerfG, NJW 1999, S. 2358, 2359 – Greenpeace.
504 Grimm, NJW 1995, S. 1697, 1703.
505 BGH, NJW 1987, S. 2225, 2227 – Chemiegift; BGH, GRUR 1977, 801, 803 – Halsabschneider.
506 BVerfG, NJW 1999, 1322, 1324 – Helnwein.
507 Vgl. dazu unten B I 2 b bb (3).
508 BVerfGE, AfP 1983, S. 215 – NPD v. Europa; BGH, NJW 1959, S. 636 – Altbaden; Wenzel, 6 Rn. 65.
509 Steffen in Löffler, § 6 LPG, Rn. 50 m.w.N.

zungen bezieht[510]. Umgekehrt werden die deutschen Gerichte bei Publikationen, die Information und Unterhaltung vermengen, sorgfältig prüfen müssen, ob diese gegen die Vorgaben verstoßen, die der Europäische Gerichtshofs für Menschenrechte in seiner *Caroline*-Entscheidung vom 24. Juni 2004 zum Schutz des Privatlebens aus Art. 8 EMRK entwickelt hat[511].

### (2.2.2) Personalisierende Kritik

Für die Veröffentlichung personalisierender Kritik, d.h. einer Berichterstattung, die sich nicht auf die Thematik als solche beschränkt, sondern auch über die Personen informiert, die an der Auseinandersetzung beteiligt sind, war in Deutschland lange Zeit Zurückhaltung geboten[512]. Es bedurfte einer zusätzlichen Begründung[513]. Die Aufdekkung persönlicher Umstände konnte zum Beispiel zulässig sein, wenn die Presse auf das Verhalten eines Wahlkandidaten hinwies, das den Schluss erlaubte, ihm könnten wünschenswerte Eigenschaften für die Ausübung des öffentlichen Amtes fehlen[514]. Darüber hinaus stellte die Rechtsprechung maßgeblich darauf ab, ob sich der Betroffene im Zusammenhang mit dem kritisierten Verhalten selbst in das Zentrum des öffentlichen Interesses begeben hatte[515]. So durfte etwa ein grüner Politiker, der eine Ratssitzung durch die akustische Nachahmung eines Pferdes gestört hatte, als "grüner Kasper" bezeichnet werden[516], während für die Zulässigkeit des Vorwurfs, *Manfred Stolpe* sei als IM-Sekretär tätig gewesen, entscheidend ins Gewicht fiel, dass dieser sich

> „(...) selbst engagiert an der politischen Auseinandersetzung beteiligt und damit aus eigenem Entschluss - unter Preisgabe eines Teils seiner schützenswerten Privatsphäre - ins Rampenlicht einer öffentlichen Diskussion gestellt hat (...)“[517].

Die Zulässigkeit personalisierender Kritik war nach dieser Rechtsprechung abhängig von der Feststellung, dass sich die Betroffenen nicht bloß generell, sondern auch *in Bezug auf das kritisierte Verhalten* in das Zentrum der Öffentlichkeit begeben und

---

[510] Steffen in Löffler, § 6 LPG, Rn. 50; Wenzel, 6 Rn. 65 (für wirtschaftliche Vorgänge); vgl. dazu auch die Vorgaben des Bundesverfassungsgerichts, vgl. oben1. Teil 2. Kap. A III 2, sowie des EGMR, vgl. dazu oben 1. Teil 4. Kap. III 1.

[511] EGMR, Urt. v. 24.6.2004, NJW 2004, 2647, 2650 – Caroline von Hannover; vgl. dazu oben 1. Teil 4. Kap. III 1.

[512] Vgl. Steffen in Löffler, § 6 LPG, Rn. 47; Wenzel, 6 Rn. 66; vgl. für den Bereich der Bildberichterstattung: LG Hamburg, AfP 1999, S. 523 unter Hinweis auf OLG Hamburg v. 17.3.1998, Az. 7 U 208/97 und vom 31.1.1998, Az. 7 U 179/97 (jeweils unveröffentlicht).

[513] Steffen in Löffler, § 6 LPG, Rn. 47.

[514] BGH, NJW 1959, S. 636 – Altbaden; ebenso EGMR, Urt. v. 24.6.1992, Az. 13704/88 (Ziff. 32) – Schwabe; dazu oben 1. Teil 4. Kap. B III 2.

[515] BVerfG, NJW 1999, S. 2358, 2359 – Greenpeace; Ebenso schon BGH, NJW 1994, S. 124, 126 – Greenpeace; ähnlich Soehring, Rn. 15.18.

[516] LG Ansberg, NJW 1987, S. 1412.

[517] BGH, NJW 1998, S. 3047, 3049 – Stolpe.

damit selbst Anlass zu der kritischen Berichterstattung gegeben hatten. Dies hatte zur Konsequenz, dass zum Beispiel Politiker, Wirtschaftsunternehmer, Sportler oder Stars im *Show Business* scharfe Kritik hinnehmen mussten, soweit es um ihr berufliches Verhalten ging[518]; bezog sich die Polemik hingegen auf Ereignisse, die sich *außerhalb* ihres beruflichen Lebens abspielten und hatten sie diese - anders als etwa der Ex-Bundesverteidigungsminister *Rudolf Scharping* sein privates Liebesglück im Pool - der Öffentlichkeit nicht selbst zur Schau gestellt, so bedurfte es größerer Zurückhaltung[519].

Der Europäische Gerichtshof für Menschenrechte hat die zurückhaltende Auslegung des Bundesgerichtshofs in seiner *Caroline*-Entscheidung vom 24. Juni 2004 im wesentlichen bestätigt und die Abwägung, die das Bundesverfassungsgericht in seinem Urteil vom 15. Dezember 1999 zum Spannungsverhältnis zwischen der Meinungsfreiheit der Presse und dem Schutz des Privatlebens der monegassischen Prinzessin getroffen hatte, als Verstoß gegen Art. 8 EMRK gewertet[520].

Zum Schutz der persönlichen Ehre prominenter Personen hatte das Bundesverfassungsgericht in dem gerügten Urteil im wesentlichen zwei Thesen entwickelt. Zum einen stellten die Verfassungshüter ausdrücklich fest, dass es für eine Qualifizierung als "Person der Zeitgeschichte" im Sinne des § 23 Abs. 1 Nr. 1 KUG nicht mehr darauf ankomme, dass die Betroffenen das öffentliche Interesse "(...) punktuell durch ein bestimmtes zeitgeschichtliches Ereignis auf sich gezogen" haben; ausreichend sei vielmehr, dass sie

> "(...) *unabhängig* von einzelnen Ereignissen auf Grund ihres Status und ihrer Bedeutung allgemeine öffentliche Aufmerksamkeit finden"[521].

Ob die Kritik an einer Person dem vergleichsweise liberalen Maßstab unterliegt, der sich aus ihrer Funktion als Person des öffentlichen Lebens ergibt, ist danach von ihrem eigenen Verhalten prinzipiell *unabhängig*. Ein bewusst gesteuerter bzw. persönlich zurechenbarer Übertritt von der privaten in die öffentliche Sphäre der Kommunikation ist für eine Einschränkung des Persönlichkeitsschutzes keine zwingende Voraussetzung. Man kann, wie auch das Bundesverfassungsgericht es in anderem Zusammen-

---

518 Vgl. Soehring, Rn. 15.19.

519 Ungenau ist insoweit die Ansicht von *Kübler*, der aus der zitierten Passage des *Stolpe*-Urteils herleitet, der Bundesgerichtshof habe sich der vom Europäischen Gerichtshof für Menschenrechte vorgenommenen Differenzierung zwischen *„public figures"* und *„private plaintiffs"* angeschlossen, vgl. NJW 1999, 1281, 1285.

520 EGMR, Urt. v. 24.6.2004, NJW 2004, 2647 – Caroline von Hannover, vgl. dazu oben 1. Teil 4. Kap. B III 1.

521 BVerfG, NJW 2000, S. 1021, 1025 – Caroline von Monaco.

hang ausdrückt, nicht nur "gewollt", sondern auch "ungewollt" zur Persönlichkeit des öffentlichen Lebens werden[522].

Die zweite Einschränkung, die der Schutz der persönlichen Ehre der so definierten "Persönlichkeiten des öffentlichen Lebens" unter Zugrundelegung des Bundesverfassungsgerichtsurteils in der Rechtssache *Caroline von Monaco* erfahren, folgt aus der Feststellung, dass Personalisierung

> "(...) ein wichtiges publizistisches Mittel zur Erregung von Aufmerksamkeit"

darstellt, woraus folge, dass auch die

> "(...) *nicht* auf bestimmte Funktionen oder Ereignisse begrenzte Darstellung von Personen"

den Aufgaben der Presse entspreche[523]. Es besteht somit das legitime Interesse an der prominenten Person als solcher, unabhängig von ihrer öffentlichen Stellung oder Position. Sie kann sich auch auf Informationen darüber erstrecken, wie sich diese Person generell, also *außerhalb* ihrer Funktion, in der Öffentlichkeit bewegt.

Wie das Bundesverfassungsgericht in einer Entscheidung vom 14. Oktober 2004 selbst klargestellt hat, sind die deutschen Gerichte verpflichtet, die endgültige *Caroline*-Entscheidung des Europäischen Gerichtshofs für Menschenrechte in dem betroffenen Teilrechtsgebiet schonend einzupassen[524]. Auf die vorgenannten Leitlinien des Bundesverfassungsgerichts können sich deutsche Gerichte daher nicht mehr berufen, ohne dadurch die völkerrechtliche Verantwortlichkeit der Bundesrepublik zu perpetuieren. Zwar können sie dem Rat einer der entschiedensten Kritiker der Sraßburger Richter folgen und die Unterscheidung zwischen „absoluten“ und „relativen“ Personen der Zeitgeschichte „als erstes Grobraster und Auftakt zur entscheidenden Abwägung“ weiter heranziehen[525]. Nimmt man das Urteil des Gerichtshofs beim Wort, so dürfen indessen Personen, die keine offiziellen Aufgaben wahrnehmen, zu dem Kreis der „absoluten“ Personen der Zeitgeschichte nicht mehr gerechnet werden. Während Amsträger, wie schon zuvor, prinzipiell auch Äußerungen hinnehmen müssen, die ihr Verhalten als Privatperson kritisieren, gilt dies für Sportler, Schauspieler oder andere Prominente, die keine öffentliche Funktion wahrnehmen, nur unter „besonderen Umständen“, die die Publikation nicht „außerhalb jeder politischen oder öffentlichen Diskussion“ erscheinen lassen[526].

---

522 BVerfG, NJW 2000, S. 1021, 1022 – Caroline von Monaco; ebenso Soehring, AfP 2000, S. 230, 232.
523 BVerfG, NJW 2000, S. 1021, 1024 – Caroline von Monaco.
524 Vgl. BVerfG, NJW 2004, S. 3407, 3411.
525 Vgl. Ohly, GRUR Int. 2004, 902, 911.
526 Vgl. EGMR, Urt. v. 24.6.2004, NJW 2004, 2647, 2650 (Ziff. 64) – Caroline von Hannover.

### (2.2.3) Absicht der Interessenwahrung

Im Unterschied zum französischen Recht spielt die Absicht der Interessenwahrung, die der Gesetzeswortlaut des § 193 StGB verlangt, für den Bereich der Presseberichterstattung in der Regel keine Rolle. Sie ist zu unterstellen[527]. Relevant werden die Motive der Journalisten nur in den seltenen Fällen, in denen es diesen *ausschließlich* darum geht, eigene Interessen zu verfolgen und/oder einen anderen zu schädigen[528], zum Beispiel, wenn Informationen veröffentlicht werden, um eine - mißglückte - erpresserische Drohung wahr zu machen[529]. Jenseits dieser Extremfälle ist es für die Berufung auf § 193 StGB unschädlich, wenn die Erfüllung des in den Landespressegesetzen statuierten Informationsauftrages nicht der einzige Zweck der Veröffentlichung war[530].

### (2.2.4) Art und Weise der Berichterstattung

Vorgaben, wonach die Presse allein das den Kritisierten schonendste Mittel oder nur ein Mittel anwenden darf, das unbedingt notwendig ist, werden in der deutschen Rechtsprechung und Literatur fast einhellig abgelehnt[531]. Sie widersprechen dem Grundsatz, wonach auch die Form einer Meinungsäußerung durch Art. 5 Abs. 1 S. 1 GG geschützt wird[532].

Im Unterschied zum französischen Recht[533] muss die journalistische Darstellung auch nicht zwingend „sachlich“, sondern nur „sachlich *bedingt*“ sein[534]. Neben dem Erfordernis eines ernsthaften, also sachlichen Anknüpfungspunktes besteht keine Verpflichtung, eine „(...) nüchterne, ausgewogene, abgerundete Art der Darstellung“[535] zu wählen[536]. Auch den publizistischen Grundsätze des Deutschen Presserats lässt sich ein haftungsbegründendes „Sachlichkeits“- oder „Objektivitätsgebot“ nicht entnehmen. Soweit diese eine „sachliche“ Form der Darstellung verlangen, handelt es sich

---

[527] Soehring, Rn. 15.17; ähnlich Prinz/Peters, Rn. 258; aA. Wasserburg, S. 172.
[528] Wenzel, Rn. 6.83.
[529] Vgl. dazu Prinz/Peters, Rn. 258.
[530] Vgl. BGHSt 18, 182 – Callgirl I; Wenzel, Rn. 6.82.
[531] Zum „schonendsten Mittel“: St. Rspr. seit BGH, NJW 1962, S. 32, 33/34 – Waffenhandel; vgl. BGH, NJW 1966, 1617, 1619 – Höllenfeuer; BVerfGE 54, S. 129, 138 – Römerberg-Gespräche; BGH, NJW 1974, S. 1762 – Deutschland-Stiftung; ebenso Steffen in Löffler, § 6 LPG, Rn. 49; Wenzel, 6 Rn. 79; Soehring, Rn. 15.14 f.; Prinz/Peters, Rn. 257; aA. noch BGH, NJW 1952 – Constanze (Bezeichnung einer Frauenzeitschrift als „Sumpfblüte“ unzulässig); Wasserburg, S. 172; zum „notwendigen Mittel“: Wenzel 6 Rn. 80; Steffen in Löffler, § 6 LPG, Rn. 49; Prinz/Peters, Rn. 257.
[532] BVerfG, AfP 1982, S. 163, 164 – Kredithaie.
[533] Vgl. dazu unten 3. Kap. C I 3 b bb (3).
[534] Vgl. Soehring, Rn. 15.13; Steffen in Löffler, § 6 LPG, Rn. 49; Arndt, NJW 1964, S. 1310, 1312; vgl. dagegen die ältere Rechtsprechung, die vereinzelt vom Erfordernis der Sachlichkeit der Darstellung ausgegangen ist: BGH, NJW 1963, S. 484, 485 – Maris; dagegen Arndt, NJW 1964, S. 1310, 1312.
[535] Vgl. Wenzel, 6 Rn. 83.
[536] Soehring, Rn. 15.13; differenzierend Wenzel, 6 Rn. 83.

lediglich um eine standesrechtliche Empfehlungen, die keine Rechtsverbindlichkeit beanspruchen kann[537]. Die Art und Weise der Berichterstattung - d.h. die Aufmachung, die Sprache und die gewählten Stilmittel - sind jedoch Kriterien, die bei der Gesamtabwägung zwischen den widerstreitenden Interessen Berücksichtigung finden[538]. So wird etwa eine gewalttätige, als hart empfundene Sprache oder eine den guten Geschmack verletzende, reißerische Schlagzeile nicht schon deswegen unzulässig[539]. Sie wird vielmehr umso eher gerechtfertigt sein, je wichtiger die Angelegenheit ist, mit der sich die Publikation befasst[540]. Umgekehrt kann der Persönlichkeitsschutz eine sachliche bzw. objektive Darstellung erforderlich machen, wenn sich die Berichterstattung auf das Privatleben Prominenter oder auf andere Angelegenheiten bezieht, die kein „wesentliches" Interesse der Öffentlichkeit begründen[541].

Das deutsche Recht kennt somit keine bestimmten Mindestanforderungen an die Art und Weise der Berichterstattung[542]. Dies bedeutet jedoch nicht, dass es auch auf die *Angemessenheit* der verwendeten Mittel nicht ankommt[543]. Die Ansicht von *Jörg Soehring*, wonach das Kriterium der Angemessenheit entbehrlich sei, da der Schutz vor einer Äußerung, die wegen der Maßlosigkeit des Ausdrucks rechtlich bedenklich sei, schon von den Grundsätzen zur Schmähkritik erfasst werde[544], kann m.E. nicht überzeugen. Für die Beurteilung von Werturteilen hätte der Wegfall des Erfordernisses einer „angemessenen" Aussage oder Darstellungsweise zur Folge, dass selbst harte oder gewalttätige Stilmittel, soweit sie keine Schmähungen darstellen, generell zulässig wären. Wo sich die beanstandete Veröffentlichung auf Angelegenheiten von nur geringem Interesse bezieht bzw. lediglich Unterhaltungsinteressen ohne wesentlichem Informationswert befriedigen soll, führt diese Lösung zu einer verfassungsrechtlich nicht zu rechtfertigenden Einschränkung der Persönlichkeitsrechte des Betroffenen[545]. Bei Angelegenheiten von wesentlichem Interesse bedeutet die Ablehnung des Angemessenheitskriteriums eine „Übererfüllung" der ohnehin sehr pressefreundlichen verfassungsgerichtlichen Vorgaben. Das Bundesverfassungsgericht spricht zwar von einer „Vermutung" für die Meinungsfreiheit, nicht aber von einem „absoluten Vorrang" dieses Grundrechts. Auch der Bundesgerichtshof geht bei Angelegenheiten von wesentlichem Interesse für die Allgemeinheit davon aus, dass die Schwelle, ab der ein Werturteil rechtswidrig und deshalb zu verbieten ist, „(...) *in aller Regel* erst bei einer dif-

---

[537] Steffen in Löffler, § 6 LPG, Rn. 49.
[538] Steffen in Löffler, § 6 LPG, Rn. 48; vgl. auch OLG Köln, NJW-RR 2000, S. 470, 471 – Groupies.
[539] Soehring, Rn. 15.13.
[540] Steffen in Löffler, § 6 LPG, Rn. 49.
[541] Wenzel, 6 Rn. 83.
[542] Steffen in Löffler, § 6 LPG, Rn. 49.
[543] Wenzel, 6 Rn. 91; Steffen in Löffler, § 6 LPG, Rn. 49; Prinz/Peters, Rn. 257; aA. Soehring, Rn. 15.14.
[544] Vgl. Soehring, Rn. 15.14.
[545] Dies sieht an anderer Stelle auch *Soehring*, der im Hinblick auf die Unterhaltungspresse das Erfordernis einer anhand der Umstände des Einzelfalles vorzunehmenden Güterabwägung besonders hervorhebt, vgl. Soehring, 15.10, vgl. dazu oben 2. Teil 2. Kap. B I 2 b bb (2) (2.1.) (2.1.1).

famierenden Schmähkritik überschritten ist"[546]; dieser Grundsatz gilt jedoch gerade nicht „immer". Damit erkennt das oberste Zivilgericht implizit an, dass es *unterhalb* der Grenze zur Schmähkritik Fälle geben kann, in denen aufgrund einer - auch die Form der Mittel berücksichtigenden - Gesamtabwägung von einer rechtswidrigen Beleidigung auszugehen ist.

### (3) Einhaltung der publizistischen Sorgfalt

Die Berufung auf den Rechtfertigungsgrund der „Wahrnehmung berechtigter Interessen" setzt weiter voraus, dass der Journalist seine publizistischen Sorgfaltspflichten beachtet hat[547]. Für den Bereich ehrverletzender Publikationen ist hier in erster Linie die Pflicht zur sorgfältigen Recherche zu nennen[548]. Sie ist insbesondere für die Beurteilung diffamierender Tatsachenbehauptungen von Bedeutung. Denn die publizistische Recherchepflicht bezieht sich naturgemäß in erster Linie auf Äußerungen, die einer Beurteilung als „richtig" oder „falsch" zugänglich sind. Bei Werturteilen kann es auf eine sorgfältige Recherche nur insoweit ankommen, wie diese, um nicht dem Begriff der unzulässigen Schmähkritik zu unterfallen, tatsächliche Bezugspunkte aufweisen müssen[549]. Bezeichnet zum Beispiel ein Journalist einen Schauspieler in der Presse als „Idiot", weil er meint, er habe sich auf unqualifizierte Weise über die finanziellen Mittel geäußert, die man Arbeitslosen zur Verfügung stellen sollte, war der Adressat seiner Kritik aber in Wahrheit ein Fußballer mit einem ähnlichen Namen, so scheitert die Berufung auf den Rechtfertigungsgrund der Wahrnehmung berechtigter Interessen bereits an dem Verstoß gegen die Verpflichtung zur präzisen Recherche.

Wie sich aus § 6 der meisten Landespressegesetze ergibt, beinhaltet die Recherchepflicht, dass die Presse alle Nachrichten vor ihrer Verbreitung mit der nach den Umständen gebotenen Sorgfalt auf Inhalt, Herkunft und Wahrheit prüfen muss[550]. Es besteht somit keine Verpflichtung, sich auf die (absolute) Wahrheit zu beschränken[551]. Rechtmäßig handeln die Medien schon dann, wenn sie die Gefahr, über den Betroffenen etwas Falsches zu verbreiten, nach Kräften auszuschalten versuchen[552]. Es kann daher auch die Veröffentlichung *unwahrer* Tatsachenbehauptungen zulässig sein; dies

---

[546] BGH, NJW 1987, S. 2225, 2227 – Chemiegift; vgl. auch BGH, NJW 1981, 2117, 2118; BGH, GRUR 1977, 801, 803 – Halsabschneider.

[547] BGH, NJW 1996, S. 1131, 1133 - Der Lohnkiller; BGH, NJW 1993, S. 930, 931; Prinz/Peters, Rn. 259; anders OLG Karslruhe, NJW-RR 1993, S. 732, 733, wonach die Beachtung der für die Presse geltenden Sorgfaltsanforderungen - schon für sich genommen - die Rechtswidrigkeit beseitigt.

[548] Prinz/Peters Rn. 277; Peters, NJW 1997, S.1334, 1335; Wenzel, 6 Rn. 137; vgl. auch Soehring, Rn. 2.9 ff., der den Inhalt der publizistischen Sorgfaltspflicht schlicht auf die Pflicht zur Prüfung von Nachrichten beschränkt. Zu einer umfassenden Auflistung publizistischer Sorgfaltspflichten vgl. Peters, NJW 1997, S.1334.

[549] Vgl. dazu oben 2. Teil 2. Kap. B I 2 bb (2) (2.1).

[550] Vgl. nur § 6 LPG (Rheinland-Pfalz).

[551] Soehring, Rn. 2.10.

[552] BGH, NJW 1997, S. 1148, 1149 – Chefarzt; BGH, AfP 1997, S. 700, 702 – Stern TV; BGH, NJW 1996, S. 1131, 1134 – Lohnkiller; Prinz/Peters, Rn. 277.

selbst dann, wenn schon zum Zeitpunkt der Veröffentlichung des rufschädigenden Beitrags Zweifel an der Zuverlässigkeit des ihm zugrundeliegenden Tatsachenmaterials bestanden haben[553]. Jedoch müssen die Medien einen Sachverhalt mit der mit ihren Mitteln einzuhaltenden Sorgfalt erforschen[554]. Es gilt ein strenger Maßstab, der aber nicht zu Anforderungen führen darf, durch die die Tätigkeit der Presse behindert wird[555]. In diesem Zusammenhang wird u.a. die Nachhaltigkeit der möglichen Rechtsverletzung berücksichtigt. Besonders hohe Anforderungen an die Prüfung der Wahrheit stellt die Rechtsprechung, wenn dem Betroffenen ein schwerer Vorwurf gemacht wird[556] bzw. wenn der geplante Artikel in der Öffentlichkeit besonderes Aufsehen erregen wird[557]. Im Falle ehrverletzender Publikationen ist daher generell von einer gesteigerten Recherchepflicht auszugehen[558]. Dies gilt erst recht, wenn die diffamierenden Äußerungen sich auf Umstände aus dem Privatleben des Betroffenen[559] oder auf Angelegenheiten von nur geringer gesellschaftlicher oder wirtschaftlicher Relevanz[560] beziehen. Umgekehrt ist zugunsten des Journalisten die Aktualität des Geschehens zu berücksichtigen, über das berichtet wird. Insbesondere bei der Tagespresse muss eine aus Zeitdruck unterbliebene Überprüfung noch nicht zu einer Verletzung der in der konkreten Situation gebotenen Sorgfaltspflichten führen[561]. Die Anforderungen an die Einhaltung der Sorgfaltspflicht dürfen auch dort nicht überspannt werden, wo über Angelegenheiten berichtet wird, die für die Allgemeinheit von wesentlicher Bedeutung sind[562].

### c. Privilegierte Äußerungen

Die „wahrheitsgetreue“ Parlamentsberichterstattung bleibt gem. Art. 42 Abs. 3 GG von „jeder Verantwortlichkeit frei“. Publikationen, in denen die Presse auf objektive Art und Weise über öffentliche Sitzungen des Bundestages oder seiner Ausschüsse berichtet, können unter dem Gesichtspunkt der Verbreiterhaftung selbst dann keine Ersatzansprüche auslösen, wenn die wiedergegeben Debatten ehrverletzende Inhalte aufweisen.

„Wahrheitsgetreu“ ist ein Bericht, wenn er richtig wiedergibt, was in der parlamentarischen Sitzung erörtert wurde[563]. Das Privileg ist weit auszulegen[564], gilt also auch,

---

553 BGH, AfP 1997, S. 700, 702 – Stern TV.
554 BGH, NJW 1987, S. 2225, 2226 – Chemiegift; Soehring, Rn. 2.09.
555 BVerfGE 7, S. 198, 227; BGH, NJW 1966, S. 1617, 1619; BGH, NJW 1987, S. 2225, 2226 - Chemiegift; BGH, AfP 1996, S. 144, 146 – Lohnkiller; Wenzel, 6 Rn. 119.
556 BGH, NJW 1972, S. 1658, 1659; Soehring, Rn. 2.14; Wenzel, Rn. 6. Rn. 122.
557 BGH, NJW 1965, S. 685, 686 - Soraya.
558 Ebenso Prinz/Peters, Rn. 277.
559 Vgl. BGH, AfP 1988, S. 34, 35.
560 Soehring, Rn. 2.17.
561 Soehring, Rn. 2.18; Wenzel, 6 Rn. 123.
562 BGH, AfP 1996, S. 144, 146 – Lohnkiller; Soehring, 2.17.
563 Prinz/Peters, Rn. 46; Sedelmeier in Löffler, § 11 LPG, Rn. 74 .
564 Prinz/Peters, Rn. 46; Wenzel, 11 Rn. 61.

wenn der Bericht in einen anderen Bericht eingebettet oder wenn er nicht vollständig ist, sondern sich auf einen oder einige Punkte bzw. auf ein bloßes Zitat beschränkt[565]. Der Rechtfertigungsgrund entfällt jedoch, wenn die Presse die Grenzen der „Berichterstattung“ überschreitet, zum Beispiel, indem sie mit eigenen Worten über eine parlamentarische Sitzung berichtet[566] bzw. die dort gefallenen (beleidigenden) Äußerungen in einen subjektiven Stimmungsbericht oder in einen Leitartikel einfließen lässt[567].

### d. Verjährung

Schließlich kann sich der Beklagte auch darauf berufen, die Ansprüche des Klägers seien verjährt, vgl. § 222 ZPO. Die Verjährungsfrist beträgt regelmäßig drei Jahre - § 195 BGB[568]. Der Beginn der regelmäßigen Verjährungsfrist knüpft seit dem 1. Januar 2002 sowohl an subjektive als auch an objektive Gesichtspunkte an[569]. Anders als nach der Rechtslage *vor* Inkrafttreten des Schuldrechtsmodernisierungsgesetzes 2002[570] beginnt sie mit dem Schluss des Jahres, in dem der Anspruch „entstanden“ ist[571] *und* in dem der Verletzte von der beanstandeten Publikation Kenntnis erlangt hat oder grob fahrlässig nicht erlangt hat, vgl. § 199 Abs. 1 BGB. Hat der Betroffene von der ehrverletzenden Publikation *keine* Kenntnis gehabt, ohne dass ihm insoweit grobe Fahrlässigkeit vorzuwerfen ist, so kann er einen finanziellen Ausgleich sogar noch bis zum Ablauf von *zehn Jahren* seit der „Entstehung“ des Anspruchs verlangen. Dagegen dürfte die dreißigjährige Verjährungsfrist aus § 199 Abs. 3 Nr. 2 BGB für den hier relevanten Bereich kaum eine Rolle spielen. Dass die Veröffentlichung ehrverletzender Äußerungen nicht zugleich die Fälligkeit der klägerischen Forderungen herbeiführt - der Anspruch also zeitgleich „entsteht“ - ist lediglich in jenen seltenen Fällen denkbar, in denen der Betroffene einen Ausgleich für *materielle* Schäden verlangt.

## 3. Rechtsfolgen

Das deutsche Presserecht unterscheidet zwischen den quasi-negatorischen Unterlassungs- und Berichtigungsansprüchen, die auf die Verhinderung künftiger bzw. Besei-

---

[565] OLG Hamburg, AfP 1977, S. 240, 241; Wenzel, 6 Rn. 61; Prinz/Peters, Rn. 46.
[566] Wenzel, 11 Rn. 62.
[567] Sedelmeier in Löffler, § 6 LPG Rn. 180.
[568] Anders für den Gegendarstellungsanspruch, der nach Maßgabe der meisten Landespressegesetze innerhalb einer Ausschlussfrist von *drei Monaten* geltend gemacht werden muß, vgl. dazu unten II 2 b.
[569] Heinrichs in Palandt, Gesetz zur Modernisierung des Schuldrechts, § 199, Rn. 16.
[570] Vgl. § 852 Abs. 1 BGB aF., der für den Beginn der dreijährigen Verjährungsfrist allein an die „Kenntnis“ des Verletzten vom schadensstifenden Umstand anknüpfte.
[571] Davon ist auszugehen, wenn der Anspruch im Wege der Klage geltend gemacht werden kann, Heinrichs in Palandt, Gesetz zur Modernisierung des Schuldrechts, § 199, Rn. 3, wovon beim Schadenersatzanspruch nicht schon das Setzen einer Schadensursache, sondern erst der Eintritt eines (Teil)schadens genügt, Heinrichs, a.a.O., § 199, Rn. 16. Zumindest im den für die Praxis besonders relevanten Fällen, in denen die Betroffenen einen Ausgleich für *immaterielle* Einbußen verlangen, deckt sich der Schadenseintritt indessen mit dem Zeitpunkt, in dem die ehrverletzende Publikation an die Öffentlichkeit gelangt.

tigung bereits eingetretener Ehrverletzungen gerichtet sind, und dem Anspruch auf eine Geldentschädigung für die infolge einer ehrverletzenden Publikation erlittenen materiellen oder immateriellen Einbußen.

### a. Unterlassungsanspruch

Mit dem Unterlassungsanspruch, den die Rechtsprechung in Analogie zu § 1004 BGB entwickelt hat[572], kann der Betroffene entweder die drohende Erstveröffentlichung oder die bevorstehende Wiederholung einer ehrverletzender Presseveröffentlichung verhindern. Für die Praxis des Presserechts besteht die besondere Bedeutung dieses quasi-negatorischen Anspruchs - wie für den Anspruch auf Abdruck einer Gegendarstellung - vor allem darin, dass er im Wege des einstweiligen Rechtsschutzverfahrens durchgesetzt werden kann. Die Betroffenen können somit vergleichsweise schnell auf eine ehrverletzende Publikation reagieren[573].

Der Unterlassungsanspruch, der im Unterschied zum Berichtigungs- und Gegendarstellungsanspruch nicht nur im Falle ehrverletzender Tatsachenbehauptungen, sondern auch bei herabsetzenden Werturteilen in Betracht kommt[574], setzt voraus, dass ein Eingriff in die persönliche Ehre des Betroffenen, d.h. eine Verletzung der §§ 823 Abs. 2 BGB i.V.m. 185 ff. StGB, § 823 Abs. 1 BGB *bevorsteht.* Zu unterscheiden sind die Fallgruppen der Wiederholungs- und der Erstbegehungsgefahr.

#### aa. Wiederholungsgefahr

Von einer Wiederholungsgefahr ist nach ständiger Praxis der Zivilgerichte auszugehen, wenn eine rechtswidrige Veröffentlichung bereits erfolgt ist. Sie wird in diesen Fällen vermutet[575]. Hiergegen wird zu Recht vorgebracht, die aus dem Wettbewerbsrecht übernommene Regel sei jedenfalls bei Themen, denen sich die Presse typischerweise nicht langandauernd, sondern nur einmalig widmet, eine bloße Fiktion[576]. Nach zutreffender Ansicht darf die Vermutung daher nicht schematisch angewendet werden; sie kommt nur in Betracht, wenn die Wiederholung einer beanstandeten Äußerung nach den Umständen des Falles nicht „(...) ausserhalb vernünftiger Wahrscheinlichkeit" liegt[577]. Daran dürfte es zum Beispiel fehlen, wenn ehrverletzende Leserbriefe veröffentlicht wurden oder wenn die beanstandeten Äußerungen im Rahmen eines In-

---

[572] BGH, AfP 1997, S. 700, 702 – Stern; Prinz/Peters, Rn. 303.
[573] Soehring, Rn. 30.1.; Prinz/Peters, Rn. 303.
[574] Löffler/Ricker, 44. Kap., Rn. 1, m.w.N.
[575] BGH, GRUR 1994, S. 913, 915 – IM-Liste; BGH, AfP 1994, S. 295, 296 – Verdeckte Behauptung I; BGH, AfP 1994, S. 138, 139 – Jahresabschluss; Prinz/Peters, Rn. 334.
[576] BGH, NJW 1994, 1964, 1966 – Pygmäen-Lokal; OLG Celle, AfP 1977, S. 346 ; OLG Köln, AfP 1976, S. 185, 187 – Rheinischer Merkur; Soehring, Rn. 30.8; Maty/Wendt/AfP 1982, S. 144, 153 f.; aA. Prinz/Peters, Rn. 336, wonach umgekehrt gerade bei den Medien wegen der Archivlage von einer sogar *erhöhten* Wiederholungsgefahr auszugehen sei.
[577] Soehring, 30.9.

terviews gefallen sind[578]. Für den Fall, dass der Journalist bei der Erstveröffentlichung „in Wahrnehmung berechtigter Interessen" gehandelt hat, kommt eine Wiederholungsgefahr wegen der Rechtmäßigkeit der Publikation schon von vornherein nicht in Betracht[579], so dass die Wiederholungsgefahr konkret festgestellt werden muss[580]. Dazu dürfte der Betroffene nur ausnahmsweise in der Lage sein[581].

Kommt die richterrechtliche Vermutungsregel hingegen zur Anwendung, so ist fraglich, welche Voraussetzungen für ihre Widerlegung erfüllt sein müssen. Die Rechtsprechung geht im Interesse des Rechtsschutzes des Betroffenen, der bereits einmal das Opfer eines Eingriffs in das allgemeine Persönlichkeitsrecht geworden ist, von „hohen Anforderungen" aus[582]. Anders als im Wettbewerbsrecht, wo die beanstandeten Äußerungen kommerzieller Natur sind und Art. 5 Abs. 1 S. 1 GG somit weniger stark berücksichtigt wird[583], ist jedoch die Abgabe einer strafbewehrten Unterlassungserklärung nicht grundsätzlich erforderlich[584]. Hat der Verletzer zum Beispiel eine förmliche schriftliche Entschuldigung ausgesprochen, in der er seinen Irrtum zweifelsfrei einräumt, bevor der Betroffene erstmals seinen Unterlassungsanspruch geltend gemacht hat, so genügt dies, um die Vermutung der Wiederholungsgefahr zu widerlegen[585]. Die ausdrückliche Verweigerung einer solchen Erklärung kann im Rahmen der tatrichterlichen Würdigung lediglich als *Indiz* für das Fortbestehen der Wiederholungsgefahr gewertet werden, reicht aber als solche noch nicht aus[586].

### bb. Erstbegehungsgefahr

Der Unterlassunganspruch kann auch unter dem Gesichtspunkt einer bevorstehenden erstmaligen Rechtsverletzung Erfolg haben. Es müssen konkrete, greifbare Anhaltpunkte dafür vorliegen, dass ein Verstoß ernstlich droht[587]. Im Presserecht spielt diese Variante kaum ein Rolle, da der Betroffene von einer ehrverletzenden Publikation in aller Regel erst im Zeitpunkt ihrer Veröffentlichung erfährt[588]. Soll der Unterlassungsanspruch nicht zu einem Instrument der Vorzensur entarten, so darf die bloße *Recher-*

---

578 Soehring, Rn. 30.9 a; vgl. auch Löffler/Ricker, 44. Kap., Rn. 5.
579 BVerfG, AfP 1999, S. 159, 161; BGH, NJW 1986, S. 2503, 2505 - Ostkontakte; Seyfarth, NJW 1999, S. 1287, 1289; Prinz/Peters, Rn. 334; Löffler/Ricker, 44. Kap., Rn. 5; Soehring, Rn. 30.10.
580 BGH, NJW 1986, S. 2503, 2505 - Ostkontakte; Löffler/Ricker, 44. Kap., Rn. 5.
581 Soehring, Rn. 30.8.
582 BGH, AfP 1994, S. 138, 139 – Jahresabschluss.
583 BGH, AfP 1994, S. 138, 139 – Jahresabschluss.
584 BGH, AfP 1994, S. 138, 139 – Jahresabschluss; OLG Köln, AfP 1976, 185, 186; vgl. Soehring, Rn. 30.9 a f. mit Beispielen; aA. BGH, NJW 1994, S. 1964, 1966 – Pygmäen-Lokal; BGH NJW 1966, 647, 649 – Reichstagsbrand; Wenzel, 12 Rn. 17; Löffler/Ricker, 44. Kap., Rn. 6.
585 Vgl. Soehring, Rn. 30.9 a f. (mit weiteren Beispielen), der in diesen Fällen bereits das Vorliegen einer Vermutung verneint, ebenso LG Hamburg v. 20.5.1994, Az. 324 O 64/94 (unveröffentlicht); aA. die Entscheidung des Berufungsgerichts: OLG Hamburg, NJW-RR 1996 – RTL Aktuell.
586 Ebenso Soehring, Rn. 30.11.
587 Prinz/Peters, Rn. 329 m.w.N.
588 Vgl. Soehring, Rn. 31.12.

*che* von Journalisten nicht als „konkreter Anhaltspunkt" für eine Erstbegehungsgefahr gewertet werden[589]. Ob demgegenüber bereits die *Rohfassung* eines Artikels eine Begehungsgefahr begründet[590] oder erst die Vorlage eines fertig formulierten Presseberichts[591], ist eine Frage tatrichterlicher Würdigung[592], die nicht pauschal beantwortet werden kann.

### b. Berichtigungsanspruch

Wie der Anspruch auf Unterlassung ist auch der Berichtigungsanspruch gesetzlich nicht geregelt, wird jedoch aus § 1004 BGB analog hergeleitet[593]. Er gibt dem Verletzten die Möglichkeit, die Folgen einer Ehr- oder Rufschädigung zu beseitigen[594], dient jedoch nicht der Genugtuung des Betroffenen, d.h. nicht dem Zweck, den Verletzer durch die Erklärung ins Unrecht zu setzen[595]. Daraus folgt, dass der Anspruch nur so lange fortbesteht, wie die beanstandete Publikation das Persönlichkeitsrecht des Betroffenen noch fortwirkend verletzt[596]. Davon ist zumindest so lange auszugehen, wie die gesetzliche Verjährungsfrist von drei Jahren (§ 195 BGB) noch nicht abgelaufen ist[597].

Gegenüber der Gegendarstellung ist die Berichtigung für den Betroffenen insoweit von Vorteil, als sie von den Medienverantwortlichen als *eigene* Erklärung geschuldet wird. Für die Öffentlichkeit ist sie daher glaubwürdiger als eine Stellungnahme, die der Betroffene selbst verfasst hat. Zugleich stellt diese Verpflichtung einen besonders intensiven Eingriff in Art. 5 Abs. 1 S. 2 GG dar, weshalb die Rechtsprechung die Durchsetzung des Berichtigungsanspruchs an besonders strenge Voraussetzungen knüpft[598]. So darf die Aufgabe einer nur *wertenden* Kritik mit staatlichen Mitteln nicht erzwungen werden[599]. Anders als der Unterlassungsanspruch kommt eine Berichtigung daher nur im Falle ehrverletzender Tatsachenbehauptungen in Betracht. Besonders streng sind die Anforderungen auch insoweit, als die Unrichtigkeit der beanstandeten Behauptungen positiv feststehen muss[600]. In Abweichung von der gesetzlichen Regel des § 186

---

589 OLG Hamburg, AfP 1990, S. 128, 129; LG Frankfurt, AfP 1991, S. 545, 546; Prinz/Peters, Rn. 328; Soehring, Rn. 30; ausf. Senfft, NJW 1980, S. 367, 369.
590 So Prinz/Peters, Rn. 329; wohl auch Senfft, NJW 1980, S. 367, 370.
591 LG Franfurt/Main, AfP 1991, S. 545; Soehring, Rn. 30.13; Wenzel, 12 Rn. 35.
592 Vgl. BGH, NJW 1966, S. 647 - Reichstagsbrand.
593 Soehring, Rn. 31.2.
594 Vgl. Prinz/Peters, Rn. 673.
595 BGH, AfP 1987, S. 412, 414 – Oberfaschist; Soehring, Rn. 31.8; Prinz/Peters, Rn. 673 m.w.N.
596 BGH, NJW 1995, S. 861, 862 – Caroline von Monaco I; Prinz/Peters, Rn. 683.
597 Vgl. BGH, NJW 1995, S. 861, 863 – Caroline von Monaco I, wonach der Ablauf von *zwei Jahren* seit der Veröffentlichung den Anspruch auf Berichtigung nicht beseitigen konnte; wie hier: BGH, NJW 1969, 463 – Ostflüchtlinge; Prinz/Peters, Rn. 673.
598 BGH, AfP 1987, S. 412, 413 – Oberfaschist.
599 BGH, AfP 1982, S. 217, 218 – Klinikdirektoren; st. Rspr., vgl. auch BGH, GRUR, 1974, 797 – Fiete Schulz; Soehring, Rn. 31.5; Prinz/Peters, Rn. 676.
600 BGH, AfP 1976, S. 75, 78 – Panorama , Soehring, Rn. 31.6; Prinz/Peters, Rn. 677.

StGB trifft hierfür ausnahmsweise den *Kläger* die Beweislast[601]; denn, so der Bundesgerichtshof, es kann niemand durch Richterspruch verpflichtet werden, "(...) etwas als unrichtig zu bezeichnen, was möglicherweise wahr ist"[602]. Vor diesem Hintergrund kann die Berichtigung nur im normalen Klageverfahren, nicht aber im Verfahren des einstweiligen Rechtsschutzes geltend gemacht und durchgesetzt werden[603]. Schließlich verlangen die Gerichte die an den konkreten Umständen des Einzelfalles orientierte Feststellung, dass eine Berichtigung zur Beseitigung einer fortdauernden Rufbeeinträchtigung des Betroffenen *notwendig* ist[604]. Im Falle *ehrverletzender* Publikationen wird dies allerdings fast immer bejaht[605].

In Anlehnung an die Grundsätze des Gegendarstellungsrechts haben die Gerichte in den letzten Jahren auch für den Berichtigungsanspruch das Prinzip der Waffengleichheit fortentwickelt. Danach müssen Berichtigungserklärungen an gleicher Stelle und mit gleichem Aufmerksamkeitswert veröffentlicht werden wie die beanstandete Erstmitteilung. Unter diesem Gesichtspunkt kann der Verlag sogar verpflichtet sein, die Berichtigung auf der Titelseite einer Zeitschrift oder Zeitung abzudrucken[606]. Ein Anspruch auf Veröffentlichung einer Folgeberichterstattung wurde den Betroffenen dagegen regelmäßig versagt[607]. Diese Forderung konnten bislang lediglich Personen durchsetzen, die rechtskräftig freigesprochen wurden, nachdem die Presse ihnen schwere strafbare Verfehlungen vorgeworfen hatte[608].

### c. Schadensersatzanspruch

Der Anspruch auf eine Geldentschädigung besteht unabhängig davon, ob es sich bei den beanstandeten Äußerungen um Tatsachenbehauptungen oder um Werturteile handelt. Voraussetzungen ist jedoch, dass der verantwortliche Journalist schuldhaft - also vorsätzlich oder fahrlässig, § 276 BGB - gehandelt hat. Es bedarf einer Verletzung seiner publizistischen Sorgfaltspflichten[609].

---

601 BGHZ 37, 187, 190– Eheversprechen; BGH, AfP 1976, S. 75, 78 – Panorama; Löffler, § 6 LPG, Rn. 296; Soehring, Rn. 31.22.

602 BGHZ 37, 187, 190– Eheversprechen; Prinz/Peters, Rn. 677.

603 Wenzel, 13 Rn. 102; Soehring, Rn. 29.41. Eine Ausnahme wird nur dann gemacht, wenn dies zur Gewährung effektiven Rechtsschutzes schlechthin notwendig ist, etwa wenn die zu erwartenden Nachteile für den Antragsteller unzumutbar sind und keine ernsthaften Zweifel an seinem Obsiegen im Hauptsacheverfahren bestehen; so z.B., wenn die Unwahrheit der Behauptung *offensichtlich* ist, vgl. Soehring, Rn. 31.20.

604 BGH, NJW 1976, 1198, 1199 - Panorama; BGH, AfP 1987, S. 412, 413 – Oberfaschist; BGH, AfP 1984, S. 33, 34 – Kleiner Kreis; BGH, NJW 1977, S. 1681, 1682 - Wohnstättengemeinschaft; Wenzel, 13 Rn. 25; Soehring, Rn. 31.8.

605 Vgl. BGH, NJW 1969, S. 236, 238 – Ostflüchtlinge; Wenzel, 13 Rn. 26; Soehring, Rn. 31.9.

606 BGH, NJW 1995, S. 861, 863 - Caroline von Monaco I.

607 OLG München, AfP 1997, S. 636; LG Hamburg, AfP 1999, S. 93.

608 BGH, AfP 1972, S. 220 – Freispruch; BVerfG, NJW 1997, S. 2589; Soehring, NJW 2000, 2466, 2478.

609 Soehring, Rn. 32.26; Prinz/Peters, Rn. 755; vgl. dazu oben B I 2 b bb (3).

### aa. Ersatz materieller Schäden

Der Ausgleichsanspruch für materielle Einbußen hat im Presserecht eine nur geringe Bedeutung. Fälle, in denen aufgrund ehrverletzender Äußerungen eine anstehende Beförderung unterbleibt[610], dem Betroffenen seine Arbeitsstelle oder Beraterverträge gekündigt werden[611] oder er wegen einer Veröffentlichung nicht angestellt wird[612], stellen in der Praxis die Ausnahme dar[613]. Meistens scheitert die Durchsetzung der Schadensersatzforderung daran, dass der Kläger für die haftungsbegründende und haftungsausfüllende Kausalität - anders als für den Verletzungstatbestand - die Beweislast trägt[614]. Er muss nachweisen, *dass* und *in welcher Höhe* die ehrverletzende Presseveröffentlichung für den von ihm erlittenen Schaden ursächlich war[615]. Gelingt ihm dies, so folgt die Verpflichtung des Beklagten zur finanziellen Entschädigung aus §§ 251, 252 BGB[616]. Erstattungsfähig sind neben dem gegebenenfalls entgangenen Gewinn (§ 252 BGB) die Aufwendungen des Geschädigten zur Schadensabwehr - beispielsweise die Kosten für eine Anzeige, in der der Verletzte die Dinge „richtig stellt“[617] - sowie die Kosten einer anwaltlichen Rechtsberatung, soweit diese „erforderlich“ war[618].

### bb. Ersatz immaterieller Schäden

Weit häufiger als einen Ausgleich für materielle Einbußen verlangen die Betroffenen eine Kompensation für *immaterielle* Schäden, d.h. für die „Nervereien“[619] und die „erlittene Unbill“[620], vor allem aber für den bemakelten Ruf, der selbst im Wege der Berichtigung oder Gegendarstellung - die ja nur von einem Teil der Leser der beleidigenden Erstmitteilung zur Kenntnis genommen wird - , nur bedingt wiederhergestellt werden kann.

Der Ausgleichsanspruch für immaterielle Schäden ist ein eigenes, aus § 823 Abs. 1 BGB, Art. 2 Abs. 1 i.V.m. Art. 1 Abs. 1 GG abgeleitetes Rechtsinstitut, mit dem eine Lücke im Schutz der Persönlichkeit geschlossen werden soll[621]. Davon ging der Bundesgerichtshof schon aus, bevor § 847 BGB aF. im Rahmen des zweiten Schadensersatzrechtsänderungsgesetzes mit Wirkung zum 1. August 2002[622] gestrichen wurde[623].

---

610 Vgl. OLG München, NJW-RR 1998, S. 1036 – Nackt im Englischen Garten.
611 BGH, AfP 1997, S. 700, 702 – Stern TV.
612 OLG Düsseldorf, AfP 1989, S. 549, 551.
613 Soehring, NJW 2000, 2466, 2478; vgl. aber BGH, AfP 1997, S. 700, 702 – Stern TV.
614 Prinz/Peters, Rn. 718; Soehring, Rn. 32.5; ders. in NJW 2000, S. 2466, 2479.
615 BGH, AfP 1989, S. 456, 457 – Filmbesprechung; BGH 1987, S. 494 – Türkol II.
616 Vgl. dazu ausf. Prinz/Peters, Rn. 732.
617 Prinz/Peters, Rn. 734.
618 Vgl. nur BGHZ 30, 154.
619 Prinz/Peters, Rn. 738.
620 BGH, NJW 1970, S. 1077 – Nachtigall I.
621 BGHZ 35, S. 363, 367 – Ginseng; BGH 39, S. 124, 131 – Fernsehansagerin; Steffen in Löffler, § 6 LPG Rn. 38.
622 BGBl. I 2002, S. 2674.

Mit dieser Reform verfolgte der Gesetzgeber daher nicht etwa den Zweck, dem im Falle von Verletzungen des allgemeinen Persönlichkeitsrechts gewährten Anspruch auf Immaterialschadensersatz die Grundlage zu entziehen[624].

### (1) Schutzzweck

In seiner ersten *Caroline von Monaco*-Entscheidung vom 15. November 1994 hat der Bundesgerichtshof klargestellt, dass der Entschädigungsanspruch für immaterielle Einbußen auf dem Gedanken beruhe,

> „(...) dass ohne einen solchen Anspruch Verletzungen der Würde und Ehre des Menschen häufig ohne Sanktion blieben mit der Folge, dass der Rechtsschutz der Persönlichkeit verkümmern würde“[625].

Zu den mit der Entschädigung für Persönlichkeitsverletzungen verfolgten Zwecken gehören danach nicht mehr nur das Genugtuungs-[626], sondern auch das Präventionsinteresse[627]. Die Berücksichtigung des Präventionsgedanken bedeutet nach der Grundsatzentscheidung des Bundesgerichtshofs zunächst, dass die

> „(...) Entschädigung der Höhe nach ein Gegenstück auch dazu bildet, dass (...) die Persönlichkeitsrechte zur Gewinnerzielungsabsicht verletzt worden sind“[628].

Damit steht fest, dass der Präventionsgedanke nur für den Fall der *vorsätzlichen* Verletzung von Persönlichkeitsrechten zum Tragen kommt[629], d.h. beispielsweise, wenn ein Journalist, um die Auflagen zu steigern, ein frei erfundenes Interview veröffent-

---

[623] Vgl. BGHZ 35, 363, 367 – Ginseng Wurzeln; BGH, NJW 1996, S. 985, 987 – Wiederholungsgefahr; NJW 1996, S. 984, 985 – Caroline von Monaco II, NJW 1995, S. 861, 864 f. – Caroline von Monaco I; Steffen, NJW 1997, S. 10. Früher wurde die Geldentschädigung aus § 823 Abs. 1 BGB in Verbindung mit einer analogen Anwendung des § 847 BGB aF. hergeleitet. Um die Sperrwirkung des § 253 BGB auszuhebeln, berief sich der BGH auf eine Ähnlichkeit der „Freiheitsberaubung im Geistigen“ zu der in § 847 BGB aF. angeführten – körperlichen – Freiheitsentziehung, vgl. nur BGHZ 26, 349, 356 – Herrenreiter.

[624] So auch der eindeutig geäußerte Wille des Gesetzgebers, vgl. Begründung des Gesetzesentwurfs der Bundesregierung, BT-Drucks. 14/7752, S. 25; ebenso Wagner, NJW 2002, S. 2049, 2056.

[625] BGH, NJW 1995, S. 861, 864 f. – Caroline von Monaco I.

[626] Vgl. BGH, AfP 1997, S. 144 – Polizeichef; AfP 1997, S. 700, 703 – Stern TV; NJW 1995, S. 861, 864 f. – Caroline von Monaco I.

[627] BGH, NJW 1995, S. 861, 864 f. – Caroline von Monaco I; NJW 1996, S. 984, 985 – Caroline von Monaco II; AfP 1997, S. 700, 703 – Stern TV; LG Berlin, AfP 2001, S. 246, 247; Prinz/Peters, Rn. 764 f.; Steffen, NJW 1997, S. 10, 11 f.

[628] BGH, NJW 1995, S. 861, 865 – Caroline von Monaco I; NJW 1996, S. 984, 985 – Caroline von Monaco II.

[629] Ebenso Steffen, NJW 1997, S. 10, 13; Soehring, Rn. 32.24; Wenzel, Rn. 128; das OLG München setzt sogar eine „(...) hartnäckige und vorsätzliche Verletzung des Allgemeinen Persönlichkeitsrechts“ voraus, vgl. OLG München, AfP 2001, S. 135.

licht oder ehrverletzende Tatsachen behauptet, deren Unrichtigkeit er kennt. In diesen Fällen kann nach Ansicht des Bundesgerichtshofs von einer Geldentschädigung allein dann ein „echter Hemmungseffekt“ für eine rücksichtslose Zwangskommerzialisierung der Persönlichkeit ausgehen, wenn diese für den Schädiger „fühlbar“ ist[630]. Zwar lehnt die Rechtsprechung eine „Gewinnabschöpfung“ weiterhin ab[631]; der Präventionsgedanke bedeutet jedoch, dass

> „(...) die Erzielung von Gewinnen aus der Rechtsverletzung als Bemessungsfaktor in die Entscheidung über die Höhe der Entschädigung einzubeziehen ist“[632].

Im Schrifttum ist die *Caroline*-Rechtsprechung des Bundesgerichtshofs auf zum Teil starke Bedenken gestoßen[633]. In dogmatischer Hinsicht wird kritisiert, dass ein Unterschied zwischen den Zwecken des Strafrechts und denen der Geldentschädigung bei vorsätzlichem Rechtsbruch kaum mehr zu erkennen sei[634]. Mit der Übertragung generalpräventiver Erwägungen in das Deliktsrecht habe der Bundesgerichtshof daher praktisch die Strafbarkeit der vorsätzlichen Persönlichkeitsverletzung eingeführt[635]. Soweit sich eine solche Rechtsfortbildung nicht schon per se dem Vorwurf der Systemwidrigkeit aussetze[636], sei sie zumindest insofern abzulehnen, als die zugesprochenen Entschädigungssummen, um finanzkräftige Verlagsunternehmen von auflagensteigernden Persönlichkeitsverletzungen abzuhalten, extrem hoch sein müssten[637]. Bedenklich erscheine dies zunächst unter dem Gesichtspunkt, dass die Erhöhung der zugesprochenen Beträge in erster Linie Prominenten zugute komme. Anders als „Lieschen Müller“ stünden diese regelmäßig im Mittelpunkt der öffentlichen Aufmerksamkeit und eigneten sich besonders gut zu einer gewinnbringenden Kommerzialisierung der Persönlichkeit. Die *Caroline*-Rechtsprechung des Bundesgerichtshofs schaffe daher „Prinzenrecht“[638] bzw. Sonderrechte für die „superreiche Schickeria“[639].

---

[630] BGH, NJW 1996, S. 984, 985 – Caroline von Monaco II.
[631] BGH, NJW 1995, S. 861, 865 – Caroline von Monaco I; OLG Hamburg, AfP 199, S. 538 – Caroline von Monaco.
[632] BGH, NJW 1995, S. 861, 865 – Caroline von Monaco I.
[633] Vgl. Seitz, NJW 1996, S. 2848; ausf. Gounalakis, AfP 1998, S. 10; für eine zurückhaltende Handhabung auch: Wenzel, Rn. 127; zustimmend demgegenüber: Löffler/Ricker, 44. Kap. Rn. 43, 50; Steffen in Löffler, § 6 LPG Rn. 333.
[634] Seitz, NJW 1996, S. 2848.
[635] Seitz, NJW 1996, S. 2848, 2849; ähnlich Gounalakis, AfP 1998, S. 10, 24.
[636] So noch der IV. Zivilsenat des Bundesgerichtshofs in einer Entscheidung vom 4. Juni 1992, wonach US-amerikanische Urteile, die einen Strafschadenersatz *(punitive damages)* vorsahen, nicht zuletzt wegen der mit ihnen verfolgten Strafzwecke in Deutschland nicht vollstreckt werden konnten, vgl. BGH, NJW 1992, 3096; aA. Petersen, Rn. 122; v. Holleben, S. 43; vgl. zur Frage der Systemwidrigkeit auch die ausführliche Darstellung von Gounalakis, AfP 1998, S. 10, 15.
[637] Gounalakis, AfP 1998, S. 10, 20.
[638] Gounalakis, AfP 1998, S. 10, 24.
[639] Vgl. Ehmann in Erman, Anhang § 12 Rn. 505.

M.E. lässt sich die Berücksichtigung generalpräventiver Aspekte nicht schon mit dem Argument ablehnen, diese Praxis führe zu einer Gewährung des Geldersatzes „nach zweierlei Maß“[640]. Die seit wenigen Jahren vor allem im Privatfernsehen laufenden Shows wie *„Big Brother“*, *„Deutschland sucht den Superstar“* oder *„The Bachelor“* haben zur Folge, dass theoretisch *jeder* innerhalb weniger Wochen einen – manchmal zweifelhaften, meistens kurzlebigen – Ruhm erlangen kann und damit anfällig wird für lobende, aber ebenso für herabsetzende Kritik[641]. Darüber hinaus gibt es Fälle, in denen sich die öffentliche Aufmerksamkeit, die von den Durchschnittsbürgern zunächst gesucht bzw. in Kauf genommen wurde, im Widerhall der Medienberichte auf ungewollte Weise verselbständigt. So konnte die Hausfrau *Regina Zindler*, als sie in der Fernsehsendung *„Richterin Barbara Salesch“* einen Nachbarschaftsstreit schilderte, nicht damit rechnen, dass *Stefan Raab* eine Aufnahme ihrer Stimme auf ironisch-verzerrte Weise in einem Hit verwerten und sie damit zum Gespött der Nation machen werde[642]. Der Personenkreis, der „marktfähige *publicity values*“[643] aufweist und potentiell in den Genuss einer Geldentschädigung kommen kann, beschränkt sich also keineswegs auf die ohnehin vom Reichtum Verwöhnten. Die abschreckend hohen Entschädigungssummen kommen vielmehr Prominenten und Durchschnittsbürgern gleichermaßen zugute, indem sie diese vor persönlichkeitsverletzenden Angriffen schützen, gegen die das bestehende Instrumentarium an negatorischen Rechtsbehelfen oftmals nichts ausrichten kann[644].

Überzeugender als der Vorwurf der „Prominenzjudikatur“[645], erscheint indessen der Einwand, die Höhe der unter Berücksichtigung des Präventionsaspekts zugesprochenen Summen stehe im Mißverhältnis zu den Beträgen, die die Opfer *körperlicher* Angriffe als Schmerzensgeldes verlangen können[646]. Dass die von den Instanzgerichten für Vergewaltigungen und versuchte Vergewaltigungen mit äußeren Verletzungen und schweren psychischen Schäden ausgeurteilten Summen regelmäßig zwischen 4000,- und 5000,- Euro liegen[647], während beispielsweise ein als „perverser Kinderschänder“ betitelter Mann eine Forderung in Höhe von 70 000 DM (ca. 36 000 Euro) durchsetzen

---

640 So aber Gounalakis, AfP 1998, S. 10, 16.

641 Vgl. dazu auch Petersen, Rn. 118.

642 Um einen ähnlichen Fall handelt es sich bei dem Geschichtslehrer *Rainer Heise*, der einen jugendlichen Amokläufer, *Robert Steinhäuser*, vom weiteren Töten in einem Erfurter Gymnasium abhielt. Nachdem der - von Journalisten belagerte - Lehrer verschiedene Interviews gegeben hatte, wurde er von seinen Kollegen u.a. als „Schwein“ beschimpft, das sich „im Blut der gestorbenen Kollegen suhle“, woraufhin auch in den Medien Verisse folgten, vgl. dazu den Internet-Bericht unter http://www.findefux.de/forum/read.php4?f=82&i=580&t=577, abgerufen am 18. Februar 2004.

643 Vgl. Gounalakis, AfP 1998, S. 10, 16.

644 Während Untersagungsverfügungen erst dann greifen, wenn der Ruf der Betroffenen bereits gelitten hat, ist der Anspruch auf Abdruck einer Gegendarstellung oder Berichtigung im Falle ehrverletzender *Werturteile* schon prinzipiell ausgeschlossen.

645 Gounalakis, AfP 1998, S. 10, 24.

646 Vgl. dazu ausf. Gounalakis, AfP 1998, S. 10, 16; Seitz, NJW 1996, S. 2848, 2849.

647 Vgl. Gounalakis, AfP 1998, S. 10, 16 mit weiteren Beispielen.

kann[648], erscheint mit rechtsstaatlichen Grundsätzen nicht vereinbar. Indessen dürfte die Lösung für diesen Wertungswiderspruch eher in einer Erhöhung der unangemessen niedrigen[649] Schmerzensgeldbeträge liegen als darin, dass man für den Fall einer persönlichkeitsverletzenden Publikation die Gewährung abschreckend hoher Geldentschädigungen ablehnt[650].

Auch der Vorschlag einiger Autoren, die bestehenden negatorischen Rechtsbehelfe auszuweiten, um der „Unverfrorenheit und Aufdringlichkeit“[651] der Klatsch- und Skandalpresse entgegenzuwirken, erscheint mir keine geeignete Alternative zu dem vom Bundesgerichtshof gewählten Weg. So wird teilweise vorgeschlagen, die Voraussetzungen für die Annahme der Wiederholungsgefahr im Rahmen des Unterlassungsanspruchs aufzuweichen[652] oder den Tenor von Unterlassungsurteilen im Falle ungenehmigter Bildveröffentlichungen „vorsichtig-erweiternd“ auszulegen, um auf weitere Verletzungen im Rahmen des § 890 ZPO flexibel reagieren zu können[653]. Beide Lösungsansätze versagen schon insoweit, als Unterlassungsverfügungen erst greifen, *nachdem* der rufschädigende Erstbericht veröffentlicht wurde. Der unter vereinfachten Voraussetzungen durchsetzbare Unterlassungsanspruch bzw. die abschreckende Wirkung einer bereits erwirkten Unterlassungsverfügung kommen somit regelmäßig zu spät, um die bereits eingetretenen rufschädigenden Wirkungen einer persönlichkeitsverletzenden Veröffentlichung zu verhindern[654]. Zudem sind beide Vorschläge unvereinbar mit der besonderen Bedeutung, die das Bundesverfassungsgericht dem Grundrecht aus Art. 5 Abs. 1 S. 1 GG zuspricht[655]. So kann der ursprünglich zum Wettbewerbsrecht entwickelte Grundsatz, wonach zu vermuten ist, dass ein einmal erhobener rechtswidriger Vorwurf wiederholt wird, im Bereich des Äußerungsrecht nicht mit derselben Strenge angewandt werden. Ein Unterlassungsgebot ist hier nur dann gerechtigt, wenn auch unter Berücksichtigung der Umstände des Einzelfalles die Gefahr besteht, dass die beanstandete Äußerung wiederholt wird[656]. Schließlich lässt sich auch der für den gewerblichen Rechtsschutz geltende Grundsatz, wonach Änderungen, die den Kern der Verletzungsform unberührt lassen, von der Rechtskraftwirkung einer Unterlassungsverfügung mit umfaßt sein können (sogenannte „Kerntheorie“)[657], nicht auf das Presserecht übertragen. Ob eine Presseäußerung im Wege der „behutsam-

---

[648] Vgl. LG Ansbach, NJW-RR 1997, S. 978, 979.
[649] Ebenso Gounalakis, AfP 1998, S. 10, 16.
[650] Ebenso v. Holleben, S. 76.
[651] Gounalakis, AfP 1998, S. 10.
[652] Vgl. Seitz, NJW 1996, 2848, 2850; Gounalakis, AfP 1998, 10, 23.
[653] Gounalakis, AfP 1998, S. 10, 23; Seitz, NJW 1996, 2848, 2850; Soehring, NJW 1997, S. 10, 13. Diese Lösung hätte nach Ansicht ihrer Befürworter den Vorteil, dass die verwirkten Ordnungsgelder nicht zur Bereicherung der Opfer führten, sondern dem Staat zukämen, vgl. Gounalakis, AfP 1998, S. 10, 23; Seitz, NJW 1996, 2848, 2850. Zudem bliebe das zivile Schadensrecht frei von strafrechtlichen Erwägungen, vgl. Gounalakis, AfP 1998, S. 10.
[654] Ebenso Steffen in Löffler, § 6 LPG, Rn. 333.
[655] Vgl. dazu oben 1. Teil 2. Kap. A III 2.
[656] Vgl. dazu oben a aa.
[657] Vgl. dazu Gounalakis, AfP 1998, S. 10, 23.

erweiternden“[658] Auslegung einer Unterlassungsverfügung die Rechtsfolgen des § 890 ZPO auslöst, wird sich in vielen Fällen nicht eindeutig beurteilen lassen. Im Äußerungsrecht würde dieser Lösungsansatz daher Rechtsunsicherheiten herbeiführen, die mit der Rolle der Presse als „öffentlicher Wachhund“[659] nicht vereinbar sind. Dagegen lässt sich auch nicht einwenden, dass eine erweiternde Auslegung stets von einem *schuldhaften* Umgehungsversuch des Unterlassungsurteils abhängig ist[660]. Im Presserecht wird es kaum Fälle geben, in denen zwar ein Verstoß gegen das Unterlassungsgebot bejaht, die vorsätzliche oder zumindest fahrlässige Begehung indessen verneint wird. Sofern das Gericht davon ausgeht, dass eine Zweitpublikation gegen ein bereits erwirktes Unterlassungsgebot verstößt, wird es darin, dass der Schuldner die Tragweite des Unterlassungstenors verkannt hat, regelmäßig die Verletzung journalistischen Sorgfaltspflichten erkennen.

### (2) Voraussetzungen

In Deutschland ist der Anspruch auf eine Geldentschädigung an die Feststellung einer “besonders schwerwiegenden” Persönlichkeitsverletzung geknüpft (1.1), die schuldhaft begangen wurde (1.2). Zudem muss für die Zuerkennung des Anspruchs ein unabwendbares Bedürfnis bestehen (1.3).

### (1.1) Besonders schwerwiegende Persönlichkeitsverletzung

Für die Gewährung des im Wege der Rechtsfortbildung entwickelten Anspruchs auf Geldersatz ist ein besonderes Bedürfnis erforderlich, das nur bei Persönlichkeitsverletzungen denkbar ist, die unter Berücksichtigung der konkreten Gesamtumstände „besonders schwer“ wiegen[661]. Ob dies der Fall ist, hängt von einer Abwägung aller Umstände des Einzelfalles ab[662]. Eine entscheidende Rolle spielen neben der Art und dem Gewicht der zugefügten Beeinträchtigung Anlass und Beweggrund für das Handeln des Verletzers sowie der Grad des Verschuldens[663]. Regelmäßig entschädigungspflichtig sind Äußerungen, die die Grenze zur Schmähkritik überschreiten[664]. Auch ehrverletzende Presseveröffentlichungen, die zugleich in die Intim-[665] bzw. Ge-

---

[658] Vgl. Gounalakis, AfP 1998, 10, 23.
[659] Vgl. EGMR, Urt. v. 23.9.1994, ÖJZ 1995, S. 229 (Ziff. 35) – Jersild; EGMR, Urt. v. 2.5.2000, Légipresse 2000, Heft 176, S. III-174 (Ziff. 49) - Bergens Tidende; EGMR, Urt. v. 25.6.2002, Az. 51279/99 (Ziff. 55) - Colombani, abrufbar unter www.echr.coe.int.
[660] So aber Gounalakis, AfP 1998, 10, 23.
[661] Vgl. BGH, NJW 1995, S. 985, 986 – Caroline von Monaco I.
[662] OLG Celle, NJW-RR 2001, S. 335, 337.
[663] BGH, AfP 1996, S. 144, 147 – Lohnkiller; OLG Koblenz, NJW 1997, S. 1375, 1376; Prinz/Peters, Rn. 745 f.
[664] Soehring, Rn. 32.21, vgl. zum Begriff der Schmähkritik ausf. oben 2. Teil 2. Kap. B I 2 bb (2) (2.1).
[665] BGH, AfP 1985, S. 110, 113 – Nacktphoto; BGH, NJW-RR 1988, S. 733, 734 – Intime Beziehungen; LG Berlin, AfP 2001, S. 246, 247.

heimsphäre[666] eingreifen, berechtigen den Betroffenen in der Regel zu einer Geldentschädigung[667]. Von einer schwerwiegende Persönlichkeitsverletzung ist regelmäßig auch bei der Verbreitung unwahrer Tatsachen[668] oder erfundener Äußerungen auszugehen, beispielsweise in Form von Interviews[669] oder Zitaten[670]. Inwieweit nicht erweislich wahre Tatsachenbehauptungen entschädigungspflichtig sind, lässt sich demgegenüber nicht pauschal, sondern nur unter Berücksichtigung der besonderen Umstände des Einzelfalles beurteilen[671].

### (1.2) Verschulden

Die Gewährung einer Geldentschädigung kommt nicht erst ab einem näher zu bestimmenden - jedenfalls über die einfache Fahrlässigkeit hinausgehenden - Grad des Verschuldens in Betracht[672]. Gegen die im Schrifttum teilweise vertretene Auffassung, wonach die betreffende Redaktion ihre pressemäßige Sorgfaltspflichten in besonders grober Weise verletzt haben muss[673], spricht der hohe Rang, den das Grundgesetz dem allgemeinen Persönlichkeitsrecht - bzw. der persönlichen Ehre als Bestandteil desselben - in Art. 2 Abs. 1 i.V.m. Art. 1 Abs. 1 GG verleiht. Danach steht das Recht der persönlichen Ehre mit den ausdrücklich benannten Schutzgütern des § 823 Abs. 1 BGB auf einer Stufe; es ist wie diese ein Grundrecht[674]. Es ist daher nur konsequent, die Geldentschädigung denselben Regeln zu unterwerfen wie Schadensersatzansprüche wegen einer Eigentums- oder Körperverletzung. Es kann somit prinzipiell der Vorwurf der (nur) leichten Fahrlässigkeit, etwa im Rahmen der Recherche, einen Entschädigungsanspruch des Opfers nicht hindern. Allerdings sind in diesen Fällen an die Verkürzung der Persönlichkeitssphäre, d.h. an die objektive Seite der Verletzung, erhöhte Anforderungen zu stellen[675]. Schließlich kann auch das hohe Gut der Meinungsfreiheit angemessen berücksichtigt werden, indem zwar nicht das „ob" einer Geldent-

---

[666] BGH, JZ 1979, S. 351 – Telefongespräch II.
[667] Prinz/Peters, Rn. 747; Steffen, NJW 1997, S. 10, 11; Soehring, Rn. 32.21.
[668] Wenzel, Rn. 104.
[669] BGH, NJW 1995, S. 861, 864 – Caroline von Monaco I; BVerfG, NJW 1973, S. 1221, 1223 – Soraya; Prinz/Peters, Rn. 748; Soehring, Rn. 32.22; Steffen, NJW 1997, S. 10, 11.
[670] BGH, NJW 1982, S. 635, 6376 – Böll/Walden; Steffen, NJW 1997, S. 10, 11; Prinz/Peters, Rn. 748.
[671] Eine umfassende Übersicht über die zum Merkmal der „schweren Persönlichkeitsverletzung" ergangenen Rechtsprechung würde den Rahmen dieser Arbeit sprengen. Insoweit wird auf die ausführlichen Darstellungen bei *Soehring* (Rn. 32.21 ff.) und *Wenzel* (Rn. 14/102 ff.) verwiesen.
[672] Ebenso im Ergebnis: Prinz/Peters, Rn. 755, Wenzel, 14 Rn. 115; Steffen in Löffler, § 6 LPG, Rn. 335, ders. in NJW 1997, S. 10.
[673] Vgl. Löffler/Ricker, 44. Kap. Rn. 46; Damm/Rehbock, Rn. 727; Soehring, Rn. 32.26 f.; jeweils unter unzutreffender Bezugnahme auf BGH, NJW 1965, S. 2395 – Mörder unter uns; NJW 1970, S. 1077 – Nachtigall I; NJW 1971, S. 698, 700 – Pariser Liebestropfen; vgl. auch Soehring, NJW 2000, S. 2466, 2479
[674] Vgl. dazu oben 1. Teil 2. Kap. B II.
[675] Vgl. Wenzel, (Vorauflage), Rn. 14.109; so auch mit anderer Schlussfolgerung: Soehring, Rn. 32.26; LG Köln, AfP 1992, S. 83, 85; BGH, NJW 1965, S. 2395, 2396 – Mörder unter uns, wo – umgekehrt – „ins Gewicht fiel", dass den Beklagten ein „erheblicher Vorwurf" traf.

schädigung, aber doch die *Höhe* einer solchen vom Grad des Verschuldens abhängig gemacht wird[676].

Die gegenteilige Ansicht beruht auf einer Fehlinterpretation der zugrundegelegten Rechtsprechung[677]. Soweit der Bundesgerichtshof verlangt, dass das „(...) Persönlichkeitsrecht in schwerer Weise schuldhaft verletzt wird“[678] bzw. eine Entschädigung nur im Falle „(...) schwerer schuldhafter Eingriffe“[679] zubilligt, kann hieraus lediglich gefolgert werden, dass unter Berücksichtigung aller Umstände eine *insgesamt* schwere Persönlichkeitsverletzung vorliegen muss. Dass die Gegenansicht diese Formulierung missversteht, wenn sie das Adjektiv „schwer“ nicht nur auf die Persönlichkeitsverletzung, sondern auch auf die „schuldhafte“ Begehungsweise bezieht, verdeutlicht die *Herrenreiter*-Entscheidung des Bundesgerichtshofs[680], in der die Richter dem Grundsatz nach „jede schuldhafte Verletzung“ für entschädigungsfähig gehalten haben[681]. In späteren Urteilen wurde der Immaterialschadensersatz sogar ausdrücklich auch auf Fälle ausweitet, in denen dem Beklagten (nur) einfache Fahrlässigkeit vorgeworfen werden konnte[682]. Schließlich liefern auch die vom Bundesgerichtshof hervorgehobenen Präventionsgesichtspunkte keine geeignete Begründung dafür, dass eine Geldentschädigung regelmäßig nur im Falle besonders groben Verschuldens gewährt werden kann[683]. Die Berücksichtigung präventiver Aspekte wirkt sich allein auf die *Höhe* der zugesprochenen Entschädigungsssumme aus. Sie ändert nichts daran, dass im Einzelfall eine Geldentschädigung auch unter dem Gesichtspunkt der Genugtuung bzw. eines Ausgleichsbedürfnisses gewährt werden kann[684].

### (1.3) Unabwendbares Bedürfnis

Als Rechtsbehelf, der eine Lücke im Persönlichkeitsschutz schließen soll, ist eine Geldentschädigungsanspruch nur dann begründet, wenn unter Berücksichtigung aller konkreten Umstände des Einzelfalles für eine Zuerkennung des Anspruchs ein unab-

---

[676] Vgl. OLG Koblenz, NJW 1997, S. 1375, 1376; OLG Köln, NJW-RR 2000, S. 470, 471; Prinz/Peters, Rn. 755; Löffler/Ricker, 44. Kap., Rn. 46; einschränkend Steffen, NJW 1997, S. 10, 11: kein nur symbolisches Schmerzensgeld; ebenso Soehring Rn. 32.34.

[677] Ebenso im Ergebnis Prinz/Peters, Rn. 755, Wenzel, 14 Rn. 115; Steffen in Löffler, § 6 LPG, Rn. 335, ders. in NJW 1997, S. 10.

[678] Vgl. BGH, NJW 1970, S. 1077 – Nachtigall I.

[679] BGH, NJW 1977, S. 626, 628 – Konkret.

[680] BGH, NJW 1958, S. 827, 830 – Herrenreiter; vgl. auch BGH, NJW 1980, S. 2801, 2807 – Medizin Syndikat III.

[681] Vgl. auch BGH, NJW 1965, S. 1374 – Satter Deutscher und BGH, GRUR 1969, S. 301 – Spielgefährtin II, in denen der BGH ein „schweres Verschulden“ als Voraussetzung der Geldentschädigung nicht ausdrücklich nennt.

[682] BGH, NJW 1977, S. 626, 628 – Konkret; NJW 1963, S. 904, 905 – Drahtzieher; vgl. auch OLG Koblenz, NJW 1997, S. 1375, 1376.

[683] So aber Soehring, Rn. 32.26.

[684] Ebenso Wenzel, Rn. 14/116; OLG München, NJW-RR 2002, S. 1045.

wendbares Bedürfnis besteht[685]. Unter Berücksichtigung präventiver Aspekte ist davon nur dann auszugehen, wenn die Beklagten die beanstandeten Äußerungen vorsätzlich und zur Verfolgung eigener kommerzieller Zwecke veröffentlicht haben[686]. Bei nichtvorsätzlichen Persönlichkeitsverletzungen kann demgegenüber der Ersatzanspruch entfallen, wenn die Beeinträchtigung auch auf andere Weise befriedigend ausgeglichen werden kann[687]. Handelt es sich bei den beanstandeten Presseveröffentlichungen um *Tatsachenbehauptungen*, so können die Medien den Betroffenen zu ihrer Verteidigung in erster Linie auf den *Berichtigungsanspruch* verweisen.

Die Berichtigung galt nach früherer Rechtsprechung in der Regel als geeignetes Mittel, um die durch die Rufschädigung eingetretene Beeinträchtigung des Betroffenen befriedigend auszugleichen. Eine zusätzliche Geldentschädigung wurde diesem nur dann zugesprochen, wenn bei der Berichtigung nicht ausreichend gewährleistet war, dass diese den Empfängerkreis der Erstmitteilung erreichen würde[688] oder wenn der Schädiger die Berichtigung verweigert hatte und diese infolge des Zeitablaufs bis zur Verurteilung zur Genugtuung des Verletzten nicht mehr geeignet war[689]. Auch die Tatsache, dass der Betroffene die Vorwürfe nicht nochmal veröffentlicht sehen wollte, um seine Wunden nicht erneut aufreißen zu lassen, war ein anerkennenswerter Grund für eine Geldentschädigung[690].

In seiner neueren Rechtsprechung geht der Bundesgerichtshof davon aus, dass es für die Frage, ob eine Berichtigung die erlittene Rufschädigung hinreichend beseitigt, „(...) auf die Umstände des Einzelfalles" ankomme[691]. Abgesehen von den bereits genannten Fällen stelle die Berichtigung auch dann keinen hinreichenden Ausgleich für die erlittene Rechtsbeeinträchtigung dar, wenn sich der Angriff gegen die „Grundlagen der Persönlichkeit" richte[692], d.h. wenn dieser sich nach den Beweggründen des Beklagten und dem Maß seines Verschuldens als „besonders gravierend" darstelle[693]. In diesen Fällen ist die Subsidiarität der Geldentschädigung gegenüber der Berichtigung somit aufgehoben. Die neuere Rechtsprechung des Bundesgerichtshofs ist zumindest

---

685 BGH, NJW 1995, S. 861, 864 – Caroline von Monaco I; OLG Köln, NJW-RR 2000, S. 470, OLG Karsruhe, NJW-RR 2003, S. 410; Wenzel, Rn. 14/127; Steffen in Löffler, § 6 LPG Rn. 38.

686 Ebenso Wenzel, Rn. 14/127.

687 BGH, NJW 1996, S. 985, 986 – Wiederholungsveröffentlichung; NJW 1995, S. 861, 864 – Caroline von Monaco I; AfP 1989, S. 669, 672 – Wünschelrute; NJW-RR 1988, S. 733, 734 – Intime Beziehungen.

688 Dieses Kriterium kam allerdings nur bei nicht-periodischen Druckwerken zum Tragen, vgl. BGH, NJW 1965, S. 2395 – Mörder unter uns; vgl. BGH NJW 1970, S. 1077, 1078 – Nachtigall I; BGH, AfP 1996, S. 144, 147 – Lohnkiller.

689 BGH, NJW 1970, S. 1077, 1078 – Nachtigall I.

690 Vgl. LG Hamburg, AfP 1994, S. 163, 164; OLG Hamburg, NJW-RR 1994, S. 1176, 1178; Prinz/Peters, Rn. 761.

691 BGH, NJW 1995, S. 861, 864 – Caroline von Monaco I.

692 BGH, NJW 1995, S. 861, 864 – Caroline von Monaco I; BGH, NJW-RR 1988, S. 733, 735 – Intime Beziehungen; ebenso Prinz/Peters, Rn. 760.

693 BGH, NJW 1995, S. 861, 864 – Caroline von Monaco I.

missverständlich. Eine Persönlichkeitsverletzung, die *nicht* „besonders gravierend" ist, löst von vornherein keine Ansprüche auf eine Geldentschädigung aus[694]. Nähme man den Bundesgerichtshof beim Wort, so müsste also der Anspruch auf eine Geldentschädigung *immer* vorrangig sein gegenüber der Berichtigung. Dass der Bundesgerichtshof die Subsidiarität der Geldentschädigung gegenüber dem Berichtigungsanspruch vollständig aufheben wollte, ist jedoch nicht anzunehmen. Von einem Angriff gegen die „Grundlagen der Persönlichkeit" im Sinne seiner neueren Rechtsprechung ist daher erst auszugehen, wenn die Intensität des Angriffs einen Grad erreicht hat, der über die untere Grenze, die für die Annahme einer „schwerwiegenden" Persönlichkeitsverletzung erforderlich ist, erheblich hinausgeht. Das dürfte der Fall sein, wenn die Verletzung des allgemeinen Persönlichkeitsrechts zugleich die Menschenwürde des Betroffenen tangiert, also beispielsweise im Falle der Schmähkritik[695].

Bedenkt man, dass eine Berichtigung niemals von allen Personen gelesen wird, die die herabsetzende Erstveröffentlichung zu Gesicht bekommen haben, so spricht dies zunächst für die Auffassung des OLG Hamburg, wonach selbst eine unverzüglich und freiwillig gedruckte Berichtigung den Anspruch auf Geldersatz nicht vollständig, sondern nur teilweise entfallen lässt[696]. Allerdings dürfte die Höhe der „verminderten" Geldentschädigung nur schwer zu bestimmen sein. Überdies steht dieser Lösungsansatz im Widerspruch zur Rechtsprechung des Bundesgerichtshofs, wonach der Ausgleichsgedanke der Geldentschädigung - anders als dies beim Schmerzensgeld der Fall ist - gegenüber den Aufgaben der Genugtuung und der Spezial- bzw. Generalprävention in den Hintergrund tritt[697]. Soweit die Presse alles ihr Zumutbare und Mögliche getan hat, um die Persönlichkeitsverletzung rückwirkend zu beseitigen, kann danach der Betroffene eine - auch gegenüber dem ursprünglichen Ersatzanspruch verminderte - Geldsumme zum Ausgleich der „verbleibenden" Rufschädigung nicht mehr verlangen[698].

Im Unterschied zur Berichtigung erfüllt der Abdruck einer *Gegendarstellung* nur in ganz seltenen Ausnahmefällen die erforderliche Genugtuungsfunktion. Als Darstellung, die allein die Sicht des Klägers wiedergibt, ist sie diesem als anderweitige Ersatzmöglichkeit auch dann nicht zumutbar, wenn sie frei von Kommentierungen abgedruckt wird. Entgegen einer im Schrifttum vertretenen Auffassung[699] ist daher die

---

694 Vgl. dazu oben (1.2).

695 Vgl. BGH, GRUR 1965, S. 256 – Gretna Green; ebenso: Soehring Rn. 32.31; zum Begriff der Schmähkritik vgl. oben 2. Teil 2. Kap. B I 2 bb (2) (2.1).

696 OLG Hamburg, AfP 1994, S. 42; ähnlich BGH, NJW 1965, S. 2395 – Mörder unter uns; BGH, NJW 1970, 1077, 1078 – Nachtigall I für ein nicht periodisch erscheinendes Druckwerk; aA. Soehring, Rn. 32.28.

697 Vgl. nur BGH, NJW 1995, S. 861, 864 f. – Caroline von Monaco I; ebenso Steffen in Löffler, § 6 LPG Rn. 333.

698 Ebenso: Soehring, Rn. 32.28.

699 Damm/Rehbock unter unzutreffender Bezugnahme auf BGH, NJW 1976, S. 685 – Soraya; Soehring, Rn. 32.20;

Subsidiarität des Geldentschädigungs- gegenüber dem Gegendarstellungsanspruch im Grundsatz zu verneinen[700]. Im Einzelfall kann jedoch der Verzicht auf eine Gegendarstellung zu erkennen geben, dass der Kläger die Beeinträchtigung nicht als schwerwiegend empfunden hat und den Entschädigungsanspruch somit ausschließen[701]. Schließlich ist die Subsidiarität der Geldentschädigung auch gegenüber dem *Unterlassungsanspruch* schon im Grundsatz zu verneinen, da letzterer auf die Zukunft gerichtet ist und somit für die in der Vergangenheit liegende Persönlichkeitsverletzung keine Rechtswirkungen entfalten kann[702].

### (3) Anspruchshöhe

Welche Höhe die Summe beträgt, die dem in seiner Ehre Verletzten zugesprochen wird, liegt gem. § 287 Abs. 1 ZPO im freien Ermessen des Richters. Verlässliche Bewertungsskalen gibt es hier nicht. Die in neueren Entscheidungen zugesprochenen Beträge können zwar als Richtschnur für die Höhenbemessung dienen[703]; sie sind jedoch geprägt durch die vielfältigen Umstände des Einzelfalles. Als Orientierungshilfe sind sie daher nur begrenzt brauchbar[704]. Die zur Schmerzensgeldbemessung entwickelten Grundsätze kommen hingegen als Leitlinien für die Höhe der zuzusprechenden Geldentschädigung schon deswegen nicht in Betracht, da die Analogie zu § 847 BGB aF. für den Ersatz immaterieller Persönlichkeitsschäden ausdrücklich aufgegeben wurde, noch bevor der Gesetzgeber das Schmerzensgeld im Rahmen des zweiten Schadensersatzrechtsänderungsgesetzes[705] gem. § 253 Abs. 2 BGB in das allgemeine Schadensrecht eingegliedert hat[706].

In der jüngeren Rechtsprechung hat die Berücksichtigung des Präventionsgedankens in Einzelfällen, in denen die Rechtsverletzung als Mittel zur Auflagensteigerung eingesetzt wurde, zu einer Erhöhung der zugesprochenen Schadenssummen geführt[707]. Bei nicht-vorsätzlichen Persönlichkeitsverletzungen stehen demgegenüber die Aspekte der Genugtuung - also die Wiedergutmachung seelischer Kränkungen und die Besänftigung des verletzten Rechtsgefühls - im Vordergrund[708]. Wie stark eine ehrverletzende Presseveröffentlichung den Betroffenen seelisch gekränkt hat, wie sehr sein Rechtsge-

---

[700] Vgl. BGH, NJW 1995, S. 861, 863 – Caroline von Monaco I; als Genugtuungsmöglichkeit ausdrücklich abgelehnt wurde die Gegendarstellung etwa in OLG Hamburg, NJW-RR 1994, S. 1176, 1177; OLG Köln, NJW-RR 2000, 470, 471; wie hier: Prinz/Peters, Rn. 759; differenzierend: Steffen in Löffler, § 6 LPG Rn. 340.
[701] Vgl. BGH, NJW 1979, 1041 – Exdirektor.
[702] Vgl. BGH, AfP 1987, S. 414; OLG Köln, NJW-RR 2000, S. 470, 471; Löffler/Ricker, 44. Kap., Rn. 49; Wenzel, Rn. 14/125; aA. LG München, AfP 1991, S. 648; Damm/Rehbock, Rn. 737.
[703] Steffen, NJW 1997, S. 10, 12.
[704] Steffen, NJW 1997, S. 10, 12; Prinz/Peters, Rn. 763.
[705] BGBl. I, 2002, S. 2674; vgl. dazu oben bb.
[706] So ausdrücklich BGH, NJW 1996, S. 984, 985 – Caroline von Monaco II.
[707] Vgl. dazu unten 3. Teil F II; zur Kritik an dieser Entwicklung vgl. oben (1).
[708] Vgl. Kötz/Wagner, Rn. 521.

fühl verletzt wurde, richtet sich nach der Art und Intensität des Eingriffs[709]. Maßgeblich ist der psychische und physische Zustand, in dem sich das Opfer nach der Rechtsverletzung befindet, das Ausmaß der Rufschädigung, die Auflagenstärke des Presseorgans, die Nachhaltigkeit und Fortdauer der Interessenverkürzung, der Anlass und Beweggrund des Schädigers sowie der Grad des Verschuldens[710]. Teilweise fließen auch die Vermögensverhältnisse beider Parteien in die Bemessung der Entschädigungshöhe ein[711]. Darüber hinaus kann eine geringere Ausgleichssumme in Betracht kommen, wenn sich der Verletzer seinerseits um Wiedergutmachung bemüht hat, etwa in Form einer unverzüglichen Entschuldigung oder Berichtigung[712]. Dass der Betroffene es unterlassen hat, sich um den Abdruck einer Gegendarstellung zu kümmern, muss er sich demgegenüber nur ausnahmsweise gem. § 254 BGB bei der Bemessung der Entschädigungssumme entgegenhalten lassen[713].

Differenzierungen dahingehend, dass Verletzungen der persönlichen Ehre prinzipiell stärkere Entschädigungsansprüche auslösen als sonstige Persönlichkeitseingriffe, lassen sich der Rechtsprechung nicht entnehmen. Vielmehr liegen die Entschädigungssummen, die die Gerichte als Ausgleich für eine ehrverletzende Publikationen zusprechen, tendenziell *unterhalb* der Beträge, die wegen einer Verletzung des Privatlebens verlangt werden können. So wurde etwa den Opfern der rufschädigenden Behauptungen, zu DDR-Zeiten für die Staatssicherheit gearbeitet[714] oder gar an einem Mord der Stasi mitgewirkt zu haben[715], ein Summe von (nur) 10 000, - DM zugebilligt, wohingegen *Nina Hagen* für die - vergleichsweise harmlose - Veröffentlichung eines kleinen Fotos, in dem sie als Schwangere nackt abgebildet war, einen Betrag in Höhe von immerhin 30 000, - DM verlangen konnte[716].

### d. Hilfsansprüche

Die Ansprüche auf Unterlassung, Berichtigung und Schadensersatz werden durch eine Reihe von Hilfsansprüchen ergänzt. Dazu zählt der Auskunftsanspruch, der dem Betroffenen die notwendige Kenntnis über den Inhalt der beanstandeten Äußerung[717] und

---

[709] Steffen, NJW 1997, S. 10, 11; Prinz/Peters, Rn. 765; vgl. auch BGH, NJW 1996, S. 984, 985 – Caroline von Monaco II; LG Berlin, AfP 2001, S. 246, 248 – Nina Hagen.
[710] OLG Köln, NJW-RR 2000, S. 470, 472.
[711] Vgl. LG Berlin, AfP 2001, S. 246, 248 – Nina Hagen; aA. Prinz/Peters, Rn. 766 (Berücksichtigung nur der Vermögensverhältnisse des Verletzers); Steffen, NJW 1997, S. 12 (Vermögensverhältnisse spielen gar keine Rolle).
[712] Steffen, NJW 1997, S. 12; Prinz/Peters, Rn. 765.
[713] So zum Beispiel, wenn sich der Kläger von der Gegendarstellung eine Verbesserung seiner Lage hätte versprechen können; aA. BGH, AfP 1979, S. 307, 309; Seitz/Schmid/Schoener, Rn. 494; vgl. zum Parallelproblem im Rahmen der Subsidiarität oben (2) (1.3).
[714] OLG Hamburg, AfP 1995, S. 679.
[715] OLG Hamm, NJW-RR 1993, S. 735, 736.
[716] LG Berlin, AfP 2001, S. 246, 247 – Nina Hagen.
[717] Wenzel, 15. 2 f.; Prinz/Peters, Rn. 766.

den Umfang ihrer Verbreitung[718] verschaffen soll. Auf Antrag kann das Gericht dem Kläger auch das Recht zusprechen, den Tenor der zu seinen Gunsten ergangenen Entscheidung auf Kosten des Beklagten zu veröffentlichten[719] oder aber den Verletzer - unter eingeschränkten Voraussetzungen - seinerseits dazu verpflichten, eine strafbewehrte Unterlassungserklärung bzw. das Urteil des erkennenden Gerichts auf seine Kosten in künftigen Auflagen der beanstandeten Zeitung zu veröffentlichen[720]. Falls dies zur Beseitung der Rufschädigung nicht ausreicht, kann sich diese Verpflichtung - zumindest im Falle ehrverletzender Tatsachenbehauptungen - auch auf andere Zeitungen und Zeitschriften erstrecken[721]. Dagegen hat die Möglichkeit des Betroffenen, die Herausgabe der beanstandeten Druckschrift an den Gerichtsvollzieher als Sequester zu verlangen, eher theoretische Bedeutung[722]. Eine solche Maßnahme, die im Ergebnis einer Beschlagnahme gleichkommt[723], ist nur unter den Voraussetzungen des § 111 m StPO möglich[724]. Es bedarf „außergewöhnlicher Umstände“[725], die die Annahme rechtfertigen, dass der Unterlassungstitel und die Androhung von Zwangsmitteln unzureichend sein werden, um die Presse an der Veröffentlichung der beanstandeten Äußerung zu hindern[726]. Auch einen Anspruch auf Vernichtung bzw. Unbrauchbarmachung der beanstandeten Druckschrift haben die Gerichte in der Praxis kaum bejaht[727]. Gleiches gilt für den sogenannten "Rückrufanspruch"[728], mit dem der Verletzer bei schweren Beeinträchtigungen verpflichtet werden kann, seine Abnehmer aufzufordern, die bereits an Vertriebsstellen gelangten Exemplare der beanstandeten Zeitschrift oder Zeitung unverzüglich aus dem Verkehr zu nehmen und an das Verlagsunternehmen zurückzusenden[729].

---

718 BGHZ 42, 210, 220 – Gewerkschaftspropaganda; BGH, NJW 1957, 1026; Steffen in Löffler, § 6 LPG Rn. 346; Wenzel, 15 Rn. 7; Prinz/Peters, Rn. 777.

719 BGHZ 14, 163, 172 – Constanze II; BGH NJW 1984, 1102 – Wahlkampfrede.

720 BGH, GRUR 1972, 555 – Spezialsalz II; BGHZ 99, 133, 138 – Oberfaschist; Prinz/Peters, Rn. 440; Steffen in Löffler, § 6 LPG, Rn. 351.

721 OLG Stuttgart, NJW 1972, 2320, 2321; Steffen in Löffler, § 6 LPG, Rn. 351.

722 Prinz/Peters, Rn. 778; vgl. aber OLG Celle, AfP 1984, S. 236 (vorläufige Herausgabe von für geplante Veröffentlichung vorgesehenen Bildern und Negativen).

723 Wenzel, 15 Rn. 12.

724 Prinz/Peters, Rn. 778; Wenzel, 15 Rn. 12; Steffen in Löffler, § 6 LPG Rn. 349.

725 Wenzel, 15 Rn. 13.

726 Prinz/Peters, Rn. 778.

727 Vgl. Prinz/Peters, Rn. 779; Steffen in Löffler, § 6 LPG, Rn. 350; Wenzel, 15 Rn. 16 (mit vereinzelten alten Beispielen aus der Rechtsprechung).

728 Wenzel, 15 Rn. 17 f.; Prinz/Peters, Rn. 780.

729 Vgl. BGH, GRUR 1963, S. 539, 542 – echt skai (im Hinblick auf unzulässige Werbematerialien); OLGR Köln 1999, S. 377; Prinz/Peters, Rn. 780; Wenzel, 15 Rn. 18; teilweise wird dieser Anspruch nur auf Bücher beschränkt, vgl. LG München, ArchPR 1975, S. 88.

## II. Die Gegendarstellung

Das Gegendarstellungsrecht ist ein eigenständiges Institut des Medienrechts, das - anders als die Ansprüche auf Unterlassung, Berichtigung und Schadensersatz - nicht im Deliktsrecht, sondern in den Pressegesetzen der Länder geregelt ist[730].

### 1. Ratio legis und Bedeutung

Obwohl ihre Effektivität inbesondere im Verhältnis zum französischen *droit de réponse* vergleichsweise gering ist[731], hat die Gegendarstellung neben dem Unterlassungsanspruch die für die Verteidigung gegenüber ehrverletzenden Tatsachenbehauptungen größte praktische Bedeutung[732]. Dem Grundsatz *audiatur et altera pars* folgend, wonach auch die andere Seite gehört werden soll, gibt sie dem Betroffenen die Möglichkeit, seine Sicht auf den Sachverhalt der Erstmitteilung öffentlich kundzutun. Wie der im Wege des § 823 Abs. 1 BGB garantierte Ehrenschutz folgt auch der Anspruch auf Abdruck einer Gegendarstellung aus dem allgemeinen Persönlichkeitsrecht im Sinne des Art. 2 Abs. 1 i.V.m. Art. 1 Abs. 1 GG[733]. Der Einzelne soll das grundrechtlich garantierte Recht haben, selbst darüber zu befinden, wie er sich gegenüber Dritten oder der Öffentlichkeit darstellen will, was seinen sozialen Geltungsanspruch ausmachen soll und ob oder inwieweit Dritte über seine Person verfügen können, indem sie diese zum Gegenstand öffentlicher Erörterung machen[734]. Diesem Recht entspricht es, dass der von einer Darstellung in den Medien Betroffene die rechtlich gesicherte Möglichkeit hat, dieser mit seiner Version der dargestellten Geschehnisse entgegenzutreten. Ansonsten, so das Bundesverfassungsgericht, „(...) wäre er zum bloßen Objekt öffentlicher Erörterung herabgewürdigt“[735]. Der Anspruch auf Gegendarstellung schafft somit einen Ausgleich dafür, dass die Medien - soweit sie die straf- und zivilrechtlichen Verbote der §§ 185 ff. StGB, 823 BGB unberührt lassen - auch über Dinge berichten dürfen, die das Persönlichkeitsrecht anderer betreffen[736].

### 2. Voraussetzungen

Berücksichtigt man nur die Anforderungen, denen die beanstandete Erstmitteilung gerecht werden muss, so ist der Anwendungsbereich des Gegendarstellungsrechts vergleichsweise umfassend. Allerdings muss die von dem Betroffenen verfasste Erklärung, damit ihr Abdruck berechtigterweise verlangt werden kann, strengen inhaltlichen und formellen Voraussetzungen genügen.

---

[730] Vgl. § 11 LPG (Rheinland-Pfalz).
[731] Vgl. dazu ausf. unten 3. Teil F III.
[732] Soehring, Rn. 30.1
[733] BVerfG, NJW 1999, S. 483, 484 – Focus.
[734] BVerfG 35, 202, 220 – Lebach, BVerfG, NJW 1983, S. 334, 336 – Gegendarstellung II.
[735] BVerfG, NJW 1983, S. 334, 336 – Gegendarstellung II.
[736] Prinz/Peters, Rn. 442.

## a. Materielle Voraussetzungen

### aa. Anforderungen an die Erstmitteilung

Der Gegendarstellungsanpruch greift als einziger Rechtsbehelf unabhängig davon, ob die Presseveröffentlichung den Betroffenen in seinen geschützten Rechten verletzt[737]. Der Betroffene hat weder nachzuweisen, dass ein Eingriff in seine persönliche Ehre vorliegt, noch ist es erforderlich, dass über die Wahrheit oder Unwahrheit der beanstandeten Behauptung Beweis erhoben wird[738]. Ebensowenig kann die Rechtmäßigkeit der Publikation oder die Tatsache, dass der Journalist schuldlos gehandelt hat, die Durchsetzung des Anspruchs hindern.

Anders als im französischen Recht kann sich der Betroffene nach dem Wortlaut der Landespressegesetze nur gegen Tatsachenbehauptungen wehren[739]. Die Möglichkeit einer Ausdehnung des Gegendarstellungsanpruchs auch auf Meinungsäußerungen war zwar Gegenstand des 58. Juristentages von 1990, wurde jedoch mit großer Mehrheit abgelehnt[740]. Die Pressetätigkeit sollte nicht durch die Verpflichtung zum Abdruck der verschiedensten Gegenmeinungen unzumutbar behindert werden[741]. Dass die Tatsache „aufgestellt“ sein muss, bedeutet nicht, dass nur solche Aussagen gegendarstellungsfähig sind, die die Presse „als eigene“ veröffentlicht. Vielmehr kann sich der Betroffene auch gegen Behauptungen Dritter wenden, die die Presse - mit oder ohne Nennung der Quelle - lediglich „verbreitet“ hat[742].

### bb. Anforderungen an die Gegendarstellung

Der Grundsatz der Waffengleichheit, aus dem der Betroffene seinen Anspruch herleitet, prägt zugleich die strengen Anforderungen, die eine zulässige Gegendarstellung erfüllen muss. Aus ihm folgt, dass auch die Entgegnungserklärung nur Tatsachen enhalten darf[743]. Auch muss der Betroffene in sachgerechter Weise an die Erstmitteilung anknüpfen[744]. Insofern ist es zwar nicht zwingend erforderlich[745], aber zweckmäßig, die beanstandete Stelle zu bezeichnen[746] und die Behauptungen, gegen die sich die Gegendarstellung richtet, konkret und zutreffend wiederzugeben[747]. Zwischen der

---

737 Soehring, Rn. 29.2 a; Seitz/Schmid/Schoener Rn. 12.

738 Prinz/Peters, Rn. 445; Seitz/Schmid/Schoener, Rn. 18; etwas anderes gilt allein bei *offensichtlich unwahren* Behauptungen, vgl. Prinz/Peters, Rn. 555 m.w.N.

739 Vgl. 11 Abs. 1 LPG (Rheinland-Pfalz).

740 Vgl. Beschlüsse, NJW 1990, S. 2985, 2987; dazu Schmidt, NJW 1991, S. 1009, 1010.

741 Schmidt, NJW 1991, S. 1009, 1090; vgl. dazu ausf. Korte, S. 233.

742 Soehring Rn. 29.13; Prinz/Peters, Rn. 487; Seitz/Schmidt/Schoener, Rn. 311; Löffler/Ricker, 25. Kap., Rn. 13; einschränkend im Hinblick auf Zitate: Wenzel, 11 Rn. 46.

743 OLG Hamburg, AfP 1978, S. 155; Soehring, Rn. 29. 17; Wenzel, 11 Rn. 38; Prinz/Peters, Rn. 529.

744 Soehring, Rn. 29. 17; Prinz/Peters, Rn. 523.

745 Vgl. aber § 10 Abs 1 LPG Bayern.

746 Soehring, Rn. 29.18; einschränkend Seitz/Schmidt/Schoener, Rn. 202 f.

747 Soehring, Rn. 29. 18; Wenzel, 11 Rn. 95; Prinz/Peters, Rn. 524.

Erstmitteilung und der Erwiderung des Betroffenen muss nicht nur generell, sondern in jedem einzelnen Punkt ein unmittelbarer gedanklicher Zusammenhang bestehen[748]. Jede der in der Gegendarstellung aufgestellten Behauptungen muss daher im Gegensatz zu einer Tatsachenbehauptung der ursprünglichen Veröffentlichung stehen[749].

### cc. Kein Ausschluss des Gegendarstellungsrechts

Das Recht zum Abdruck einer Gegendarstellung ist ausgeschlossen, wenn der Betroffene „kein berechtigtes Interesse an der Veröffentlichung" hat[750]. Nachdem die Verbreitung erwiesen oder bewusst unwahrer Behauptungen vom Schutzbereich der Meinungsfreiheit nicht erfasst wird[751], fehlt es an einem berechtigten Interesse, sofern die Entgegnung eine offenkundig unwahre Behauptung enthält[752], d.h. wenn ihre Unrichtigkeit allgemein, d.h. auch für den Durchschnittsleser erkennbar ist[753] oder wenn ihre Unwahrheit dem erkennenden Gericht unzweifelhaft bekannt ist[754]. Entgegen einer überholten Auffassung[755] kommt es *jenseits* dieser Fälle auf die Wahrheit der Gegendarstellung nicht an. Der Wahrheitsgehalt der Gegendarstellung ist für die Veröffentlichungspflicht grundsätzlich ohne Bedeutung[756]. Ausgeschlossen ist die Gegendarstellung auch dann, wenn die Behauptung, gegen die sich der Betroffene richtet, als bloße Belanglosigkeit zu bewerten ist[757], die Entgegnung irreführende Angaben enthält[758] oder eine umfassende Berichtigung bereits stattgefunden hat[759]. Schließlich entfällt die Pflicht zum Abdruck einer Gegendarstellung bei wahrheitsgetreuen Parlamentsberichten. Wie für die Ansprüche auf Berichtigung, Schadensersatz oder Unterlassung folgt dies aus der oben dargestellten, verfassungsrechtlich verankerten Privilegierung parlamentarischer Äußerungen[760]. Für das Gegendarstellungsrecht haben die meisten Landespressegesetz diese Privilegierung auch auf die Berichterstattung über öffentliche Sitzungen der Gemeinden bzw. Gemeindeverbände sowie über die öffentlichen Sitzungen der Gerichte ausgeweitet[761].

---

748 OLG Düsseldorf, AfP 1988, S. 160; OLG München, AfP 1972, S. 278, 280; Seitz/Schmidt/Schoener, Rn. 224; Soehring, Rn. 29.19; Prinz/Peters, Rn. 529.
749 Prinz/Peters Rn. 529; vgl. dazu LG Köln, AfP 1992, S. 310, 311.
750 Vgl. nur § 11 Abs. 2 LPG (Rheinland-Pfalz).
751 Vgl. dazu oben 1. Teil 2. Kap. A II 1.
752 OLG Hamburg, MDR 1966, S. 593; OLG München, AfP 1998, S. 515 – Immunitätsausschuss; Soehring, NJW 1999, S. 2466, 2477.
753 Wenzel, 11 Rn. 127.
754 Sedelmeier in Löffler, § 11 Rn. 64.
755 OLG Hamburg, MDR 1966, S. 593.
756 BVerfG, AfP 1993, 474, 476 – Gegendarstellung III; BGH, NJW 1963, S. 151; BGH 1964, S. 1132, 1134; BGH, NJW 1965, 1230; Wenzel, 11 Rn. 127.
757 Vgl. Prinz/Peters, Rn. 490 mit Beispielen.
758 Soehring, NJW 1999, S. 2466, 2477.
759 LG Köln, AfP 1992, S. 389, 390; LG München, AfP 1978, S. 219, 220; vgl. für eine umfassende Übersicht über die weiteren Ausschlussgründe Prinz/Peters, Rn. 489.
760 Vgl. dazu oben B I 2 c.
761 Vgl. nur § 11 Abs. 5 LPG (Rheinland-Pfalz); Prinz/Peters, Rn. 496.

### b. Formelle Voraussetzungen

Weil der Betroffene zur Durchsetzung seines Gegendarstellungsrechts selber tätig werden muss, handelt es sich um einen sogenannten "verhaltenen Anspruch"[762]. Er entsteht erst durch die formgerechte Zuleitung der Gegendarstellung[763]. Dabei sind sehr viel strengere Fristen zu beachten als im Rahmen der deliktischen Ansprüche[764]. Die meisten Landespressegesetze schreiben vor, dass die Gegendarstellung dem verantwortlichen Redakteur oder dem Verleger „unverzüglich, spätestens innerhalb von drei Monaten nach der Veröffentlichung" zugehen muss[765]. Dies soll gewährleisten, dass die Angelegenheit, zu der die Gegendarstellung erfolgen soll, noch nicht aus dem Bewusstsein der Leser entschwunden ist[766]. Formgerecht ist die Gegendarstellung, wenn sie im Wege der Schriftform erfolgt[767], durch den Betroffenen selber oder einem gesetzlichen Vertreter eigenhändig unterzeichnet wurde[768] und in derselben Sprache abgefasst ist wie die Erstmitteilung[769].

## 3. Rechtsfolge

Wann und wie die Gegendarstellung abgedruckt werden muss, ist in den Landespressegesetzen ausdrücklich geregelt. In zeitlicher Hinsicht ist die nach Empfang der Einsendung nächstfolgende, für den Druck nicht abgeschlossenen Nummer des Druckwerks maßgeblich[770]. Daraus folgt, dass der Betroffene den Abdruck einer Gegendarstellung in der gegenwärtig hergestellten Ausgabe einer Zeitung oder Zeitschrift nur so lange fordern kann, wie Umbruch und Layout noch nicht abgeschlossen sind[771]. Im Einklang mit dem Grundsatz der „Waffengleicheit" ist die Presse verpflichtet, die Gegendarstellung „in dem gleichen Teil des Druckwerks" - d.h. in der gleichen Rubrik[772] - abzudrucken wie die Erstmitteilung[773]. Das kann im Extremfall dazu führen, dass die Gegendarstellung - wie die Berichtigung[774] - auf der Titelseite eines Druckwerks veröffentlicht werden muss[775]. Auch in optischer Hinsicht soll die Gegendarstellung der Erstmitteilung entsprechen, sie muss „in gleicher Schrift" - d.h. auch in derselben

---

[762] OLG Karsruhe, AfP 1989, S. 564.
[763] Vgl. § 11 Abs. 2 S. 5 LPG (Rheinland-Pfalz); Sedelmeier in Löffler, § 11 LPG Rn. 156. Ausf. zu der Frage, wer der richtige Adressat der Gegendarstellung ist: Prinz/Peters, Rn. 566.
[764] Vgl. dazu oben B I 2 d.
[765] Vgl. nur § 11 Abs. 2 S. 5 LPG (Rheinland-Pfalz).
[766] LG Hamburg, AfP 1971, S. 87, 88; Seitz/Schmidt/Schoener, Rn. 128.
[767] Vgl. nur § 11 Abs. 2 S. 4 (Rheinland-Pfalz).
[768] Vgl. nur § 11 Abs. 2 S. 4 (Rheinland-Pfalz); Soehring, Rn. 29.27; vgl. ausf. Prinz/Peters, Rn. 508,
[769] Prinz/Peters, Rn. 506; Seitz/Schmid/Schoener, Rn. 174.
[770] Vgl. nur § 11 Abs. 3 S. 1 LPG (Rheinland-Pfalz).
[771] Prinz/Peters, Rn. 648; Soehring, Rn. 29.51.
[772] OLG Hamburg, AfP 1973, S. 388, 389.
[773] Vgl. nur § 11 Abs. 3 S. 1 LPG (Rheinland-Pfalz).
[774] Vgl. dazu oben B I 3 b.
[775] Vgl. BVerfG, NJW 1998, S. 1381, 1384 – Gegendarstellung auf Titelseite.

Größe[776] - erscheinen wie der beanstandete Text[777]. Inhaltlich soll die Veröffentlichung der Gegendarstellung „ohne Einschaltung, Weglassungen oder Zusätze" erfolgen[778]. Nach herrschender Meinung gilt das sogenannte „Alles-oder-nichts-Prinzip", wonach die Änderungsbefugnis des Gerichts auf die bloße Verbesserung von orthographischen und grammatikalischen Fehlern und kleine Korrekturen beschränkt ist[779], auch für den Fall, dass das Gericht die Zulässigkeit der Gegendarstellung in Frage stellt[780]. Dies hat zur Folge, dass selbst noch so geringfügige, aber berechtigte Beanstandungen der Gegendarstellung die Zurückweisung des Anspruchs rechtfertigen können[781]. Schließlich kann der Verpflichtete die Gegendarstellung mit Kommentierungen versehen; allerdings muss er sich auf „tatsächliche Angaben" beschränken[782]. Zulässig ist demzufolge der gemeinhin übliche „Redaktionsschwanz", in dem es heißt, das Gesetz verpflichte das Presseunternehmen „(...) eine Gegendarstellung abzudrukken, unabhängig davon, ob die Ausführungen der Wahrheit entsprechen oder ob sie frei erfunden sind"[783].

## III. Einstweiliges Verfügungsverfahren

In Deutschland sind die Möglichkeiten der Medienopfer, sich gegen ehrverletzende Presseveröffentlichung auch im Wege einer einstweiligen Verfügung zur Wehr zu setzen - anders als in Frankreich[784] - vergleichsweise begrenzt. Das Schnellverfahren greift lediglich für die Durchsetzung von Gegendarstellungs- und Unterlassunganssprüchen. Für erstere folgt dies aus den Bestimmungen der Landespressegesetze, die in den meisten Ländern die §§ 935, 940 ff. ZPO für entsprechend anwendbar erklären[785]. Insoweit ist das einstweilige Rechtsschutzverfahren sogar der *einzige* Weg, den Anspruch durchzusetzen: Die meisten Landespressegesetze schließen das Hauptsacheverfahren ausdrücklich aus[786]. Bei der Durchsetzung von Unterlassungsansprüchen hat

---

[776] OLG Hamburg, AfP 1975, S. 861, 862.
[777] Vgl. nur § 11 Abs. 3 S. 1 LPG (Rheinland-Pfalz).
[778] Vgl. nur § 11 Abs. 3 S. 1 LPG (Rheinland-Pfalz).
[779] Vgl. dazu Prinz/Peters, Rn. 615 ff.
[780] OLG Hamburg, ZUM 1995, S. 887; OLG Karlsruhe, AfP 1994, S. 317; OLG Hamburg, AfP 1989, S. 465; aA. OLG Frankfurt, AfP 1982, S. 179; KG, AfP 1984, S. 228, 229; Prinz/Peters, Rn. 618, ders. Rn. 615 m.w.N.
[781] Der Rechtsinhaber ist gezwungen, entweder einen neuen Anlauf zu starten, d.h. der Presse eine neue Fassung seiner Gegendarstellung zuzuleiten oder er muss sein Glück im Berufungsverfahren versuchen, vgl. Prinz/Peters, Rn. 618.
[782] Vgl. nur § 11 Abs. 3 S. 3 LPG (Rheinland-Pfalz). Ausnahme: LPG Bayern, das keine entsprechende Regelung enthält.
[783] Vgl. OLG Stuttgart, AfP 1987, S. 420, 421; Prinz/Peters, Rn. 658.
[784] Vgl. dazu unten 3. Kap. C III und 3. Teil G.
[785] Vgl. nur § 11 Abs. 4 S. 3 LPG (Rheinland-Pfalz).
[786] Vgl. nur § 11 Abs. 4 S. 5 LPG (Baden-Württenberg). Zum selben Ergebnis gelangt man in den Ländern, in denen § 926 ZPO für unanwendbar erklärt wird, vgl. z.B. § 11 Abs. 4 S. 5 LPG (Rheinland-Pfalz). Wo ausdrückliche Regelungen fehlen - so z.B. in Hamburg - , wird die Durchführung eines Hauptsacheverfahrens durch die Rechtsprechung ausgeschlossen, vgl. OLG Hamburg, MDR 1972, S. 333; Soehring, Rn. 29.42; kritisch Seitz/Schmidt/Schoener, Rn. 586.

der Betroffene demgegenüber die Wahl zwischen dem einstweiligen Rechtsschutzverfahren und der Erhebung der Klage in der Hauptsache. Das Schnellverfahren, mit dem der Antragsteller eine Unterlassungsverpflichtung schon binnen weniger Tage erwirken kann[787], ist in der Praxis der Regelfall[788]. Anders als im Gegendarstellungsrecht hat der Betroffene hier die Möglichkeit, den Antragsgegner über § 926 ZPO zur Erhebung der Klage in der Hauptsache zu zwingen[789]. Dies empfiehlt sich vor allem bei umfangreichen und komplizierten Verfahren, in denen es der umfassenden Beweismittel des Zivilprozesses bedarf, um die Wahrheit der beanstandeten Tatsachen nachzuweisen[790].

Für die Durchsetzung von Berichtigungs- oder Schadensersatzansprüchen ist das vorläufige Rechtsschutzverfahren prinzipiell ausgeschlossen. Die einstweilige Verfügung im Sinne der §§ 935, 940 ZPO dient lediglich der *Sicherung* und grundsätzlich nicht der *Befriedigung* des Gläubigers[791]. Sie darf also keine endgültigen Verhältnisse schaffen[792]. Dies tut aber die Verpflichtung der Medien zum Abdruck einer Berichtigung, da sie ihrem Wesen nach endgültig ist[793]. Die ausdrückliche und öffentliche Erklärung des Antragsgegners, dass eine von ihm aufgestellte tatsächliche Behauptung unzutreffend ist, lässt sich nicht später, je nach Ausgang des Rechtsstreits zur Hauptsache, abermals widerrufen[794]. Sie führt demnach, ungeachtet ihres formal nur „vorläufigen" Charakters, *immer* zur Vorwegnahme der Entscheidung in der Hauptsache[795] und kann somit - zumindest prinzipiell[796] - allein im Hauptsacheverfahren durchgesetzt werden. Gleiches gilt für die Verpflichtung zur Zahlung einer Geldentschädigung, die schon der Sache nach auf die Gewährung eines *Ausgleichs* für die erlittenen Einbußen gerichtet ist und somit - jedenfalls in dem hier relevanten Bereich[797] - allein der Befriedigung des Betroffenen dient.

---

[787] Vgl. Prinz/Peters, Rn. 358.
[788] Löffler, § 6 LPG, Rn. 282.
[789] Soehring, Rn. 30.19; Löffler, § 6 LPG, Rn. 282.
[790] Soehring, Rn. 30.19.
[791] Baumbach/Lauterbach/Albers/Hartmann, § 938 Rn. 3 m.w.N.
[792] Baumbach/Lauterbach/Albers/Hartmann, § 938 Rn. 3.
[793] OLG Bremen, AfP 1979, S. 355; ebenso im Ergebnis OLG Köln, AfP 1981, S. 358; Löffler, § 6 LPG, Rn. 302; Prinz/Peters Rn. 707; Soehring, 31.19; Ricker, NJW 1990, S. 2097, 2098; aA.: OLG Stuttgart, MDR 1961, S. 1024; OLG Köln, AfP 1972, S. 331.
[794] OLG Bremen, AfP 1979, S. 355, 356.
[795] OLG Köln, AfP 1981, S. 358.
[796] Zu den seltenen Ausnahmekonstellationen, in denen z.B. die Unwahrheit der veröffentlichten Behauptung offenkundig ist, vgl. Soehring, Rn. 31.20.
[797] Vgl. zu den hier nicht einschlägigen Fällen, in denen ausnahmsweise auch Geldentschädigungsansprüche im einstweiligen Verfügungsverfahrens durchgesetzt werden können: Baumbach/Lauterbach/Albers/Hartmann, Grundz. § 916 Rn. 6.

## IV. Aktivlegitimation

Für die Frage, welche Personen bzw. Personengruppen berechtigt sind, auf zivilrechtlichem Wege gegen ehrverletzende Publikationen vorzugehen, ist zu unterscheiden zwischen den Ansprüchen im Deliktsrecht (1.) und dem Anspruch auf Abdruck einer Gegendarstellung (2).

### 1. Deliktsrecht

Für die Geltendmachung der oben dargestellten deliktischen Ansprüche kommen sowohl natürliche Personen (a) als auch juristische Personen und sonstige Personengemeinschaften (b) in Betracht.

#### a. Natürliche Personen

#### aa. Lebende Personen

Lebende Personen können Unterlassungs-, Berichtigungs- und Schadensersatzansprüche insoweit durchsetzen, wie sie in ihrem allgemeinen Persönlichkeitsrecht individuell betroffen wurden bzw. eine „individuelle Betroffenheit" für die Zukunft zu befürchten haben[798]. Voraussetzung ist, dass der Anspruchsteller aus der beanstandeten Publikation erkennbar hervorgeht[799]. Dafür kann es je nach Einzelfall ausreichen, dass ein Artikel individualisierbare Merkmale wie Schilderungen von Einzelheiten des Lebenslaufs, Angaben der Berufstätigkeit, des Wohnorts, usw. enthält[800]. Grundsätzlich genügt es schon, wenn der Adressat der Kritik (nur) innerhalb seines Bekanntenkreises als solcher identifiziert werden kann[801]. Darüber hinaus ist nur derjenige anspruchsberechtigt, dessen Ehre unmittelbar bzw. individuell verletzt wurde[802], nicht auch derjenige, der von der Fernwirkung eines Eingriffs in das Persönlichkeitsrecht eines Dritten nur mittelbar belastet wird[803]. So ist zum Beispiel der Bruder eines Mannes, von dem berichtet wird, er habe seine Frau, seine Kinder und sich selbst umgebracht, nicht schon deswegen „individuell betroffen", weil er denselben Namen führt wie der namentlich benannte Täter[804]. Dasselbe gilt für einen Mann, dessen Ehefrau beleidigt wurde[805]. Schon diese Beispiele verdeutlichen, dass die Bestimmung der „individuell

---

[798] BGH, NJW 1993, 930, 931 – Illegaler Fellhandel; Prinz/Peters, Rn. 143; Soehring, Rn. 13.34; Steffen in Löffler, § 6 LPG, Rn. 275.
[799] Prinz/Peters, Rn. 143
[800] BGH, NJW 1963, S. 904 – Drahtzieher; Prinz/Peters, Rn. 143.
[801] OLG Hamm, NJW-RR 1993, S. 735; OLG Karsruhe, VersR 1989, S. 65; LG Hamburg, ZIP 1997, S. 1409, 1410; LG Oldenburg, AfP 1985, S. 299, 300; Soehring, Rn. 13.37; Prinz/Peters, Rn. 143.
[802] BGH, AfP 1980, S. 154; NJW-RR 2000, S. 321 – Galinski; ZUM 1990, S. 180, 182 – Emil Nolde.
[803] Prinz/Peters, Rn. 144; Wenzel 12 Rn. 44.
[804] BGH, NJW 1980, 1790, 1791 – Familienname.
[805] aA. Wenzel, 12 Rn. 44, für den Fall eines Eingriffs in deren „Geschlechtsehre".

betroffenen“ Personen im Einzelfall mit schwierigen Wertungsfragen verbunden sein kann[806].

Um die Frage der „individuellen Betroffenheit“ geht es auch im Falle der Herabwürdigung einer Personengruppe unter einer Sammelbezeichnung. Auch diese sogenannte „Kollektivbeleidigung“ kann den Einzelnen zur Geltendmachung zivilrechtlicher Ansprüche legitimieren. Voraussetzung ist, dass der Kreis der Betroffenen zahlenmäßig überschaubar ist und sich aufgrund bestimmter Merkmale so deutlich aus der Allgemeinheit heraushebt, dass er klar abgegrenzt ist[807]. Dabei gilt der Grundsatz, dass die persönliche Betroffenheit des einzelnen Mitglieds umso schwächer ist, je größer das Kollektiv, auf das sich die herabsetzende Äußerung bezieht[808]. Zudem ist zu prüfen, ob die abwertende Äußerung wirklich geeignet ist, auf dem Weg über das Kollektiv jeden einzelnen eindeutig abzuqualifizieren[809].

Bejaht wurde das Vorliegen einer Kollektivbeleidigung für den Fall, dass sich die herabsetzende Kritik gegen die „GSG9“[810] richtete, gegen die Spitze der Großbanken[811] oder die Polizei, soweit erkennbar war, dass „(...) nur eine in einen bestimmten Geschehensablauf verwickelte, also örtlich und persönlich abgrenzbare Gruppe von Polizisten“ gemeint war[812]. Ebenso entschied das Bundesverfassungsgericht im Falle rufschädigender Äußerungen, die die sich im aktiven Dienst befindlichen Soldaten der Bundeswehr betrafen[813]. Auch der Adressatenkreis der „in Deutschland lebenden Juden, die Opfer der nationalsozialistischen Verfolgung geworden waren“, war hinreichend genau umrissen[814], nicht aber die sich gegen „die Frauen“[815], alle Katholiken, Protestanten, Politiker, Akademiker[816] oder gegen die Polizei schlechthin richtende Kritik[817].

### bb. Postmortaler Ehrenschutz

Während der Umfang postmortalen Ehrenschutzes im französischen Recht lange Gegenstand einer lebhaft diskutierten Debatte war, die erst im Jahre 2000 einer endgültigen Klärung zugeführt wurde[818], ist in Deutschland bereits seit dem berühmten *Mephi-*

---

[806] Für weitere Beispiele aus der Rechtsprechung wird auf die Ausführungen bei Prinz/Peters, Rn. 144, verwiesen.
[807] BVerfG 1995, S. 3303, 3306 - Soldaten sind Mörder II; OLG Frankfurt, NJW 1989, S. 1367; Soehring, Rn. 13.21; Wenzel, 12 Rn. 51.
[808] BVerfG, NJW 1995, S. 3303, 3306 – Soldaten sind Mörder II.
[809] BVerfG, NJW 1995, S. 3303, 3306 – Soldaten sind Mörder II.
[810] OLG Stuttgart, JR 1981, S. 339.
[811] OLG Hamm, DB 1990, S. 1205.
[812] OLG Frankfurt, NJW 1977, S. 1353.
[813] BVerfG NJW 1995, S. 3305 – Soldaten sind Mörder II; ebenso BGH, AfP 1989, S. 535, 536 – Soldatenbeleidigung; kritisch Soehring, Rn. 13.22.
[814] BGHSt 11, S. 207, 208.
[815] LG Hamburg, NJW 1980, S. 56.
[816] BGHSt 11, 207, 209.
[817] OLG Düsseldorf, NJW 1981, S. 1522.
[818] Vgl. dazu unten 3. Kap. C IV 1 a aa (2).

*sto*-Urteil des Bundesverfassungsgerichts vom 24. Februar 1971 anerkannt, dass die Persönlichkeit eines Menschen - allerdings nur in begrenztem Umfang - auch *nach* seinem Tode geschützt ist[819]. Da nur der Verstorbene durch die ihn treffende Kritik „unmittelbar" betroffen ist, setzt die Wahrnehmungsberechtigung der Angehörigen[820] bzw. der vom Verstorbenen dazu berufenen Personen[821] voraus, dass der Grundsatz der Höchstpersönlichkeit der Persönlichkeitsrechte durchbrochen wird. Dies, so das Bundesverfassungsgericht, rechtfertigt sich aus der Notwendigkeit eines umfassenden Schutzes der Menschenwürde. Danach würde es

> „(...) mit dem verfassungsverbürgten Gebot der Unverletzlichkeit der Menschenwürde, das allen Grundrechten zugrunde liegt, unvereinbar sein, wenn der Mensch, dem Würde kraft seines Personseins zukommt, in diesem allgemeinen Achtungsanspruch auch nach seinem Tode herabgewürdigt oder erniedrigt werden dürfte."[822]

Das Bundesverfassungsgericht ist indessen nicht so weit gegangen, neben der Menschenwürde aus Art. 1 Abs. 1 GG auch das allgemeine Persönlichkeitsrecht über den Tod hinaus fortleben zu lassen. Dieses sei als höchstpersönliches Recht „(...) unübertragbar und unvererblich"[823]. Zwar haben die verfassungsgerichtlichen Vorgaben den Bundesgerichtshof nicht daran gehindert, die Übertragbarkeit und Vererblichkeit der „vermögenswerten Bestandteile" des Persönlichkeitsrechts zu bejahen[824] - so erstmals in zwei Urteilen vom 1. Dezember 1999, denen die Kommerzialisierung des Bildnisses und des Namens *Marlene Dietrichs* zugrunde lag[825]. Sind jedoch nicht die kommerziellen, sondern nur die *ideellen* Interessen des Verstorbenen betroffen, so bleibt es bei dem alten Grundsatz, d.h. die Persönlichkeitsrechte sind

> „(...) unauflöslich an die Person ihres Trägers gebunden und als höchstpersönliche Rechte (...) nicht übertragbar und nicht vererblich"[826].

---

819 BVerfG, NJW 1971, S. 1645; ebenso bereits BGH, NJW 1968, S. 1773 – Mephisto; vgl. aus der jüngeren Rechtsprechung: BVerfG, AfP 2001, S. 295 – Wilhelm Kaisen; OLG Düsseldorf, NJW-RR 2000, S. 321 – Galinski; OLG Koblenz, AfP 1999, S. 286 – Adenauer; OLG Bremen, NJW-RR 1995, S. 84 – Wilhelm Kaisen; LG Hamburg, AfP 1993, S. 595, 596 – NS-Künstler.

820 BGH, ZUM 1990, S. 180, 182 - Emil Nolde; GRUR 1984, S. 907, 909 – Frischzellenkosmetik. Dies sind - ohne verbindliche Reihenfolge - der überlebende Ehegatte, die Kinder, die Eltern und die Enkel des Verstorbenen, vgl. OLG Köln, NJW-RR 1999, S. 1969 – Adenauer.

821 BGH, ZUM 1990, S. 180, 182 – Emil Nolde; vgl. Prinz/Peters, Rn. 135.

822 BVerfG, NJW 1971, S. 1645, 1647 – Mephisto.

823 BVerfG, NJW 1971, S. 1645, 1647 – Mephisto; BVerfG, AfP 2001, S. 295, 297 – Wilhelm Kaisen; BVerfG, NJW 2001, 594 – Willy Brandt; aA. BGH, NJW 1968, S. 1773; ausdrücklich offengelassen in BGH, NJW-RR 1987, S. 231 – Nena; kritisch Pabst, NJW 2002, S. 999.

824 Hierzu zählen zum Beispiel das Recht am eigenen Bild oder das Recht am eigenen Namen, vgl. BGH, WRP 2000, S. 746, 750 – Marlene Dietrich.

825 BGH, WRP 2000, S. 746, 751 – Marlene Dietrich; BGH, WRP 2000, 754 – Der blaue Engel.

826 BGH, WRP 2000, S. 746, 750 – Marlene Dietrich; BGH, WRP 2000, 754 – Der blaue Engel; aA. OLG München, ZUM 2002, 744, 745 (rechtskräftig); dazu Koos, WRP 2003, 202.

Im Hinblick auf die Forderungen der Angehörigen des Verstorbenen bzw. sonstiger wahrnehmungsberechtigter Personen folgen hieraus Beschränkungen nicht nur auf der Ebene der Anspruchsvoraussetzungen, sondern auch auf der Rechtsfolgenseite.

### (1) Voraussetzungen

Die Gewährung postmortalen Schutzes ist an die Feststellung eines „(...) schweren, die Menschenwürde tangierenden Eingriffs" in die Persönlichkeitsrechte des Verstorbenen geknüpft[827]. Davon ist bei Tatsachenbehauptungen prinzipiell auszugehen, wenn sie unrichtig sind und das Lebensbild des Verstorbenen verfälschen[828]. Werden ehrverletzende Werturteile beanstandet, so müssen diese die Grenze zur Schmähkritik überschreiten[829]. Auch Äußerungen, die das abgeschlossenen Lebensbild bzw. den durch die Lebensstellung erworbenen Geltungsanspruch „grob entstellen", lösen - unabhängig von ihrer Qualifizierung als Tatsachenbehauptung oder als Werturteil - Ansprüche auf postmortalen Persönlichkeitsschutz aus[830]. Ob der ehrverletzende Charakter einer konkreten Meinungsäußerung eine solche Intensität erreicht, hängt von einer Gesamtwürdigung der Umstände des Einzelfalls ab, die maßgeblich dadurch bestimmt ist,

> „ (...) welche Stellung der Betroffene zu Lebzeiten in der Gesellschaft einnahm und aus welchem Anlass und zu welchem Zweck der Autor sich kritisch mit der Person des Dargestellten auseinandergesetzt hat."[831]

In Übereinstimmung mit seiner traditionell sehr weiten Auslegung der Meinungsfreiheit ist das Bundesverfassungsgericht auch bei der Gewährung postmortalen Persönlichkeitsschutzes tendenziell zurückhaltender als die ordentlichen Zivilgerichte.

In einem Urteil vom 5. April 2001 versagte der *Erste Senat* der Tochter des verstorbenen früheren Präsidenten des Senats und Bürgermeisters der Freien Hansestadt Bremen, *Wilhelm Kaisen,* das Recht, sich unter dem Gesichtspunkt des postmortalen Achtungsanspruchs gegen die Wahlkampfaussage zu wehren, der Verstorbene würde, wäre er noch am Leben, die DVU wählen[832]. Mit dieser Abwägung zwischen Menschenwürde und Meinungsfreiheit verwerfen die Verfassungsrichter die entgegenstehende Auffassung des OLG Bremen im Ausgangsverfahren[833]. Sie widerspricht zudem der Entscheidung des OLG Köln vom 24. September 1998, wonach die Enkel des Altbundeskanzlers *Konrad Adenauer* gegen die Behauptung vorgehen konnten, der Verstorbene würde heute die Republikaner wäh-

---

[827] LG Hamburg, AfP 1993, S. 595, 596 – NS-Künstler; OLG Düsseldorf, NJW-RR 2000, S. 321, 322 – Galinski.
[828] OLG Köln, NJW 1999, S. 1969 – Adenauer.
[829] OLG Köln, NJW 1999, S. 1969 – Adenauer; kritisch zu diesem Kriterium: Pabst, NJW 2002, S. 999, 1003; zum Begriff der „Schmähkritik" vgl. oben 2. Teil 2. Kap. B I 2 bb (2) (2.1).
[830] OLG Koblenz, AfP 1999, S. 286, 287 – Adenauer; BVerfG, AfP 2001, S. 295, 297 – Wilhelm Kaisen; OLG Düsseldorf, NJW-RR 2000, S. 321, 322 – Galinski;
[831] OLG Düsseldorf, NJW-RR 2000, S. 321, 322 – Galinski.
[832] BVerfG, AfP 2001, S. 295 – Wilhelm Kaisen; vgl. dazu Pabst, NJW 2002, S. 999.
[833] OLG Bremen, NJW-RR 1995, S. 84 – Wilhelm Kaisen.

len[834]. Zutreffend erscheint die Entscheidung des LG Düsseldorf vom 17. Oktober 2001, wonach die unwahre Behauptung, *Joseph Beuys* habe in vielen seiner öffentlichen Erklärungen seine Abneigung gegenüber Mitbürgern jüdischen Glaubens bekundet, das Lebensbild des Künstlers in grober Weise beeinträchtige[835]. Zugunsten der Gewährung postmortalen Persönlichkeitsschutzes entschied auch das LG Hamburg im Hinblick auf die - den Tatsachen widersprechende - Bezeichnung eines Malers als „NS-Künstler“[836]. Vergleichsweise streng war demgegenüber das OLG Köln, das einen Anspruch auf postmortalen Persönlichkeitsschutz angesichts einer Publikation verneinte, die den ehemaligen Vorsitzenden des Zentralrats der Juden, *Heinz Galinski*, mit dem Kauf einer Ehrendoktorwürde in Zusammenhang gebracht und als bekannte Größe auf dem Berliner Schwarzmarkt der Nachkriegszeit erwähnt hatte[837].

Hinsichtlich der Voraussetzungen ist die Gewährung postmortalen Ehrenschutzes, wie die dargestellten Beispiele zeigen, ebensowenig vorhersehbar wie die Frage, ab wann von einem Fall der Schmähkritik auszugehen ist[838].

### (2) Rechtsfolgen

Die Rechte der wahrnehmungsberechtigten Personen greifen deutlich kürzer als die deliktischen Ansprüche, die den verstorbenen Opfern ehrverletzender Presseveröffentlichungen noch zu Lebzeiten zugestanden hätten. Soweit die Toten ausschließlich in ihren *ideellen* Interessen betroffen sind, die beanstandeten Publikationen die *„vermögenswerten Bestandteile“* ihrer Persönlichkeitsrechte[839] indessen unberührt lassen, können die Angehörigen bzw. wahrnehmungsberechtigten Personen lediglich immaterielle Unterlassungs- oder Berichtigungsansprüche durchsetzen. Finanzielle Ausgleichsansprüche sind dagegen ausgeschlossen[840]. Die Funktion der Geldentschädigung, so die Rechtsprechung, liege darin, dem Betroffenen in erster Linie eine Genugtuung für die ihm zugefügte Verletzung *seiner* Persönlichkeit zu verschaffen. Die Erfüllung dieses Entschädigungszwecks sei ausgeschlossen, wenn der Anspruch nicht von dem Verletzten selbst, sondern von dessen Angehörigen geltend gemacht werde[841]. Von dieser Linie ist der Bundesgerichtshof - entgegen der im Schrifttum vorsichtig geäußerten Prognosen[842] - auch nicht abgerückt, nachdem er in seinen *Caroline von Monaco*-Entscheidungen den Präventionsgedanken als Kriterium für die Zuerken-

[834] OLG Köln, NJW 1999, S. 1969 – Adenauer.
[835] LG Düsseldorf, ZUM 2002, S. 390, 392.
[836] LG Hamburg, AfP 1993, S. 595 – NS-Künstler.
[837] OLG Düsseldorf, NJW-RR 2000, S. 321 – Galinski.
[838] Vgl. dazu oben 2. Teil 2. Kap. B I 2 bb (2) (2.1).
[839] BGH, WRP 2000, S. 746 – Marlene Dietrich.
[840] Anders nur, wenn die beanstandete Publikation zugleich auch unmittelbar und ausdrücklich das Persönlichkeitsrecht der lebenden Angehörigen verletzt. Vgl. LG Heilbronn, ZUM 2002, S. 160; ebenso schon BGH, GRUR 1974, 794, 795 - Todesgift; BGH, NJW 1974, S. 1371 - Fiete Schulz; KG, AfP 1997, S. 926, 928 – Marlene. Diese Konstellationen unterfallen jedoch nicht mehr dem *postmortalen* Persönlichkeitsschutz.
[841] BGH, NJW 1974, S. 1371 – Fiete Schulz; ebenso KG, AfP 1997, S. 926, 928 – Marlene.
[842] Vgl. Seifert, NJW 1999, S. 1889, 1896 und Prinz/Peters, Rn. 133 (Fn. 463).

nung einer Geldentschädigung eingeführt hat[843]. Anders als das Oberlandesgericht München, das *Maria Riva*, der Tochter *Marlene Dietrichs*, in einer rechtskräftigen Entscheidung vom 9. August 2002 als Ausgleich für die Veröffentlichung eines Aktfotos ihrer Mutter eine Geldentschädigung in Höhe von 5000, - Euro zusprach[844] hat der Bundesgerichtshof eine Ausweitung des postmortalen Geldentschädigungsanspruchs im Falle der Verletzung rein *ideeller* Interessen auch in dem Zeitraum *nach* Erlass der *Caroline von Monaco*-Entscheidungen weiterhin abgelehnt. In seinen zwei *Marlene-Dietrich*-Entscheidungen vom 1. Dezember 1999 hat das oberste Zivilgericht einen solchen Anspruch sogar ausdrücklich auf Fälle beschränkt, in denen von einer Verletzung der „*vermögenswerten* Bestandteile" der Persönlichkeitsrechte auszugehen war[845]:

> „Eine Reihe von Gesichtspunkten spricht dafür, daß die vermögenswerten Bestandteile des Persönlichkeitsrechts nicht in derselben Weise unauflöslich an die Person ihres Trägers gebunden sind wie der Teil des Persönlichkeitsrechts, der dem Schutz ideeller Interessen dient"[846].

Ungeklärt ist allerdings, wie der "kommerzielle Bereich", der finanzielle Ersatzansprüche der Erben auch *nach* dem Tode des Betroffenen ermöglicht, von dem "immateriellen Bereich" abzugrenzen ist, der die Angehörigen lediglich zur Durchsetzung von Unterlassungs- und Berichtigungsansprüchen berechtigt. Ist es denkbar, dass auch *ehrverletzende* Presseäußerungen die "vermögenswerten Bestandteile" des Persönlichkeitsrechts im Sinne der Rechtsprechung des Bundesgerichtshofs verletzen? Davon wäre auszugehen, wenn es für die Annahme eines Eingriffs in den kommerziellen Bereich der Persönlichkeitsrechte auf die bloße Feststellung ankäme, dass der Schädiger in Gewinnerzielungsabsicht gehandelt hat[847]. Dies würde jedoch zu weit führen. *Jede* Publikation, die in einer kommerziellen Zeitung oder Zeitschrift veröffentlicht wird, dient im weitesten Sinne der Erzielung von Gewinnen. Ließe man dieses Kriterium für die Annahme eines Eingriffs in die vermögenswerten Bestandteil des Persönlichkeitsrechts ausreichen, so würde sich der postmortale Entschädigungsanspruch, der in der Rechtsprechung bislang auf Fälle beschränkt war, in denen das *Bild* oder der *Name* einer bekannten Persönlichkeit zu *Werbezwecken* verwendet wurde[848], auf den sensiblen Bereich der Meinungsäußerungsfreiheit erstrecken. Mit der Rechtsprechung des

---

[843] BGH, NJW 1995, S. 861, 864 f. – Caroline von Monaco I; vgl. auch BGH, NJW 1996, S. 984, 985 – Caroline von Monaco II; vgl. dazu ausf. oben I 3 c bb (1).

[844] OLG München, ZUM 2002, 744, 745; dazu Koos, WRP 2003, 202.

[845] BGH, WRP 2000, S. 746, 751 – Marlene Dietrich; BGH, WRP 2000, 754 – Der blaue Engel.

[846] BGH, WRP 2000, S. 746, 751 – Marlene Dietrich.

[847] So Koos, WRP 2003, S. 202: „Wird mit einer Persönlichkeitsverletzung die Erzielung von Gewinn beabsichtigt oder wird dieser erzielt, so wird der betroffene Teil des Persönlichkeitsrechts zwangskommerzialisiert und damit zu einem Teil des kommerziellen Bereichs der Persönlichkeit".

[848] Vgl. BGH, WRP 2000, S. 746 – Marlene Dietrich: Abdruck des Bildnisses und des Namens der Schauspielerin auf Kosmetikverpackung und Merchandising-Objekten; BGH, WRP 2000, 754 – Der blaue Engel: Verwendung des Bildnisses der Schauspielerin in einer Werbung für Fotokopiergeräte.

Bundesverfassungsgerichts, wonach jede Einengung der Pressefreiheit verhindert werden muss, "(...) die nicht von der Rücksicht auf mindestens gleichwertige Rechtsgüter unbedingt geboten ist"[849], ist ein derart weitgehende Ausweitung des postmortalen Persönlichkeitsschutzes nicht vereinbar. Weiter ist zu beachten, dass die Gewährung eines postmortalen Entschädigungsanspruchs in den *Marlene*-Fällen insofern gerechtfertigt war, als die zugebilligten Abwehransprüche zum Schutze der Persönlichkeit der verstorbenen Schauspielerin "nur wenig" nützten[850]. Anders als bei der unberechtigten Verwendung des Bildnisses oder des Namens einer berühmten Persönlichkeit erlangt dieses Kriterium für den Schutz gegen persönlichkeitsverletzende *Äußerungen* keineswegs dieselbe Bedeutung. Die *immateriellen* Maßnahmen, die die Tochter *Marlene Dietrichs* durchsetzen konnte, um die Persönlichkeitsrechte ihrer Mutter zu schützen, beschränkten sich auf die Geltendmachung von Unterlassungsansprüchen. Eine rückwirkende Beseitung der *bereits erfolgten* Persönlichkeitsverletzung konnte sie hingegen *nicht* erreichen. Anders ist die Situation in der Wortberichterstattung. Zum Schutze der Verstorbenen ist die Zuerkennung eines finanziellen Ausgleichsanspruchs ihrer Erben schon deswegen entbehrlich, weil sie die Persönlichkeit des Toten sehr viel effektiver schützen können, indem sie den Abdruck einer *Berichtigung* fordern. Auch die Gewährung eines postmortalen Gegendarstellungsanspruchs wäre ein geeigneteres Mittel, Ehrverletzungen gegenüber Toten zu begegnen, als eine finanzielle Entschädigung, die allein den Angehörigen zugute kommt, den guten Ruf des Verstorbenen jedoch nicht wiederherzustellen vermag[851].

### (3) Dauer

Die Dauer des postmortalen Achtungsanspruchs ist weitgehend ungeklärt. Allerdings ist eine feste zeitliche Begrenzung nicht notwendig, da

> „(...) der Persönlichkeitsschutz des Verstorbenen nicht von jedermann, sondern nur von dem Kreis der überlebenden Wahrnehmungsberechtigten geltend gemacht werden kann“[852].

Entgegen einer im Schriftttum vertretenen Ansicht endet der postmortale Persönlichkeitsschutz daher nicht schon zwingend dreißig Jahre nach dem Tod des Verstorbenen[853]. Vielmehr kommt es auf das Rechtsschutzbedürfnis des Wahrnehmungsberechtigten an, das in dem Maße abnimmt, wie die Erinnerung an den Verstorbenen verblasst und im Laufe der Zeit das Interesse an der Nichtverfälschung seines Lebensbildes schwindet[854]. Damit kommt es entscheidend auf die Bekanntheit und Bedeutung

---

849 BVerfGE 20, 162, 177 – Spiegel; vgl. dazu oben 1. Teil 2. Kap. A III 2.
850 Vgl. BGH, WRP 2000, S. 746, 751 – Marlene Dietrich; ebenso Müller, GRUR 2003, S. 13.
851 Zur Verweigerung eines solchen Anspruchs durch die Rechtsprechung vgl. unten IV 2 c.
852 OLG Köln, NJW-RR 1999, S. 1969 – Adenauer.
853 So LG Hamburg, AfP 1993, 595, Soehring, Rn. 13.12; Wenzel, 5 Rn. 124.f
854 BGH, NJW 1968, S. 1773, 1775 – Mephisto; ZUM 1990, S. 180, 183 – Emil Nolde.

des Betroffenen an[855]. Die Persönlichkeit des ehemaligen Reichspräsidenten *Friedrich Ebert* genoss sogar nach Ablauf von 67 Jahren seit seinem Tod noch zivilrechtlichen Schutz[856].

### b. Juristische Personen und sonstige Personengemeinschaften

Das Grundrecht aus Art. 2 Abs. 1 i.V.m. Art. 1 Abs. 1 GG ist „seinem Wesen nach" auch auf juristische Personen anwendbar, vgl. Art. 19 Abs. 3 GG. Daher können auch diese zivilrechtlichen Schutz nach Maßgabe der oben dargestellten Bestimmungen beanspruchen, soweit sie aus ihrem Wesen als Zweckschöpfung des Rechts und ihren Funktionen dieses Rechtsschutzes bedürfen[857]. Auch Personenvereinigungen, die nicht in der Rechtsform der juristischen Person organisiert sind, jedoch anerkannte gesellschaftliche Aufgaben oder soziale Funktionen erfüllen und einen einheitlichen Willen bilden können, genießen nach ständiger Rechtsprechung Persönlichkeitsschutz[858]. Beleidigungsfähig sind daher beispielsweise die Personengesellschaften des Handelsrechts[859] oder die nichtrechtsfähigen Vereine wie Gewerkschaften[860] oder politische Parteien[861]. Wie für natürliche Personen hängt auch der Ehrenschutz von Personengemeinschaften davon ab, dass diese unmittelbar bzw. individuell in ihrem sozialen Geltungsanspruch verletzt werden. Anders als im französischen Recht[862] kann daher eine Personengemeinschaft nicht gegen Äußerungen vorgehen, die sich nicht gegen den Verein, die Gewerkschaft oder das Unternehmen *selbst*, sondern gegen ihre Mitglieder bzw. die von der Personengemeinschaft wahrgenommenen Interessen richtet. Anspruchsberechtigt ist danach zwar eine Stiftung, der unterstellt wird, sie sei von Alt- und Neofaschisten durchsetzt[863]; keine Erfolgsaussichten hätte hingegen zum Beispiel die NPD, wollte sie verhindern, dass in der Presse auf herabsetzende Weise über Mitglieder dieser Partei berichtet wird.

Der Ehrenschutz juristischer Personen und Personengemeinschaften endet erst dort, wo die geschützten Rechte „ihrem Wesen nach" nur auf *natürliche* Personen anwendbar sind. Unter diesem Gesichtspunkt bleibt ihnen - anders als im französischen Recht[864] - ein Anspruch auf eine Geldentschädigung im Falle immaterieller Persön-

---

[855] Vgl. BGH, ZUM 1990, S. 180, 183 – Emil Nolde, Prinz/Peters, Rn. 137.
[856] OLG Bremen, NJW-RR 1993, S. 726 – Friedrich Ebert.
[857] BGH, NJW 1994, 1281, 1282 – Jahresabschluss; BGH, NJW 1986, 2951 – BMW; BGH, NJW 1981, 2402 – Rennsportgemeinschaft; Prinz/Peters, Rn. 139; Steffen in Löffler, § 6 LPG Rn. 72
[858] BGH, NJW 1971, 682, 683 – „Beruf: Neonazi"; Wenzel, 5 Rn. 127; Prinz/Peters, Rn.146.
[859] OLG Köln, AfP 1992, S. 371 - Schtonk; BGH, NJW 1980, S. 2807, 2808 – Medizinsyndikat I; BGH, NJW 1986, S. 2951 – BMW.
[860] BGH, NJW 1971, S. 1655 – Sabotage.
[861] OLG München, AfP 1976, S. 130.
[862] Vgl. dazu unten 3. Kap. C IV 1 b.
[863] Vgl. BGH, NJW 1974, 1762 – Deutschlandstiftung; weitere Beispiele: BGH NJW 1975, 1882, 1883 – Geist v. Oberzell; BGH NJW 1980, 2807 – Medizin-Syndikat.
[864] Vgl. dazu unten 3. Kap. C IV 1 b bb.

lichkeitsverletzungen versagt[865]. Die Genugtuungsfunktion der Geldentschädigung setze voraus, dass der Verletzte eine Psyche habe, was aber bei juristischen Personen nicht der Fall sei[866]. Auch aus dem Genugtuungsbedürfnis der hinter dem gesellschaftlichen Interessenverbund stehenden Menschen lasse sich ein eigener Entschädigungsanspruch der juristischen Person nicht herleiten. Deren Persönlichkeit sei „in hinreichendem Maße und vor allem zutreffender in der Hand der betroffenen Personen" geschützt[867].

Juristische Personen des *öffentlichen* Rechts haben, soweit sie öffentliche Aufgaben wahrnehmen, weder eine „persönliche Ehre", noch sind sie Träger des allgemeinen Persönlichkeitsrechts[868]. Damit enfällt für sie die Möglichkeit, sich auf § 823 Abs. 1 BGB i.V.m. Art. 2 Abs. 2 i.V.m. Art. 1 Abs. 1 GG zu berufen. Zivilrechtlichen Schutz vor ehrverletzenden Äußerungen können sie jedoch über § 823 Abs. 2 BGB in Verbindung mit §§ 185 ff StGB erlangen[869]. Dies folgt nach herrschender Meinung aus § 194 Abs. 3, Abs. 4 StGB, wonach sich die Beleidigung auch gegen „Behörden und sonstige Stellen" richten kann, „die Aufgaben der öffentlichen Verwaltung wahrnehmen" (vgl. § 193 Abs. 3 S. 2 StGB) oder gegen „ein Gesetzgebungsorgan des Bundes oder eines Landes oder eine andere politische Körperschaft" (vgl. § 193 Abs. 4 StGB)[870]. Unter einer „Behörde" im Sinne des § 194 Abs. 3 S. 2 StGB versteht das Gesetz jede organisatorische Einrichtung, die mit Aufgaben öffentlicher Verwaltung betraut ist[871], einschließlich der Gerichte, vgl. § 11 Abs. 1 Nr. 7 StGB. Vom Schutzbereich der §§ 185 ff. StGB erfasst und somit zur Erhebung von Ehrenschutzklagen befugt sind danach zum Beispiel die Bundesanstalt für Arbeit[872], die Universitätsfakultäten[873] sowie die Industrie- und Handelskammern[874]. Nicht beleidigungsfähig sind dagegen nach einhelliger Ansicht der Bund und die Länder[875]. Sie sind allein über § 90 a StGB geschützt. Insoweit handelt es sich jedoch nicht um ein Schutzgesetz im Sinne des § 823

---

[865] BGH, NJW 1980, S. 2807 – Medizinsyndikat I; OLG Stuttgart, MDR 1979, S. 671; Wenzel, 14 Rn. 137; Soehring, Rn. 32.16.

[866] Vgl. OLG Stuttgart, MDR 1979, S. 671

[867] BGH, NJW 1980, S. 2807, 2810 – Medizinsyndikat I

[868] BVerfG, NJW 1995, 3303, 3304 – Soldaten sind Mörder; BGH, NJW 1983, S. 1183 – Vetternwirtschaft; Steffen in Löffler, § 6 LPG, Rn. 72; Soehring, Rn. 13.16; Prinz/Peters, Rn. 140.

[869] BVerfG, NJW 1995, S. 3303, 3304 – Soldaten sind Mörder; BGH, NJW 1983, S. 1183 – Vetternwirtschaft; Soehring, Rn. 13.18; Fischer, JZ 1990, S. 68, 69.

[870] BVerfG, NJW 1995, S. 3303, 3304 – Soldaten sind Mörder; BGH, NJW 1983, S. 1183 – Vetternwirtschaft; Lenckner in Schönke/Schröder, Vorbem. §§ 185 ff., Rn. 3; Soehring, Rn. 13.18; Fischer, JZ 1990, S. 68, 69.

[871] Eser in Schönke/Schröder, § 11 Rn. 57.

[872] BGH, NJW 1983, S. 1183 – Vetternwirtschaft.

[873] Vgl. RG 17, 208; RG 75, 112.

[874] Vgl. RG 52, 198.

[875] Prinz/Peters, Rn. 141; Soehring, Rn. 13. 19; Wenzel, 5 Rn. 126.

Abs. 2 BGB[876]. Der Bund und die Länder sind im Rahmen äußerungsrechtlicher Auseinandersetzungen demnach nicht aktivlegitimiert[877]

## 2. Gegendarstellungsrecht

Im Gegendarstellungsrecht ist jede „Person oder Stelle" anspruchsberechtigt, die durch eine in dem beanstandeten Druckwerk aufgestellte Tatsachenbehauptung „betroffen" ist[878].

### a. „Person oder Stelle"

Der Kreis der Anspruchsberechtigten ist sehr umfassend. Erfasst werden sowohl natürliche Personen, als auch juristische Personen des privaten oder öffentlichen Rechts[879]. Öffentlich-rechtliche Körperschaften *ohne* Rechtspersönlichkeit - darunter fallen sämtliche Behörden[880] - sind als sogenannte „Stelle" aktivlegitimiert[881].

### b. „betroffen"

Das Merkmal der „Betroffenheit" wird in Schrifttum und Rechtsprechung unterschiedlich ausgelegt. Nach herrschender Ansicht ist nur derjenige im Sinne der Landespressegesetze „betroffen", der

> „(...) durch die veröffentlichte Tatsachenbehauptung in seiner *eigenen Interessensphäre* berührt wird und zu der mitgeteilten Tatsache in einer *individuellen Beziehung* steht"[882].

Das Erfordernis eines „individuellen Berührtseins" unterscheidet sich nicht von der im Deliktsrecht maßgeblichen „unmittelbaren" Betroffenheit[883]. Nach anderer Auffassung reicht im Gegendarstellungsrecht auch die nur „mittelbare" Betroffenheit aus[884]; es werden daher auch Fälle erfasst, in denen die Darstellung der Verhältnisse anderer auf

---

876 Soehring, Rn. 13.19.
877 Prinz/Peters, Rn. 141; Soehring, Rn. 13. 19; Wenzel, 5 Rn. 126.
878 Vgl. nur § 11 Abs. 1 LPG (Rheinland-Pfalz).
879 Seitz/Schmid/Schoener, Rn. 59; Sedelmeier in Löffler, § 11 LPG, Rn. 48.
880 Vgl. nur Prinz/Peters, Rn. 464.
881 Seitz/Schmid/Schoener, Rn. 60; Sedelmeier in Löffler, § 11 LPG, Rn. 49, jeweils mit Beispielen.
882 OLG Frankfurt/Main, AfP 1984, S. 225; OLG Hamburg AfP 1979, S. 349; Prinz/Peters, Rn. 465; Seitz/Schmidt/Schoener, Rn. 62.
883 Ebenso OLG Köln, AfP 1971, S. 173; Soehring Rn. 29.9; Seitz/Schmidt/Schoener, Rn. 68; Prinz/Peters, Rn. 144, 465, der die Begriffe alternativ verwendet; zur „unmittelbaren Betroffenheit" vgl. oben 1 a aa.
884 OLG Hamburg, AfP 1982, S. 232; LG Köln, AfP 1976, S. 191, 192; LG Hamburg, AfP 1971, S. 86; Löffler/Ricker, 24. Kap., Rn. 2; Wenzel, (Vorauflage), Rn. 11.72; Sedelmeier in Löffler, § 11 LPG, Rn. 54.

die eigenen ausstrahlt[885]. Im Ergebnis ist dieser Meinungsstreit unergiebig[886]. Statt der Auseinandersetzung um Rechtsbegriffe, die überdies für eine genaue Zuordnung von Sachverhalten zu unbestimmt sind, sollte für die Frage, wer von einer Presseveröffentlichung „betroffen" und somit anspruchsberechtigt ist, die an den Umständen des Einzelfalles orientierte Abwägung zwischen den Interessen des Antragstellers an der Durchsetzung der geltend gemachten Ansprüchen und den Belangen der Presse an einer ungehinderten Meinungsäußerung im Vordergrund stehen[887]. Dabei ist zugunsten des Antragstellers zu berücksichtigen, dass die Verpflichtung zum Abdruck einer Gegendarstellung weniger stark in die Pressefreiheit eingreift als die deliktischen Ansprüche auf Unterlassung, Berichtigung und Schadensersatz. Unter diesem Gesichtspunkt kann im Einzelfall die Aktivlegitimation im Sinne der Landespressegesetze umfassender sein als der Kreis der gem. §§ 823 Abs. 2 BGB i.V.m. 185 ff. StGB, § 823 Abs. 1 BGB berechtigten Personen[888].

### c. Gibt es ein postmortales Gegendarstellungsrecht?

Anders als in Frankreich, wo das sogenannte *droit de réponse* im Falle von Rufschädigungen gegenüber Toten die zentrale Rechtsfolge darstellt[889], wird die Gewährung postmortaler Gegendarstellungsansprüche von der herrschenden Meinung in Deutschland ausdrücklich abgelehnt[890]. Dagegen sind *Matthias Prinz* und *Butz Peters* der Ansicht, dass es mit dem in der *Mephisto*-Entscheidung des Bundesverfassungsgerichts bekräftigten Erfordernis eines postmortalen Schutzes der Menschenwürde nicht vereinbar sei, wenn man den Verstorbenen unter dem Gesichtspunkt der Gegendarstellung für „vogelfrei" erkläre. Das Recht auf Abdruck einer Gegendarstellung sei in analoger Anwendung der landesgesetzlichen Regelungen auch den Angehörigen Verstorbener einzuräumen[891].

Dieser Auffassung kann nicht gefolgt werden. Bislang hat allerdings die Rechtsprechung nicht überzeugend begründet, weshalb sie postmortale Gegendarstellungsansprüche *insgesamt* - also auch bei Eingriffen in die *Menschenwürde* der Verstorbenen - ablehnt. So hat sich das OLG Stuttgart darauf berufen, der Gegendarstellungsanspruch sei ein höchstpersönliches Recht und damit unvererblich[892]. Mit derselben Argumen-

---

[885] Wenzel, (Vorauflage), Rn. 11.72.
[886] Ebenso Seitz/Schmidt/Schoener, Rn. 67; Sedelmeier in Löffler, § 11 LPG, Rn. 55; jetzt auch Wenzel, 11 Rn. 77.
[887] Ebenso Prinz/Peters, Rn. 144; vgl. auch Löffler/Ricker, 24. Kap., Rn. 3; Sedelmeier in Löffler, § 11 LPG, Rn. 54.
[888] Ebenso im Ergebnis, allerdings mit anderer Begründung: Löffler/Ricker, 24. Kap., Rn. 2.
[889] Vgl. dazu unten 3. Kap. C IV 2 b.
[890] Vgl. OLG Hamburg, AfP 1994, S. 322; OLG Stuttgart, NJW-RR 1996, S. 599; LG Hamburg, ZUM-RD 2002, S. 305; Soehring, Rn. 29.11; Seitz/Schmidt/Schoener, Rn. 552; Sedelmeier in Löffler, § 11 LPG Rn. 48; Wenzel, Rn. 70.72.
[891] Prinz/Peters, Rn. 134.
[892] OLG Stuttgart, NJW-RR 1996, S. 599; ähnlich das OLG Hamburg, wonach der generelle Ausschluss des postmortalen Gegendarstellungsanspruchs daraus folge, „(...) dass dem Verstorbene äuße-

tation wäre indessen auch die postmortale Durchsetzung der Ansprüche auf Berichtigung und Unterlassung abzulehnen. Wie der Gegendarstellungsanspruch dienen auch diese dem Schutz des höchstpersönlich ausgestalteten allgemeinen Persönlichkeitsrecht aus Art. 2 Abs. 1 i.V.m. Art. 1 Abs. 1 GG[893]. Legt man die *Mephisto*-Rechtsprechung des Bundesverfassungsgerichts zugrunde, so mag der höchstpersönliche Charakter des Gegendarstellungsrechts zwar erklären, weshalb dieses Recht ausgeschlossen ist, solange die postmortale Persönlichkeitsverletzung *unterhalb* der Schwelle zum Eingriff in die Menschenwürde verbleibt. Es bleibt jedoch eine Begründung für die Behauptung schuldig, dass die Versagung des Gegendarstellungrechts „(...) für Verstorbene sogar *schlechthin*“[894], also auch dann gelten soll, wenn die beanstandete Publikation das Lebensbild des Verstorbenen „grob entstellt“[895].

Ebensowenig verfängt m.E. der neuerdings vom *Landgericht Hamburg* gewählte Ansatz. Danach sei der Anspruch auf Veröffentlichung einer Gegendarstellung anders zu behandeln als die Berichtigungs- und Unterlassungsansprüche, weil ersterer immer ausschließlich *nicht*vermögensrechtlicher Art sei[896]. Dies unterscheide den Gegendarstellungsanspruch maßgeblich von den anderen Ansprüchen,

> „(...) in denen es auf den Wahrheitsgehalt einer verbreiteten Tatsachenäußerung ankommt wie insbesondere den Ansprüchen auf Unterlassung oder Widerruf von Tatsachenbehauptungen, die je nach Art der angegriffenen Äußerung Streitigkeiten vermögensrechtlicher Art bilden und damit ggf. im Wege der Gesamtrechtsnachfolge auf einen anderen Rechtsträger übergehen können“[897].

Anknüpfungspunkt für die Bejahung postmortalen Persönlichkeitsschutzes ist danach nicht die Schwere des Eingriffs, sondern die Frage, ob die geltend gemachten Ansprüche geeignet sind, „Streitigkeiten vermögensrechtlicher Art“ zu „bilden“. Damit beruht diese Entscheidung auf einer unzutreffenden Interpretation der bereits erwähnten *Marlene*-Urteile vom 1. Dezember 1999, in denen der Bundesgerichtshof erstmals entschied, dass die *vermögenswerten* Bestandteile des Persönlichkeitsrechts auch *nach* dem Tode des Rechtssträgers fortbestehen[898]. Im Unterschied zum Landgericht Ham-

---

rungsrechtlich nur gegen grobe Entstellungen seines Lebensbildes Schutz gewährt wird, während der Gegendarstellungsanpruch nur eine Betroffenheit voraussetzt und es für ihn auf die Wahrheit oder Unwahrheit der Erstmitteilung nicht ankommt“, AfP 1994, S. 322 – Franz Josef Strauß.

893 BVerfG, NJW 1999, S. 483, 484 – Focus.

894 Vgl. OLG Hamburg, AfP 1994, S. 322 – Franz Josef Strauß.

895 Vgl. zu dieser Anforderung an den postmortalen Persönlichkeitsschutz oben I 3 c bb (2 ) (1.1).

896 Dies gelte auch dann, wenn das Veröffentlichungsverlangen im Einzelfall wesentlich durch wirtschaftliche Interessen des Anspruchstellers motiviert sei, LG Hamburg, ZUM-RD 2002, S. 305, 306 unter Berufung auf BGH, NJW 1963, S. 151.

897 LG Hamburg, ZUM-RD 2002, S. 305, 306.

898 BGH, WRP 2000, S. 746, 751 – Marlene Dietrich; BGH, WRP 2000, 754 – Der blaue Engel; vgl. dazu oben 1 a bb.

burg lässt der Bundesgerichtshof nicht schon die abstrakte-generelle Eignung eines Anspruchs, sich auf vermögensrechtliche Streitigkeiten zu beziehen, für die Bejahung postmortalen Persönlichkeitsschutzes ausreichen. Eine Durchbrechung des Grundsatzes, wonach die Persönlichkeitsrechte unübertragbar und unvererblich sind, befürwortet das höchstinstanzliche Zivilgericht nur dann, wenn der Anspruchsteller im konkreten Fall *nachweisen* kann, dass die Persönlichkeitsrechte des Verstorbenen zu kommerziellen Zwecken genutzt wurden[899]. Die Annahme, dass Gegendarstellungsansprüche im Unterschied zu den anderen Ansprüchen schon von *vornherein* ungeeignet sind, vermögensrechtliche Gesichtspunkte zu verfolgen, könnte damit selbst dann, wenn sie *zutreffend* wäre[900], die vom Landgericht Hamburg vorgenommene Differenzierung nicht rechtfertigen.

Gegen die Gewährung eines postmortalen Gegendarstellungsanspruchs auch bei Eingriffen in die Menschenwürde spricht m.E. allein das auf die eilige Durchsetzung hin ausgerichtete Verfahren. Zwar wird auch der Unterlassungsanspruch in der Regel im einstweiligen Rechtsschutzverfahren durchgesetzt[901]. Der Schuldner einer Unterlassungsverfügung kann den Antragsteller indessen gemäß § 926 ZPO zur Erhebung der Klage im Hauptsacheverfahren zwingen und damit eine Überprüfung des Äußerungsverbots auf der Grundlage der von ihm beigebrachten Beweismittel herbeiführen. Im Gegendarstellungsrecht hat die Presse hingegen nicht die Möglichkeit, die materiellen Voraussetzungen für den Erlass der von den Angehörigen erwirkten Verfügung im Hauptsacheverfahren überprüfen zu lassen[902]. Diese Beschränkung prozessualer Rechte erscheint nur so lange gerechtfertigt, wie die Verpflichtung zum Abdruck einer Gegendarstellung an Voraussetzungen geknüpft ist, deren Vorliegen sich auch in der Kürze des einstweiligen Rechtsschutzverfahrens einwandfrei klären lässt. Um zu beurteilen, ob eine Tatsachenbehauptung einen Eingriff in die menschliche Würde darstellt, bedarf es indessen einer eingehenden Prüfung, die auch die Frage nach der Richtigkeit bzw. Unrichtigkeit der beanstandeten Äußerung einschließt[903] und damit die Möglichkeit einer auf Beweismittel gestützten Überprüfung im Hauptsacheverfahren zwingend erforderlich macht.

## V. Passivlegitimation

Auch die Palette an möglichen Klage- bzw. Antragsgegnern ist unterschiedlich weit gefächert, je nachdem, ob die Opfer ehrverletzender Publikationen die deliktischen Ansprüche auf Unterlassung, Berichtigung oder Schadensersatz (1.) oder den Abdruck einer Gegendarstellung (2.) durchsetzen wollen.

---

[899] Vgl. BGH, WRP 2000, S. 746, 751 – Marlene Dietrich; BGH, WRP 2000, 754 – Der blaue Engel.
[900] Daran bestehen m.E. erhebliche Zweifel: Auch eine Gegendarstellung kann darauf ausgerichtet sein, die *vermögensrechtlichen* Konsequenzen einer Rufschädigung abzufedern.
[901] Vgl. dazu oben III.
[902] Vgl. dazu oben III.
[903] Vgl. dazu oben 1 bb.

## 1. Deliktsrecht

### a. Der Verleger

In der Praxis richten sich die meisten zivilrechtlichen Ehrenschutzverfahren gegen den Verleger, in dessen Namen die beanstandete Publikation veröffentlicht wurde. Im Hinblick auf die verschuldensunabhängigen Ansprüche auf Unterlassung und Berichtigung ist der Verleger immer passivlegitimiert. Dies folgert die Rechtsprechung aus seiner Funktion als „Herr“[904] der Veröffentlichung und Verbreitung[905]. Unter diesem - auch für die Haftung des Chefredakteurs[906] und Herausgebers[907] ausschlaggebenden - Begriff ist diejenige Person zu verstehen, die die publizistischen Beiträge maßgeblich bestimmt[908].

Will der Betroffene den Verleger auf Schadensersatz verklagen, so muss er diesem ein Verschulden nachweisen[909]. Denkbar ist einerseits, dass der Verleger eine natürliche Person ist und an einer ehrverletzenden Publikation positiv mitgewirkt hat. Seine Haftung folgt dann unmittelbar aus § 823 Abs. 1 BGB[910]. Weit häufiger dürfte in der Praxis der Fall sein, dass die beanstandete Publikation nicht von dem Verleger selbst, sondern von mehr oder weniger abhängigen Mitarbeitern verfasst wurde. Eine Haftung des Verlegers kommt dann allein nach den Regeln über die Zurechnung fremden Handelns in Betracht.

Im Regelfall wird es sich bei dem Verleger um eine juristische Person handeln[911]. Diese kann sowohl gemäß §§ 31 i.V.m. § 823 Abs. 1 BGB als auch gemäß § 831 Abs. 1 S. 1 BGB zum Schadensersatz verpflichtet sein. Hat ein Organ des Verlagsunternehmens oder ein verfassungsmäßig berufener Vertreter an der Veröffentlichung des ehrverletzenden Artikels mitgewirkt, so haftet der Verlag ohne Exkulpationsmöglichkeit unmittelbar aus § 823 Abs. 1 i.V.m. § 31 BGB. Zu den Organen eines Verlagsunternehmens gehören zum Beispiel der Vorstand und einzelne Vorstandsmitglieder oder bei der GmbH der Geschäftsführer[912]. Der Begriff des „verfassungsmäßig berufenen Vertreters“ wird in der Rechtsprechung so weit ausgelegt, dass im Schrifttum zu Recht

---

[904] Vgl. BGH, NJW 1963, S. 902 – Fernsehansagerin.
[905] Zum Unterlassungsanspruch: vgl. nur BGH, NJW 1963, S. 902 – Fernsehansagerin; NJW 1974, S. 1762 – Deutschlandstiftung; zu den Einschränkungen für den Fall, dass die ehrverletzenden im Rahmen eine *Anzeige* oder eines *Leserbriefs* veröffentlicht wurden, vgl. BGH, NJW-RR 1994, 874; Prinz/Peters, Rn. 311.
[906] Vgl. dazu unten V 1 c.
[907] Vgl. dazu unten V 1 d.
[908] Vgl. OLG Köln, AfP 1985, S. 293, 295.
[909] Soehring, Rn. 32.2; Prinz/Peters, Rn. 755.
[910] Vgl. Löffler, NJW 1957, S. 1149.
[911] Vgl. Steffen in Löffler, § 6 LPG, Rn. 221; Prinz/Peters, Rn. 722.
[912] Prinz/Peters, Rn. 722.

von einer analogen Anwendung des § 31 BGB die Rede ist[913]. Danach bedarf es keiner satzungsmäßigen Rechtsstellung; „verfassungsmäßig berufener Vertreter" im Sinne des § 31 BGB sind auch diejenigen, denen durch die allgemeine Betriebsregelung und Handhabung bedeutsame, wesensmäßige Funktionen zur eigenverantwortlichen Erfüllung zugewiesen sind[914]. Dies trifft in der Regel allenfalls auf den Chefredakteur zu[915], nicht aber auf Reporter und sonstige Redakteure[916].

Darüber hinaus hat die Rechtsprechung den Anwendungsbereich des § 31 BGB durch die Lehre vom Organisationsmangel erweitert. Danach ist die juristische Person verpflichtet, den Geschäftsbereich ihrer Tätigkeit so zu organisieren, dass für alle wichtigen Aufgabengebiete ein verfassungsmäßiger Vertreter zuständig ist, der die wesentlichen Entschiedungen selbst trifft. Entspricht die Organisation diesen Anforderungen nicht, muß sich die juristische Person so behandeln lassen als wäre der tatsächlich eingesetzte Verrichtungsgehilfe ein verfassungsmäßiger Vertreter[917]. Die Grundsätze zum Organisationsverschulden finden nur dann keine Anwendung, wenn davon auszugehen ist, dass sich auch der Verleger bzw. das betreffende Organ des Verlages für eine Veröffentlichung der angegriffenen Äußerungen entschieden hätte und ihm insoweit kein Verschulden vorzuwerfen wäre, beispielsweise, weil der Verfasser des Artikels die darin enthaltenen ehrverletzenden Behauptungen sorgfältig recherchiert hat[918]. Zu den Aufgaben, die eine besonders strenge Haftung des Verlages rechtfertigen, zählt insbesondere die Überprüfung von Beiträgen, die unter dem Gesichtspunkt der Persönlichkeitsrechte Dritter besonders kritisch sind (sogenannte „heiße Eisen"[919])[920]. Diesbezüglich lässt es die Rechtsprechung nicht ausreichen, dass die Entscheidung über die Veröffentlichung allein den abhängigen Redakteuren obliegt. Ebensowenig genügt die Einschaltung eines im Presserecht spezialisierten Rechtsanwalts[921]. Ist von vornherein offensichtlich, dass mit der Veröffentlichung für den Betroffenen besondere Nachteile verbunden sind, so liegt ein die Haftung auslösendes Organisationsverschulden schon dann vor, wenn es die juristische Person versäumt, für die Überprüfung des gefährlichen Beitrags ein Organ im Sinne der §§ 30, 31 BGB zu bestellen oder - sofern es sich

---

913 Reuter in MüKo, § 31 Rn. 3; Heinrichs in Palandt, § 31 Rn. 8 m.w.N.

914 St. Rspr. vgl. nur BGH, NJW 1968, S. 391, 392.

915 OLG Köln, NJW-RR 2000, S. 470, 471 (unter unzutreffender Berufung auf Wenzel, (Vorauflage), Rn. 14.54., 14.59). Auch der Leiter der Rechtsabteilung wurde als „verfassungsmäßig berufener Vertreter" angesehen, vgl. BGH 24, S. 213.

916 Ähnlich: Löffler, NJW 1957, S. 1149, 1150.

917 Vgl. BGH, NJW 1963, S. 484, 485 – Maris; BGH, NJW 1963, S. 902 – Fernsehansagerin; BGH, NJW 1965, S. 685, 686 – Soraya; BGH, NJW 1980, S. 2810, 2811 – Medizin-Syndikat; OLG Köln, NJW-RR 1993, S. 33; Heinrichs in Palandt, § 31 Rn. 7; Reuter in MüKo, § 31 Rn. 4.

918 OLG München, NJW-RR 1990, S. 1433; vgl. auch Soehring, Rn. 28.4.

919 BGH, NJW 1963, S. 902 – Fernsehansagerin.

920 So zum Beispiel im Falle von Enthüllungs- oder anderen Sensationsberichten über eine bestimmte Person (BGH, NJW 1965, 685, 686 – Soraya) oder der Gerichtsberichterstattung mit Namensnennung und Bild des Beschuldigten (BGH, NJW 1963, 904 – Gerichtsberichtserstattung).

921 BGH, NJW 1980, S. 2810, 2811 – Medizin-Syndikat.

bei dem Verleger um eine Einzelperson handelt - den gefährlichen Beitrag selbst zu überprüfen[922].

Schließlich haftet die juristische Person bzw. der als Einzelperson handelnde Verleger gemäß § 831 Abs. 1 S. 1 BGB für das schadensersatzpflichtige Verhalten seiner Verrichtungsgehilfen. Darunter fallen nicht nur die Redakteure und Redaktionsassistenten[923], sondern auch freie Mitarbeiter, sofern sie sich bei der Abfassung des Artikels an die Vorgaben des Verlagsunternehmens bzw. des Verlegers halten[924]. Getreu der allgemeinen Grundsätze kann sich der Verleger in diesen Fällen auf die Exkulpationsklausel des § 831 Abs. 1 S. 2 BGB berufen. Allerdings geht die Rechtsprechung für dessen Nachweis, dass er bei der Auswahl und Überwachung des betreffenden Mitarbeiters die im Verkehr erforderliche Sorgfalt beobachtet hat, von erhöhten Anforderungen aus. Der Grund hierfür, so der Bundesgerichtshof, liege darin, dass die Verbreitung unrichtiger Nachrichten in der Presse besondere Gefahren für „(...) das Ansehen, den Kredit, den Erwerb und möglicherweise auch für die Gesundheit des Betroffenen" mit sich bringe[925]. Während eine Delegierung der Prüfungs- und Kontrollpflicht im Falle der bereits erwähnten „heißen Eisen" schon prinzipiell ausgeschlossen ist[926], kann im übrigen die Überprüfung der zur Veröffentlichung vorgesehenen Texte kompetenten und zuverlässigen Fachkräften nur dann überlassen werden, wenn deren Zuständigkeiten genau definiert sind und gewährleistet ist, dass sie die Einhaltung ihrer journalistischen Sorgfaltspflichten ernst nehmen. Insoweit ist es Aufgabe des Verlegers, die entscheidungsbefugten Mitarbeiter - wozu auch freie Redakteure gehören können[927] - kontinuierlich über die rechtlichen Anforderungen an die Zulässigkeit von Pressepublikationen zu unterrichten[928].

### b. Der Autor

Wie der Verleger ist der *Autor* einer ehrverletzenden Publikation hinsichtlich der Unterlassungs- und Berichtigungsansprüche stets passivlegitimiert[929]; schadensersatzpflichtig ist er nur dann, wenn er gegen seine publizistischen Sorgfaltspflichten verstoßen hat. Unbeachtlich ist jeweils, ob der Autor den beanstandeten Artikel in eigenem oder unter fremdem Namen veröffentlicht hat[930].

---

[922] BGH, NJW 1963, S. 902/903 – Fernsehansagerin; BGH, NJW 1980, S. 2810, 2811 – Medizin-Syndikat.
[923] Prinz/Peters, Rn. 723.
[924] Str., bejahend: BGH, AfP 1997, S. 909, 910 – Restaurantführer; OLG München, NJW-RR 1990, 1433; Steffen in Löffler, § 6 LPG, Rn. 221; Wenzel, 14 Rn. 56; Prinz/Peters, Rn. 723; aA. OLG München, AfP 1990, S. 222, 223.
[925] BGH, NJW 1957, S. 1149, 1150 – Konkursfalschmeldung.
[926] Vgl. Steffen in Löffler, § 6 LPG, Rn. 223.
[927] Vgl. BGH, NJW 1963, 904 – Gerichtsberichtserstattung.
[928] Vgl. BGH, NJW 1963, 904 – Gerichtsberichtserstattung; Steffen in Löffler, § 6 LPG, Rn. 221.
[929] Prinz/Peters, Rn. 312; Wenzel, 14 Rn. 54.
[930] Vgl. OLG Koblenz, NJW 1992, S. 1330, 1331; Prinz/Peters, Rn. 312.

### c. Der Chefredakteur

Anders als der Verleger ist der Chefredakteur nicht schon zwangsläufig derjenige, der die publizistischen Beiträge maßgeblich mitbestimmt und somit als sogenannter „Herr der Zeitung“[931] die volle deliktische Verantwortung trägt. Er ist zwar zuständig für den wirtschaftlichen Erfolg sowie die organisatorische und planerische Gestaltung der Zeitung bzw. Zeitschrift[932], ist aber nicht zwingend mit der Überprüfung des Inhalts befasst[933]. Für eine Haftung des Chefredakteurs kommt es somit auf den Nachweis an, dass dieser sich mit den inkriminierten Äußerungen selbst befasst oder dass er es pflichtwidrig unterlassen hat, die Veröffentlichung des beanstandeten Artikels zu verhindern[934]. Die Anforderungen an die von dem Chefredakteur zu berücksichtigenden Sorgfaltspflichten lassen sich allein für den konkreten Fall unter Berücksichtigung aller Einzelfallumstände bestimmen. Entscheidend sind inbesondere die Ausgestaltung der Rechtsverhältnisse und die Funktionszuweisungen in dem betreffenden Medienunternehmen[935]. Demgegenüber verbietet sich eine generalisierende Betrachtungsweise, wonach beispielsweise eine persönliche Überwachungspflicht des Chefredakteurs gegenüber seinen Mitarbeitern bei größeren Redaktionen ausgeschlossen sein soll[936].

Allerdings ist zu beachten, dass der Bundesgerichtshof auf dem Gebiet der Produzentenhaftung die für den *Hersteller* geltenden Grundsätze der Beweislastumkehr auf den *leitenden Angestellten* ausgeweitet hat[937]. Steht danach fest, dass die Stellung des Chefredakteurs in dem für die Rechtsverletzung verantwortlichen Unternehmen mit der eines „leitenden Angestellten“ in sonstigen Unternehmen vergleichbar ist, so liegt es auf der Linie der BGH-Rechtsprechung, die Kontrollpflichten des Chefredakteurs ebenso hoch anzusetzen wie die Aufsichts- und Überwachungspflichten des - mit dem Hersteller in Unternehmen des produzierenden Gewerbes vergleichbaren - Verlegers[938]. Entscheidend ist danach, ob der Chefredakteur eine „herausgehobene und verantwortliche Stellung einnimmt“ bzw. - wie ein leitender Angestellter - die von ihm geleitete Produktionssphäre überblickt und den (inhaltlichen) Herstellungsprozess der betreffenden Zeitschrift bestimmt bzw. organisiert[939]. Ist dies der Fall, so kann er zwar

---

[931] OLG Köln, AfP 1985, S. 293, 295; vgl. dazu auch oben a.

[932] Vgl. OLG Celle, NJW 1996, S. 1149.

[933] BGH, AfP 1979, S. 307, 310; OLG Celle, NJW 1996, S. 1149, 1150; Soehring, Rn. 28.8; Löffler, § 6 LPG, Rn. 227; Löffler/Ricker, 13. Kap., Rn. 21.

[934] OLG Celle, NJW 1996, S. 1149, 1150; Soehring, Rn. 28.8; Löffler, § 6 LPG, Rn. 227; Löffler/Ricker, 13. Kap., Rn. 21; Prinz/Peters, Rn. 313.

[935] Soehring, Rn. 28.8.

[936] So aber Soehring, Rn. 28.8.

[937] Vgl. BGH, JZ 1976, S. 523, 525, kritisch dazu Medicus, Rn. 650 a m.w.N.

[938] Vgl. BGH, JZ 1976, S. 523, 525, wonach der Bundesgerichtshof die für den *Hersteller* geltenden Grundsätze der Beweislastumkehr auf den *leitenden Angestellten* ausgeweitet hat; kritisch dazu Medicus, Rn. 650 a m.w.N.

[939] Vgl. für den leitenden Angestellten: BGH, JZ 1976, S. 523, 525.

die Überprüfung des Wahrheitsgehalts der veröffentlichten Beiträge an kompetente Ressortleiter oder Redakteure delegieren. Er ist daher nicht verpflichtet, jeden Artikel vor seiner Veröffentlichung zu überprüfen[940]. Eine solche Verpflichtung besteht jedoch im Falle der bereits erwähnten sogenannten „heißen Eisen"[941] oder dann, wenn dem Chefredakteur angesichts der Informationsquelle, des Verfassers oder des Inhalts Zweifel an der Richtigkeit der Darstellung kommen müssen[942]. In allen anderen Fällen trifft den Chefredakteur die Verpflichtung, seine Mitarbeiter zu beaufsichtigen und zu überwachen[943]. Wie der Verleger muss er die Redakteure über die rechtlichen Anforderungen an die Zulässigkeit von Presseberichten unterrichten und die Einhaltung dieser Leitlinien durch unvermutete Stichproben überwachen[944].

### d. Der Herausgeber

Dem Herausgeber obliegt die geistige Gesamtleitung des Presseunternehmens[945]. Anders als der Verleger erfüllt er keine kaufmännischen, sondern nur publizistische Aufgaben[946]. Richtiger Klagegegner im Rahmen der deliktischen Ansprüche ist er dann, wenn er an der Publikation selbst mitgewirkt hat[947]. Ist dies nicht der Fall, so kommt eine Haftung nur dann in Betracht, wenn er gleich einem Verleger die publizistischen Beiträge maßgeblich bestimmt bzw. wenn er mit diesem in einer Person zusammenfällt[948]. Als Träger der publizistischen Leitlinienkompetenz ist er allerdings - wie der Verleger und der Chefredakteur - auch für die Überprüfung von Beiträgen zuständig, die offensichtlich unzulässig in fremde Rechte eingreifen (sogenannte „heiße Eisen")[949]. Diese Pflicht entfällt nur dann, wenn er auf die organisatorischen Vorkehrungen des Verlegers vertrauen kann[950]. Für den verschuldensabhängigen Schadensersatzanspruch gelten die Grundsätze zum Organisationsverschulden des Verlegers entsprechend[951].

## 2. Gegendarstellungsrecht

Wollen die in ihrer Ehre betroffenen Medienopfer den Abdruck einer *Gegendarstellung* durchsetzen, so beschränkt sich der Kreis der potentiellen Antragsgegner auf den

---

[940] AllgA., vgl. BGH , AfP 1979, S. 307, 310 – Exdirektor; Steffen in Löffler, § 6 LPG Rn. 227; Soehring, Rn. 28.8; Wenzel, 14/63; Prinz/Peters, Rn. 727.
[941] Vgl. dazu oben a.
[942] BGH, AfP 1979, S. 307, 310 – Exdirektor; Wenzel, 14/64.
[943] Steffen in Löffler, § 6 LPG Rn. 227; Soehring, Rn. 28.8; Wenzel, 14/63; Prinz/Peters, Rn. 727.
[944] Vgl. Steffen in Löffler, § 6 LPG Rn. 227; weniger weitgehend Wenzel, 14/64.
[945] Bullinger in Löffler, § 6 LPG Rn. 51; Löffler/Ricker, 13. Kap., Rn. 19.
[946] Vgl. Bullinger in Löffler, § 6 LPG Rn. 51.
[947] OLG Celle, AfP 1992, S. 295 ; Prinz/Peters, Rn. 314 .
[948] Steffen in Löffler, § 6 LPG Rn. 278; Prinz/Peters, Rn. 314.
[949] Steffen in Löffler, § 6 LPG Rn. 224; Prinz/Peters, Rn. 314; noch weitergehend Löffler/Ricker, 13. Kap., Rn. 19; Sevecke, AfP 1998, S. 353, 357 (uneingeschränkte zivilrechtliche Verantwortung).
[950] Steffen in Löffler, § 6 LPG Rn. 224.
[951] OLG Düsseldorf, AfP 1989, S. 549, 551; Löffler/Ricker, 13 Kap., Rn. 19.

Verleger und den sogenannten “verantwortlichen Redakteur”, vgl. § 11 Abs. 1 LPG (Rheinland-Pfalz)[952]. Der „verantwortliche Redakteur“ ist derjenige, der mit dieser Stellung vom Verleger beauftragt wurde und deshalb darüber entscheiden kann, ob ein Beitrag veröffentlicht oder wegen seines - unter Umständen strafbaren - Inhalts zurückgewiesen wird[953]. Er muss im Impressum eines periodischen Druckwerks zwingend benannt werden[954].

### 3. Mehrere Verantwortliche

Die Opfer ehrverletzender Artikel werden ihre zivilrechtlichen Ansprüche in der Regel gegenüber dem Verleger bzw. dem Verlagsunternehmen geltend machen. Dieser Klagegegner ist finanziell am ehesten in der Lage, etwaige Schadensersatzansprüche bzw. die Kosten des Rechtsstreits zu tragen. Auch ist es bei einer in vielen Sachgebieten aufgeteilten Redaktion meist schwierig, weitere Verpflichtete genau zu bestimmen[955]. Geschieht dies dennoch und ist die Klage gegen sämtliche Gegner erfolgreich, so besteht im Rahmen des Gegendarstellungsanspruchs[956] sowie gem. § 840 Abs. 1 BGB für die Erfüllung des Anspruchs auf Schadensersatz[957] eine gesamtschuldnerische Haftung der verantwortlichen Personen. Die Veröffentlichung einer ordnungsgemäßen Berichtigung befreit demgegenüber nur denjenigen von seiner Verpflichtung, der die entsprechende Erklärung selbst abgeben hat. Dies folgt aus dem höchstpersönlichen Charakter des Berichtigungsanspruchs[958].

---

[952] Vgl. dazu ausf. Sedelmeier in Löffler, § 11 LPG, Rn. 80.
[953] OLG Celle, AfP 1987, S. 715; Sedelmeier in Löffler, § 9 Rn. 25.
[954] Vgl. nur § 8 Abs. 2 LPG (Rheinland-Pfalz).
[955] Vgl. OLG Celle, NJW 1996, S. 1149, 1150 ; Sedelmeier in Löffler, § 11 LPG, Rn. 80.
[956] Prinz/Peters, Rn. 479.
[957] Prinz/Peters, Rn. 731.
[958] Prinz/Peters, Rn. 704.

# 3. Kapitel: Frankreich

## A. Einführung

Wie in Deutschland liegt der Ehrenschutz auch in Frankreich auf der Schnittstelle zwischen dem Zivil- und dem Strafrecht. Eine beleidigende Äußerung ist, soweit sie die Anforderungen der spezialgesetzlichen Ehrenschutzbestimmungen des Gesetzes vom 29. Juli 1881 erfüllt, nicht bloß strafrechtliches Vergehen *(délit pénal)*; sie kann zugleich zu materiellen bzw. immateriellen Einbußen des Betroffenen und somit zum Erfordernis eines Schadensausgleichs führen. Ein und dieselbe Handlung hat somit eine doppelte Verantwortung des Störers zur Folge: die *responsabilité pénale* und die *responsabilité civile*[959].

Das Zusammenspiel zwischen der straf- und der zivilrechtlichen Haftung ist in Frankreich durch Besonderheiten charakterisiert, die dem deutschen Recht fremd sind. Für das Verständnis der spezifisch presserechtlichen Debatte zum Verhältnis zwischen der Generalklausel des Art. 1382 cc und dem Gesetz von 1881[960] sind sie grundlegend. Es bedarf daher einer kurzen Einführung in die - nicht ganz unkomplizierten - Regeln der zivilrechtlichen Haftung für strafrechtlich relevante Schäden.

### I. Die zivilrechtliche Haftung für strafrechtlich relevante Schäden

Nach französischem Recht bestehen zwischen der öffentlichen Strafklage und der zivilrechtlichen Schadensersatzklage erhebliche Wechselbeziehungen[961]. Anders als in Deutschland, wo der Adhäsionsprozess im Sinne der §§ 403 ff. StPO in der Praxis keine Bedeutung hat[962], machen die Opfer einer Straftat, die zugleich materielle oder immaterielle Schäden zu beklagen haben, ihre zivilrechtliche Ausgleichsansprüche regelmäßig vor den *Strafgerichten* geltend (1.). Die Möglichkeit, zum Zwecke der Durchsetzung von Schadensersatzansprüchen den *Zivilrechtsweg* zu beschreiten, bleibt davon grundsätzlich unberührt (2.).

#### 1. Die Beschreitung des Strafrechtsweges

Das Recht des Opfers einer Straftat, einen Ausgleich für erlittene Schäden auch vor den Strafgerichten *(jurisdiction répressive)* zu verlangen, folgt aus Art. 3 NCPC. Danach kann die sogenannte *action civile* zur gleichen Zeit wie die die öffentliche Strafklage *(action publique)* und vor demselben Gericht durchgeführt werden[963]. Die *action*

---

[959] Marino, Rn. 119.
[960] Vgl. dazu bereits oben 1. Kap.
[961] Sonnenberger, 2 O 52; vgl. dazu ausf. Guerder, Gaz. Pal. 2002, doctr. S. 30 ff; Viney, Rn. 77.
[962] Roxin, § 63 Rn. 1; Hilger in Löwe/Rosenberg, Vor § 403 Rn. 8; Sonnenberger, 2 O 52.
[963] Vgl. Art. 3 *code procédure pénale*: *„L'action civile peut être exercée en même temps que l'action publique et devant la même juridiction".*

*civile* bezeichnet ein Verfahren, das auf den Ausgleich eines Schadens gerichtet ist, der durch die Begehung einer Straftat entstanden ist, vgl. Art. 2 NCPC[964]. Für den hier relevanten Bereich des zivilrechtlichen Ehrenschutzes ist von einer *action civile* die Rede, wenn jemand - sei es vor den Straf- oder vor den Zivilgerichten - für eine Veröffentlichung Schadensersatz verlangt, die zugleich den Tatbestand einer der im Gesetz von 1881 geregelten Beleidigungsdelikte erfüllt. Dabei folgt der Anspruch auf Schadensersatz *(réparation du dommage)* - anders als in Deutschland - unmittelbar aus der Begehung der Straftat. Einer dem § 823 Abs. 2 BGB entsprechenden Transformationsnorm, die das strafrechtliche Vergehen in ein zivilrechtliches Delikt umwandelt, bedarf es nicht[965].

Vor den Strafgerichten gibt es zwei Varianten der *action civile*. Die Opfer eines Pressedelikts können einerseits einem Strafverfahren beitreten, das die Staatsanwaltschaft eingeleitet hat[966]. Für den Fall, dass die Staatsanwaltschaft untätig geblieben ist bzw. das Verfahren eingestellt hat, können die Betroffenen darüber hinaus Strafanzeige erstatten und die *action civile* mit der Anzeige verknüpfen[967].Wählt der Betroffene diesen Weg, so kann sich die Staatsanwaltschaft der Einleitung eines Strafverfahrens nicht mehr entziehen[968]. Beide Wege, zivilrechtliche Belange vor den Strafgerichten geltend zu machen, werden als *constitution de partie civile* bezeichnet[969].

### 2. Die Beschreitung des Zivilrechtsweges

Haben die Betroffenen kein Interesse, eine strafrechtliche Verurteilung herbeizuführen bzw. entscheiden sie erst *nach* Durchführung des Strafverfahrens, dass sie sich auch zivilrechtlich schadlos halten wollen, so können sie ihre Ausgleichsansprüche grundsätzlich auch unabhängig von der öffentlichen Strafklage *(action publique)* durchsetzen und allein die Zivilgerichte anrufen, vgl. Art. 4 NCPC[970]. Gegenüber der *action civile* vor den Strafgerichten hat die Beschreitung des Zivilrechtsweges den Vorteil,

---

[964] Vgl. Art. 2 *code procédure pénale: „L'action civile en réparation du dommage causé par un crime, un délit ou une contravention appartient à tous ceux qui ont personnellement souffert du dommage directement causé par l'infraction";* Marino, Rn. 119; Stefani/Levasseur/Bouloc, Rn. 164; zur - weitgehend umstrittenen und im Ergebnis irreführenden - Abgrenzung von der *action en responsabilité civile*: Marino, Rn. 118 ff.

[965] Allerdings ist diese Feststellung nur dann von Bedeutung, wenn die strafrechtliche und die zivilrechtliche Haftung - wie im Bereich der Presseberichterstattung - einem jeweils unterschiedlichen Regime unterliegen. Im Regelfall macht es keinen Unterschied, ob die Gerichte sich auf das strafrechtliche Delikt oder auf die daraus *automatisch*, vgl. Sonnenberger 2 O 116, resultierende *faute* im Sinne des Art. 1382 cc stützen.

[966] Viney, Rn. 102; Sonnenberger, 2 O 53.

[967] Viney, Rn. 103; Starck/Roland/Boyer, Rn. 20.

[968] Vgl. Art. 1 Abs. 2 NCPC; damit wird das sonst geltende Opportunitätsprinzip ausser Kraft gesetzt, Starck/Roland/Boyer, Rn. 20; Viney, Rn. 77, 103.

[969] Vgl. nur Viney, Rn. 77.

[970] Vgl. Art. 4 *code de procédure pénale*: *„L'action civile peut aussi être exercée séparément de l'action publique"*, vgl. Marino, Rn. 120, Auvret, Jur. Cl. Pénal, 160/9; Starck/Roland/Boyer, Rn. 21.

dass die Zusprechung von Schadensersatzansprüchen - grundsätzlich - vom Nachweis einer Straftat *unabhängig* ist[971]. Ausreichend ist, dass die Voraussetzungen der deliktischen Generalklausel, Art. 1382 cc, erfüllt sind. Diese knüpft - anders als § 823 Abs. 1 BGB - nicht an eine Verletzung absoluter Rechte an, sondern an den nur vage umrissenen Begriff der "Pflichtverletzung" *(„faute")* und eröffnet damit einen vergleichsweise umfassenden Schutzbereich[972]. Damit ist die *strafrechtliche* Würdigung des schädigenden Verhaltens für den Ausgang des zivilgerichtlichen Verfahrens nur ausnahmsweise relevant, so zum Beispiel, wenn ein strafrechtliches Verfahren noch anhängig oder eine Entscheidung der Strafgerichte bereits gefallen ist[973].

## II. Besonderheiten im Presserecht

Wie einleitend bereits dargestellt wurde[974], sind die Bestimmungen zum Schutz gegen Beleidigungen in der Öffentlichkeit Gegenstand eines strafrechtlichen Spezialgesetzes, der *loi du 29 juillet 1881*. Die Besonderheit dieses Gesetzes liegt in ihrem presseschützenden Normzweck[975]. Anders als in Deutschland die §§ 185 ff. StGB sind somit die französischen Beleidigungsdelikte, soweit sie durch die Presse begangen werden, integraler Bestandteil eines Regelungswerks, das die Medien im Wege einer Vielzahl vor allem strafprozessualer Sonderbestimmungen privilegiert - und damit zugleich, in spiegelbildlicher Hinsicht, die betroffenen Medien*opfer* belastet[976].

Ausgehend von den unter I. dargestellten Grundsätzen konnte der presseprivilegierende Schutzzweck des Gesetzes von 1881 die zivilrechtliche Schadloshaltung der Medienopfer lange Zeit nur dann behindern, wenn die Betroffenen versuchten, ihre Ausgleichsforderungen im *strafgerichtlichen* Verfahren durchzusetzen. Anders als ihre Kollegen bei den Zivilgerichten waren die Strafrichter gehindert, den Entschädigungsforderungen der Betroffenen auf der Grundlage der deliktischen Generalklausel, Art. 1382 cc, stattzugeben. Auch die presseprivilegierenden Spezialbestimmungen des Gesetzes von 1881 kamen - ihrem strafprozessualen Charakter entsprechend - bis vor wenigen Jahren allein im *strafgerichtlichen Verfahren* zur Anwendung, nicht aber, wenn die Betroffenen ihre Ansprüche vor den *Zivilgerichten* durchzusetzen versuchten. Die Nachteile, die für die Opfer ehrverletzender Publikationen mit einem Verfahren vor

---

[971] Viney, Rn. 80.
[972] Vgl. Art. 1382 cc: *„Tout fait quelconque de l'homme, qui cause à autrui un dommage, oblige celui par la faute duquel il est arrivé, à le réparer".*
[973] Im ersten Fall müssen die Zivilgerichte den Ausgang des Strafverfahrens abwarten, vgl. Art. 4 Abs. 2 NCPC, vgl. dazu Viney, Rn. 131; Starck/Roland/Boyer, Rn. 21; Soyer, Rn. 682. Im zweiten Fall darf ihre Entscheidung derjenigen der Strafgerichte nicht widersprechen. Die entsprechende Regel lautet: *„La décision pénale a autorité de chose jugée à l'égard du tribunal civil"*, vgl. Viney, Rn. 134; Starck/Roland/Boyer, Rn. 21; Soyer, Rn. 682. Eine solche Rechtskraftwirkung des Strafurteils auch für die Zivilklage ist dem deutschen Recht fremd.
[974] Vgl. oben 1. Kap.
[975] Vgl. dazu ausf. unten 2. Teil 3. Kap. B I 1.
[976] Vgl. dazu ausf. unten B I b.

den Strafgerichten einhergingen, haben dazu geführt, dass diese in den letzten Jahrzehnten zunehmend dazu übergegangen sind, die Vorteile einer strafrechtlichen Verurteilung gegen die Chance einzutauschen, sich dem *„exzessiven Formalismus“*[977] des Gesetzes vom 29. Juli 1881 im Wege einer Klage vor den Zivilgerichten zu entziehen[978].

Nur eine Gruppe von Adressaten ehrverletzender Publikationen war von dem Privileg der Wahlfreiheit zwischen dem Straf- und dem Zivilrechtsweg schon immer ausgenommen. Gem. Art. 46 i.V.m. Art. 30, 31 des Gesetzes vom 29. Juli 1881 können bestimmte juristische Personen des öffentlichen Rechts - z.B. Gerichte, die Armee, öffentliche Körperschaften[979] oder sämtliche Behörden[980] (vgl. Art. 30 des Gesetzes von 1881) - ihre zivilrechtlichen Ersatzansprüche im Falle ehrverletzender Tatsachenbehauptungen ausschließlich vor den *Strafgerichten* geltend machen[981]. Gleiches gilt für natürliche Personen, soweit sie Träger öffentlicher Staatsgewalt sind (vgl. Art. 31 des Gesetzes von 1881); so zum Beispiel, wenn Mitglieder inländischer Ministerien bzw. des Parlaments oder - bestimmte - Beamte[982] gegen ehrverletzende Publikationen vorgehen wollen. Vor den Zivilgerichten können diese Personengruppen eine Klage im Hauptsacheverfahren[983] nur dann anhängig machen, wenn die beanstandete Publikation zu ihrer öffentlichen Funktion in keinerlei Zusammenhang steht[984].

Mit der besonderen Rechtswegzuweisung des Art. 46 des Gesetzes von 1881 hat der Gesetzgeber einen Teilbereich des Konkurrenzproblems zwischen dem Gesetz von 1881 und der zivilrechtlichen Haftung aus Art. 1382 cc bereits auf normativer Ebene geregelt[985]. Die vom Schutzzweck der Art. 30 und 31 des Gesetzes von 1881 erfassten Personen sind vom Zivilrechtsweg von vornherein ausgeschlossen; inwieweit die deliktische Generalklausel des Art. 1382 cc *neben* den Spezialbestimmungen des Geset-

---

977 Derieux, S. 367.
978 Guerder, Rapport annuel de la Cour de cassation, 1999, S. 2.
979 Wörtlich: *„corps constitués“;* dazu zählen zum Beispiel Handelskammern, Universitäten oder Gemeinden, vgl. Lamy, Rn. 421.
980 Wörtlich: *„administrations publiques“;* zur Auslegung dieses Begriffs vgl. Lamy, Rn. 421.
981 Vgl. Art. 46 des Gesetzes von 1881: *„L'action civile résultant des délits de diffamation prévus et punis par les articles 30 et 31 ne pourra, sauf dans le cas de décès de l'auteur du fait incriminé ou amnistie, être poursuivie séparément de l'action publique“.* Zum historischen Hintergrund dieser Regelung vgl. Bilger, Jur. Cl. Comm., 3060/16.
982 Vgl. dazu: Auvret in Blin/Chavanne/Drago/Boinet, 161/88 ff.
983 *Anders* im Verfahren des einstweiligen Rechtsschutzes, wo die Rechtsprechung auch den in Art. 30 und Art. 31 des Gesetzes von 1881 genannten Personengruppen das Recht zugestehen, die für das Schnellverfahren zuständigen Richter anzurufen, vgl. Cass. Civ. v. 12.10.1988, Bull. Civ. 1988, II, Nr. 194; Cass. Civ. v. 27.1.1993, Bull. Civ. 1993, II, Nr. 32; vgl. Dezeuze, Légipresse 1998, Heft 151, S. II-52.
984 Bilger in Blin/Chavanne/Drago/Boinet, 200/20; Chavanne, Jur. Cl. Pénal, 160/13. Gleiches gilt in den - wenig praxisrelevanten Fällen -, in denen der Autor der ehrverletzenden Äußerungen verstorben ist oder begnadigt wurde, vgl. Art. 46 des Gesetzes von 1881.
985 Gleiches gilt im Hinblick auf die kurze Verjährung des Art. 65 des Gesetzes von 1881, vgl. dazu unten B I b.

zes von 1881 zur Anwendung gelangen kann, hat für diese potentiellen Opfer herabsetzender Publikationen demnach keine Bedeutung. Im Hinblick auf alle anderen Personen, die Schadensersatz für ehrverletzende Publikationen auch vor den *Zivilgerichten* verlangen können, hat sich die Rechtsprechung demgegenüber erst in den letzten zehn Jahren mit der Frage nach dem Verhältnis zwischen den allgemeinen Regeln des Zivilrechts und den Sonderregeln des Gesetzes vom 29. Juli 1881 auseinandergesetzt. Es reifte die Erkenntnis, dass die fortschreitende Umgehung der spezialgesetzlichen *loi sur la liberté de la presse* verhindert werden musste, wollte man dem Stellenwert gerecht werden, der dem Grundrecht der Pressefreiheit nach der Verfassung zukommt.

Zur Lösung dieses Konkurrenzproblems haben die Gerichte zwei Ansätze gewählt. Einerseits sind sie dazu übergegangen, die presseprivilegierenden Sonderbestimmungen des Gesetzes von 1881 auch in ehrenschutzrechtlichen Verfahren vor den *Zivilgerichten* anzuwenden[986]. Die Reichweite des zweiten Ansatzes ist bis heute nicht abschließend geklärt. Danach haben die Gerichte die Möglichkeit der Medienopfer, sich im Rahmen presserechtlicher Auseinandersetzungen auf die deliktische Generalklausel des Art. 1382 cc zu berufen, weitgehend eingeschränkt[987]. Während also in Deutschland die aus der Begehung eines Beleidigungsdelikts folgende zivilrechtliche Haftung (§§ 185 ff. i.V.m. § 823 Abs. 2 BGB) mit der allgemeinen Delikshaftung aus § 823 Abs. 1 BGB synchron verläuft, etwaige Konkurrenzprobleme somit von vornherein ausgeschlossen sind[988], gehört das Verhältnis der im Gesetz von 1881 geregelten sogenannten *délits de presse* zu der deliktischen Auffangklausel des Art. 1382 cc zu den zentralen Problemen des französischen Presserechts. Es steht im Mittelpunkt der folgenden Ausführungen.

## B. Die gesetzliche Kodifizierung des Ehrenschutzes

Wie bereits dargestellt wurde, findet die persönliche Ehre in Frankreich - anders als in Deutschland - weder in den Verfassungstexten Erwähnung, noch hat *der Conseil constitutionnel* dieses Recht bislang als eigenständige *liberté fondamentale* anerkannt[989]. Ausdrücklich kodifiziert wurde der Schutz der *honneur* und der *considération,* d.h. der Ehre und des Ansehens, allein im Rahmen der strafrechtlichen Bestimmungen des Gesetzes vom 29. Juli 1881.

### I. Der Ehrenschutz im Strafrecht: Das Gesetz vom 29. Juli 1881

Das Gesetz vom 29. Juli 1881 stellt in seinem Art. 29 sowohl die *diffamation* als auch die *injure* unter Strafe. Diese Delikte korrespondieren mit den Tatbeständen der üblen Nachrede gem. § 186 StGB und der Beleidigung nach § 185 StGB. Allerdings wird die

---

986 Vgl. dazu ausf. unten B II 3 und C I 1 b.
987 Vgl. dazu ausf. unten 2. Teil 3. Kap. C I 1.
988 Vgl. dazu oben 2. Kap. B I b bb.
989 Vgl. dazu oben 1. Teil 3. Kap. C.

Äußerung ehrverletzender Tatsachenbehauptungen *(diffamation)* bzw. Werturteile *(injure)* in Frankreich nur dann als Vergehen *(délit)* qualifiziert, wenn sie im Wege einer *Veröffentlichung* erfolgt. Die *nicht-öffentliche* üble Nachrede bzw. Beleidigung wird - anders als in Deutschland - als bloße Ordnungswidrigkeit *(contravention)* geahndet[990]. Wann ansehensschädigende Äußerungen öffentlich erfolgen und somit dem Anwendungsbereich des Gesetzes vom 29. Juli 1881 unterfallen, regelt dessen Art. 23. Danach sind drei Begehungsweisen zu unterscheiden: die verbale Publikation[991], die Publikation im Wege jeglicher Mittel der audiovisuellen Kommunikation[992] und schließlich die schriftliche Publikation[993]. Daraus folgt, dass die für diese Arbeit relevanten Straftatbestände der *diffamation* und *injure* des Art. 29 des Gesetzes von 1881 sich nicht *nur*, sondern *auch* auf die Tätigkeit der Presse beziehen. Dies verdeutlicht auch die Überschrift zum vierten Kapitel des Gesetzes vom 29. Juli 1881. Danach geht es bei den hier geregelten Äußerungsdelikten um „Verbrechen und Vergehen, die im Wege der Presse *oder sonstiger Mittel der Veröffentlichung* begangen werden“[994]. Vor diesem Hintergrund ist es - genau genommen - irreführend, dass das Gesetz von 1881 unter dem Titel “Gesetz über die Freiheit der *Presse*” *(loi sur la liberté de la presse)* firmiert. Dagegen ist der in dieser Überschrift enthaltene Hinweis auf die *Freiheit* der Presse als Normzweck für das Verständnis der nachfolgenden Haftungsfragen von zentraler Bedeutung.

## 1. Die Privilegierung der Meinungsfreiheit als Normzweck

Mit der Reform des Presserechts im Jahre 1881, eines der grundlegenden Vorhaben für die *„République des républicains“*[995], bezweckte der Gesetzgeber in erster Linie den Schutz einer „absolut freien Presse“[996]. Dem neuen Gesetz lag der Gedanke zugrunde, das Presserecht den Regeln des gemeinen Rechts zu entziehen. Die Anwendung des sogenannten *droit commun* auch im Bereich der Presseberichterstattung, so der Berichterstatter *Lisbonne* gegenüber der Abgeordnetenkammer,

> *„(...) serait la mort pour la presse écrite“*[997].

Sein Vorschlag, mit dem er sich schließlich gegen seinen Widersacher *Floquet* durchsetzen konnte, sah dementsprechend vor, dass die neuen Regelungen einen zugleich

---

[990] Vgl. Art. R 621-1 bzw. 621-2 des *nouveau code pénal*; Pradel/Danti-Juan, Rn. 428; Rassat, Rn. 414.

[991] Vgl. Art. 23:*„...discours, cris ou menaces proférés dans des lieux ou réunions publiques...“*.

[992] Vgl. Art. 23: *„...tout moyen de communication audiovisuelle...“*.

[993] Vgl. Art. 23: *„...écrits, placards, affiches, imprimés, dessins, gravures, peintures, emblèmes ou tous autres supports de la parole et de l'écrit dès qu'ils sont diffusés“*.

[994] Wörtlich: *„Des crimes et délits commis par la voie de la presse ou par tout autre moyen de communication“*.

[995] Vgl. näher zum historischen Hintergrund: Beignier, S. 151; Auvret in Blin/Chavanne/Drago/Boinet, 10/12.

[996] Beignier, S. 151.

[997] Freie Übersetzung: „(...) wäre der Tod für die geschriebene Presse“; Lisbonne, JO Débats Assemblée nationale, 30.1.1881, S. 22, zit. aus Raguin/Bigot, Légipresse 1999, Heft 160, S. II-42.

abschließenden und spezialgesetzlichen Charakter haben sollten[998]. Das neue Gesetz war demnach als „*système exhaustif*"[999] vorgesehen bzw. - in den Worten von *Laure Marino* - als „*monument autonome*"[1000], das die Presse im Wege verschiedener - materiellrechtlicher sowie prozessualer - Sonderbestimmungen privilegiert.

### a. Materiellrechtliche Sonderbestimmungen

Mit dem neuen „Befreiungs- und Freiheitsgesetz"[1001] wurde nicht nur die Betätigung in Druckereigewerbe und Buchhandel als „*libre*" - also frei - erklärt, vgl. Art. 1 des Gesetzes von 1881[1002]; auch „jede periodische Zeitung oder jedes periodische Schriftstück" konnte künftig veröffentlicht werden, ohne dass es hierfür einer vorherigen behördlichen Erlaubnis bedurfte oder eine Kaution hinterlegt werden musste, vgl. Art. 5 des Gesetzes von 1881[1003]. Damit wurden die Möglichkeiten des Staates, unerwünschte Presseveröffentlichungen präventiv zu verweigern und somit auf die öffentliche Meinungsbildung Einfluss zu nehmen, endgültig abgeschafft[1004].

Die Konkretisierung der *liberté d'expression* in dem Freiheitspostulat des Art. 5 des Gesetzes von 1881 bedeutete weiter, dass eine Beschränkung der öffentlichen Meinungsäußerung allein in den gesetzlich definierten Fällen möglich sein sollte[1005]. Vor diesem Hintergrund diente auch die Kodifizierung der Äußerungsdelikte in den Artikeln 23 ff. nicht der Beschränkung, sondern vielmehr der *Privilegierung* der Meinungsfreiheit[1006]. Aufgrund des abschließenden Charakters des Gesetzes von 1881 war alles, was in den Art. 23 ff. des Gesetzes von 1881 nicht ausdrücklich verboten war, automatisch erlaubt[1007]. Vom Anwendungsbereich des neuen Gesetzes ausgenommen und somit straflos ist seither etwa die Kritik am Regime. Denn, so die erste Gesetzeskommentierung aus dem Jahre 1887:

---

998 Marino, Rn. 150 f.

999 Freie Übersetzung: „abschließendes System", vgl. Burgelin in Dupeux/Lacabarats, S. 47; Wachsmann, Rn. 468; Carbonnier, Le silence et la gloire, D. 1951, chron. S. 119, 120.

1000 Freie Übersetzung: „autonomes Monument", vgl. Marino, Rn. 151.

1001 Wörtlich: „*loi d'affranchissement et de liberté*", zit. aus Auvret in Blin/Chavanne/Drago/Boinet, 10/16.

1002 Wörtlich: „*L'imprimerie et la librairie sont libres*".

1003 Wörtlich: „*Tout journal ou écrit peut être publié, sans autorisation préalable et sans dépôt de cautionnement, après la déclaration prescrite par l'article 7*".

1004 Die verbleibenden Formalitäten, die auch nach dem Gesetz von 1881 erfüllt sein müssen, um Zeitschriften oder sonstige periodische Druckwerke zu publizieren, verleihen den staatlichen Behörden demgegenüber keine Kontrollbefugnis, vgl. Derieux, S. 87. Dies gilt sowohl für die obligatorische Benennung eines verantwortlichen *directeur de la publication* nach Art. 6 als auch für die obligatorische Erklärung nach Art. 7, mit der der *procureur de la République*, d.h. der französische Oberstaatsanwalt, über Namen und Anschrift des *directeur de la publication* und der Druckerei sowie über den Titel der Zeitschrift informiert werden soll.

1005 Bigot in Dupeux, Lacabarats, S. 68.

1006 Boccara in Blin/Chavanne/Drago/Boinet, 305/13; Derieux, S. 364.

1007 Wachsmann, Rn. 468; Bigot in Dupeux/Lacabarats, S. 68.

> *„Dans un pays (...) qui veut se gouverner lui-même, le droit de critique et de disputer le gouvernement doit être absolu et placé hors de toute atteinte"* [1008].

Weiter diente die Einführung besonderer Rechtfertigungsgründe dem Schutz der Presse- bzw. Meinungsfreiheit[1009]. Zu diesen *faits justificatifs* zählt etwa die in Art. 41 des Gesetzes von 1881 geregelte Immunität im Rahmen der Berichterstattung über parlamentarische oder gerichtliche Sitzungen[1010], ferner der Rechtfertigungsgrund der *provocation*[1011]. Auch die in Art. 35 des Gesetzes von 1881 vorgesehene Möglichkeit, sich einer Haftung für ehrverletzende Tatsachenbehauptungen im Wege des Wahrheitsbeweises zu entziehen, war vor der historischen Kulisse von 1881 keine Selbstverständlichkeit. Zwar gab es diese Form der Exkulpation bereits seit dem Jahre 1819. *Vor* der Verabschiedung des Gesetzes vom 29. Juli 1881 bestand die sogenannte *exceptio veritatis*[1012] jedoch allein für den Fall, dass die beanstandeten Äußerungen Träger öffentlicher Staatsgewalt in ihrer Funktion als Amtsinhaber betraf[1013]. Während die Ausweitung auf ehrverletzende Behauptungen gegenüber *sämtlichen natürlichen Personen* erst im Jahre 1944 erfolgte[1014], führte bereits das Gesetz von 1881 eine nicht unbedeutende Liberalisierung herbei, indem es den Anwendungsbereich dieses Rechtfertigungsgrundes auf ehrverletzende Behauptungen gegenüber Behörden und Gerichten, ferner gegenüber Direktoren oder Vorstandsmitglieder von Industrie-, Wirtschafts- und Finanzunternehmen erstreckte, die sich öffentlich auf dem Spar- oder Kreditmittelsektor betätigen[1015].

### b. Prozessuale Sonderbestimmungen

Nicht nur in materiellrechtlicher Hinsicht, auch und vor allem im Wege der Einführung besonderer *prozessualer* Regelungen hat der Gesetzgeber die Rechtsverfolgung

---

[1008] Freie Übersetzung: „In einem Land, das sich selbst regieren möchte, muss das Recht, die Regierung zu kritisieren und in Frage zu stellen, absolut und unantastbar sein" vgl. Barbier, *code expliqué de la presse,* 1. Auflage, 1887, zit. aus Auvret in Blin/Chavanne/Drago/Boinet, 10/14. Freilich sollte das Recht zur Kritik auch nach dem Willen des Gesetzgebers von 1881 nicht schrankenlos gelten. Die Grenzen der zulässigen Staatskritik zieht das Gesetz von 1881 dort, wo diese die Form einer Verunglimpfung des *Président de la République* annimmt, vgl. Art. 26, oder zugleich eine *diffamation* gegenüber den in Art. 30 und Art. 31 abschließend benannten staatlichen Institutionen bzw. Staatsträgern darstellt, vgl. dazu ausf. unten C I 2 c bb.

[1009] Vgl. Robert in Blin/Chavanne/Drago/Boinet, 110/11,13.

[1010] Vgl. dazu unten C I 3 c.

[1011] Vgl. Art. 33 Abs. 2 des Gesetzes von 1881, vgl. dazu unten C I 3 d.

[1012] Vgl. Marino, Rn. 436.

[1013] Vgl. Art. 20 des Gesetzes vom 15.5.1819, dazu Ader, Légipresse 1999, Heft 159, S. II-17.

[1014] Vgl. dazu unten C I 3 a aa.

[1015] Vgl. Art. 35 Abs. 2 des Gesetzes von 1881: *„directeurs ou administrateurs de toute entreprise industrielle, commerciale ou financière, faisant publiquement appel à l' épargne ou au crédit";* vgl. Chavanne, J.cl. pénal, 90/6.

der *délits de presse*[1016] erheblich erschwert. Systematisch gesehen dienen die meisten der zum Teil sehr strengen Bestimmungen dem Zweck, den Eingriff in die Meinungsfreiheit, der mit der Sanktionierung ehrverletzender Publikationen einhergeht, gewissermaßen „über die Hintertür" wieder abzumildern[1017].

Zu den wichtigsten prozessualen Sonderbestimmungen zählt die kurze Verjährungsfrist des Art. 65 des Gesetzes von 1881. Für die Geltendmachung von Ersatzansprüchen wegen eines *délit de presse* im Sinne des Gesetzes von 1881 beträgt sie nur *drei Monate* seit Begehung der Straftat, d.h. konkret seit dem ersten Verkauf der beanstandeten Exemplare[1018] oder, wenn eine solche erfolgt ist, seit dem Tag der letzten Untersuchungs- oder Betreibungshandlung[1019]. Innerhalb der prozessualen Regelungen des Gesetzes von 1881 nimmt Art. 65 des Gesetzes von 1881 eine Sonderposition ein. Als einzige Regelung sieht die pressespezifische Verjährungsbestimmung *ausdrücklich* vor, dass die kurze drei-Monats-Frist auch auf die Geltendmachung *zivilrechtlicher* Ansprüche Anwendung findet. Für den Fall, dass die beanstandeten Äußerungen den Art. 29 ff. des Gesetzes von 1881 unterfallen, gilt damit die kurze Verjährung seit jeher nicht nur im Straf-, sondern auch im Zivilgerichtsverfahren[1020]. Dies hat für die Opfer ehrverletzender Publikationen eine erhebliche Benachteiligung nicht nur gegenüber den allgemeinen strafprozessualen Regelungen[1021], sondern auch gegenüber den Bestimmungen des *code civil* zur Folge. Letztere sehen für das hier relevante Deliktsrecht eine Verjährungsfrist von immerhin *zehn Jahren* vor, vgl. Art. 2270-1 cc[1022]. Erschwert wird die Rechtsverfolgung weiter dadurch, dass die einmal rechtzeitig erfolgte Verjährungsunterbrechung in regelmäßigen Abständen von jeweils drei Monaten wiederholt werden muss, vgl. Art. 65 Abs. 1 des Gesetzes von 1881. Das für die Praxis sehr bedeutsame Presseprivileg des Art. 65 des Gesetzes von 1881 wurde im Rahmen der Vorbereitungsarbeiten für das Gesetz Nr. 2000-516 vom 15. Juni 2000 zur Verstärkung der Unschuldsvermutung zwar in Frage gestellt, hat die Rechtsreform indessen unverändert überstanden[1023].

---

1016 Im französischen Schrifttum ist dieser Begriff zur Bezeichnung der Art. 23 ff., der wegen seiner unzutreffenden Beschränkung auf die Presse zumindest *ungenau* ist, nach wie vor gebräuchlich, vgl. nur Boccara in Blin/Chavanne/Drago/Boinet, 305/5.

1017 Vgl. Joinet, Légipresse 2000, Heft 175, S. III-154, 155.

1018 CA de Paris v. 28.5.1999, Légipresse 1999, Heft 167, S. III-170.

1019 Vgl. Art. 65 des Gesetzes von 1881: „*L'action publique et l'action civile résultant des crimes, délits et contraventions prévus par la présente loi se prescriront après trois mois révolus, à compter du jours où ils auront été commis ou du jour du dernier acte d'instruction ou de poursuite s'il en a été fait*"; vgl. dazu ausf. Raguin/Bigot, Légipresse 1999, Heft 160, S. II-43, Fn. 14.

1020 Vgl. Cass. civ. v. 17.5.1886, DP 1887, 1, 54; Burgelin, Anm. unter Cass. civ. v. 5.2.1992, D. 1992, Jur., S. 442.

1021 Danach verjähren sogenannte *délits*, zu denen auch die *injure* und *diffamation* gehören, regelmäßig erst in *drei Jahren*, Art. 8 NCPC, vgl. auch Derieux, S. 360.

1022 Vgl. auch Gonnard, J.cl.pénal, 60/178.

1023 Guerder, Rapport annuel de la Cour de cassation, 1999, S. 2.

Zu einer weitreichenden Privilegierung der Presse führt auch Art. 53 Abs. 1 des Gesetzes von 1881. Danach soll die Ladung nicht nur die dem Beschuldigten zur Last gelegte Tat, sondern auch *den für die Verfolgung anwendbaren Gesetzestext* genau benennen[1024]. Dies beinhaltet weit mehr als eine bloße Formalie. Denn das Gericht kann die in der Ladung vorgenommene rechtliche Zuordnung des streitgegenständlichen Sachverhalts nicht mehr abändern[1025]. Es ist - in Abweichung von dem allgemeinen Rechtsgrundsatz *"da mihi factum, dabo tibi jus"* - nicht nur an die *tatsächlichen* Vorgaben der Ladung gebunden, sondern auch an die dort getroffene *rechtliche* Einschätzung[1026].

Schließlich dienen die Art. 51 Abs. 2 und Art. 61 des Gesetzes von 1881 dem Schutz der Pressefreiheit[1027], indem sie die Möglichkeit der Richter, Presseartikel präventiv (Art. 51 Abs. 2) oder nach dem Erlass eines Urteils (Art. 61) beschlagnahmen zu lassen, auf wenige Ausnahmefälle beschränken[1028]. Dazu zählt zwar auch der ehrverletzende Charakter einer Presseveröffentlichung; allerdings nur dann, wenn die beleidigenden Äußerungen sich gegen die in Art. 36 und 37 des Gesetzes von 1881 abschließend benannten Personen - also gegen ausländische Staats- und Regierungschefs bzw. ausländische Außenminister oder Diplomaten - richten.

## 2. Rechtspolitischer Ausblick

Entgegen der ursprünglichen Absichten des Gesetzgebers kann man das Gesetz vom 29. Juli 1881 aus heutiger Sicht nicht mehr als *abschließendes* Regelungswerk *(système exhaustif)* bezeichnen[1029]. Dies gilt nicht nur für das Strafrecht[1030]; auch im Zivilrecht sind die im Presserecht spezialisierten Anwälte gefordert, über die Grenzen des Gesetzes von 1881 hinauszuschauen. Für den Bereich des zivilrechtlichen Ehrenschutzes müssen sie die - im Hinblick auf ihre Reichweite noch nicht abschließend geklärte - deliktische Generalklausel des Art. 1382 cc beachten, das in Art. 9 cc speziell geregelte Recht auf Achtung des Privatlebens *(droit au respect de la vie privée)* und

---

1024 Vgl. Art 53 Abs. 1 des Gesetzes von 1881: *„La citation précisera et qualifiera le fait incriminé, elle indiquera le texte de loi applicable à la poursuite".*

1025 Vgl. Derieux, S. 366.

1026 Vgl. Derieux, S. 366; Robert in Blin/Chavanne/Drago/Boinet, 110/15.

1027 Bilger in Blin/Chavanne/Drago/Boinet, 210/13.

1028 Bilger in Blin/Chavanne/Drago/Boinet, 210/12; Derieux, S. 99 f.

1029 Wachsmann, Rn. 468; Burgelin in Dupeux/Lacabarats, S. 47 .

1030 Hier hat neben der Verabschiedung anderer Spezialgesetze, die zugleich presserechtlich relevante Delikte enthalten - zum Beispiel den *code de la santé publique,* vgl. dazu Wachsmann, Rn. 468 - auch die *Ausgliederung* spezifischer Pressedelikte in den *code pénal* dazu geführt, dass das Gesetz von 1881 als autonomes Rechtssystem überholt ist, vgl. zum Beispiel das Delikt der *outrage aux bonnes moeurs commis notamment par la voie de la presse et du livre,* d.h. des Angriffs auf die Sittlichkeit in Presseerzeugnissen oder Büchern, das heute in Art. 227-24 des *Nouveau code pénal* kodifiziert ist, dazu Robert in Blin/Chavanne/Drago/Boinet, 110/20; Auvret, L'évolution du droit matériel de la presse, S. 31.

das diesem in Art. 9-1 cc nachempfundene Recht auf Achtung der Unschuldsvermutung *(droit au respect de la présomption d'innocence)*.

Die Fortentwicklung der Persönlichkeitsrechte hat die Bestrebungen des Gesetzgebers von 1881, im Wege eines „*véritable code de la presse*"[1031] die im Presserecht anwendbaren Bestimmungen einheitlich und klar zu regeln[1032], nachhaltig torpediert. Erschwerend kommt hinzu, dass die Spezialbestimmungen des Gesetzes von 1881 - je nach Art der betroffenen Persönlichkeitsrechte - im einen Fall zur Anwendung kommen, im anderen nicht[1033]. Bis heute fehlt dem französischen Recht, was die zivilrechtliche Haftung für persönlichkeitsverletzende Medienveröffentlichungen anbelangt, jegliche Homogenität[1034]. Diese „gewisse Anarchie"[1035], gepaart mit den Rechtsproblemen, die mit der Entwicklung der „neuen Medien" einhergehen, hat in der Literatur vereinzelt den Wunsch nach einer umfassenden Reform im Wege eines einheitlichen "Gesetzes über die moderne Kommunikation" *(code de la communication moderne)* laut werden lassen[1036]. Bislang hat der Gesetzgeber allerdings keinerlei Bestrebungen gezeigt, dem Wunsch der Spezialisten zu folgen, wonach Ordnung zu schaffen sei "(...) in den auseinanderstrebenden Bestimmungen des französischen Medienrechts"[1037]. Auch die Verabschiedung der *loi sur la communication audiovisuelle* No. 2000-719 vom 1. August 2000 hat er nicht zum Anlass genommen, eine umfassende Umstrukturierung der zivilrechtlichen Haftung für Persönlichkeitsrechtsverletzungen in die Wege zu leiten[1038].

## II. Der Ehrenschutz im Zivilrecht

Eine ausdrückliche Regelung findet der Schutz der persönlichen Ehre nur im Strafrecht, nicht aber im Zivilrecht. Insoweit ist die Parallele zum deutschen Recht unver-

---

[1031] Freie Übersetzung: „Wahrhaftiges Pressegesetz"; diesen - mittlerweile überholten - Begriff verwendet etwa *Barbier* in der 1. Auflage des *code expliqué de la presse* von 1887, zit. aus Auvret in Blin/Chavanne/Drago/Boinet, 10/12; wie hier Ader in Légipresse 1999, Heft 167, S. III-174; vgl. auch Wachsmann, Rn. 468.

[1032] Vgl. zur entsprechenden Anweisung zur Anwendung des Gesetzes von 1881, die am 9.11.1881 vom Justizminister an die Generalstaatsanwälte adressiert wurde: Raguin/Bigot in Légipresse 1999, Heft 160, S. II-45.

[1033] Vgl. dazu unten II 3.

[1034] Raguin/Bigot in Légipresse 1999, Heft 160, S. II-41.

[1035] Ader, Légipresse 1999, Heft 167, S. II-173: „*Il règne ainsi une certaine anarchie dans les règles applicables*".

[1036] Vgl. *Kiejman* und *Derieux*, zit. in Légipresse, 1999, Heft 165, S. II-140; Boccara in Blin/Chavanne/Drago/Boinet, 305/4: „*refonte globale du droit matériel sur la liberté d'expression*".

[1037] Derieux, zit. in Légipresse, 1999, Heft 165, S. II-140. Die Rufe nach einer Neuordnung vor allem der strafrechtlichen Bestimmungen zum Schutz der persönlichen Ehre reichen weit zurück, vgl. nur Bonnefoy, R.S.C. 1953, S. 625, 654: „*La question est entièrement à reprendre et à repenser, à la lumière du droit comparé et de la criminologie*".

[1038] *Georges Kiejman* nennt das Gesetz von 1881 dementsprechend „(...) die letzte heilige Kuh unserer Republik", zit. in Légipresse, 1999, Heft 165, S. II-140; vgl. auch Burgelin unter Cass. civ. v. 5.2.1992, D. 1992, Jur., S. 442, 443.

kennbar. Die Vergleichbarkeit endet indessen schon hier. Der Dreh- und Angelpunkt des deutschen Persönlichkeitsschutzes - das in der *Leserbrief*-Entscheidung entwickelte Konzept eines absolut geschützten „allgemeine Persönlichkeitsrechts“, aus dem sich die verschiedenen Persönlichkeitsrechte ableiten - , hat sich in Frankreich nicht durchsetzen können. Zwar gab es ähnliche Ansätze. Dazu zählten zuletzt, im Jahre 1951, die Bemühungen der Kommission zur Reform des *code civil,* ein umfassendes Recht zum Schutz der ideellen Integrität *(intégrité morale)* zu kodifizieren. Der Reformversuch sah einen Unterlassungsanspruch für „(...) jeglichen rechtswidrigen Eingriff in die Persönlichkeit“[1039] vor, endete jedoch im Ergebnis fruchtlos[1040].

Erst mit der Entwicklung einer fallgruppenorientierten Rechtsprechung, die bestimmte Eingriffe in den persönlichen Bereich eines anderen zwingend als *faute* im Sinne der Art. 1382 cc qualifizierte, zeichnete sich ein verstärkter Schutz gegenüber persönlichkeitsverletzenden Presseveröffentlichungen ab[1041]. Anders als im deutschen Recht, wo die Gründe für die Herausbildung eines umfassenden allgemeinen Persönlichkeitsrechts im Enumerativprinzip des § 823 Abs. 1 BGB liegen[1042], entwickelte sich ein „pluralistisches“ Verständnis von den *droits de la personnalité*[1043]. Statt eines allgemein geltenden Persönlichkeitsrechts wurden eine Vielzahl einzelner subjektivrechtlich ausgestalteter Schutzgüter anerkannt[1044]. Der französische Gesetzgeber nahm diese Entwicklung seit Beginn der siebziger Jahre zum Anlass, einzelne Aspekte der *intégrité morale* auch gesetzlich zu kodifizieren. So wurden - anders als in Deutschland - die Rechte auf Achtung des Privatlebens, *le droit au respect de la vie privée,* und auf Beachtung der Unschuldsvermutung, *le droit au respect de la présomption d'innocence,* in den Jahren 1970 und 1993 einer eigenständigen zivilrechtlichen Regelung zugeführt.

## 1. Der gesetzliche Schutz des Privatlebens und der Unschuldsvermutung

Der Schutz des Privatlebens in Art. 9 cc ist zurückzuführen auf das Gesetz vom 17. Juli 1970. Die knappe Formulierung

*„Chacun a droit au respect de sa vie privée“* [1045].

---

[1039] Wörtlich: *„Tout atteinte illicite à la personnalité donne à celui qui la subit le droit de demander qu'il y soit mis fin, sans préjudice de la responsabilité qui peut en résulter pour son auteur“,* zit. aus Beignier, S. 54.

[1040] Vgl. Beignier, S. 54.

[1041] Goubeaux, Rn. 105; Amson in Blin/Chavanne/Drago/Boinet, 300/7; Sonnenberger, 1 D 240; vgl. z.B. im Hinblick auf den Schutz des Privatlebens: CA de Paris v. 17.3.1966, D. 1966, S. 749; CA de Paris v. 15.5.1970, D. 1970, S. 466.

[1042] Vgl. Fikentscher, Rn. 1225.

[1043] Beignier, S. 54.

[1044] Sonnenberger, 1 D 243; kritisch zu diesem Ansatz Beignier, S. 54, der die Anerkennung eines allgemeinen Persönlichkeitsrechts nach deutschem Vorbild befürwortet.

[1045] Freie Übersetzung: „Jeder hat ein Recht auf Achtung seines Privatlebens“.

lässt eine Definition dessen, was unter dem Begriff des Privatlebens *(vie privée)* zu verstehen ist, vollständig vermissen und führt damit - zumindest in der Grauzone zwischen „öffentlichem" und „privatem" Leben - im Einzelfall zu erheblichen Abgrenzungsproblemen[1046].

Präziser ist der im Januar 1993 in Kraft getretene Art. 9-1 cc, der das Recht auf Achtung der Unschuldsvermutung *(droit au respect de la présomption d'innocence)* kodifiziert. Die aktuelle Fassung dieser Bestimmung geht von einem Eingriff in dieses Recht aus,

*„(...) lorsqu'une personne est, avant toute condamnation, présentée publiquement comme étant coupable de faits faisant l'objet d'une enquête ou d'une instruction judiciaire"* [1047].

Entgegen der noch bis zum Jahre 2000 geltenden Regelung[1048] wird nunmehr *jede* Person geschützt, die in Bezug auf den Gegenstand einer gerichtlichen Ermittlung oder Untersuchung als Täter dargestellt wird, ohne dass dieser Behauptung eine strafrechtliche Verurteilung vorausgegangen ist.

## 2. Auswirkungen auf den zivilrechtlichen Ehrenschutz

Zwar stellt nicht jede ansehensschädigende Publikationen zugleich einen Eingriff in die Privatsphäre oder die Unschuldsvermutung des Betroffenen dar. Die verschiedenen Aspekte des Persönlichkeitsrechts sind jedoch eng miteinander verknüpft. So sind viele Publikationen, die in die Privatsphäre einer Person eingreifen, zugleich ehrverletzend[1049]. Beispielhaft sei hier auf die Oktober-Ausgabe des französischen Magazins *Entrevue* aus dem Jahre 1997 verwiesen, in dem *Naomi Campbell* der Genuss von „Kokain und Sex-parties" unterstellt wurde[1050]. Demgegenüber kodifiziert Art. 9-1 cc

---

[1046] Die Abgrenzungsproblematik zwischen „privatem" und „öffentlichem" Leben wird in der französischen Literatur umfassend diskutiert; eine sachgerechte Darstellung würde den Gegenstand dieser Arbeit sprengen. Es wird insoweit auf die umfassenden Ausführungen von Amson verwiesen in Blin/Chavanne/ Drago/Boinet/, 300; vgl. auch Malaurie/Aynès, Rn. 325 f. ; Le Tourneau/Cadiet, Rn. 769 f. ; Terré/Fenouillet, Rn. 106 f.

[1047] Freie Übersetzung: „(...) wenn eine Person vor ihrer Verurteilung im Hinblick auf Tatsachen, die Gegenstand einer gerichtlichen Ermittlung oder Untersuchung sind, in der Öffentlichkeit als schuldig dargestellt wird".

[1048] Die mit dem Gesetz Nr. 93-1013 vom 24. August 1993 eingeführte Fassung beschränkte den Schutz noch auf Personen, die sich in polizeilichen Gewahrsam befanden oder Gegenstand eines Ermittlungsverfahrens waren, vgl. dazu Marino, Rn. 328. Sie wurde abgelöst durch das Gesetz Nr. 2000-516 vom 15. Juni 2000.

[1049] Ebenso Kayser, La protection de la vie privée par le droit, Rn. 73.

[1050] Vgl. dazu CA de Paris, Légipresse 1999, Heft 167, S. III-170; auch die Behauptung, dass eine verheiratete Frau schwanger und das erwartete Kind unehelich sei, wurde als Verletzung nicht nur der Privatsphäre, sondern auch der persönlichen Ehre angesehen, vgl. TGI de Paris v. 6.4.1973, JCP 1974, schlicht einen Sonderfall der Ehrverletzung[1051]. Denn jede Berichterstattung, die einen Beschuldigten noch vor seiner Verurteilung als Täter darstellt und somit gegen Art. 9-1 cc verstößt, mindert zugleich dessen sozialen Achtungsanspruch.

Erfüllt eine ehrverletzende Äußerung den Tatbestand des Art. 9 cc oder des Art. 9-1 cc, so führt dies zu einer Verstärkung der Persönlichkeitsrechte und verbessert somit die rechtliche Position des Betroffenen, der sich auf zivilrechtlichem Wege gegen die beanstandete Publikation wehren will. Vorteilhaft ist zunächst, daß die Rechte auf Achtung der Privatsphäre sowie der Unschuldsvermutung einen absoluten Schutz genießen. Die Presse kann sich im Falle einer zivilrechtlichen Klage weder darauf berufen, die beanstandete Äußerung habe sich als richtig erwiesen[1052], noch greift der Rechtfertigungsgrund der *„bonne foi"* zu ihren Gunsten, durch den die Verteidigungsmöglichkeiten der Presse im Falle einer „nur" ehrverletzenden Äußerung eine entscheidende Erweiterung erfahren[1053].

Berührt eine ehrverletzende Publikation zugleich das *Intimleben* des Betroffenen als Kernbereich der Privatsphäre *(intimité de la vie privée)*[1054], so ist dessen Stellung auch hinsichtlich der Rechtsfolgen eine stärkere. Art. 9 Abs. 2 cc sieht für diesen Fall weitreichende Beschränkungen der Meinungsfreiheit vor[1055]. Die gesetzliche Rechtslage entspricht dem Verfassungsrang, den der *Conseil constitutionnel* dem Recht auf Achtung der Privatsphäre später zusprechen sollte[1056]. Zu einer Verstärkung der Persönlichkeitsrechte führt Art. 9 Abs. 2 cc insoweit, als die Gerichte nicht nur Maßnahmen anordnen können, die geeignet sind, eine *gegenwärtige* Rechtsverletzung zu beenden *(„...faire cesser...")*, sondern auch solche, die *künftige* Eingriffe verhindern *(„...empêcher...")*. Dies ist im französischen Recht keine Selbstverständlichkeit. Das allgemeine Deliktsrecht sieht - anders als in Deutschland - einen vorbeugenden Rechtsschutz nicht vor[1057]. Gem. Art. 9 Abs. 2 cc können bevorstehende Beeinträchtigungen des Privatlebens demgegnüber sogar im Wege der Beschlagnahme *(saisie)*

---

IV , S. 312; gleiches galt angesichts der in der Form eines intimen Tagebuchs veröffentlichten fiktiven Aufzeichnungen des Politikers *Georges Marchais*, die erfundene Informationen über dessen - vermeintliche - Kollaboration mit den deutschen Besatzern enthielten, TGI de Paris v. 26. 5. 1976, D. 1977, S. 364; v. 2.5.1974, D. 1974, S. 697 - *Georges Marchais.*

[1051] Ebenso Marino, Rn. 328; Ader, Légipresse 1999, Heft 167, S. III-174, Fn. 3; Le Tourneau/Cadiet, Rn. 789.

[1052] Vgl. für Art. 9 cc: unten C I 3 a bb; für Art. 9-1 cc: Ader, Légipresse 1999, Heft 159, S. II-17.

[1053] Vgl. dazu unten C I 3 b.

[1054] Vgl. zu diesem Begriff Dreyer in Blin/Chavanne/Drago/Boinet, 215/2, 24; in der neueren Rechtsprechung wird das Erfordernis eines Eingriffs in die *Intimität* des Privatlebens - entgegen dem Gesetzeswortlaut - abgelehnt, vgl. Cass. civ. v. 12.12.2000, D. 2001, Jur., S. 2434, Anm. Saint-Pau.

[1055] Vgl. Art 9 Abs. 2 cc:
*„Les juges peuvent, sans préjudice de la réparation du dommage subi, prescrire toutes mesures, telles que séquestre, saisie et autres, propres à empêcher ou faire cesser une atteinte à l'intimité de la vie privée: ces mesures peuvent, s'il y a urgence, être ordonnées en référé."*

[1056] Vgl. dazu oben 1. Teil C III.

[1057] Vgl. dazu unten 3. Teil F I.

verhindert werden[1058]. Diese Lösung bleibt allerdings Extremfällen vorbehalten, in denen von einem „unerträglichen Eingriff" auszugehen ist, „(...) der durch eine nachfolgende Entschädigung in Geld nicht behoben werden kann"[1059]. Davon ging das *Tribunal de grande instance de Paris* im Fall *Georges Pompidou* aus, dem die retouchierte Fotografie von Angestellten eines Beerdigungsinstituts zugrundelag, die, mittels Photomontage mit der Armbinde der Waffen-SS versehen, den Sarg des ehemaligen Präsidenten trugen[1060].

### 3. Anwendungsbereich der prozessualen Sonderregeln des Gesetzes von 1881

Nachdem es keine Seltenheit darstellt, dass ein und derselbe Presseartikel nicht nur ehrverletzende Äußerungen enthält, sondern zugleich Details über das Privatleben des Betroffenen enthüllt, stellt sich die Frage, inwieweit sich die Presse in diesen Fällen auf die presseprivilegierenden Sonderregeln des Gesetzes von 1881 berufen kann bzw. ob sie ihre privilegierte Stellung dadurch verwirkt, dass sie sich neben einer Verletzung der *Ehre* des Betroffenen zugleich einen Eingriff in dessen *Privatleben* hat zu schulde kommen lassen (a). Bei Publikationen, die ihren ehrverletzenden Gehalt aus einem Eingriff in das Recht auf Achtung der Unschuldsvermutung beziehen, stellt sich dieselbe Konkurrenzproblematik (b).

#### a. Gleichzeitige Verletzung des Privatlebens

Hinsichtlich ehrverletzender Publikationen, die zugleich das Privatleben des Betroffenen verletzen, zeichnet sich in der neueren Rechtsprechung eine deutlich medienfreundliche Tendenz ab. Die Besonderheiten des die Pressefreiheit schützenden Spezialgesetzes sind hier in allen Fällen zu beachten, in denen die beanstandeten Publikationen nicht nur Art. 9 cc verletzen, sondern zugleich die Voraussetzungen einer *diffamation* oder *injure* im Sinne der Art. 29 ff. des Gesetzes von 1881 erfüllen[1061]. Eine Umgehung der pressefreundlichen Sonderregeln des Gesetzes von 1881 ist demnach unmöglich. Weder der kurzen Verjährungsfrist aus Art. 65[1062], noch der Sonderbestimmung des Art. 53[1063] können sich die Opfer einer ehrverletzenden Presseveröffentlichung schon deswegen entziehen, weil sie auch in ihrer Privatsphäre verletzt

---

[1058] Vgl. Sonnenberger, 1 D 247.

[1059] CA der Paris (réf) v. 24.2.1975, D. 1975, S. 438, Anm. Lindon; Marino, Rn. 531; Sonnenberger, 1 D 247.

[1060] TGI de Paris (réf) v. 20.6.1974, D. 1974, jur., S. 751. Vgl. zu den strengen Anforderungen an eine entsprechende Maßnahme nach deutschem Recht oben 2. Kap. B 3 d.

[1061] Auvret, J. Cl. pén., 169/53.

[1062] Vgl. CA de Paris v. 28.5.1999, Légipresse 1999, Heft 167, S. III-170, das allerdings offen gelassen hat, ob auch die Art. 65 *Abs. 1* zur Anwendung kommt, d.h. die Verjährungsunterbrechung in dreimonatigen Intervallen wiederholt werden muss; ebenso TGI de Nanterre v. 8.6.1999, Légipresse 1999, Heft 167, S. III-172; vgl. dazu ausf. Raguin/Bigot, Légipresse 1999, Heft 160, S. II-45; anders noch TGI Nanterre v. 9.8.1998, nicht veröffentlicht, zit. aus Raguin/Bigot, a.a.O., Fn. 45.

[1063] TGI de Nanterre v. 8.6.1999, Légipresse 1999, Heft 167, S. III-172; zu dieser Bestimmung vgl. oben I b und unten C I 1 b bb.

wurden. Diese Rechtsprechung mag zwar dem hohen Rang der Pressefreiheit entsprechen, deren Rolle als „Wachhund der Menschenrechte“ *(chien de garde des droits de l'homme)* in der französischen Literatur gerne hervorgehoben wird[1064]; sie lässt indessen unberücksichtigt, dass es sich bei der Kollision zwischen der Meinungsfreiheit und dem Schutz des Privatlebens - anders als in den Fällen, wo *nur* die persönliche Ehre betroffen ist - um einen Konflikt zwischen *gleichrangigen* Rechtsgütern handelt[1065] und ist auch insofern paradox, als die Sonderregeln des Gesetzes von 1881 *keine* Anwendung finden im Falle von Veröffentlichungen, die “nur” in das Privatleben eingreifen, ohne zugleich ehrverletzender Natur zu sein[1066]. Wer also beabsichtigt, Informationen aus dem Privatleben eines anderen zu veröffentlichen, tut - aus rein *rechtlicher* Sicht - gut daran, seinem Bericht ein paar ansehensschädigende Details hinzuzufügen. Die von *Xavier Raguin* und *Christophe Bigot* vorgeschlagene Auflösung dieses Wertungswiderspruchs im Wege einer Vereinheitlichung der Verjährungsfrist für sämtliche Pressedelikte[1067], hat bislang weder die Zivilgerichte, noch den Gesetzgeber zu entsprechenden Entscheidungen bzw. Handlungen bewegt[1068].

### b. Gleichzeitige Verletzung des Rechts auf Achtung der Unschuldsvermutung

Strenger ist die Haftung der Medien im Falle eines Eingriffs in das Recht auf Achtung der Unschuldsvermutung. Zunächst kommt auch hier die kurze Verjährungsfrist des Art. 65 des Gesetzes von 1881 zur Anwendung. Dies wurde sogar gesetzlich festgelegt, vgl. Art. 65-1 des Gesetzes von 1881[1069]. Darüber hinaus lässt die Rechtsprechung eine Umgehung der pressefreundlichen Sonderbestimmungen des Gesetzes von 1881 in diesen Fällen ausdrücklich zu. Die auf Art. 9-1 cc gestützte Klage, so die *Cour d'appel de Paris* in einem Urteil vom 13. Oktober 2000, sei eine „(...) autonome Klage, die von der ehrenschutzrechtlichen Klage unabhängig ist“[1070]. Somit folgt sie ihren eigenen Regeln. Nur wenn der Betroffene seine Ansprüche unter dem Gesichtspunkt der *diffamation* geltend macht, ist die Sonderregel des Art. 65 Abs. 1 des Gesetzes von 1881 anwendbar, wonach der Kläger die Verjährungsunterbrechung im Abstand von

---

[1064] Ravanas, D. 2000, chron. S. 459.

[1065] Vgl. dazu ausf. oben 1. Teil C.

[1066] Vgl. CA de Paris v. 5.12.1997, Gaz. Pal., som., S. 30; vgl. *Ader* in Légipresse 1999, Heft 167, S. III-174; derselbe in Légipresse 1999, Heft 159, S. II-17, 18.

[1067] Raguin/Bigot, Légipresse 1999, Heft 160, S. II-41.

[1068] Dies wäre insofern konsequent, als auch das Gesetz von 1881 die Haftung des Publizisten für ehrverletzende Veröffentlichungen, die zugleich das Privatleben betreffen, insoweit verschärft, als die Durchführung des Wahrheitsbeweises in diesen Fällen ausgeschlossen ist, vgl. Art. 35, dazu unten C I 3 a bb.

[1069] Vgl. Art. 65-1 des Gesetzes von 1881: *„Les actions fondées sur une atteinte au respect de la présomption d'innocence commise par l'un des moyens visés à l'art 23 de cette même loi se prescriront à compter du jour de l'acte de publicité“.*

[1070] Wörtlich: *„(...) action autonome indépendante de l'action en diffamation“;* CA de Paris v. 13.10.2000, Légipresse 2001, S. III-38, 39.

drei Monaten wiederholen muss[1071]. Auch auf die presseprivilegierende Sonderbestimmung des Art. 53 des Gesetzes von 1881 konnten sich die Publizisten im Falle einer Verletzung des Art. 9-1 cc bislang nicht berufen[1072].

### 4. Die persönliche Ehre als absolutes Recht

Neben dem Recht auf Achtung des Privatlebens und der Unschuldsvermutung als gesetzlich kodifizierte Persönlichkeitsrechte gibt es weitere Aspekte der Persönlichkeit, die in Rechtsprechung und Lehre als subjektive Rechte anerkannt sind. Dazu zählt zum Beispiel das Urheberpersönlichkeitsrecht sowie das Recht am eigenen Bild und am eigenen Namen[1073]. Ob auch das Recht der persönlichen Ehre *(le droit à l'honneur)* als subjektives Recht ausgestaltet ist, wurde bis heute nicht abschließend geklärt[1074].

Für den hier relevanten Bereich hat diese Diskussion allerdings kaum praktische Bedeutung. Zwar bedeutet die Anerkennung der persönlichen Ehre als subjektives Recht, dass eine ansehensschädigende Publikation *immer* - und zwar automatisch - als *faute* im Sinne des 1382 cc zu bewerten ist[1075]. Spricht man hingegen umgekehrt von einer „Verpflichtung" *(devoir),* die Ehre Dritter zu respektieren[1076] - behandelt man diesen Bereich des Persönlichkeitsrechts demnach als bloße *Anwendung* des Art. 1382 cc[1077] - , so muss der Kläger das Vorliegen einer Pflichtverletzung jeweils von Fall zu Fall nachweisen. Indessen erfüllen die meisten Pressepublikationen, die einen ehrverletzenden Charakter aufweisen, zugleich die Voraussetzungen der *diffamation* bzw. der *injure* im Sinne des Art. 29 des Gesetzes von 1881. Der Kläger kann die erlittenen Einbußen somit schon wegen der strafrechtlichen Relevanz der beanstandeten Publikationen im Wege der *action civile* ersetzt verlangen[1078]. Erfüllt die ehrverletzende Veröffentlichung hingegen im Einzelfall nicht *alle* Tatbestandsmerkmale der Pressedelikte, so ist bereits umstritten, ob Art. 1382 cc überhaupt als subsidiäre Anspruchs-

---

[1071] CA de Paris v. 13.10.2000, Légipresse 2001, S. III-38, 39. Gleiches gilt für die Regelung des Art. 65, wonach die Verjährungsfrist schon mit dem Tag der *Veröffentlichung* der beanstandeten Druckwerke beginnt - anders als Art. 65-1 des Gesetzes von 1881, wonach auch der Tag der letzten Untersuchungs- bzw. Betreibungshandlung maßgeblich sein kann.

[1072] Vgl. *gegen* die Anwendung der prozessualen Sonderbestimmungen tendenziell: Cass. civ. v. 4.12.1996, D. 1997, S. 165; CA Aix-en-Provence v. 6.4.2000, JCP 2000, IV-2906; Auvret in Blin/Chavanne/Drago/Boinet, 53/22; aA. Ader in Légipresse 1999, Heft 167, S. III-174.

[1073] Sonnenberger, 1 D 243; Kayser, rev. trim. 1971, S. 445, 448.

[1074] *Dafür*: Marino, Rn. 341; Ader, Légipresse 1999, Heft 160, S. III-173; Carbonnier, Droit civil, Les personnes, 20. Aufl., 1996, S. 134; *dagegen*: R. Nerson, Les droits extra-patrimoniaux, thèse, Lyon, 1939, S. 383; J. Delliyannis, La notion d'acte illicite considéré en sa qualité d'élément de faute délictuelle, thèse, Paris 1951, Rn. 107; Kayser, rev. trim. 1971, S. 445, 455; Beignier, S. 91; Sonnenberger, 1 D 253, m.w.F.

[1075] Vgl. Sonnenberger, 2 O 116; Marino, Rn. 353: *„Lorsqu'il y a un véritable droit subjectif, le débat sur la faute (...) est évité".*

[1076] Vgl. Marino, Rn. 343; Beignier, S. 43.

[1077] Sonnenberger, 1 D 253.

[1078] Vgl. dazu oben A I 1.

grundlage in Frage kommt. Nach der neueren Rechtsprechung ist der insoweit verbleibende Anwendungsbereich des Art. 1382 cc auf ein Minimum reduziert[1079]. Entsprechend begrenzt ist damit die Relevanz der Frage, ob ein Eingriff in die persönliche Ehre automatisch als *faute* im Sinne der deliktischen Generalklausel zu bewerten ist oder ob eine solche Pflichtverletzung von Fall zu Fall bewiesen werden muss.

## C. Die Anspruchsgrundlagen zum Schutz der persönlichen Ehre

Das Deliktsrecht, das sowohl die bereits beschriebene *action civile*[1080], als auch die Ansprüche aus Art. 1382 cc umfasst, ist Dreh- und Angelpunkt des zivilrechtlichen Ehrenschutzes (siehe unten I). Es bildet die Grundlage für die Geltendmachung finanzieller Ersatzansprüchen als Folge materieller und imaterieller Schäden (*reparation pécuniaire*) sowie für sonstige, nicht auf Geld gerichtete Ausgleichsforderungen (*reparation en nature)*. Speziell zur Verteidigung gegen Ehrverletzungen in der *periodischen* Presse steht den Betroffenen darüber hinaus der im Gesetz vom 29. Juli 1881 geregelte Gegendarstellungsanspruch zur Verfügung (siehe unten II). Schließlich begründet das *référé*-Verfahren eine für den zivilrechtlichen Ehrenschutz selbständige Anspruchsgrundlage (siehe unten III).

### I. Die deliktischen Ansprüche

Dass der Normzweck des Gesetzes vom 29. Juli 1881 die Opfer ehrverletzender Publikationen nicht daran hindern sollte, die verantwortlichen Journalisten auf dem *Zivilrechtswege* zu belangen, stand in der Rechtsprechung von Anfang an fest[1081]. Lebhaft umstritten und bis heute nicht abschließend geklärt ist indessen die Reichweite des Spezialgesetzes und seiner prozessualen Sonderbestimmungen. Noch im Jahr 2000 bezeichnete *David Boccara* dieses Problem als eine der *„(...) plus grandes interrogations juridiques du moment, et ce depuis longtemps*“[1082].

#### 1. Das Verhältnis zwischen dem Gesetz vom 29. Juli 1881 und Art. 1382 cc

Angesichts des besonderen Schutzes, den die Presse im Anwendungsbereich des Gesetzes vom 29. Juli 1881 genießt, stellt sich für die in ihrer Ehre betroffenen Medienopfer die Frage, inwieweit der Normzweck des Spezialgesetzes die Durchsetzung materieller oder immaterieller Schadensersatzforderungen auch dann erschwert, wenn sich die Betroffenen - statt die Strafgerichte anzurufen - für den Zivilrechtsweg ent-

---

[1079] Vgl. dazu unten 2. Teil 3. Kap. C I 1 a bb.

[1080] Vgl. dazu oben A I 1.

[1081] Auvret, L´évolution du droit matériel de la presse, S. 27. Dies folgt schon aus Art. 46 des Gesetzes von 1881, in dem eine Ausnahme von diesem Grundsatz ausdrücklich vorgesehen ist, vgl. dazu oben A II; ebenso Joinet, Légipresse 2000, Heft 175, S. III-154, 156.

[1082] Freie Übersetzung: „(...) derzeit größten rechtlichen Fragestellungen, und das seit langem“, Anm. unter CA de Paris v. 12.5.2000, D. 2000, Jur. S. 797.

scheiden[1083]. Dabei geht es zunächst um die höchst umstrittene Frage, ob bzw. unter welchen Voraussetzungen Art. 1382 cc im Bereich der Presseberichterstattung zur Anwendung gelangt. Für die Meinungsfreiheit der Presse hat diese Problematik weitreichende Konsequenzen. Anders als in Deutschland ist die deliktische Haftung für Persönlichkeitsverletzungen nicht an die Feststellung einer Ehrverletzung oder eines Eingriffs in andere *droits de la personnalité* geknüpft. Unabhängig von der Feststellung einer Persönlichkeitsverletzung reicht für einen Anspruch aus Art. 1382 cc schon das Vorliegen einer vorsätzlichen oder fahrlässigen Pflichtverletzung *(faute)* und eines daraus folgenden materiellen oder immateriellen, d.h. „gefühlten" Schadens. Der Anwendungsbereich des Art. 1382 cc ist damit denkbar weit gesteckt. Wäre das strafrechtliche Spezialgesetz von 1881 für die Durchsetzung zivilrechtlicher Ansprüche gegenüber der Presse ohne jeglichen Einfluss, so würde für die Anordnung zivilrechtlicher Sanktionen schon die richterliche Feststellung genügen, dass das Verhalten des Journalisten von dem Vorgehen eines Kollegen von „(...) durchschnittlicher Sorgfalt und Einsichtskraft in gleicher Lage" abweicht[1084]. Angesichts dieser unbestimmten Anforderungen hätte das im Einzelfall zuständige Gericht bei der Bestimmung der journalistischen Verhaltenspflichten weitgehend freie Hand[1085]. Es wäre nicht gehindert, so die Befürchtungen von *Thierry Massis*, Art. 1382 cc dazu zu missbrauchen, *„(...) pour contrôler la pensée d'autrui"*, also um die Gedanken anderer zu kontrollieren[1086]. Darüber hinaus ist das Verhältnis zwischen der deliktischen Generalklausel und dem strafrechtlichen Spezialgesetz insoweit von Bedeutung, als eine Klage, die auf Art. 1382 cc gestützt werden kann, den Regeln des allgemeinen Zivilprozessrechts unterfällt[1087]. Es ist weder die kurze Verjährungsfrist des Art. 65 des Gesetzes von 1881 einschlägig[1088], noch stellt sich die Frage, ob Art. 53, 55 des Gesetzes von 1881 zur Anwendung gelangen[1089].

### a. Anwendung des Art. 1382 cc im Bereich der Presseberichterstattung

Erstmals angesprochen wurde das Problem der Reichweite des Art. 1382 cc in einem - heute berühmten - Beitrag von *Jean Carbonnier* aus dem Jahre 1951[1090]. Anlässlich eines Urteils des obersten Zivilgerichts *(Cour de cassation)*[1091], das die Besonderheiten des Spezialgesetzes ignorierte, stellte sich *Carbonnier* die Frage,

---

[1083] Vgl. zu der spezifisch französischen Auswahlmöglichkeit zwischen dem Zivil- und dem Strafrechtsweg für den Ausgleich von Schäden, die auf einer strafrechtlich zu würdigenden Handlung beruhen, oben A I.

[1084] Vgl. Massis, Gaz. Pal. 1996, chron. S. 139, 142; vgl. zum Begriff der fahrlässig begangenen *faute:* Sonnenberger, 2 O 118 ff.

[1085] Vgl. Massis, Gaz. Pal. 1996, chron. S. 139, 142; vgl. auch Marino, Rn. 153.

[1086] Massis, Anm. unter Cass. civ. v. 5.5.1993, D. 1994, som. com., S. 193, 194.

[1087] Marino, Rn. 120.

[1088] Debbasch, Rn. 3149.

[1089] Vgl. dazu oben B II 3.

[1090] Carbonnier, Le silence et la gloire, D. 1951, chron. S. 119; vgl. auch Boccara, Anm. unter CA de Paris v. 12.5.2000, D. 2000, Jur. S. 797.

[1091] Cass. civ. v. 7.2.1951, D. 1951, Jur., S. 329, Anm. Desbois.

*„(...) si les lois sur la liberté de la presse (en dernier lieu, la loi du 29 juillet 1881) n'avaient pas entendu instituer, pour toutes les manifestations de la pensée, un système juridique clos, se suffisant à lui-même, arbitrant une fois pour toutes tous les intérêts en présence, y compris les intérêts civils - en enlevant, du même coup, à l'art 1382 une portion de sa compétence diffuse“*[1092].

Mit diesen Überlegungen war der Zivilrechtler und Dekan der rechtswissenschaftlichen Fakultät von *Poitiers* seiner Zeit weit voraus[1093]. Erst vierzig Jahre später wurde der Gedanke, wonach der Anwendungsbereich des Art. 1382 cc für den Bereich der Presseberichterstattung eingeschränkt werden müsse, auch in den Entscheidungen der französischen Zivilgerichte aufgegriffen. Dabei ist zu unterscheiden zwischen der rechtlichen Beurteilung ehrverletzender Publikationen, die sämtliche Voraussetzungen einer *diffamation* oder *injure* im Sinne des Art. 29 ff. des Gesetzes von 1881 erfüllen (siehe unten aa) und dem Verhältnis zwischen Generalklausel und Spezialgesetz, sofern es den beanstandeten Äußerungen an einzelnen Tatbestandsmerkmalen der Beleidigungsdelikte fehlt (siehe unten bb).

#### aa. Die beanstandete Publikation erfüllt sämtliche Voraussetzungen eines *délit de presse* im Sinne der Art. 29 ff. des Gesetzes von 1881

Richten sich die Kläger gegen Pressepublikationen, die zugleich den Tatbestand der *diffamation* oder *injure* im Sinne der Art. 29 ff. des Gesetzes vom 29. Juli 1881 erfüllen, so sind die Publizisten, wie einführend dargestellt, schon wegen der Erfüllung des jeweiligen Straftatbestandes zum Ausgleich der erlittenen Schäden verpflichtet *(action civile)*[1094]. Wegen des spezialgesetzlichen Charakters der *loi sur la liberté de la presse* ist insoweit einhellig anerkannt, dass ein Rückgriff auf Art. 1382 cc ausgeschlossen ist[1095]. Die deliktische Generalklausel kann allenfalls subsidiär, nicht aber *neben* dem Gesetz von 1881 zur Anwendung gelangen[1096]. Berufen sich die Kläger auf Art. 1382 cc, *obwohl* die beanstandete Handlung als *diffamation* bzw. *injure* qualifiziert werden

---

[1092] Freie Übersetzung: „ (...) ob die Gesetze zur Pressefreiheit (zuletzt das Gesetz vom 29. Juli 1881) nicht darauf ausgerichtet waren, für alle Gedankenäußerungen ein abschließendes System einzurichten, das sich selbst genügt und ein für allemal alle widerstreitenden Interessen schlichtet, einschließlich der zivilrechtlichen Interessen – wobei es zugleich dem Art. 1382 einen Teil seines diffusen Anwendungsbereichs wegnimmt“, Carbonnier, Le silence et la gloire, D. 1951, chron. S. 119, 120.

[1093] Boccara, Anm. unter CA de Paris v. 12.5.2000, D. 2000, Jur. S. 797.

[1094] Vgl. dazu oben A I 1.

[1095] Cass. civ. v. 13.6.1985, Bull. II, Nr. 120, S. 80; CA de Paris v. 6.2.1995, Légipresse, Heft 125, S. I-90; Guerder, Rapport annuel de la Cour de cassation, 1999, S. 1 m.w.N.; Bigot in Dupeux/Lacabarats, S. 70, 72; Marino, Rn. 122, 153; Boccara, Anm. unter CA de Paris v. 12.5.2000, D. 2000, Jur. S. 797; Wacquet in Dupeux/Lacabarats, S. 85; Lacabarats, Gaz. Pal. 1994, chron. S. 1003, 1005; Mallet-Poujol, Légipresse 1997, Heft 143, S. II-81, 85.

[1096] Mallet-Poujol, Légipresse 1997, Heft 143, S. II-81, 85; Massis, Anm. unter Cass. civ. v. 5.5.1993, D. 1994, som. com., S. 193, 194, vgl. auch Bigot in Dupeux/Lacabarats, S. 70, 73: *„L'article 1382 du Code civil ne peut donc avoir en matière de presse de vocations substitutive des textes spéciaux“.*

kann, so obliegt es dem zuständigen Zivilgericht, die vorgebrachten Tatsachen unter das Spezialgesetz zu subsumieren und somit eine rechtlich zutreffende Einordnung vorzunehmen *(obligation de requalification)*[1097].

**bb. Die beanstandete Publikation erfüllt *nicht* die Voraussetzungen eines *délit de presse* im Sinne der Art. 29 ff. des Gesetzes von 1881**

Komplex wird die Frage nach der Reichweite des Art. 1382 cc, wenn sich die Ansprüche der Betroffenen gegen Presseäußerungen richten, die - ungeachtet ihres persönlichkeitsverletzenden Charakters - *nicht* unter die *délits de presse* im Sinne der Art. 29 ff. des Gesetzes von 1881 subsumiert werden können. An dieser Stelle beginnt, so *Christophe Bigot,* die *„problématique majeure"*[1098]. Dabei geht es um ein klassisches Konkurrenzproblem zwischen einem Spezial- und einem allgemeinen Gesetz, das allerdings nicht gelöst werden kann, ohne zugleich Stellung zu beziehen für eine der beiden widerstreitenden Interessen - also entweder für die Meinungsfreiheit der Presse oder für den Ehrenschutz der betroffenen Medienopfer.

Die Appelationsgerichte *(Cours d'appel)* verfolgen traditionell eine pressefreundliche Linie. Zu Beginn der neunziger Jahre erließ insbesondere die *Cour d'appel de Paris* eine Reihe von Urteilen, in denen sie die verfassungsrechtlich garantierte Stellung der *liberté d'expression* aus Art. 11 MBRE betonte und sich damit zugleich - im Sinne *Jean Carbonniers* - auf das *„système clos",* das *abschließend* konzipierte System des Gesetzes von 1881 besann[1099]. Das Pariser Appelationsgericht beschränkte den Anwendungsbereich des Art. 1382 cc auch dann, wenn die beanstandete Publikation die Voraussetzungen der *délits de presse* des Gesetzes von 1881 im Einzelfall *nicht* erfüllte. Diese Haltung führte lange Zeit zu einer direkten Konfrontation mit der *Cour de cassation,* die die Urteile des Appelationsgerichts regelmäßig aufhob[1100]. Das oberste Zivilgericht begrenzte die Sperrwirkung des Spezialgesetzes von 1881 auf die oben dargestellten Sachverhalte, in denen die beanstandete Publikation zugleich als *délit de presse* im Sinne der Art. 29 ff. des Gesetzes von 1881 zu bewerten war. Fehlte es an einer strafrechtlich zu würdigenden Handlung, so war Art. 1382 cc regelmäßig uneingeschränkt anwendbar[1101].

---

[1097] Lacabarats, Gaz. Pal. 1994, chron. S. 1003, 1005; vgl. auch Bigot in Dupeux/Lacabarats, S. 70, 73; Marino, Rn. 158.

[1098] Freie Übersetzung: „wahre Problematik", Bigot in Dupeux/Lacabarats, S. 73.

[1099] CA de Paris v. 1.11.1990, Légipresse, Heft 79, S. III-16; v. 18.2.1992, Légipresse, Heft 95, S. III-112; v. 6.3.1992, Légipresse, Heft 95, S. III-108; dazu Bigot in Dupeux/Lacabarats, S. 74; Massis, Gaz. Pal. 1996, chron., S. 139; Lacabarats, Gaz. Pal. 1994, chron. S. 1003.

[1100] Vgl. Cass. civ. v. 5.5.1993, D. 1994, som. com., S. 193, Anm. Massis; Cass. civ. v. 22.6.1994, D. 1995, Jur., S. 268, Anm. Massis; Bigot in Dupeux/Lacabarats, S. 75.

[1101] Vgl. zu den seltenen Fällen, in denen auch die *Cour de cassation* an das Vorliegen einer *faute* im Sinne des Art. 1382 cc erhöhte Anforderungen gestellt hat: Bigot in Dupeux/Lacabarats, S. 76.

Erst seit wenigen Jahren zeichnet sich zwischen der *Cour d'appel de Paris* und der *Cour de cassation* eine gewisse Annäherung ab. Den Ausgangspunkt dieser neuen Entwicklung bilden zwei Urteile der *Assemblée plénière* der *Cour de cassation* vom 12. Juli 2000[1102]. Der in Streitfragen zwischen dem Appelationsgericht und dem Kassationshof zu Rate gezogene Spruchkörper, dessen Entscheidungen das Gericht binden, an das der Rechtsstreit zurückverwiesen wird[1103], hat die Reichweite des Art. 1382 cc für den Bereich der Presseberichterstattung weiter eingeschränkt und sich damit der Entscheidungspraxis der *Cour d'appel de Paris* angenähert. Der Auffassung des Generalanwalts *Louis Joinet* folgend, der dem Gericht riet, die „weisen Ratschläge" *Jean Carbonniers* zu beachten[1104], formulierte der oberste Spruchkörper der *Cour de cassation* den Grundsatz, wonach

> *„(...) les abus de la liberté d'expression prévus et réprimés par la loi du 29 juillet 1881 ne peuvent être réparés sur le fondement de l'art. 1382 cc"*[1105].

Laut dieser Regel können die spezialgesetzlich geregelten Beleidigungsdelikte die Möglichkeit eines Schadensausgleichs auf der Grundlage der Generalklausel schon dann versperren, wenn sie die Sanktionierung der beanstandeten Publikation nur „vorsehen".

Davon kann auch dann auszugehen sein, wenn die streitgegenständlichen Äußerungen im Einzelfall *nicht* unter die strafrechtlichen Bestimmungen der Art. 29 ff. des Gesetzes von 1881 subsumiert werden können. So war es in den beiden Verfahren, die der *Assemblée plénière* zur Entscheidung vorlagen.

Auslöser für die beiden Grundsatzurteile waren zwei Zivilverfahren, in denen die Erben der - verstorbenen - Opfer ehrverletzender Pressepublikationen gegen die postmortale Diffamierung ihrer Angehörigen vorgehen wollten. Im ersten Fall hatte die Zeitschrift *l'Événement du jeudi* einem ehemaligen Oberst unterstellt, während des Algerienkrieges Folterungen vorgenommen zu haben. Im zweiten Verfahren richteten sich die Kläger gegen die Behauptung, ihr inzwischen verstorbener Sohn habe jegliches moralisches Gewissen vermissen lassen und sei verantwortlich für den bereits eingetretenen oder noch bevorstehenden Aids-Tod vieler Menschen. Die Besonderheit dieser Fälle liegt darin, dass das Gesetz vom 29. Juli 1881 Ehrverletzungen gegenüber

---

1102 Vgl. Cass. civ. v. 12.7.2000, Assemblée plénière, Légipresse 2000, Heft 175, S. III-153 (Veuve Érulin ./. L'Événement du jeudi; Époux Collard ./. Jamet et autres).

1103 Vgl. Art. L. 131-4 COJ; Couchez, Rn. 47.

1104 Joinet, Légipresse 2000, Heft 175, S. III-154, 160.

1105 Freie Übersetzung: „Die missbräuchliche Ausübung der Meinungsfreiheit rechtfertigt, soweit sie im Gesetz vom 29. Juli 1881 vorgesehen ist und bestraft wird, keine Wiedergutmachung auf der Grundlage des Art. 1382 cc", Cass. civ. v. 12.7.2000, Assemblée plénière, Légipresse 2000, Heft 175, S. III-153 (Veuve Érulin ./. L'Événement du jeudi; Époux Collard ./. Jamet et autres), Anm. Jourdain; bestätigt in Cass. civ. v. 5.7.2001, Légipresse 2001, S. III-185.

Toten zwar ausdrücklich unter Strafe stellt, allerdings nur dann, wenn die Störer zugleich die Absicht haben, die Ehre oder das Ansehen der wahrnehmungsberechtigen Personen[1106] zu verletzen, vgl. Art. 34 Abs. 1[1107]. Eine solche Absicht war den beanstandeten Äußerungen nicht zu entnehmen.

Von den ehrverletzenden Äußerungen, die der *Assemblée plénière* zur Entscheidung vorlagen und die sich nunmehr dem Anwendungsbereich des Art. 1382 cc entziehen, sind unter Zugrundelegung der beiden Urteile vom 12. Juli 2000 diejenigen persönlichkeitsverletzenden Publikationen zu unterscheiden, deren Sanktionierung im Gesetz von 1881 „nicht vorgesehen" ist, die also vom Normzweck des Spezialgesetzes unberührt bleiben. Insoweit sind sich sich die Zivilkammern der *Cour de cassation* und der *Cour d'appel de Paris* zwar darin einig, dass eine Berufung auf Art. 1382 cc prinzipiell möglich ist. Für den Fall, dass die Zubilligung von Ausgleichsansprüchen einen Eingriff in das hohe Gut der Pressefreiheit begründet, sind indessen die Anforderungen an die *Intensität* der Pflichtverletzung im Sinne der deliktischen Generalklausel nach wie vor streitig. Der Kassationshof befürwortet eine unbeschränkte Anwendung der deliktischen Generalklausel[1108], wohingegen nach Ansicht der *Cour d'appel de Paris* die Bejahung von Ausgleichsansprüchen auf der Grundlage des Art. 1382 cc strengen Anforderungen unterliegt. Dies folgert das Appelationsgericht aus Art. 11 MBRE, wonach eine Beschränkung der Meinungsfreiheit allein in den „(...) durch das Gesetz bestimmten Fällen" in Betracht komme[1109]. Der vage Begriff der *„faute"* im Sinne des Art. 1382 cc könne diesen verfassungsrechtlichen Anforderungen nicht genügen; vielmehr sei notwendig, so das Gericht in einem Urteil vom 19. November 1990,

> *„(...) que l'application en matière de presse des dispositions de l'art. 1382 cc soit restreinte aux cas où la publication litigieuse constitue un tel abus qu'elle porte atteinte aux droits fondamentaux"* [1110].

Erst später lockert auch das Appelationsgericht die Voraussetzungen, die für eine deliktische Haftung der Presse erfüllt sein müssen. In einer Entscheidung vom 6. März

---

[1106] Dies sind gem. Art. 34 Abs. 1 des Gesetzes von 1881 die Erben, Ehegatten oder Vermächtnisnehmer des Verstorbenen.

[1107] Vgl. dazu ausf. unten IV 1 a aa (2).

[1108] Cass. civ. v. 5.5.1993, D. 1994, som. com., S. 193; Cass. civ. v. 24.1.1996, D. 1997, Jur., S. 268, Anm. Ravanas; vgl. Jourdain, Anm. unter Cass. civ. v. 12.7.2000, Assemblée plénière, D. 2000, som. com., S. 463, 464; kritisch dazu Bigot in Dupeux/Lacabarats, S. 63, 75.
Zu den wenigen Ausnahmen, in denen auch die *Cour de cassation* die zivilrechtliche Pressehaftung auf der Grundlage des Art. 1382 cc an *besondere* Anforderungen knüpft, vgl. Bigot in in Dupeux/Lacabarats, S. 63, 76.

[1109] CA de Paris v. 19.11.1990, Légipresse, Heft 79, S. III-16; vgl. Art. 11 MBRE: „ (...) *dans les cas déterminés par la loi*".

[1110] Freie Übersetzung: „ (...) dass die Anwendung des Art. 1382 für den Bereich der Presse beschränkt ist auf Fälle, in denen die streitgegenständliche Veröffentlichung einen so starken Missbrauch darstellt, dass sie in Grundrechte eingreift", CA de Paris v. 19.11.1990, Légipresse, Heft 79, S. III-16.

1993 verzichtet es auf das Erfordernis eines Grundrechtseingriffs und erstreckt den Anwendungsbereich des Art. 1382 cc auch auf Sachverhalte,

> „*(...) où la publication litigieuse constitue un abus de la liberté d'expression caracterisé (...) par une dénaturation ou une déformation des faits, traduisant une intention malveillante ou une négligence manifeste dans la vérification de l'information (...)*“[1111].

Entgegen der *Cour de cassation* lässt das Appelationsgericht somit nicht schon *jede* journalistische Pflichtverletzung genügen, um einen Schadensersatzanspruch der Betroffenen auf der Grundlage des Art. 1382 zu bejahen - es verlangt eine missbräuchliche Betätigung der Meinungsfreiheit, die sich durch eine "*bösgläubige* Verfälschung der Tatsachen" oder durch einen "*offenkundigen* Sorgfaltsverstoß bei der Überprüfung der Informationen" auszeichnet. Wenn auch diese Rechtsprechung von der *Cour de cassation* bislang nicht gebilligt wurde[1112], so erfährt die Haltung der *Cour d'appel de Paris* zumindest von den erstinstanzlichen Zivilgerichten weitgehende Zustimmung[1113] und wird auch im Schrifttum überwiegend positiv kommentiert[1114].

### cc. Stellungnahme

Die Entscheidungen der *Assemblée plénière* mögen zwar als klarstellender Hinweis zum stark umstrittenen Verhältnis zwischen Art. 1382 cc und dem Gesetz vom 29. Juli 1881 gedacht gewesen sein[1115]; im Ergebnis führen sie indessen neue Abgrenzungsprobleme - und somit neue Rechtsunsicherheiten - herbei. Klarheit besteht allein darin, dass der Anwendungsbereich des Art. 1382 cc nicht schon deswegen eröffnet ist, weil die spezialgesetzlichen Voraussetzungen der Art. 29 ff. des Gesetzes von 1881 im Einzelfall *nicht* erfüllt sind. Auch die - bislang weit verbreitete - Gerichtspraxis, zivilrechtliche Ansprüche für ansehensschädigende Äußerungen auf der Grundlage des Art. 1382 cc zuzusprechen, ohne sich mit dem Verhältnis der Generalklausel zu den Art. 29

---

[1111] Freie Übersetzung: „(...) in denen die streitgegenständliche Publikation eine missbräuchliche Betätigung der Meinungsfreiheit darstellt, die sich durch eine bösgläubige Verfälschung der Tatsachen oder durch einen offenkundigen Sorgfaltsverstoß bei der Überprüfung der Informationen auszeichnet“, CA de Paris v. 6.3.1992, Légipresse 1992, Heft 95, S. III-109; ebenso CA de Paris v. 27.4.1993, zit. in D. 1997, som. com. , S. 268.

[1112] Vgl. Cass. civ. v. 24.1.1996, D. 1997, Jur., S. 268, 269, Anm. Ravanas.

[1113] Vgl. TGI de Paris v. 22.11.1995, v. 3.6.1996; v. 26.3.1997, alle unveröffentlicht, zit. in Bigot in Dupeux/Lacabarats, S. 63, 77; aA TGI de Nanterre v. 21.7.1993, D. 1995, som. com., S. 269, Anm. Massis

[1114] Vgl. Bigot in Dupeux/Lacabarats, S. 79; Massis, Anm. unter Cass. civ. v. 5.5.1993, D. 1994, som.com., S. 194; ders., Gaz. Pal. 1996, chron. S. 139, 142; Auvret, L'évolution du droit matériel de la presse, S. 28; Joinet, Légipresse 2000, Heft 175, S. III-154; Marino, Rn. 153; Mallet-Poujol, Légipresse 1997, Heft 143, S. II-81, 85; vermittelnd Wacquet in Bigot/Lacabarats, S. 84; aA. Ravanas, Anm. unter Cass. civ. v. 24.1.1996, D. 1997, Jur., S. 268, 269.

[1115] Vgl. Jourdain, Anm. unter Cass. civ. v. 12.7.2000, Assemblée plénière, D. 2000, som. com., S. 463.

ff. des Gesetzes von 1881 zu befassen[1116], ist mit den beiden Grundsatzurteilen vom 12. Juli 2000 nicht vereinbar. Gelangen die Zivilgerichte künftig zu dem Ergebnis, dass eine persönlichkeitsverletzende Publikation im Einzelfall *nicht* unter die spezialgesetzlichen Voraussetzungen der Art. 29 ff. Gesetzes von 1881 subsumiert werden kann, so müssen sie in einem zweiten Schritt prüfen, ob die Anwendbarkeit der deliktischen Generalklausel womöglich deswegen zu verneinen ist, weil der angegriffene Sachverhalt in den Art. 29 ff. des Gesetzes von 1881 „(...) vorgesehen ist und insoweit sanktioniert“ wird[1117]. Der Tenor der höchstrichterlichen Entscheidungen taugt allerdings - obwohl als Rechtsprinzip formuliert[1118] - kaum als richterrechtliche Leitlinie, an der sich die Gerichte künftig orientieren können. Davon zeugen auch die Stellungnahmen in der Literatur. So hat sich etwa *Patrice Jourdain* in verschiedenen Beiträgen bemüht, den Entscheidungen der *Assemblée plénière* Leitsätze zu entnehmen, die sich auch jenseits der konkret entschiedenen Fälle postmortaler Ehrverletzungen anwenden lassen. Danach komme es für die Anwendbarkeit des Art. 1382 cc im Presserecht darauf an, dass sich der Streitgegenstand von den Sachverhalten, deren Sanktionierung das Gesetz von 1881 vorsieht, *unterscheidet*[1119]. Wodurch aber charakterisieren sich Äußerungen, die die Annahme eines “anderen Sachverhalts” *(fait distinct)*[1120] und damit den Rückgriff auf die deliktische Generalklausel rechtfertigen? Diese Fragestellung ist in Rechtsprechung und Literatur nach wie vor offen[1121].

Zwar bestehen keine Zweifel, dass Publikationen, die sich nicht gegen die Ehre von natürlichen und juristischen Personen oder sonstigen Personenvereinigungen richten, sondern geschäftsschädigende Äußerungen über Marken, Leistungen oder Produkte enthalten, die Voraussetzungen des *"fait distinct"* erfüllen und somit auf der Grundlage des Art. 1382 cc sanktioniert werden können[1122]. Weniger eindeutig sind jedoch bereits die Fälle postmortaler Ehrverletzungen, die die *Assemblée plénière* in ihren beiden Grundsatzurteilen entschied. So ging das *Tribunal de grande instance de Paris* in einem Urteil vom 16. November 2000, dem ein gleichgelagerter Fall einer postmortalen Rufschädigung zugrunde lag, entgegen der anders lautenden Vorgaben der

---

[1116] Vgl. nur TGI Paris v. 29.1.1986, Gaz. Pal. 1986, 1, S. 225; TGI Paris v. 4.12.1985, D. 1986, som. com., S. 449; TGI Paris v. 20.11.1985, D. 1987, som. com., S. 141.

[1117] Cass. civ. v. 12.7.2000, Assemblée plénière, Légipresse 2000, Heft 175, S. III-153 (Veuve Érulin ./. L'Événement du jeudi; Époux Collard ./. Jamet et autres), Anm. Jourdain; vgl. dazu oben 2. Teil 3. Kap. C I 1 a bb.

[1118] Vgl. Jourdain, Anm. unter Cass. civ. v. 12.7.2000, Assemblée plénière, D. 2000, som. com., S. 463.

[1119] Wörtlich: *„(...) l'existence de faits distincts de ceux que la loi de 1881 sanctionne“*, vgl. Jourdain, Rev. trim. 2000, S. 840 ff., Ziff. 3, ders. Anm. unter Cass. civ. v. 12.7.2000, Assemblée plénière, D. 2000, som. com., S. 463, 464 m.w.N.; so schon TGI de Paris v. 26.4.1967, JCP 1969, II, 15841; vgl. auch Marino, Rn. 122, m.w.N.; Debbasch, Rn. 3156.

[1120] Jourdain, Rev. trim. 2000, S. 840 ff., Ziff. 3, ders. Anm. unter Cass. civ. v. 12.7.2000, Assemblée plénière, D. 2000, som. com., S. 463, 464 m.w.N.

[1121] Vgl. dazu Marino Rn. 122; Debbasch, Rn. 3156 f.

[1122] Ebenso Joinet, Légipresse 2000, Heft 175, S. III-154, 159; Marino, Rn. 123, 340; vgl. z.B. CA Paris v. 4.5.1987, D. 1988, Jur., S. 283, Anm. Debouy und Paisant.

*Assemblée plénière* davon aus, dass die von Art. 34 des Gesetzes von 1881 geforderte besondere Verletzungsabsicht ein "konstitutives Element" dieses Tatbestandes darstelle. Da es an dieser Voraussetzung im konkreten Fall fehle, „sehe" das Gesetz von 1881 die Sanktionierung der beanstandeten postmortalen Rufschädigung gerade nicht „vor"[1123]. Folglich wurde die Zeitschrift *l'Express* auf der Grundlage von Art. 1382 cc zum Schadensersatz verurteilt.

Mindestens ebenso fraglich wie in den höchstrichterlich entschiedenenen Fällen ist das Vorliegen eines *"fait distinct"* immer dann, wenn es sich bei den Klägern um Personen bzw. Personengruppen handelt, die nach den Regeln des Gesetzes von 1881 nicht beleidigungsfähig sind, so zum Beispiel, wenn ein Verein gegen eine Beleidigung seiner Mitglieder vorgehen will[1124]. Gleiches gilt für Äußerungen, die zwar ehrverletzend sind, jedoch weder die nötige Präzision aufweisen, um den Vorwurf der *diffamation* zu begründen[1125], noch den vergleichsweise hohen Anforderungen an das Vorliegen einer *injure* genügen[1126]. Nach wie vor ungelöst ist auch die Behandlung von Publikationen, die das Persönlichkeitsbild des Betroffenen verzerren, die - nur schwer bestimmbare - Schwelle zur Ehrverletzung im Sinne der Art. 29 ff. des Gesetzes von 1881 *(atteinte à l'honneur)* indessen unberührt lassen[1127]. Relevant wurde diese Frage in einem Rechtsstreit, in dem der Schauspieler *Jean Richard* gegen die Äußerung vorging, er sei "(...) ruiniert, von den Produzenten im Stich gelassen, hocke in seiner Ecke wie ein verlassener Hund, den man einsam sterben lasse"[1128]. Die *Cour de cassation* hatte diese Äußerungen - mit fragwürdiger Begründung - *nicht* als Eingriff in die Ehre des Schauspielers bewertet und dessen Klage ingesamt abgewiesen, woraufhin *Emmanuel Derieux* die Frage aufwarf, ob es nicht der "normalere" und "einfachere" Ansatz wäre, diese Fälle nach den Regeln des allgemeinen Zivilrechts zu lösen[1129]. *De lege lata* wäre ein solcher Ansatz allerdings nicht zu rechtfertigen. Er hätte zur Folge, dass es im Interesse der Journalisten wäre, kritische Berichte auf möglichst *ehrverletzende* Weise zu formulieren. Nur so könnten sie garantieren, dass ihre Publikationen im Falle der Beanstandung den Beleidigungsdelikten der Art. 29 ff. des Gesetzes von 1881 unterfallen und sie somit den privilegierten Status genießen, den ihnen das Spezialgesetz verleiht.

---

[1123] TGI de Paris v. 16.11.2000, Légipresse 2001, Heft 178, S. III-15.
[1124] Vgl. dazu unten C IV 1 a bb.
[1125] Vgl. dazu unten 2 a aa.
[1126] Vgl. zu einem solchen Fall: CA de Paris, 23.9.1987, Gaz. Pal. 1987, 2, S. 705; dazu ausf. unten 2 b aa.
[1127] Vgl. CA Paris v. 6.3.1999, D. 1999, som. com., S. 166, Anm. Massis; Derieux, Anm. unter Cass. civ. v. 23.5.2001, Petites affiches, No. 142, S. 25, 27.
[1128] Wörtlich: *„(...) ruiné, abandonné par les producteurs, et de croupir dans son coin comme un chien malade qu'on laisse crever tout seul"*, vgl. Cass. civ. v. 23.5.2001, Petites affiches, No. 142, Anm. Derieux.
[1129] Derieux, Anm. zu Cass. civ. v. 23.5.2001, Petites affiches, No. 142, S. 25, 27.

Die dargestellten Unklarheiten wiegen umso schwerer, als die Bejahung eines *"fait distinct"* und die daraus folgende Anwendbarkeit der deliktischen Generalklausel des Art. 1382 cc für die beklagten Presseunternehmen zu unkontrollierbaren Haftungsrisiken führen kann. Unter Zugrundelegung der oben dargestellten Rechtsprechung der *Cour de cassation* genügt bereits eine nur geringfügige und irgendwie geartete Pflichtverletzung des verantwortlichen Journalisten, um die Durchsetzung materieller oder immaterieller Schadensersatzansprüche auf der Grundlage des Art. 1382 cc zu rechtfertigen[1130]. Damit besteht die Gefahr, dass sich der Zivilrichter zum *"gendarme de la presse"*[1131] entwickelt, der nach eigenem Belieben über den Inhalt und die Grenzen der Meinungsfreiheit wacht. Um eine solche Entwicklung zu verhindern, sollten sich die Gerichte an der Rechtsprechung der *Cour d'appel de Paris* orientieren und das Vorliegen einer *faute* im Sinne der deliktischen Generalklausel - soweit die Anwendbarkeit dieser Vorschrift überhaupt bejaht werden kann - an *enge Voraussetzungen* knüpfen[1132].

Zu einem solchen Vorgehen zwingt nicht zuletzt die Rechtsprechung des Europäischen Gerichtshofs für Menschenrechte. Der vage Begriff der *faute* im Sinne des Art. 1382 cc wird den von Art. 10 Abs. 2 EMRK aufgestellten Anforderungen an die Bestimmtheit und Präzision einer die Meinungsfreiheit einschränkenden Regelung[1133] nicht gerecht[1134]. Sofern der Richter auf keinerlei Kriterien zurückgreifen kann, die den Begriff der *"faute"* im Sinne des Art. 1382 cc speziell im Hinblick auf Pressepublikationen näher konkretisieren bzw. einschränken, fehlt es an der vom Gerichtshof für die Ausfüllung vager Begriffe geforderten „klaren und beständigen"[1135] Rechtsprechung[1136].

### b. Anwendungsbereich der Sonderregeln des Gesetzes von 1881

Erfüllt die beanstandete Publikation die Voraussetzungen eines *délit de presse* im Sinne des Gesetzes von 1881, so steht damit seit jeher fest, dass die *materiellrechtlichen* Spezialregelungen des Gesetzes von 1881 zur Anwendung gelangen. Wie der Beschuldigte vor den Strafgerichten hat daher auch der Beklagte im zivilgerichtlichen Verfahren das Recht, unter den Voraussetzungen des Art. 35 des Gesetzes von 1881 den Wahrheitsbeweis für seine Äußerungen zu erbringen[1137]. Anwendbar ist auch der

---

[1130] Vgl. dazu oben 2. Teil 3. Kap. C I 1 a bb.
[1131] Freie Übersetzung: „Pressepolizist", vgl. Auvret, L'évolution du droit matériel de la presse, S. 25, 28.
[1132] Vgl. dazu oben 2. Teil 3. Kap. C I 1 a bb.
[1133] Vgl. dazu oben 1. Teil 4. Kap. B I 2 a.
[1134] Ebenso: Joinet, Légipresse 2000, Heft 175, S. III-154; aA. TGI de Paris v. 16.11.2000, Légipresse 2001, Heft 178, S. III-15; Ravanas, Anm. unter Cass. civ. v. 24.1.1996, D. 1997, S. 269; Offen gelassen von Massis, Anm. unter CA Versailles v. 17.5.1995, D. 1997, som. com., S. 73.
[1135] EGMR, Urt. v. 20.11.1989, EuGRZ 1996, S. 302, 304 (Ziff. 27) - Markt Intern Verlag, vgl. dazu oben 1. Teil 4. Kap. B I 2 a.
[1136] Ebenso Joinet, Légipresse 2000, Heft 175, S. III-154.
[1137] Cass. civ. v. 29.6.1988, Bull., Nr. 160; Cass. civ. v. 4.11.1988, Bull., Nr. 203; Guerder, Rapport annuel de la Cour de cassation, 1999, S. 1; vgl. dazu ausf. unten C I 3 a.

in der Praxis sehr wichtige Rechtfertigungsgrund der "guten Absichten" *(bonne foi)*[1138]. Gleiches gilt für die in Art. 41 des Spezialgesetzes von 1881 geregelten Bestimmungen über die Immunität im Rahmen der Berichterstattung über parlamentarische oder gerichtliche Sitzungen[1139].

Dass auch die *verfahrensrechtlichen* Spezialregelungen des Gesetzes von 1881[1140] im zivilgerichtlichen Verfahren Anwendung finden, hat die französische Rechtsprechung demgegenüber erst im Laufe der letzten zehn Jahre entschieden. Mit Ausnahme der kurzen Verjährungsfrist aus Art. 65 des Gesetzes von 1881, die schon kraft Gesetzes sowohl im Straf-, als auch im Zivilgerichtsverfahren zur Anwendung gelangt[1141], waren alle übrigen „prozessualen Fallen"[1142] des Gesetzes vom 29. Juli 1881 noch bis Anfang der neunziger Jahre allein vor den *Strafgerichten* anwendbar[1143]. Dies führte zu unterschiedlichen Erfolgsaussichten, je nachdem, für welchen Rechtsweg sich das Opfer einer ehrverletzenden Publikation entschied und damit, so der Dekan der zweiten Zivilkammer der *Cour de cassation,* zu einem „bedenklichen Ungleichgewicht"[1144] zwischen der *action civile* vor den Strafgerichten, die „von Hinterhalten übersät"[1145] und der *action civile* vor den Zivilgerichten, deren Durchsetzung vergleichsweise problemlos war[1146]. Dieses Ungleichgewicht zu beheben war Gegenstand einer neuen Rechtsprechung, die die Reichweite der Art. 55 sowie 53 des Gesetzes von 1881 auf das Zivilgerichtsverfahren erstreckte.

### aa. Art. 55 des Gesetzes von 1881

Die richterrechtliche Kehrtwende begann mit zwei Entscheidungen, in denen die *Cour de cassation* Art. 55 des Gesetzes von 1881, der die verfahrensrechtlichen Voraussetzungen für die Durchführung des Wahrheitsbeweises festlegt, zunächst auf das Verfahren des einstweiligen Rechtsschutzes[1147], später auch auf das zivilgerichtliche Hauptsacheverfahren für anwendbar erklärte[1148]. Im Hinblick auf letzteres hat Art. 55 des Gesetzes von 1881 eine Besserstellung der Presse nur teilweise bewirken können. So wirkt es sich zwar *zugunsten* der Medien aus, dass diese Bestimmung - entgegen

---

[1138] Vgl. dazu ausf. unten C I 3 b; Guerder, Rapport annuel de la Cour de cassation, 1999, S. 1.
[1139] Guerder, Rapport annuel de la Cour de cassation, 1999, S. 1; vgl. dazu unten C I 3 c.
[1140] Vgl. dazu oben B I b.
[1141] Vgl. dazu oben B I b.
[1142] Wörtlich: „*pièges procéduraux*", Burgelin in Dupeux/Lacabarats, S. 43.
[1143] Landry in Dupeux/Lacabarats, S. 59, Burgelin in Dupeux/Lacabarats, S. 43; Bigot, Gaz. Pal. 1996, doctr. S. 828; Guerder, Rapport annuel de la Cour de cassation, 1999, S. 2 ff.
[1144] Wörtlich: „*déséquilibre fâcheux*", Guerder, Rapport annuel de la Cour de cassation, 1999, S. 2.
[1145] Wörtlich: „*semé d'embûches*", Guerder, Rapport annuel de la Cour de cassation, 1999, S. 2.
[1146] Guerder, Rapport annuel de la Cour de cassation, 1999, S. 2; vgl. auch Burgelin, Anm. unter Cass. civ. v. 5.2.1992, D. 1992, Jur., S. 442.
[1147] Cass. civ. v. 5.2.1992, D. 1992, Jur., S. 442, Anm. Burgelin; vgl. auch TGI de Paris (réf) v. 3.3.1992, Légipresse 1992, Heft 90, S. III-38, Anm. Gras.
[1148] Cass. civ. v. 22.6.1994, D. 1995, som. com., S. 264, Anm. Dupeux; kritisch Bigot, Gaz. Pal. 1996, doctr. S. 828, 831; Guerder, Rapport annuel de la Cour de cassation, 1999, S. 2.

der allgemeinen zivilprozessualen Regel - auch den Zeugenbeweis zulässt[1149]. Dies vermag indessen die „extremen Behinderungen“[1150], die Art. 55 des Gesetzes von 1881 für die Verteidigungsmöglichkeiten der Presse zur Folge hat, kaum aufzuwiegen. Danach besteht die Möglichkeit, gem. Art. 35 des Gesetzes von 1881 die Richtigkeit der beanstandeten Behauptungen zu beweisen, nur dann, wenn der Beklagte die für seine Verteidigung vorgesehenen Beweismittel innerhalb von *zehn Tagen* nach der Zustellung der Ladung beim Beklagten und dessen Anwalt einreicht[1151]. Daher müssen die Publizisten eine „extreme Geschwindigkeit“[1152] aufbringen, um den Vorwurf der *diffamation* im Wege des Wahrheitsbeweises widerlegen zu können. Sämtliche Beweismittel, die der Beklagte nach Ablauf der Zehn-Tages-Frist bei den zuständigen Stellen eingereicht hat, müssen bei der Entscheidungsfindung unberücksichtigt bleiben. Dies gilt nicht nur für den Fall, dass der Publizist die für seine Verteidigung relevanten Informationen erst *später* in Erfahrung bringen konnte, sondern selbst dann, wenn der Kläger die Richtigkeit der beanstandeten Äußerungen im Laufe des Prozesses bestätigt[1153] oder wenn dieser versehentlich Informationen in das Verfahren einbringt, die den Standpunkt der Gegenseite belegen[1154]. Die Einschränkungen des Art. 55 des Gesetzes von 1881 sollen die Einhaltung der größtmöglichen publizistischen Sorgfalt garantieren[1155]. Es kommt - anders als im deutschen Recht[1156] - nicht nur darauf an, dass die behaupteten Tatsachen zum Zeitpunkt der Veröffentlichung zutreffend waren; der Journalist muss darüber hinaus nachweisen können, dass er schon zu diesem frühen Zeitpunkt über die notwendigen *Informationen* verfügte, um die Publikation als legitim und verhältnismäßig bewerten zu können[1157].

### bb. Art. 53 Abs. 1 des Gesetzes von 1881

Im Unterschied zu Art. 55 führt Art. 53 Abs. 1 des Gesetzes von 1881 eine für den Ausgang äußerungsrechtlicher Auseinandersetzungen wichtige *Privilegierung* der

---

[1149] Cass. civ. v. 16.12.1999, Bull., Nr. 190; Guerder, Rapport annuel de la Cour de cassation, 1999, S. 6; vgl. auch Landry in Dupeux/Lacabarats, S. 60; Bigot, Gaz. Pal. 1996, doctr., S. 828; ders. Légipresse 1998, Heft 153, S. II-78, 81.

[1150] Wörtlich: *„extrêmes contraintes“*, Bigot, Gaz. Pal. 1996, S. 829.

[1151] Boccara in Blin/Chavanne/Drago/Boinet, Rn. 305/30. Diese Benachteiligung der Presse wird allein dadurch abgeschwächt, dass die Gegenseite gem. Art. 56 des Gesetzes von 1881 ihrerseits gefordert ist, die zum Beweis des Gegenteils vorgesehenen Angriffsmittel innerhalb der „nächsten fünf Tage, mindestens aber weniger als drei Tage vor der Verhandlung“ einzureichen, Boccara in Blin/Chavanne/Drago/Boinet, Rn. 305/31. Sie kommt ferner nicht zur Anwendung, wenn sich die beleidigende Äußerung in Zeiten des Wahlkampfes gegen einen Kanditaten richtet, der sich zur Wahl aufgestellt hat, vgl. Art. 54 Abs. 2 des Gesetzes von 1881.

[1152] Wörtlich: *„extrême célérité“*, Bigot, Gaz. Pal. 1996, doctr. S. 828, 830.

[1153] Cass. Crim. v. 23.12.1968, JCP 1969, éd. G, IV, 39; Chavanne, Jur. Cl. pénal, 90/161.

[1154] Cass. civ. v. 19.1.1994, Bull., Nr. 30; Cass. civ. v. 15.1.1997, Bull., Nr. 7; Boccara in Blin/Chavanne/Drago/Boinet, 305/36.

[1155] Boccara in Blin/Chavanne/Drago/Boinet, 305/36; Chavanne, Jur. Cl. Pénal, 90/161.

[1156] Vgl. dazu oben 2. Kap. B 2 a.

[1157] Vgl. Cass. civ. v. 15.1.1997, Bull., Nr. 7; Boccara in Blin/Chavanne/Drago/Boinet, 305/36; Chavanne, Jur. Cl. pénal, 90/161.

Presse herbei. Dass auch diese Regelung im Zivilgerichtsverfahren Anwendung findet, entspricht seit einem Grundsatzurteil der *Cour de cassation* vom 19. Februar 1997[1158] ständiger Rechtsprechung[1159]. Wie vorher schon die Ladung im Strafrecht[1160] darf sich danach auch die *zivilrechtliche Klageschrift* auf eine Darstellung der beanstandeten Tatsachen nicht beschränken[1161]; sie muss zudem den anwendbaren Gesetzestext genau benennen. Andernfalls ist die Klageschrift *„nulle"*, also nichtig bzw. unwirksam[1162]. Die einschlägigen Straftatbestände können vor dem Hintergrund des Art. 53 Abs. 1 des Gesetzes von 1881 nicht genau genug bestimmt werden[1163].

Der Sache nach führt die neue Rechtsprechung zu einer Einschränkung des sonst gem. Art. 12 Abs. 2 und 3 NCPC geltenden Grundsatzes *da mihi factum, dabo tibi jus*[1164]. Die Gerichte können der Klage lediglich auf der Grundlage derjenigen Anspruchsgrundlagen stattgeben, die in der Klageschrift ausdrücklich benannt sind[1165]. Liegt etwa eine *diffamation* vor und stützen die Medienopfer ihre Ansprüche auf eine *injure,* so ist die Klage abzuweisen[1166]. Die Kläger können sich auch nicht damit behelfen, dass sie sich subsidiär auf eine Pflichtverletzung *(faute)* im Sinne des Art. 1382 cc berufen. Sofern die Richter die beanstandete Publikation als *délit de presse* im Sinne der Art. 29 ff. des Gesetzes von 1881 bewerten, führt auch dieses Vorgehen zu einem Verstoß gegen Art. 53 Abs. 1 und somit zur Nichtigkeit *(nullité)* der Klageschrift[1167].

---

1158 Cass. civ. v. 19.2.1997, D. 1998, som.com., S. 80, Anm. Bigot.

1159 Vgl. nur Cass. civ. v. 18.3.1999, D. 1999, IR, S. 102; Cass. civ. v. 9.12.1999, D. 2000, som. com., S. 400, Anm. Bigot; Cass. civ. v. 4.5.2000, Légipresse 2000, Heft 173, S. III-103, Anm. Ader; CA de Paris v. 5.5.1999, D. 2000, som. com., S. 401; TGI de Nanterre v. 8.6.1999, Légipresse 1999, Heft 167, S. III-171; Cass. civ. v. 26.10.2000, Petites affiches 2001, No. 2, S. 11; Cass. civ. v. 14.3.2002, D. 2002, IR, S. 1180; *zustimmend:* Ader in Anm. unter Cass. civ. v. 4.5.2000, Légipresse 2000, Heft 173, S. III-103; Guerder, Rapport annuel de la Cour de cassation, 1999, S. 10; Landry in Dupeux/Lacabarats, S. 61; Bigot, Légipresse 1998, Heft 153, S. II-78; *kritisch:* Derieux, Anm. unter Cass. civ. v. 26.10.2000, Petites affiches 2001, No. 2, S. 11.

1160 Vgl. dazu oben B I b.

1161 Vgl. dazu ausf. Guerder, Rapport annuel de la Cour de cassation, 1999, S. 7.

1162 Vgl. Cass. civ. v. 17.2.1997, D. 1998, som.com., S. 80.

1163 So reicht es im Falle einer üblen Nachrede gegenüber Privatpersonen nicht aus, wenn die Klageschrift die beanstandeten Textabschnitte eines Artikels benennt und darüber hinaus auf Art. 29 des Gesetzes von 1881 verweist. Die Kläger müssen zudem *Art. 32* desselben Gesetzes erwähnen, d.h. die Konkretisierung der üblen Nachrede, die sich - anders als etwa Art. 30 bzw. Art. 31 des Gesetzes von 1881 - gegen Privatpersonen richtet, Cass. civ. v. 4.5.2000, Légipresse 2000, Heft 173, S. III-103, Anm. Ader. Siehe zur Systematik der Art. 29 ff. unten C I 2 c.

1164 Boccara in Blin/Chavanne/Drago/Boinet, 305/12; Marino, Rn. 166.

1165 Boccara in Blin/Chavanne/Drago/Boinet, 305/12; Guerder, Rapport annuel de la Cour de cassation, 1999, S. 8. Dies schließt indessen nicht die Möglichkeit aus, umgekehrt die *Abweisung* der Klage auf Rechtsnormen zu stützen, die der Kläger wohlweislich nicht berücksichtigt hat, vgl. TGI de Nanterre v. 8.6.1999, Légipresse 1999, Heft 167, S. III-172; Boccara, a.a.O., 305/13.

1166 Cass. civ. v. 15.4.1999, Bull., Nr. 20; Guerder, Rapport annuel de la Cour de cassation, 1999, S. 3.

1167 TGI de Nanterre, Légipresse 1999, Heft 167, S. III-172; Guerder, Rapport annuel de la Cour de cassation, 1999, S. 8; aA. Bigot, Légipresse 1998, Heft 153, S. II-77, 78.

Neben dem Schutz des abschließenden Charakters des Gesetzes von 1881[1168] und der Harmonisierung des straf- und des zivilgerichtlichen Verfahrens[1169] liegt der Zweck dieses streng formalistischen Ansatzes der *Cour de cassation* darin, die prozessuale Waffengleichheit zwischen den Parteien wiederherzustellen[1170]. Der Beklagte, der ja seinerseits die strengen Anforderungen aus Art. 55 des Gesetzes von 1881 erfüllen muss, soll die rechtliche Einordnung der klagebegründenden Tatsachen kennen und somit in die Lage versetzt werden, seine Verteidigung angemessen vorzubereiten[1171].

**cc. Art. 53 Abs. 2 des Gesetzes von 1881**

Zusätzliche Hürden ergeben sich für die Opfer ehrverletzender Presseveröffentlichungen schließlich daraus, dass auch die formalen Beschränkungen aus Art. 53 *Abs. 2* des Gesetzes von 1881 vor den Zivilgerichten zur Anwendung gelangen[1172]. Danach müssen die Kläger einen Wohnsitz in der Stadt wählen, in der auch das angerufene Gericht ansässig ist[1173]. Die sogenannte *élection de domicile* erfolgt gem. Art. 751 S. 2 NCPC durch die Bevollmächtigung eines Anwalts *(constitution de l'avocat)*[1174], der allerdings, um seine Mandanten in presserechtlichen Auseinandersetzungen vertreten zu können, zwingend in der *Stadt* niedergelassen sein muss, in der die Klage erhoben wird[1175]. Die Anforderungen sind also strenger als im allgemeinen Zivilprozessrecht. Danach können Prozessvertreter, die vor den *Tribunaux de Grande Instance* bestellt werden, im gesamten *département* niedergelassen sein, in dem sich das angerufene Gericht befindet[1176]. Schließlich sieht Art. 53 Abs. 2 des Gesetzes von 1881 vor, dass es einer Benachrichtigung der Staatsanwaltschaft bedarf, die als sogenannte *partie jointe*, vgl. Art. 424 NCPC, am Zivilprozess beteiligt ist, um über die Einhaltung der zwingend anwendbaren Sonderbestimmungen des Gesetzes von 1881 - namentlich die kurze Verjährung aus Art. 65 des Gesetzes von 1881 - zu wachen[1177].

---

[1168] Guerder, Rapport annuel de la Cour de cassation, 1999, S. 10/11.

[1169] Cass. civ. v. 9.12.1999, Bull. II, Nr. 187; Guerder, Rapport annuel de la Cour de cassation, 1999, S. 10.

[1170] Guerder, Rapport annuel de la Cour de cassation, 1999, S. 10.

[1171] Bigot, Gaz. Pal. 1996, S. 828, 829; ders. in Anm. unter Cass. civ. v. 17.2.1997, D. 1998, som.com., S. 80; Guerder, Rapport annuel de la Cour de cassation, 1999, S. 10; Boccara in Blin/Chavanne/Drago/Boinet, 305/14; Landry in Dupeux/Lacabarats, S. 61.

[1172] Cass. civ. v. 12.5.1999, Bull, Nr. 90; TGI de Nanterre v. 8.6.1999, Légipresse 1999, Heft 167, S. III-172; Guerder, Rapport annuel de la Cour de cassation, 1999, S. 9.

[1173] Vgl. Art. 53 Abs. 2: *„Si la citation est à la requête du plaignant, elle contiendra élection de domicile dans la ville où siège la jurisdiction saisie et sera notifiée tant au prévenu qu'au ministère publique".*

[1174] Boccara in Blin/Chavanne/Drago/Boinet, 305/15; Landry in Dupeux/Lacabarats, S. 60.

[1175] Cass. civ. v. 12.5.1999, Bull, Nr. 90; TGI de Nanterre v. 8.6.1999, Légipresse 1999, Heft 167, S. III-172; Guerder, Rapport annuel de la Cour de cassation, 1999, S. 9; Landry in Dupeux/Lacabarats, S. 60; Boccara in Blin/Chavanne/Drago/Boinet, 305/15.

[1176] Vgl. Couchez, Rn. 23, 140.

[1177] Cass. civ. v. 9.12.1999, Bull, Nr. 187; Cass. civ. v. 12.5.1999, Bull, Nr. 90; Guerder, Rapport annuel de la Cour de cassation, 1999, S. 9.

### c. Zusammenfassung

In den letzten zehn Jahren hat die französische Rechtsprechung den zivilrechtlichen Schutz gegenüber ehrverletzenden Äußerungen in der Presse zunehmend eingeschränkt. Dies geschah zum einen dadurch, dass die Zivilgerichte den Anwendungsbereich der deliktischen Generalklausel, Art. 1382 cc, für den Bereich der Medienberichterstattung stark eingegrenzt haben. Die bloße Feststellung einer Pflichtwidrigkeit *(faute)* im Sinne des Art. 1382 cc reicht heute nicht mehr aus, um im Falle ehrverletzender Publikationen die Zubilligung von Ersatzansprüchen zu rechtfertigen. Gute Erfolgsaussichten haben die Betroffenen nur dann, wenn die rufschädigende Veröffentlichung die Voraussetzungen einer *diffamation* bzw. *injure* im Sinne der Art. 29 ff. des Gesetzes von 1881 erfüllt bzw. wenn sie in ihren absolut geschützten Rechten auf Achtung des Privatlebens, Art. 9 cc, oder auf Achtung der Unschuldsvermutung, Art. 9-1 cc verletzt wurden. Fehlt es an einem Verstoß gegen diese Spezialbestimmungen, so haftet die Presse auf der Grundlage des Art. 1382 cc nur dann, wenn sich der Streitgegenstand von den Sachverhalten, deren Sanktionierung das Gesetz von 1881 vorsieht, *unterscheidet*. Einen stärkeren Schutz der Pressefreiheit haben die Zivilgerichte zum anderen dadurch herbeigeführt, dass sie die Reichweite der presseprivilegierenden Sonderbestimmung des Art. 53 des Gesetzes von 1881, deren Anwendungsbereich ursprünglich auf das *strafgerichtliche* Verfahren beschränkt war, auch auf das Verfahren vor den Zivilgerichten ausgeweitet haben.

## 2. Anspruchsvoraussetzungen

Wer auf zivilrechtlichem Wege gegen eine ehrverletzende Pressepublikation vorgehen will, muss zunächst prüfen, ob die beanstandete Publikation den Art. 29 ff. des Gesetzes von 1881 unterfällt. Ist dies der Fall, so kann der Betroffene etwaige materielle oder immaterielle Schadensersatzansprüche im Wege der *action civile* durchsetzen[1178]. Fehlt es hingegegen an einer Verletzung der Art. 29 ff. des Gesetzes von 1881, so ist ein Rückgriff auf die deliktische Generalklausel des Art. 1382 cc nach der neueren Rechtsprechung weitgehend ausgeschlossen[1179].

Im Mittelpunkt nicht nur des strafrechtlichen, sondern auch des zivilrechtlichen Schutzes gegenüber ehrverletzende Pressepublikationen stehen nach alledem die Tatbestände der *diffamation* (siehe unten a) und der *injure* (siehe unten b). Die Grundvoraussetzungen dieser *délits de presse* werden in Art. 29 des Gesetzes von 1881 definiert. Die eigentlichen Straftatbestände sind in den Art. 30 ff. kodifiziert. Sie sind, je nach Gegenstand bzw. Adressat der ehrverletzenden Kritik, in eine Fülle von Sonderbestimmungen aufgegliedert (siehe unten c).

---

[1178] Vgl. Art. 2 NCPC, zu diesem Begriff oben A I 1.
[1179] Vgl. dazu oben 2. Teil 3. Kap. C I 1 a bb.

### a. *Diffamation*

Die Veröffentlichung *(publication)* eines Presseartikels erfüllt die Voraussetzungen der *diffamation* im Sinne des Art. 29 Abs. 1 des Gesetzes von 1881, wenn sie die Äußerung einer Tatsache enthält *(fait)*, die entweder behauptet oder verbreitet wird *(allégation ou imputation)*, die Ehre oder den Ruf einer Person verletzt *(atteinte à l'honneur ou à la considération)* und eine böswillige Absicht erkennen lassen *(mauvaise foi)*[1180].

#### aa. *fait*

Wie die üble Nachrede im Sinne des § 186 StGB wird auch die *diffamation* durch das Vorliegen einer Tatsachenbehauptung *(fait)* gekennzeichnet. Dieser Begriff wird in der französischen Rechtsprechung deutlich weiter ausgelegt als in Deutschland[1181]. Darüber hinaus kann die Tatsachenbehauptung wahr oder unwahr sein[1182]. Auch insoweit ist der Schutzbereich der *diffamation* weiter gesteckt als der objektive Tatbestand der üblen Nachrede im Sinne des § 186 StGB, wonach die Presse für ehrverletzende Äußerungen, deren Richtigkeit bewiesen oder offenkundig ist, regelmäßig *nicht* zur Verantwortung gezogen werden kann[1183].

#### bb. *atteinte à l'honneur ou à la considération*

Die Art. 29 ff. des Gesetzes von 1881 verlangen einen Eingriff in die *„honneur"* oder *„considération"* des Betroffenen. Wie in Deutschland der Ehrbegriff sind auch diese Schutzgüter einer präzisen Konturierung nur schwer zugänglich[1184]. Ihre Auslegung wird auch dadurch nicht erleichtert, dass der französische Gesetzgeber den Begriff der Ehre in zwei unterschiedliche Aspekte aufgegliedert hat[1185]. Denn zumindest die *Cour de cassation* erweist sich als „wenig subtil"[1186] und verzichtet auf eine Differenzierung zwischen den Rechtsbegriffen der *„honneur"* und *„considération"*[1187].

---

[1180] Vgl. Art. 29 Abs. 1: *„Toute allégation ou imputation d'un fait qui porte atteinte à l'honneur ou à la considération d'une personne ou du corps auquel le fait est imputé est une* ***diffamation****. La publication directe ou par voie de reproduction de cette allégation ou de cette imputation est punissable, même si elle est faite sous forme dubitative ou si elle vise une personne ou un corps non expréssement nommés, mais dont l'identification est rendue possible par les termes des discours, cris, menaces, écrits ou imprimés, placards ou affiches incriminé".*

[1181] Vgl. zur Abgrenzung zwischen Werturteilen und Tatsachenbehauptungen ausf. unten 3. Teil E II.

[1182] Rassat, Rn. 409; Levasseur, R.S.C. 1984, S. 318.

[1183] Vgl. dazu oben 2. Teil 2. Kap. B I 1 a bb (1). Anders ist dies nur im Falle der Formalbeleidigung, vgl. dazu oben 2. Teil 2. Kap. B I 1 a bb (2).

[1184] So auch *Albert Camus:* „Die Ehre, Sie verstehen, das ist ein unklarer, ein sehr unklarer Begriff", Camus, Die Besessenen, 1. Teil, 4. Bild, S. 272.

[1185] Anders als in Deutschland, wo dies erst im Rahmen des Richterrechts geschieht; vgl. zum Begriff der „inneren" und „äußeren" Ehre ausf. oben 1. Teil 2. Kap. B III 1.

[1186] Beignier, S. 157.

[1187] Beignier, S. 157; Chavanne, Jur. Cl. Pénal, 90/40; Auvret, thèse, S. 204.

Auch im Schrifttum werden diese Begriffe zwar auseinandergehalten, ohne dass indessen das eine Schutzgut höher bewertet wird als das andere. Danach lässt sich die sogenannte „*considération*“ als „guter Ruf“ umschreiben[1188]; sie bezeichnet „(...) die Vorstellung, die die anderen von uns haben“[1189] und bestimmt den „sozialen Wert“[1190] eines Menschen. Dieser Rechtsbegriff deckt sich demnach mit dem deutschen Verständnis von der „äußeren Ehre”[1191]. Demgegenüber weisen die in der Literatur vorgeschlagenen Konkretisierungen der sogenannten „*honneur*“ deutliche Parallelen auf zu dem, was in der deutschen Rechtsprechung unter der „inneren Ehre” verstanden wird. Das Rechtsgut der *honneur* bestehe darin, „(...) dass man sich nichts vorzuwerfen hat, was der Moral widerspricht“[1192], sie entspreche der „(...) Vorstellung, die wir von uns selbst haben möchten“[1193] und wird von *Patrick Auvret* sogar ausdrücklich als „innere Ehre” *(honneur interne)* bezeichnet[1194]. In Übereinstimmung mit dem deutschen Verständnis von der „inneren Ehre” heben manche Autoren hervor, dass die *honneur* dem Menschen - im Unterschied zur *considération,* die erst erworben werden müsse -, von *Geburt* an zustehe[1195]. Ungeachtet dieser unverkennbaren Parallelen zur deutschen Interpretation der „inneren Ehre“, die nach einhelliger Ansicht dem Schutzbereich des Art.1 Abs.1 GG unterfällt[1196], wird die *honneur* in Frankreich nur ganz vereinzelt auf der Ebene der verfassungsrechtlich geschützten Menschenwürde *(dignité)* angesiedelt[1197]. Zwar stellt *Albert Chavanne* klar, dass ein Eingriff in die *honneur* den Menschen „intimer“ berühre als eine Verletzung der *considération*[1198]. Im Hinblick auf die Schutzwürdigkeit des Betroffenen bzw. auf die Erfolgaussichten seiner Rechtsbehelfe zieht er hieraus jedoch keine Schlüsse.

---

[1188] In der urspünglichen Gesetzesfassung war statt des Begriffs „*considération*“ der Schutz der „*réputation*“ (guter Ruf) vorgesehen, Beignier, S. 155.

[1189] Wörtlich: „*La considération se rapporte à l'idée que les autres ont de nous*“- so die Formulierung von *Guizot* im Rahmen der parlamentarischen Debatte zum Gesetz von 1819, zit. aus Beignier, S. 156; ebenso Chavanne, Jur. Cl. Pénal, 90/42.

[1190] Wörtlich: „*valeur sociale*“, Auvret, thèse, S. 203.

[1191] Vgl. Auvret, thèse, S. 204, wo die *considération* sogar ausdrücklich als „*l'honneur externe du citoyen qui commande les rapports de la vie en société*“ bezeichnet wird.

[1192] Chavanne, Jur. Cl. Pénal, 90/41.

[1193] Wörtlich: „*(...) l'honneur se rattache plutôt à l'idée que nous tenons à conserver de nous-même*“, Guizot zit. aus Beignier, S. 156; Auvret, thèse, S. 204.

[1194] Auvret, thèse, S. 204.

[1195] Fourcand, De la diffamation, thèse, 1891, S. 116, zit. aus Beignier, S. 154.

[1196] Vgl. dazu oben 1. Teil 2. Kap. B III 1.

[1197] So etwa bei *Laure Marino*, Rn. 339, deren Ansicht mit der vom *Conseil constitutionnel* entwikkelten Auslegung der *dignité,* wonach allein der *Kernbereich* der menschlichen Ehre diesem Grundrecht unterfällt, vgl. dazu oben 1. Teil 3. Kap. C 4, m.E. *nicht* vereinbar ist.

[1198] Wörtlich: „*(...) l'atteinte à l'honneur atteint l'homme plus intimement que l'atteinte à la considération car, à la limite, l 'honneur peut se passer de la considération et ne dépend pas de l'opinion des autres. Cependant toute atteinte à l'honneur de quelqu'un rejaillit plus ou moins inévitablement sur la considération*“, Chavanne, Jur. Cl. Pénal, 90/41; vgl. dagegen Auvret, thèse, S. 203: „*(...) le droit, et particulièrement la répression criminelle, protègent les valeurs sociales plus que les sentiments intimes (...)*“.

Anders als in Deutschland, wo das Rechtskonzept der „inneren Ehre“ als Bestandteil der Menschenwürde schlechthin unantastbar ist, eine Verletzung der „äußeren“ Ehre hingegen allein im Wege einer umfassenden Abwägung festgestellt werden kann[1199], sind nach alledem die *honneur* und die *considération* mit Blick auf ihre Schutzwürdigkeit auf *derselben* rechtlichen Ebene anzusiedeln. Für die Durchsetzung zivilrechtlicher Ansprüche ist es demnach unbeachtlich, in welchen Aspekt der Persönlichkeitsrechte die beanstandete Publikation eingreift. Entscheidend für die Rechtsstellung der Betroffenen ist weniger die Abgrenzung zwischen den Begriffen *honneur* und *considération*, als vielmehr die Frage, ob die beanstandete Kränkung derart intensiv ist, dass ein Eingriff in das Verfassungsrechtsgut der - vergleichsweise eng umrissenen[1200] - *dignité* vorliegt.

Ein weiterer Unterschied zwischen beiden Rechtsordnungen liegt darin, dass nach französischem Recht auch das „unberechtigte Ehrgefühl“ geschützt wird. Anders als in Deutschland, wo sich der Betroffene - vorbehaltlich eines Eingriffs in seine „innere Ehre“ - allein gegen einen Eingriff in seinen „verdienten“ Geltungsanspruch zur Wehr setzten kann, entscheidet in Frankreich lediglich der „Charakter der Tatsachenbehauptung“ über das Vorliegen einer *diffamation*[1201]. Die Persönlichkeit bzw. die Lebensführung des Betroffenen spielt keine Rolle[1202]. Es kommt ausschließlich darauf an, ob die inkriminierten Äußerungen nach allgemeinem Empfinden bzw. unter Berücksichtigung der sogenannten „*opinio honoris*“[1203] als ehrverletzend zu betrachten sind. Ein Eingriff in die *honneur* bzw. *considération* im Sinne des Art. 29 des Gesetzes von 1881 liegt daher auch dann vor, wenn jemand, der wegen Diebstahls verurteilt wurde, als Dieb bezeichnet wird oder wenn behauptet wird, eine Prostituierte lebe von der Prostitution[1204].

### cc. *allégation ou imputation*

Die Begehungsweisen der *allégation* oder *imputation* decken sich weitgehend mit den in § 186 StGB geregelten Tathandlungen des „Behauptens“ und „Verbreitens“. Die *imputation* bezeichnet die Äußerung einer ehrverletzenden Tatsache als Gegenstand eigener Überzeugung[1205], wohingegen die *allégation* die Tatsachenäußerung meint, die sich nicht auf eine *eigene* Feststellung stützt, sondern als Gegenstand *fremder* Beobachtungen weitergegeben wird[1206]. Wie in Deutschland ist somit die Wiedergabe ehr-

---

[1199] Vgl. dazu oben 1. Teil 2. Kap. B III 1.
[1200] Vgl. dazu oben 1. Teil 3. Kap. C 4.
[1201] Vgl. Cass. Crim. v. 15.3.1983, Bull., Nr. 82: „*Le caractère légal des imputations diffamatoires s'apprécie non d'après les mobiles qui les a dictées mais d'après la nature du fait sur lequel elles portent*“; ebenso Cass. Crim. v. 15.11.1989, Bull., Nr. 205; kritisch hierzu Beignier, S. 160.
[1202] Molina, S. 132.
[1203] Beignier, S. 160.
[1204] Chavanne, Jur. Cl. Pénal, 90/38; Molina, S. 132.
[1205] Chavanne, Jur. Cl. Pénal, 90/15; Pradel/Danti-Juan, Rn. 426.
[1206] Pradel/Danti-Juan, Rn. 426; vgl. Chavanne, Jur. Cl. Pénal, 90/17.

verletzender Äußerungen Dritter nicht weniger haftungsbegründend als die Veröffentlichung rufschädigender Behauptungen als „eigene"[1207]. Unter dem Gesichtspunkt der Verbreiterhaftung kann sowohl die Veröffentlichung bloßer Vermutungen[1208] als auch die Publikation vager Gerüchte[1209] zivilrechtliche Sanktionen zur Folge haben.

### dd. *mauvaise foi*

Wie die deutschen Beleidigungstatbestände der §§ 185 ff. StGB ist auch die *diffamation* ein Vorsatzdelikt[1210]. Der verantwortliche Journalist muss das Bewußtsein gehabt haben, dass er einen anderen mit den veröffentlichten Äußerungen in seiner *honneur* oder *considération* berührt *(intention* bzw. *intention coupable)*[1211]. Diese Unredlichkeit wird auch als *„mauvaise foi"* bezeichnet[1212]. Das Vorliegen der *mauvaise foi* wird im Falle ehrverletzender Äußerungen nach ständiger Rechtsprechung vermutet[1213]. Sofern eine - wahre oder unwahre - ehrenrührige Tatsachenbehauptung veröffentlicht wurde, bedarf es also in subjektiver Hinsicht grundsätzlich keines gesonderten Nachweises[1214]. Der Gesetzgeber hat die „Vermutung der Unredlichkeit" *(présomption de mauvaise foi)* zwar allein für die Wiedergabe von Äußerungen geregelt, deren ehrverletzender Charakter bereits gerichtlich festgestellt wurde[1215]. Die richterrechtliche Ausweitung der Vermutungsregel auf sämtliche Fälle der *diffamation* folgt indessen den Gesetzen der Logik. Wer ansehensschädigende Äußerungen veröffentlicht, weiß, soweit er nicht unzurechnungsfähig ist, dass diese den Adressaten der Kritik in seiner persönlichen Ehre berühren[1216]. Damit ist die *présomption de mauvaise foi* zwar formal betrachtet eine „echte Umkehr der Beweislast"[1217]. Der Sache nach spiegelt die Vermutungsregel indessen nur die Ergebnisse wider, zu denen die Gerichte auch ohne

---

[1207] Klargestellt wird dies auch durch den Wortlaut des Art. 29 des Gesetzes von 1881, wonach die „direkte Publikation" oder die „Reproduktion" einer Veröffentlichung gleichermaßen strafbar sind, vgl. Chavanne, Jur. Cl. Pénal, 90/17 f.

[1208] Cass. Crim. v. 22.5.1986, D. 1986, IR, S. 332; Chavanne, Jur. Cl. Pénal, 90/24.

[1209] CA de Paris v. 23.1.1990, D. 1990, IR, S. 67; Chavanne, Jur. Cl. Pénal, 90/22.

[1210] Pradel/Danti-Juan, Rn. 439.

[1211] Rassat Rn. 421; Derieux, S. 350.

[1212] Vgl. nur Rassat, Rn. 421; Chavanne, Jur. Cl. Pénal, 90/99.

[1213] Cass. crim. v. 16.3.1948, Bull. Nr. 93; v. 24.1.1973, Bull. Nr. 41; v. 19.11.1985, Bull., S. 363; v. 26. 11. 1991, Bull., Nr. 438; v. 16.5.1995, Bull. Nr. 175; Pradel/Danti-Juan, Rn. 440; Chavanne, Jur. Cl. Pénal, 90/99; Derieux, S. 350; Rassat, Rn. 412.

[1214] Zu den Ausnahmen im Rahmen des Art. 34 des Gesetzes von 1881 vgl. unten C I 2 aa (2).

[1215] Vgl. Art. 35 bis des Gesetzes von 1881: *„Toute reproduction d'une imputation qui a été jugée diffamatoire sera réputée faite de mauvaise foi, sauf preuve contraire par son auteur"*.

[1216] Vgl. Conte, S. 49, 55: *„De la même manière que la danse est indissociable du danseur, l'intention de diffamer , à moins que l'individu soit en proie à la démence, est indissociable des imputations diffamatoires"*, ebenso Chavanne, Jur. Cl. Pénal, 90/99; Auvret, Les journalistes, S. 149; Lamy, Anm. unter Cass. crim. v. 1.10.1996, D. 1998, Jur., S. 499, 500. Demgegenüber dürfte der von *André Bonnefoy* zitierte Fall, in dem eine Zeitschrift das skandalöse Verhalten einer fiktiven Person kritisierte, der sie den Namen *Artemus Jones* gab, ohne dabei das Ehrgefühl des wahren Trägers dieses Namens berücksichtigt zu haben, kaum praxisrelevant sein, vgl. Bonnefoy, R.S.C. 1953, S. 625, 645.

[1217] Wörtlich: *„(...) véritable renversement de la charge de la preuve"*, Pradel/Danti-Juan, Rn. 440.

ausdrücklich angeordnete Beweislastumkehr gelangen würden[1218]. Sie wird daher auch als „natürliche Vermutung“ *(présomption naturelle)* bzw. als „Vermutung des gesunden Menschenverstandes“ *(présomption de la saine raison)* bezeichnet[1219].

### b. *injure*

Die Veröffentlichung ansehensschädigender Presseartikel kann auch den Tatbestand der *injure* erfüllen, sofern eine beleidigende Äußerung *(expression injurieuse)* vorliegt und - nicht anders als bei der *diffamation* - das subjektive Element der böswilligen Absicht *(mauvaise foi)* zu bejahen ist.

#### aa. *expression injurieuse*

Unter einer *expression injurieuse* versteht Art. 29 Abs. 2 des Gesetzes von 1881

*„(...) toute expression outrageante, termes de mépris ou invective qui ne renferme l'imputation d'aucun fait“* [1220].

Danach kann die Äußerung einer Tatsachenbehauptung niemals den Tatbestand der *injure* erfüllen. Hat die Rechtsprechung die beanstandete Äußerung unter ihr weites Verständnis des *fait précis* subsumiert[1221], so entfällt die Möglichkeit, diese auch unter dem Gesichtspunkt der *injure* zu sanktionieren. Insoweit stimmt das französische mit dem deutschen Recht überein. Die Unterschiede zwischen beiden Rechtsordnungen beginnen erst dort, wo es darum geht, den Tatbestand der *expression injurieuse* im Sinne des Art. 29 Abs. 2 des Gesetzes von 1881 näher zu definieren. Anders als in Deutschland, wo jede ehrverletzende Äußerung, der es an einem beweisbaren Tatsachenkern fehlt, eine Beleidigung im Sinne des § 185 StGB darstellt, ist der Schutzbereich der *injure* vergleichsweise eng umrissen.

Die drei Begehungsweisen der *injure* - *expression outrageante*, *invective*, *termes de mépris* - sind schwierig voneinander abzugrenzen. Schon weil die Rechtsfolgen für jede Beleidigungsart dieselben sind, hat die Unterscheidung allerdings kaum praktische Bedeutung[1222]. Klar dürfte sein, dass die *invective*, die „(...) im wesentlichen einen zugleich verletzenden und gewalttätigen oder vulgären Ausdruck bezeichnet“[1223], die stärkste Beleidigungsform darstellt. Sie ist am ehesten mit der Schmähkritik im Sinne des deutschen Rechts vergleichbar. Die „beleidigende Äußerung“ *(expression*

---

[1218] Ähnlich Conte, S. 49, 55: *„(...) la mauvaise foi n'est pas seulement présumée, elle est avérée“.*

[1219] Marino, Rn. 425.

[1220] Freie Übersetzung: „Jede beleidigende Äußerung, jeder Ausdruck von Verachtung oder jede Schmähung, die keine Tatsachenbehauptung enthält“.

[1221] Zur Abgrenzung zwischen Tatsachenbehauptungen und Werturteilen vgl. ausf. unten E II.

[1222] Lamy, Rn. 368.

[1223] Le Poittevin, S. 329; Chavanne, Jur. Cl. Pénal, 100/16; Lamy, Rn. 368, wörtlich: *„(...) laquelle consiste essentiellement en une expression à la foi blessante et violente ou grossière“.*

*outrageante)* als erstgenannte Begehungsform ist von dem „Ausdruck von Verachtung" (*terme de mépris)* kaum zu unterscheiden. Während erstere ein Werturteil bezeichnet, das - „(...) auch ohne gewalttätig oder vulgär zu sein" - die Ehre oder das Feingefühl des Betroffenen verletzt[1224], versteht das Schrifftum unter dem Begriff des *terme de mépris* einen „(...) Ausdruck, der die Würde desjenigen, gegen den er sich richtet, nicht respektiert und ihn öffentlich herabwürdigt"[1225].

Die *injure* erfasst sowohl Publikationen, deren ehrverletzender Charakter aus der *Form* der Äußerung hervorgeht, als auch Beleidigungen, deren ansehensschädigende Wirkung aus der geäußerten *Idee* herrührt[1226]. Erstere bezeichnen manche Autoren als *„injures de forme"*[1227]. Sie beinhalten die Verwendung beleidigender Wörter oder Ausdrücke[1228]. Klassisches Beispiel ist das bloße Schimpfwort, so zum Beispiel die Betitelung eines anderen als *„salaud"*[1229], als *„imbécile"* und *„cabotin"*[1230] oder als *„intrigant"*[1231]. Auch die Unterstellung, jemand habe eine bestimmte politische Einstellung, kann unter diesem Gesichtspunkt beleidigend sein. Als *injure* werteten die französischen Gerichte zum Beispiel den Ausdruck *„nazi"*[1232], die Wörter *„raciste"*, *„anti-juif"*, *„anti-musulman"* und *„fasciste"*[1233]. Beleidigungen, deren herabsetzender Charakter nicht aus der Verwendung bestimmter Wörter, sondern aus der Kundgabe einer bestimmten Meinung hervorgeht, werden demgegenüber unter dem Begriff der *„injures de fond"* zusammengefasst[1234]. Als solche ist zum Beispiel die Äußerung zu verstehen, dass ein Mann *„sans foi et sans honneur"* sei[1235], ebenso die Unterstellung, jemand sei ein Feind der Religion, obwohl er sich als katholisch bezeichne[1236].

---

[1224] Le Poittevin, S. 329; Lamy, Rn. 369, wörtlich: *„ (...) les propos, qui, tout en ne contenant pas l'imputation d'un fait précis, sont cependant de nature à porter atteinte à l'honneur ou à la délicatesse de la personne à laquelle ils s'adressent. Peu importe la forme donnée à l'expression de la pensée; il n'est même pas nécessaire que cette forme soit violente et grossière"*.

[1225] Chavanne, Jur. Cl. Pénal, 100/16; Lamy, Rn. 368, wörtlich: *„(...) il s'agit d'un terme ne respectant pas la dignité de celui auquel il s'adresse et le rabaissant publiquement"*.

[1226] Zu dieser Unterscheidung: Lamy, Rn. 368 ff. unter Berufung auf *Robert de Geuser*, L'immunité judiciaire: étude sur le régime répressif de la parole en justice, thèse, Paris, 1918.

[1227] Lamy, Rn. 368 f.

[1228] Lamy, Rn. 369.

[1229] Freie Übersetzung: „Schwein", „Schuft", TGI de Paris v. 27.1.1993, Légipresse 1993, Heft 105, S. III-122, Anm. Ader.

[1230] Freie Übersetzung: „Idiot"und „Komödiant", Cass. Crim. v. 23.1.1902, D. 1904, 1, S. 383.

[1231] CA de Paris v. 25.6.1897, Gaz Pal, 1897, 2, S. 83.

[1232] CA de Paris v. 1.6.1995, zit. aus Lamy, Rn. 370 (anders das Gericht 1. Instanz, dass diesen Ausdruck als Tatsachenbehauptung bewertete).

[1233] Cass. Crim. v. 26.2.1985, R.S.C. 1986, S. 376-377, Anm. Levasseur; anders dagegen die *Cour d'appel de Paris* mit Blick auf die Betitelung eines Bürgermeisters als *„facho"*, CA de Paris v. 9.10.1996, Légipresse 1997, Heft 140, S. III-54, 55.

[1234] Lamy, Rn. 368, 371 unter Berufung auf *Robert de Geuser*, L'immunité judiciaire: étude sur le régime répressif de la parole en justice, thèse, Paris, 1918.

[1235] Freie Übersetzung: „ohne Glaube und Ehre"; Cass. Crim. v. 5.12.1861, D. 1862, 5, S. 258.

[1236] Cass. Crim. v. 10.4.1897, D. 1898, 1, S. 94. Vgl. für eine umfassende Aufzählung der Äußerungen, die in der Rechtsprechung als *injure* bewertet wurden: Chavanne, Jur. Cl. Pénal, 100/17 f.

Entgegen der Legaldefinition des Art. 29 Abs. 2 des Gesetzes von 1881, wonach bei unbefangener Betrachtung jede Äußerung, die keine präzise Tatsachenbehauptung enthält, eine *injure* darstellt, legen die Gerichte diesen Straftatbestand zum Teil einschränkend aus[1237]. Für die Beklagten ist dies insoweit von Vorteil, als sie kaum Möglichkeiten haben, sich einer Haftung für Äußerungen zu entziehen, die das zuständige Gericht als *injure* bewertet hat[1238]. Eng umrissen sind die Grenzen der *injure* zum Beispiel im Falle politischer Diskussionen[1239]. Hier können auch ehrverletzende Werturteile zulässig sein, sofern diese in Form einer Kritik erfolgen, „(...) der ein Politiker gewöhnlich ausgesetzt ist" [1240]. Angesichts dieser vagen Leitlinie ist die Grenze zwischen der Legalität und der Illegalität allerdings nur schwer zu bestimmen. So wertete etwa das *Tribunal correctionnel de Soissons* die Äußerungen *„politicien sans scrupules"*[1241] sowie *„aventurier de la politique"*[1242] als unzulässige *injure*[1243], wohingegen die *Cour d'appel de Paris* selbst die Betitelung eines Bürgermeisters als *„facho"* als gebräuchliche Bezeichung wertete, um eine politische Klassifizierung vorzunehmen[1244]. Auch humoristische Werturteile können sich dem Schutzbereich der *injure* selbst dann entziehen, wenn ihr ehrverletzender Charakter unweigerlich feststeht. So war es nach Ansicht der *Cour d'appel de Rioms* rechtmäßig, dass ein Minister als *„bouffon"*[1245] betitelt wurde:

> *„(...) traîter (...) un ministre de bouffon constitute un simple ricanement qui n'entre pas dans le champ des précisions de la loi du 29 juillet 1881 et n'est pas fautif au sens de l'article 1382 du Code civil"* [1246].

Auch jenseits politischer Debatten hat es vereinzelt Entscheidungen gegeben, in denen die Gerichte das Vorliegen einer *injure* unter Berücksichtigung wertender Gesichtspunkte verneinten. So hatte etwa die *Cour d'appel de Besançon* über einen Fall zu entscheiden, in dem Ärzte gegen die Vorlesung eines Professors protestiert hatten. Auf den von dem Betroffenen beanstandeten Plakate verkündeten sie, dass sie glücklich wären, *„(...) de voir l'illustre conférencier se limiter à des sujets ne sortant pas de sa*

---

[1237] Ähnlich Rassat, Rn. 411: *„l'imputation trop peu précise pour constituer une diffamation peut être **à l'occasion** retenue comme injure (...)"*.
[1238] In diesen Fällen kann die Presse weder den Wahrheitsbeweis führen, vgl. dazu oben C I 3 a, noch kann sie sich auf den Rechtfertigungsgrund der *bonne foi* berufen, vgl. unten C I 3 b aa.
[1239] Lamy, Rn. 375.
[1240] Wörtlich: *„(...) dont un homme politique est habituellement l'objet"*, Trib. corr. de Soissons v. 17.11.1962, D. 1963, somm., S. 31.
[1241] Freie Übersetzung: „skrupelloser Politiker".
[1242] Freie Übersetzung: „politischer Abenteurer".
[1243] Trib. corr. de Soissons v. 17.11.1962, D. 1963, somm., S. 31.
[1244] CA de Paris v. 9.10.1996, Légipresse 1997, Heft 140, S. III-54,55.
[1245] Freie Übersetzung: „Clown".
[1246] Freie Übersetzung: „(...) Einen Minister einen Clown nennen ist nicht mehr als eine spöttische Bemerkung, die den in dem Gesetz vom 29. Juli 1881 geregelten Bestimmungen nicht unterfällt und nicht gegen Art. 1382 cc verstößt", CA de Rioms v. 7.9.1995, Légipresse 1995, Heft 130, S. I-37.

*compétence*"[1247]. Auch in diesem Fall verneinten die Richter das Vorliegen einer *injure*. Als Begründung führten sie an, der Professor habe die ironische und spöttische Kritik hinnehmen müssen, da dies ein Risiko sei, dem sich jeder aussetze, der zu einem heftig diskutierten Thema eine Vorlesung halte[1248].

### bb. *mauvaise foi*

Die für die *diffamation* geltende Vermutung der *mauvaise foi* greift auch im Falle der *injure*[1249]. Insoweit wird auf die Ausführungen in diesem Kapitel unter Abschnitt C 2 a dd verwiesen.

## c. Sondertatbestände

Neben den Grundtatbeständen der Art. 32 Abs. 1 und Art. 33 Abs. 2 des Gesetzes von 1881, die die gegen *natürliche Personen* gerichtete *diffamation* (Art. 32 Abs. 1) bzw. *injure* (Art. 33 Abs. 2) unter Strafe stellen, enthält die *loi sur la liberté de la presse* eine breite Vielfalt an Spezialdelikten. Anders als in Deutschland, wo die strafrechtlichen Sondertatbestände neben der Auffangklausel des § 823 Abs. 1 BGB bzw. den allgemeineren Bestimmungen der §§ 185, 186 StGB i.V.m. § 823 Abs. 2 BGB keine eigenständige Bedeutung erlangen[1250], bedarf es nach französischem Recht einer genauen Unterscheidung der einzelnen Spezialnormen. Denn seitdem Art. 53 Abs. 1 des Gesetzes von 1881 auch vor den Zivilgerichte zur Anwendung gelangt, hat schon die fehlerhafte bzw. ungenaue Unterscheidung zwischen den Spezialdelikten die Abweisung der klägerischen Ansprüche zur Folge[1251].

Für den hier relevanten Bereich ist zu unterscheiden zwischen den *délits de presse*, die Sonderformen der Verdachtsberichterstattung kodifizieren[1252] und einer Fülle an Spezialdelikten, die an die Adressaten der ansehensschädigenden Kritik anknüpfen. Nachdem erstere so speziell sind, dass ihre praktische Relevanz nur eng begrenzt ist, beschränkt sich die folgende Darstellung auf die Abgrenzung zwischen den unterschiedlichen Adressaten der ehrverletzenden Kritik.

---

[1247] Freie Übersetzung: „(...) wenn sich der berühmte Redner auf Gebiete beschränken würde, die nicht jenseits seiner Kompetenzen liegen", CA de Besançon v. 20.11.1957, Gaz. Pal. 1958, 1, S. 40; dazu auch Lamy, Rn. 375.

[1248] CA de Besançon v. 20.11.1957, Gaz. Pal. 1958, 1, S. 40; kritisch Lamy, Rn. 375.

[1249] Pradel/Danti-Juan, Rn. 475; Rassat, Rn. 412; Chavanne, Jur. Cl. Pénal, Rn. 48, 49.

[1250] Vgl. dazu oben 2. Teil 2. Kap. B I 1 a cc.

[1251] Vgl. dazu oben C I 1 b bb.

[1252] Vgl. Art. 38 des Gesetzes von 1881, der die Veröffentlichung einer Anklageschrift bzw. anderer Unterlagen aus dem Strafverfahren unter Strafe stellt, sofern diese (noch) nicht in der öffentlichen Verhandlung vorgelesen wurden sowie Art. 35ter Abs. 2 des Gesetzes von 1881, wonach die Durchführung, Veröffentlichung oder Kommentierung von Meinungsumfragen oder sonstigen Befragungen, die sich mit der Schuld einer in ein Ermittlungsverfahren verwickelten Person bzw. mit der von dieser zu erwartenden Strafe befassen, strafbar ist, vgl. dazu Louvet, Légipresse 2000, Heft 177, S. II-142.

Das Gesetz differenziert zwischen drei Fallgruppen. Es enthält zum einen Straftatbestände, die dem Schutz von Privatpersonen dienen (aa), zum anderen kodifiziert es einzelne Beleidigungsdelikte, auf die sich allein Träger öffentlicher Staatsgewalt berufen können (bb).

### aa. Strafrechtlicher Ehrenschutz zugunsten von Privatpersonen

Die Haftung für rassistische bzw. diskriminierende Äußerungen geht in Frankreich weiter als in Deutschland (1), wohingegen Ausgleichsansprüche für postmortale Verletzungen der persönlichen Ehre nach der neueren Rechtsprechung der *Cour de cassation* nur sehr eingeschränkt durchsetzbar sind (2) .

#### (1) *Diffamation ou injure à raison de l'origine, l'ethnie, la nationalité, la race ou la religion*

Der französische Gesetzgeber hat das Delikt der üblen Nachrede bzw. Beleidigung, die aus rassistischen bzw. religiösen Motiven oder aus Gründen der Staatsangehörigkeit erfolgt, in Art. 32 Abs. 2 des Gesetzes von 1881 eigenständig geregelt. Unter dem Eindruck der nationalsozialistischen Propaganda wurde im Jahre 1939 die Notverordnung vom 21. April 1939 verabschiedet, wonach, wer Personen oder Personengruppen „wegen ihrer Herkunft oder ihrer Zugehörigkeit bzw. Nichtzugehörigkeit zu einer Volksgemeinschaft, einer Nation, einer Rasse oder einer bestimmten Religion"[1253] diffamiert oder beleidigt[1254], mit empfindlichen Sanktionen rechnen muß. Dies folgt nicht nur aus der Höhe des Strafrahmens[1255]; es ergibt sich vor allem daraus, dass Art. 32 Abs. 2 des Gesetzes von 1881 ausdrücklich vorsieht, dass nicht nur natürliche Personen, sondern auch Personen*gruppen* vom Schutzbereich der strafrechtlichen Norm erfasst sind[1256].

#### (2) *Diffamation ou injure envers la mémoire des morts*

Die üble Nachrede und Beleidigung gegenüber verstorbenen Personen hat der Gesetzgeber in Art. 34 des Gesetzes von 1881 eigenständig kodifiziert[1257]. Die Besonderheit

---

[1253] Vgl. Art. 32 Abs. 2 des Gesetzes von 1881: *„(...) à raison de leur origine ou de leur appartenance ou non-appartenance à une ethnie, une nation, une race ou une religion déterminée (...)"*.

[1254] Zur rassisistischen bzw. diskriminierenden *injure*: vgl. Art. 33 Abs. 3 des Gesetzes von 1881.

[1255] Der Strafrahmen für dieses Delikt liegt sehr viel höher als bei allen anderen Beleidigungstatbeständen der Art. 26 ff. des Gesetzes von 1881 – eine gesetzgeberische Wertung, die für die Durchsetzung zivilrechtlicher Ansprüche nicht ohne Auswirkungen bleiben dürfte.

[1256] Auvret in Blin/Chavanne/Drago/Boinet, 160/12; im Rahmen des Grundtatbestandes der *diffamation* bzw. *injure* kommt es demgegenüber auf das Vorliegen der unter C IV a aa (1) dargestellten Voraussetzungen an.

[1257] Vgl. Art. 34 Abs. 1: *„Les articles 29, 30 et 31 ne seront applicables aux diffamations ou injures dirigées contre la mémoire des morts que dans les cas où les auteurs de ces diffamations ou injures auraient eu l'intention de porter atteinte à l'honneur ou à la considération des héritiers, époux ou légataires universels vivants"*.

der strafrechtlichen Haftung für postmortale Ehrverletzungen liegt darin, dass der Journalist die Absicht gehabt haben muss, nicht nur den Toten zu beleidigen, sondern auch die Ehre oder das Ansehen der Erben, Ehegatten oder Vermächtnisnehmer des Verstorbenen zu verletzen[1258].

### bb. Strafrechtlicher Ehrenschutz zugunsten bestimmter Träger von Staatsgewalt

Die üble Nachrede bzw. Beleidigung gegenüber Trägern öffentlicher Staatsgewalt hat der Gesetzgeber von 1881 in einer Vielzahl von Regelungen eigenständig kodifiziert. Da die Rechtsprechung eine einheitliche Linie zum Schutzbereich der einzelnen Sonderbestimmugen stark vermissen lässt[1259], ist es oftmals schwierig, die einzelnen Tatbestände auseinander zu halten.

Art. 26 des Gesetzes von 1881 regelt die Verunglimpfung des Präsidenten *(offense au Président de la République)*. Die Behauptung ehrverletzender Tatsachenbehauptungen und die Äußerung ansehensschädigender Werturteile werden gleichermaßen erfasst[1260]. Dies hat zur Folge, dass es den Journalisten auch dann verwehrt ist, sich auf die Richtigkeit der publizierten Äußerungen zu berufen, wenn diese Behauptungen enthalten, die dem Beweis zugänglich sind[1261]. Gleiches gilt für die Verunglimpfung ausländischer Staats- und Regierungschefs bzw. ausländischer Außenminister, Art. 36 des Gesetzes von 1881, sowie für die Beleidigung ausländischer Diplomaten, Art. 37 des Gesetzes von 1881[1262]. Das Bestreben des Gesetzgebers, diese Personen „jenseits jeglicher Kontroverse zu stellen"[1263], steht allerdings in eklatantem Widerspruch zur Rechtsprechung des Europäischen Gerichtshofs für Menschenrechte, wonach der Autor eines Artikels nicht gehindert sein darf, die Richtigkeit ehrverletzender Tatsachenbehauptungen zu beweisen[1264]. Dementsprechend hat der Europäische Gerichtshof für Menschenrechte in einer Entscheidung vom 25. Juni 2002 im Hinblick auf Art. 36 des Gesetzes von 1881 ausdrücklich festgestellt, dass der Auschluss der *exceptio veritatis* eine Verletzung von Art. 10 EMRK darstellt. Die französische Entscheidungspraxis entziehe die Staatschefs allein aufgrund ihrer Funktion oder Stellung der öffentlichen

---

[1258] Davon ist in der Regel auszugehen, wenn eine dieser Personen in der Veröffentlichung ausdrücklich benannt ist, vgl. Auvret in Blin/Chavanne/Drago/Boinet, 160/34 m.w.N.; vgl. dazu ausf. oben 2. Teil 3. Kap. C I 1 a bb. unten IV 1 a aa (2).
[1259] Vgl. zu Art. 31 des Gesetzes von 1881: Auvret in Blin/Chavanne/Drago/Boinet, 161/88, 115.
[1260] Chavanne in Blin/Chavanne/Drago/Boinet, 170/12.
[1261] Cass. crim. v. 21.12.1966, Bull. Crim., Nr. 300; Chavanne in Blin/Chavanne/Drago/Boinet, 170/14. Dies hat aber insoweit keine praktische Relevanz, als Art. 26 des Gesetzes von 1881 seit mehr als dreißig Jahren nicht mehr angewendet wird. Die üble Nachrede gegenüber dem Präsidenten der Republik wird auf der Grundlage von Art. 31 des Gesetzes von 1881 verfolgt, Auvret in Blin/Chavanne/Drago/Boinet, 161/81.
[1262] TGI de Paris v. 20.3.1970, D. 1970, S. 487; Chavanne in Blin/Chavanne/Drago/Boinet, 175/4, 16.
[1263] Chavanne in Blin/Chavanne/Drago/Boinet, 170/14.
[1264] EGMR, Urt. v. 23.4.1992, ÖJZ 1992, S. 803, 805 (Ziff. 48) - Castells, vgl. dazu oben 1. Teil 4. Kap. III 4.

Kritik, ohne im Einzelfall die Bedeutung der Vorwürfe zu berücksichtigen. Daraus folge eine übermäßiges Privileg, das sich mit dem gegenwärtigen Politikverständnis nicht vereinbaren lasse und auch durch das offenkundige Intereresse eines Staates, mit den Regierungschefs anderer Staaten vertrauliche Beziehungen zu unterhalten, nicht gerechtfertigt sei[1265].

Weniger weitreichend ist der Schutz von Mitgliedern inländischer Ministerien oder des Parlaments, von - bestimmten - Beamten[1266], von Privatpersonen, die mit staatlichen Aufgaben betraut wurden[1267] sowie von Geschworenen und Zeugen. Soweit sich die ehrkränkenden Äußerungen auf deren Funktion oder Eigenschaft als Träger staatlicher Gewalt beziehen[1268], unterscheidet der Gesetzgeber zwischen der *diffamation* (Art. 31 Abs. 1 des Gesetzes von 1881) und der *injure* (Art. 33 Abs. 1 des Gesetzes von 1881). Im Falle ehrverletzender Tatsachenbehauptungen hat demzufolge der Journalist die Möglichkeit, sich auf die Richtigkeit seiner Äußerung zu berufen. Gleiches gilt für die Beurteilung ehrverletzender Äußerungen gegenüber den Gerichten, der Armee, bestimmten juristischen Personen des öffentlichen Rechts sowie den Behörden im weitesten Sinne[1269].

## 3. Verteidigungsmöglichkeiten

Wie in Deutschland hängen die Möglichkeiten des beklagten Journalisten, sich gegen die Geltendmachung zivilrechtlicher Ausgleichsansprüche zu wehren, auch in Frankreich im wesentlichen davon ab, ob die wegen ihres ehrverletzenden Charakters beanstandete Publikation Tatsachenbehauptungen enthält oder mangels *fait précis* als *injure* zu bewerten ist. Anders als im deutschen Recht lässt sich allerdings die Publikation ansehensschädigender Tatsachenbehauptungen tendenziell besser rechtfertigen als die Veröffentlichung ehrverletzender Werteile.

Nicht nur die Möglichkeit zur Durchführung des Wahrheitsbeweises (a), auch der für die Verteidigungssaussichten der Presse besonders wichtige Rechtfertigungsgrund der *bonne foi* (b) kommt in der Praxis - anders als in Deutschland die „Wahrnehmung berechtigter Interessen“ - fast ausschließich bei ehrverletzenden Tatsachenbehauptungen zur Anwendung. Auch die Immunität, die der Berichterstattung über parlamentarische Sitzungen zugute kommt (c), wird - in Übereinstimmung mit dem deutschen Recht - durch die Einbeziehung ehrverletzender Werturteile zumindest stark gefährdet. Selbst die im Gesetz von 1881 eigenständig geregelte Möglichkeit, sich im Falle einer öffentlich geäußerten *injure* auf eine vorhergehende Provokation zu berufen (d), ist nicht

---

1265 EGMR, Urt. v. 25.6.2002, Az. 51279/99 (Ziff. 68) - Colombani, abrufbar unter www.echr.coe.int.

1266 Vgl. zu der nicht abschließend geklärten Frage, inwieweit sich Beamte auf Art. 31 des Gesetzes von 1881 berufen können: Auvret in Blin/Chavanne/Drago/Boinet, 161/88 ff.

1267 Vgl. dazu Auvret in Blin/Chavanne/Drago/Boinet, 161/110 ff.

1268 Vgl. dazu Pradel/Danti-Juan,Rn. 466.

1269 Vgl. Art. 30 des Gesetzes von 1881 *(diffamation)* und 33 Abs. 1 des Gesetzes von 1881 *(injure)*.

geeignet, die Verteidigungsaussichten der Presse zu stärken. Eine effektive Chance, sich einer zivilrechtlichen Haftung wegen der Veröffentlichung ehrverletzender Werturteile zu entziehen, bietet lediglich die pressespezifische Verjährungsregel, die zwischen einer *diffamation* und einer *injure* keinen Unterschied macht (e).

### a. Wahrheitsbeweis

Die *exceptio veritatis* hat der Gesetzgeber in Art. 35 des Gesetzes von 1881 kodifiziert[1270]. Wie im deutschen Recht greift dieser Rechtfertigungsgrund[1271] nur im Falle ehrverletzender Tatsachenbehauptungen, nicht aber, wenn die beanstandete Äußerung als *injure* zu bewerten ist[1272]. Die Beweislast für die Wahrheit bzw. Unwahrheit einer Behauptung deckt sich mit den Vorgaben des deutschen Rechts: Es obliegt nicht dem Kläger, die Unrichtigkeit der beanstandeten Behauptung zu belegen; vielmehr muss der beklagte Journalist deren Richtigkeit nachweisen[1273]. Trotz dieser vergleichbaren Ausgangssituation stehen die Chancen der Presse, sich mit Erfolg auf die Wahrheit der beanstandeten Behauptung zu berufen, nach deutschem Recht sehr viel besser als in Frankreich. Zwar ist der Anwendungsbereich der *exceptio veritatis* im Hinblick auf die Adressaten der beanstandeten Publikation auch in Frankreich kontinuierlich ausgeweitet worden (aa); das französische Recht sieht jedoch verschiedene Konstellationen vor, in denen die Durchführung des Wahrheitsbeweises von vornherein ausgeschlossen ist (bb) und stellt auch dann, wenn die Voraussetzungen dieser Ausschlusstatbestände *nicht* erfüllt sind, hohe Anforderungen an den Exkulpationsbeweis (cc).

### aa. Historische Entwicklung

Mit Ausnahme der bereits dargestellten Sonderbestimmungen, wonach die Verunglimpfung des französischen Präsidenenten bzw. verschiedenener ausländischer Staatsvertreter dem Wahrheitsbeweis von vornherein entzogen ist[1274], greift die *exceptio veritatis* unabhängig vom Adressaten der beanstandeten *diffamation*. Prinzipiell kann die Presse somit nicht nur über Träger von Staatsgewalt, sondern auch über Privatpersonen ehrverletzende Tatsachen publizieren, sofern sie nur in der Lage ist, die Richtigkeit ihrer Behauptungen zu beweisen. Dies war lange Zeit anders. In der ersten gesetzlichen Kodifizierung der *diffamation* aus dem Jahre 1819 bestand die Möglichkeit, sich auf die Richtigkeit der inkriminierten Äußerung zu berufen, nur dann, wenn sich die üble Nachrede gegen Vertreter des *Staates* richtete, wobei Voraussetzung war,

---

[1270] Zur Anwendung der strafrechtlichen Sonderregel auch vor den Zivilgerichten vgl. oben B II 3.
[1271] Pradel/Danti-Juan,Rn. 453; Marino, Rn. 436.
[1272] Rassat, Rn. 418; Boccara in Blin/Chavanne/Drago/Boinet, 305/28. Der in Art. 35 Abs. 2 verwendete, irreführende Ausdruck „*imputations injurieuses*" hat heute keine Gültigkeit mehr, vgl. Rassat, Rn. 418.
[1273] Pradel/Danti-Juan,Rn. 452.
[1274] Zu diesen Bestimmungen und ihrer Unvereinbarkeit mit Art. 10 EMRK vgl. oben C I 2 bb.

dass die Kritik sie in ihrer Funktion als Amtsinhaber betraf[1275]. Die heute geltende Fassung des Art. 35 Abs. 3 des Gesetzes von 1881, wonach die Richtigkeit der diffamierenden Äußerungen *immer* bewiesen werden kann[1276], wurde erst im Jahre 1944 eingeführt. Mit der Neuregelung wollte die nach der Befreiung eingerichtete Provisorische Regierung die zutreffende Unterstellung, eine Privatperson habe mit den deutschen Besatzungmächten kollaboriert, dem Anwendungsbereich des Strafrechts entziehen[1277]. Nach dem - heute überholten - Willen des Gesetzgebers von 1944 war die Ausweitung der Exkulpationsmöglichkeit auf diesen provisorischen Zweck begrenzt. Jenseits dieser Sonderfälle sollte die Presse keineswegs die Möglichkeit haben, "(...) laufend alte Anschuldigungen zu beleben"[1278].

### bb. Ausschlusstatbestände

Anders als das deutsche Recht, das einen Ausschluss des Wahrheitsbeweises nur dann vorsieht, wenn sich die beanstandete Behauptung auf eine Straftat bezieht und der Betroffene rechtskräftig freigesprochen wurde[1279], gibt es in Frankreich eine Reihe von Konstellationen, in denen die Erbringung des Wahrheitsbeweises nicht nur wirkungslos, sondern sogar unzulässig ist. Diese Auschlusstatbestände führen zu erheblichen Beschränkungen der Pressefreiheit, die nur dadurch relativiert werden, dass die praktische Bedeutung des Art. 35 des Gesetzes von 1881 wegen der hohen Anforderungen an die Erbringung des Wahrheitsbeweises ohnehin vergleichsweise gering ist.

### (1) Materiellrechtliche Beschränkungen

In materiellrechtlicher Hinsicht ist der Wahrheitsbeweis gem. Art. 35 Abs. 3 des Gesetzes von 1881 von vornherein ausgeschlossen, wenn die beanstandete Publikation

a. das Privatleben der diffamierten Person betrifft,
b. sich auf Tatsachen bezieht, die mehr als zehn Jahre zurückliegen,
c. sich auf Tatsache bezieht, die ein Vergehen begründen, für das der Täter begnadigt wurde bzw. das verjährt ist oder dessen Strafbarkeit aufgrund einer Rehabilitierung bzw. einer Wiederaufnahme des Verfahrens aufgehoben worden ist[1280].

---

[1275] Vgl. Art. 20 der loi du 15.5.1819 : „ (...) *personnes revêtues d'un caractère public à raison de leurs fonctions";* dazu Ader, Légipresse 1999, Heft 159, S. II-17. Eine Ausnahme galt, wie gesagt, lediglich für die in Art. 26, 36 und 37 benannten Staatsvertreter.

[1276] Vgl. Art. 35 Abs. 3: „*(...) La vérité des faits diffamatoires peut toujours être prouvée (...)".*

[1277] Chavanne, J.cl. pénal, 90/8; Ader, Légipresse 1999, Heft 159, S. II-17

[1278] Wörtlich: „*Elle [la liberté de la presse] ne doit pas permettre de raviver constamment des accusations anciennes, ni de rappeler des faits sur lesquels les lois elles-mêmes ont commandé de jeter l'oubli",* Begründung der Verordnung vom 6. Mai 1944, zit. aus Ader, Légipresse 1999, Heft 159, S. II-18.

[1279] Vgl. § 190 S. 2 StGB, dazu oben 2. Kap. B 2 a.

[1280] Vgl. Art. 35 Abs. 3 des Gesetzes von 1881:
„*La vérité des faits diffamatoires peut toujours être prouvée, sauf:*
*a) Lorsque l'imputation concerne la vie privée de la personne;*

Der ausdrückliche Ausschluss des Wahrheitsbeweises im Falle von Publikationen, die das Privatleben betreffen (vgl. oben a.), entspricht im Ergebnis dem deutschen Recht. Auch hier ist der Einzelne vor der Veröffentlichung ehrverletzender Tatsachenbehauptungen geschützt, die zwar zutreffend sind, jedoch auf unerlaubte Weise in die Intim- bzw. Privatsphäre als Fallgruppen des allgemeinen Persönlichkeitsrechts eingreifen[1281]. Die französischen Gerichte legen die Ausnahmebestimmung des Art. 35 Abs. 3 a) des Gesetzes von 1881, die der Gesetzgeber - nicht anders als den Begriff der *„vie privée"* im Sinne des Art. 9 cc - nicht näher definiert hat[1282], sehr restriktiv aus[1283]. Sind etwa ehrverletzende Äußerungen, die sich auf die öffentliche Funktion eines Amtsinhabers beziehen, mit Behauptungen, die sein Privatleben betreffen, untrennbar verbunden, so hat dies zur Folge, dass der Wahrheitsbeweis insgesamt zulässig ist[1284]. Allerdings bleibt eine Haftung der Presse auf der Grundlage des Art. 9 cc in diesen Fällen weiterhin möglich[1285].

Die zweite Beschränkung des Wahrheitsbeweises (vgl. oben b.) führt gegenüber der Situation in Deutschland zu einer erheblichen Verstärkung des Schutzes der persönlichen Ehre. Beziehen sich die ehrverletzenden Behauptungen auf Umstände, die mehr als zehn Jahre zurückliegen, so entfällt die Möglichkeit, sich auf ihre Richtigkeit zu berufen. Mit dieser Ausnahmebestimmung wollte der französische Gesetzgeber der Sicherung des öffentlichen Friedens dienen[1286] bzw. verhindern, dass alte Rachegelüste wieder aufleben[1287]. Er hat somit ausdrücklich kodifiziert, was in Deutschland lediglich einige Autoren befürworten, indem sie die Offenbarung ehrverletzender Vorgänge, die der (weit zurückliegenden) Vergangenheit angehören, als „Formalbeleidigung" und somit auch dann als rechtswidrig ansehen, wenn die geäußerte Behauptung der Wahrheit entspricht[1288]. Auch die Ausnahmebestimmung des Art. 35 Abs. 3 b) wird restriktiv ausgelegt und gilt nicht für Personen, die bereits verstorben sind[1289]; die Arbeit des Historikers wird somit nur insoweit behindert, wie dieser sich mit *lebenden* Personen beschäftigt.

---

b) *Lorsque l'imputation se réfère à des faits qui remontent à plus de dix années;*
c) *Lorsque l'imputation se réfère à un fait constituant une infraction amnistiée ou prescrite; ou qui a donné lieu à une condamnation effacée par la réhabilitation ou la révision".*

1281 Vgl. dazu oben 2. Kap. B I b bb.

1282 Teilweise wird sogar in Zweifel gezogen, ob das Privatlebens im Sinne des Art. 35 Abs. 3 a) des Gesetzes von 1881 überhaupt mit dem Begriff des *„droit au respect de la vie privée"* im Sinne des Art. 9 cc korrespondiert, vgl. Ader, Légipresse 1999, Heft 159, S. II-17, 18.

1283 Marino, Rn. 437: *„Le champ de la vie privée est tout au plus un jardinet".*

1284 Cass. Crim. v. 17.12.1979, Bull. Crim., Nr. 360, ebenso: Cass. civ. v. 24.1.1996, D. 1996, IR, S. 49; Marino, Rn. 437.

1285 Vgl. Marino, Rn. 438.

1286 Ader, Légipresse 1999, Heft 159, S. II-17, 19.

1287 Rassat, Rn. 419; kritisch Marino, Rn. 437.

1288 Tenckhoff, Jus 1989, S. 33, 39; Lenckner in Schönke-Schröder, § 192, Rn. 1; vgl. dazu oben 2. Teil 2. Kap. B I 1 a bb (2).

1289 Insoweit kommt Art. 34 des Gesetzes von 1881 zur Anwendung, vgl. Molina, S. 139.

Die dritte Beschränkung der *exceptio veritatis* (vgl. oben c.) befasst sich mit der Berichterstattung über strafrechtliche Verurteilungen. Während der Beweis der Wahrheit gem. § 190 S. 2 StGB in diesen Fällen nur dann ausgeschlossen ist, wenn der Betroffene *freigesprochen* wurde, versagt die *exceptio veritatis* im Sinne des Art. 35 Abs. 3 des Gesetzes von 1881 auch in den Fällen der Begnadigung, der Rehabilitierung und der Wiederaufnahme eines Strafverfahrens. Darüber hinaus ist sogar die bloße *Verjährung* eines Strafrechtsdelikts Grund genug, den Wahrheitsbeweis abzulehnen. Dies führt, wie *Albert Chavanne* hervorhebt, insoweit zu „unvernünftigen Konsequenzen"[1290], als die Verjährungsfristen beispielsweise für Vergehen nur *drei* Jahre betragen[1291] und damit sehr viel kürzer sind als die in Art. 35 Abs. 3 des Gesetzes von 1881 vorgesehenen *zehn* Jahre. Daher kann sich die Presse, sofern sie eine *freigesprochene* Person als schuldig darstellt, für die Dauer von immerhin *zehn Jahren* auf die Richtigkeit ihrer Behauptung berufen, wohingegen der Wahrheitsbeweis für den Fall, dass das betreffende Vergehen lediglich *verjährt* ist, schon sehr viel früher ausgeschlossen ist[1292].

#### (2) Verfahrensrechtliche Beschränkungen

Die *exceptio veritatis* wird schließlich dadurch erschwert, dass der Journalist die für den Wahrheitsbeweis vorgesehenen Beweismittel nach neuerer Rechtsprechung sowohl im strafgerichtlichen, als auch im zivilgerichtlichen Verfahren innerhalb von zehn Tagen nach Zustellung der Ladung beibringen muss, vgl. Art. 55 des Gesetzes von 1881. Insoweit wird auf die Ausführungen in diesem Kapitel unter Abschnitt C I b aa verwiesen.

### cc. Anforderungen an die Erbringung des Wahrheitsbeweises

Selbst wenn keiner der dargestellten Ausschlussgründe einschlägig ist, gelingt es den Journalisten in Frankreich nur in seltenen Ausnahmefällen, die Richtigkeit ihrer Behauptungen zu beweisen[1293]. In formaler Hinsicht wird die *exceptio veritatis* dadurch behindert, dass die *Cour de cassation* - anders als die deutschen Gerichte - nur Beweismittel gelten lässt, die der Presse schon zu dem Zeitpunkt vorlagen, da der beanstandete Artikel veröffentlicht wurde[1294]. Für die Zeugenvernehmung bedeutet dies beispielsweise, dass nur solche Personen gehört werden können, mit denen der be-

---

[1290] Wörtlich: *„conséquences déraisonnables"*, Chavanne, Jur. Cl. Pénal, 90/194.
[1291] Vgl. Art. 8 NCPC.
[1292] Chavanne, Jur. Cl. Pénal, 90/194.
[1293] Ader, Légipresse 1999, Heft 159, S. II-17, 20; ähnlich Lamy, Rn. 325; vgl. z.B. Cass. crim. v. 29.4.1997, Légipresse 1998, Heft 151, S. III-64.
[1294] Mit dieser Rechtsprechung werden Gesichtspunkte, die der Sache nach die Gutgläubigkeit des Journalisten betreffen und somit erst bei der Prüfung der *„bonne foi"* berücksichtigt werden dürften, schon im Rahmen des Wahrheitsbeweises geprüft, vgl. nur Cass. Crim. v. 15.1.1997, Légipresse 1997, Heft 141, S. I-51; aA. CA de Doai v. 5.12.1990, Légipresse 1991, Heft 94, S. I-90; Ader, Légipresse 1999, Heft 159, S. II-17, 20.

klagte Journalist schon im Rahmen seiner Recherchen gesprochen hat[1295]. Auf materiellrechtlicher Ebene genügt es nicht, dass die behauptete Tatsache in den „wesentlichen Punkten" als richtig festgestellt wird bzw. dass zumindest der Tatsachenkern zutreffend ist[1296]; die französischen Gerichte verlangen darüber hinaus einen „perfekten" und „vollständigen Beweis, der den diffamierenden Äußerungen in vollem Umfang entspricht"[1297]. Diese Anforderungen kann die Presse nur sehr selten erfüllen[1298]. Neben der hoch gesteckten Meßlatte an die Beweisführung durch die Journalisten dürften die Schwierigkeiten, denen diese bei der Erbringung des Wahrheitsbeweises begegnen, auch damit zusammenhängen, dass die französischen Gerichte den Begriff der Tatsachenbehauptung *(fait précis)* sehr weit auslegen und oftmals selbst Äußerungen darunter subsumieren, die man in Deutschland ohne weiteres als - dem Beweis nicht zugängliche - *Werturteile* ansehen würde[1299].

**b. *bonne foi***

Auch in Frankreich besteht Einigkeit darüber, dass man das Grundrecht der Meinungsfreiheit „(...) nicht in zu enge Grenzen zwängen kann, ohne Gefahr zu laufen, dass die Wahrheit unter den Scheffel gestellt wird"[1300]. Vielmehr gibt es, so das *Tribunal correctionnel d'Annecy*, „(...) eine Vielzahl von Fällen, in denen ein wahrhaftiges „Recht zu wissen" existiert, das diffamierende Behauptungen rechtfertigt[1301]. Dieses Recht auch in der *loi sur la liberté de la presse* zu kodifizieren, hat der auf prozessualem Gebiet sehr viel spitzfindigere Gesetzgeber von 1881 versäumt. Da auch die Exkulpationsmöglichkeit des Art. 35 des Gesetzes von 1881 insbesondere in der Zeit *vor* 1944 erheblichen Beschränkungen unterlag[1302], gab es für die Rechtsprechung gute Gründe, die strengen Vorgaben der *loi sur la liberté de la presse* auf richterrechtlichem Wege abzufedern. Anknüpfungspunkt für eine stärkere Gewichtung der Meinungsfreiheit war die bereits beschriebene Entscheidungspraxis, wonach die Unredlichkeit des Journalisten im Falle ehrverletzender Publikationen vermutet wird[1303]. Diese *„présomption de mauvaise foi"*, die ursprünglich zum Nachteil desjenigen entwickelt wurde, der dif-

---

[1295] TGI v. 7.2.1996, Légipresse 1996, Heft 135, S. 115; aA. Ader, Légipresse 1999, Heft 159, S. II-17, 20, der diese Regel berechtigterweise allein im Rahmen des Beweises der *bonne foi* als zulässig ansieht.

[1296] So die Maßstäbe im deutschen Recht, vgl. dazu oben 2. Teil 2. Kap. B 2 a.

[1297] Wörtlich: *„(...) parfaite, complète et corrélative aux imputations diffamatoires dans toute leur portée"*, vgl. Cass. crim. v. 15.3.1948, JCP 1948, II, 4431; Lamy, Rn. 325.

[1298] Ader, Légipresse 1999, Heft 159, S. II-17, 19.

[1299] Ebenso Lamy, Rn. 325; vgl. dazu unten E II.

[1300] Wörtlich: *„(...) qu'on ne peut enserrer dans des limites trop étroites sans risquer de mettre la vérité sous le boisseau (...)"*, TGI de Paris v. 23.3.1983, Gaz. Pal. 1984, 1, somm., S. 201; Chavanne, Jur. Cl. Pénal, 90/117.

[1301] Wörtlich: *„Il est de nombreux cas où il existe un véritable „droit de savoir" qui doit justifier des imputations diffamatoires"*, Trib. corr. d'Annecy v. 13.12.1974, Gaz. Pal. 1976-2 som., S. 315; Beignier, S. 161.

[1302] Vgl. dazu oben 2. Teil C I 3 a aa.

[1303] Vgl. dazu oben 2. Teil C I 2 a dd.

famierende Äußerungen veröffentlicht, bildet die Grundlage für den Rechtfertigungsgrund der sogenannten *„bonne foi“*[1304], der heute im Rahmen äußerungsrechtlicher Auseinandersetzungen am meisten genutzten Verteidigungsstrategie[1305]. Wurde nämlich die Unredlichkeit bzw. die böswillige Absicht des Journalisten und damit das subjektive Element der *délits de presse* im Sinne des Gesetzes von 1881 nach ständiger Rechtsprechung vermutet, so hatte dies zur Folge, dass sich die Journalisten auf ihre eigene *„bonne foi“* berufen und damit die *„présomption de mauvaise foi“* im Einzelfall außer Kraft setzen konnten[1306].

Über diese ursprüngliche Funktion ist die *bonne foi* weit hinausgewachsen. Sie hat sich zu einem Rechtfertigungsgrund *(fait justificatif)*[1307] entwickelt, der sämtliche Fälle umfassen soll, „(...) in denen die *diffamation* unter Berücksichtigung der Meinungsfreiheit oder der Notwendigkeit legitimer Polemik gerechtfertigt erscheint“[1308]. Vor diesem Hintergrund bestehen zwischen der *bonne foi* im Sinne des französischen Presserechts und der deutschen „Wahrnehmung berechtigter Interessen“ unverkennbare Parallelen. Allerdings sollte dieser Vergleich nicht darüber hinwegtäuschen, dass die Reichweite der *bonne foi* sehr viel begrenzter ist als die Rechtswirkungen des § 193 StGB. Die französischen Gerichte legen die Ausnahmebestimmung sehr eng aus[1309]. Anders als in Deutschland, wo die Meinungsfreiheit der Presse bei Werturteilen und wahren Tatsachenbehauptungen erst in den eng umrissenen Fällen der Schmähkritik an ihre Grenzen stößt, ist in Frankreich die Veröffentlichung sowohl von Werturteilen, als auch von unsachlichen, emotional gefärbten Tatsachenbehauptungen schon weit unterhalb dieser Schwelle mit besonderen Risiken verbunden. Eine etwas pressefreundlichere Tendenz macht sich erst seit wenigen Jahren bemerkbar[1310].

### aa. Beschränkung auf Tatsachenbehauptungen

Ein wesentlicher Unterschied zum deutschen Recht besteht darin, dass der Anwendungsbereich der *bonne foi* zwar theoretisch für die *diffamation* und die *injure* gleichermaßen greift[1311]; in der Praxis haben die Journalisten im letzten Fall jedoch kaum Möglichkeiten, sich auf diesen Rechtfertigungsgrund zu berufen[1312]. Die Rechtspre-

---

1304 Freie Übersetzung: „Redlichkeit, gute Absicht“.

1305 Derieux, S. 404.

1306 Beignier, S. 162.

1307 Pradel/Danti-Juan,Rn. 455; Marino, Rn. 423; ausf. Conte, S. 49, 55 f.

1308 Wörtlich: *„Elle englobe en somme tous les cas où la diffamation apparaît justifiée par la liberté d'opinion ou par les nécéssités de polémiques légitimes“*, Chavanne, Jur. Cl. Pénal, 90/139; ebenso Lamy, Rn. 327, 379; Conte, S. 49 f. ; ähnlich Pradel/Danti-Juan,Rn. 455.

1309 Auvret in Blin/Chavanne/Drago/Boinet, 122/115; Rassat, Rn. 412; Levasseur, R.S.C. 1970, S. 103, 654; Molina, S. 137; Lamy, Rn. 323; aA. Beignier, S. 165: *„(...) jurisprudence qui (...) supprime quasiment le délit de diffamation“*.

1310 Lamy, Rn. 323.

1311 Chavanne, Jur. Cl. Pénal, 100/50.

1312 CA de Paris v. 25.7.1939, DH 1940, S. 33; Chavanne, Jur. Cl. Pénal, 100/48; Pradel/Danti-Juan,Rn. 479; für einen generellen Ausschluss der *bonne foi* im Falle der *injure*: Lamy, Rn. 379 f.;

chung legitimiert das Vorliegen einer *injure* nur ganz vereinzelt unter dem Gesichtspunkt der *bonne foi*. So war zwar nach Ansicht der *Cour d'appel de Versailles* die im Rahmen eines Wahlkampfes geäußerte - zu Recht als *Werturteil* qualifizierte - Kritik, wonach es dem Betroffenen „(...) an politischem Mut fehle, (...) er Salonpolitik betreibe, (...) er die Menschen nur mit großen Gesten zum Lachen bringe“[1313] vom Anwendungsbereich der *bonne foi* erfasst[1314]. Diese Entscheidung hat jedoch nicht nur Kritik geernet[1315], sie ist auch weitgehend isoliert geblieben.

Die Beschränkung der *bonne foi* auf Tatsachenbehauptungen wird in der Rechtsprechung gar nicht, im Schrifttum nur lapidar begründet. Entscheidender Gesichtspunkt für die Differenzierung zwischen der *diffamation* und der *injure* ist etwa nach Ansicht von *Albert Chavanne,* dass letztere keine rechtfertigenden Informationszwecke erfülle[1316]. Auch für *Emmanuel Derieux* ist das Fehlen von präzisen Tatsachen der Grund, weshalb sich die *injure* und die *bonne foi* gegenseitig ausschließen:

> *„Compte tenu de la nature particulière de l'injure, qui n'est basée sur aucun fait, il ne peut (...) être question ici de prouver quoi que ce soit, pas même sa bonne foi“* [1317].

Demgegenüber verweist *Bertrand de Lamy* schlicht auf die Anforderungen, die die Rechtsprechung an das Vorliegen der *bonne foi* stellt. Hierbei handele es sich um einen Rechtfertigungsgrund, der eine vorsichtige Ausdrucksweise voraussetze, was im Falle der *injure* denklogisch ausgeschlossen sei[1318]. Selbst dort, wo die Rechtsprechung die Anforderungen an die Ausdrucksweise tendenziell herunterschraubt - zum

---

Derieux, S. 410; Anonyme Anm. unter TGI de Troyes, v. 11.12.1974, Gaz. Pal. 1975, Jur. , S. 260, 263: *„Si le critique jouit dans l'exercice de son art de la plus grande liberté, cette liberté (...) a des limites. Vie privée de l'auteur, imputations diffamatoires non établies et, bien entendu, injures, les principes sont constants, sans ambiguïté“;* aA. CA de Versailles v. 23.2.1999, Légipresse 1999, Heft 160, S. I-37; Guillot, encyclopédie Dalloz, S. 8, Stichwort: *„injure“*.

1313 Wörtlich: *„(...) qui manquerait de courage politique...ferait de la politique dans les salons.. ferait seulement rire les gens avec des grands effets de manche“*.

1314 CA de Versailles v. 23.2.1999, Légipresse 1999, Heft 160, S. I-37, 38. Begründet wurde dies damit, dass diese Äußerungen zwar „heftig, sogar verletzend“ seien, sich jedoch ausschließlich auf die politischen Aktivitäten der kritisierten Person bezogen und deren Privatleben unberührt ließen. Mit dieser Begründung verschiebt die *Cour d'appel de Versailles* die Wertung, die die französischen Gerichte allenfalls bei der Frage einfließen lassen, ob *überhaupt* von einer *injure* auszugehen ist, vgl. dazu oben 2 b aa, auf die Ebene der Rechtfertigung.

1315 Vgl. Lamy, Rn. 381: *„On ne voit pas très bien en quoi ces éléments intéressent la bonne foi et la dernière précision amène plutôt à penser que le délit n'était pas constitué compte tenu du contexte dans lequel il s'inscrivait“*.

1316 Chavanne, Jur. Cl. Pénal, 100/51: *„Aucune nécéssité d'informer le public ne peut notamment justifier les injures“*.

1317 Derieux, S. 410, freie Übersetzung: „In Anbetracht des besonderen Charakters der *injure*, die auf keinerlei Tatsachen beruht, kann hier nicht die Rede davon sein, irgendetwas zu beweisen, nicht einmal die eigene gute Absicht“.

1318 Lamy, Rn. 380. In dieselbe Richtung gehend: Pradel/Danti-Juan,Rn. 479.

Beispiel im Bereich der politischen Polemik und der Satire[1319] - lasse sich die *injure* nicht rechtfertigen:

> „*(...) celle-çi n'est jamais indispensable pour discuter des idées ou pour faire rire, cela reviendra à encourager la vulgarité.*“[1320]

**bb. Voraussetzungen**

Die Feststellung der *bonne foi* ist an vier Voraussetzungen geknüpft. Anders als in Deutschland, wo die Prüfung der „Wahrnehmung berechtigter Interessen“ im wesentlichen auf einer Gesamtabwägung beruht, reicht es in Frankreich, dass nur ein Elememt der *bonne foi* fehlt, damit die Rechtfertigungsmöglichkeit ausscheidet[1321]. Die Rechtsprechung verlangt regelmäßig ein berechtigtes Ziel *(but légitimite),* das Fehlen persönlicher Feindseligkeit *(absence d'animosité personelle),* eine vorsichtigte und maßvolle Ausdrucksweise *(prudence et mesure dans l'expression)* sowie eine gewissenhafte Recherche *(qualité de l'enquête)*[1322].

**(1) *but légitime***

Wie in Deutschland, wo sich die Presse im Rahmen des § 193 StGB allein auf „berechtigte“ Interessen berufen kann, ist die Entscheidung, ob im Hinblick auf die beanstandete Äußerung ein „legitimes Informationsbedürfnis der Öffentlichkeit“[1323] besteht, auch im Rahmen der *bonne foi* von entscheidender Bedeutung[1324]. Es stellt sich auch hier die Frage, wie bei der Fülle an Informationen, die der Öffentlichkeit zugänglich gemacht werden können, die „wertvollen“ bzw. „legitimen“ Nachrichten von jenen abzugrenzen sind, die so unbedeutend sind, dass eine Berufung auf den Rechtfertigungsgrund der *bonne foi* von vornherein ausscheidet.

Einigkeit besteht insoweit, als die Berichterstattung von dem Bedürfnis geprägt sein muss, einem „höheren Interesse“ *(intérêt supérieur)*[1325] bzw. einem „sozialen Interesse“ *(intérêt social)*[1326] zu dienen[1327]. Davon ist zum Beispiel auszugehen, wenn die

---

[1319] Vgl. dazu unten C I 3 b bb (3).

[1320] Lamy, Rn. 380 (Fn. 691), freie Übersetzung: „(...) diese ist nie unverzichtbar, um Ideen zu diskutieren oder andere zum Lachen zu bringen, dies würde darauf hinauslaufen, dass man die Vulgarität fördert“.

[1321] Auvret, Les journalistes, S. 149.

[1322] Vgl. nur TGI de Paris v. 16.2.1993, D. 1994, som.com., S. 195; Marino, Rn. 427; Bigot, Anm. unter CA de Paris v. 14.12.1993, D. 1995, som.com., S. 272; ähnlich Auvret, Les journalistes, S. 149.

[1323] Marino, Rn. 439, wörtlich: *"besoin légitime d'information du public"*.

[1324] Marino, Rn. 439; Auvret, Les journalistes, S. 150.

[1325] Lamy, Rn. 330.

[1326] Auvret, Les journalistes, S. 151; Lamy, Anm. unter Cass. Crim. v. 1.10.1996, D. 1998, S. 499, 500.

[1327] Lamy, Anm. unter Cass. Crim. v. 1.10.1996, D. 1998, S. 499, 500; Chavanne, Jur. Cl. Pénal, 90/124.

Presse die öffentliche Moral verteidigt[1328], die Sorge um die Gesundheit der Bürger im Vordergrund steht[1329], die Glaubwürdigkeit einer öffentlichen Äußerung in Frage gestellt wird[1330], wenn Werke wissenschaftlicher oder künstlerischer Art kritisiert[1331] oder die Fähigkeiten der im Wahlkampf aufgestellten Kandidaten beurteilt werden[1332]. Im Einklang mit der deutschen und europäischen Rechtsprechung kann die Presse ein höheres Interesse unter dem Gesichtspunkt der *défense légitime* gegebenfalls auch aus einem vorhergehenden Angriff der kritisierten Person herleiten[1333]. Das *intérêt supérieur* oder *social* im Sinne der französischen Rechtsprechung deckt sich nach alledem mit den „Angelegenheiten von öffentlichem Interesse", bei denen die deutschen Gerichte den Tatbestand des § 193 StGB in aller Regel bejahen[1334].

Wie die deutsche setzt auch die französische Rechtsprechung die Relevanz der publizierten Behauptung in Beziehung zu der Intensität des ehrverletzenden Angriffs[1335]. Je geringer das Informationsinteresse, desto eher versagt die Rechtfertigungsmöglichkeit[1336]. Werden Tatsachen wachgerufen, die keine aktuelle Relevanz mehr aufweisen, so wird das „Recht auf Information" regelmäßig hinter den Persönlichkeitsrechten des Betroffenen zurückstehen müssen[1337]. Gleiches gilt für Veröffentlichungen, die allein kommerzielle Ziele verfolgen[1338]. In Übereinstimmung mit den Vorgaben des Europäischen Gerichtshofs für Menschenrechte[1339] sind auch ehrverletzende Nachrichten, die „(...) keinerlei ernsthafte Informationen"[1340] liefern bzw. nur die „(...) ungesunde Neugier der Öffentlichkeit befriedigen wollen"[1341], prinzipiell rechtswidrig[1342]. Die Geltendmachung von Ausgleichsforderungen wegen ansehensschädigender Äußerungen,

---

[1328] T. Corr. Seine v. 26.4.1929, sem. jur. 1929, S. 1229, Anm. Garraud; Chavanne, Jur. Cl. Pénal, 90/124; Auvret, Les journalistes, S. 150 m.w.N.

[1329] Chavanne, Jur. Cl. Pénal, 90/124; Auvret, Les journalistes, S. 150 m.w.N.

[1330] CA de Paris v. 5.12.1989, D. 1990, IR, S. 3; Chavanne, Jur. Cl. Pénal, 90/124.

[1331] Lamy, Rn. 330.

[1332] Cass. Crim. v. 5.11.1969, Bull. Crim., Nr. 292; Rassat, Rn. 412; vgl. zur Berichterstattung im Wahlkampf auch unten C I 3 b bb (3).

[1333] Chavanne, Jur. Cl. Pénal, 90/128 m.w.N.

[1334] Vgl. dazu oben 2. Kap. B 2 b bb (2) (2.1) (2.1.1).

[1335] Lamy, Rn. 331; vgl. dazu auch unten C I 3 b bb (3).

[1336] Auvret, S. 122, wörtlich: „*Plus on s'éloigne de la nécéssité de l 'information et plus la justification disparaît*".

[1337] TGI de Paris v. 15.2.1984, D. 1984, IR, S. 360; aA. CA Paris v. 22.6.1994, D. 1995, som. com., S. 274, Anm. Bigot.

[1338] TGI de Paris v. 21.12.1983, Gaz. Pal. 1984, som., S. 360.

[1339] EGMR, Urt. v. 24.6.2004, NJW 2004, 2647 – Caroline von Hannover, vgl. dazu oben 1. Teil 4. Kap. B III 1.

[1340] Wörtlich: „*(...) pas la moindre information sérieuse*", CA de Paris v. 9.3.1988, D. 1988, IR, S. 99; Auvret, Les journalistes, S. 122.

[1341] Vgl. Auvret, Les journalistes, S. 151:„*Dans toutes les hypothèses, les prévenus apparaîtront comme de bons diffamateurs défendant une cause apparament utile à la Société par opposition aux mauvais diffamateurs qui ne tendent qu'à satisfaire la curiosité malsaine du public*".

[1342] TGI d'Annecy v. 13.12.1974, Gaz. Pal. 1975, som. com. , S. 315; Lamy, Rn. 330.

die dem Bereich der bloßen Sensations- bzw. Skandalberichterstattung zuzurechnen sind, hat daher regelmäßig Erfolg[1343].

### (2) *absence d'animosité personelle*

Ein wesentlicher Unterschied zur deutschen Rechtsprechung besteht in dem Erfordernis der fehlenden persönlichen Feindseligkeit *(absence d'animosité personelle)*[1344]. Die Absichten des Journalisten, die ja den Ausgangspunkt bilden für die richterrechtliche Entwicklung der *bonne foi*[1345], spielen für die Bestimmung der *Grenzen* zulässiger Kritik eine sehr weitreichende Rolle. Zwar kommt es auf die wahren Gefühle des Journalisten nicht an; allerdings sind dessen böswilligen Motive insoweit relevant, wie sie aus der beanstandeten Publikation erkennbar hervorgehen[1346]. Sind Schädigungsabsichten bzw. die Verfolgung persönlicher Interessen nach deutschem Recht erst dann schädlich, wenn sie das *alleinige* Motiv für die ehrverletzende Veröffentlichung darstellen[1347], so ist eine Publikation in Frankreich schon dann rechtswidrig, wenn sie *überhaupt* eine böswillige Absicht erkennen lässt. Für die Presse kommt erschwerend hinzu, dass die französischen Gerichte schon vergleichweise geringfügige Entgleisungen ausreichen lassen, um eine *animosité personelle* zu bejahen. Bereits ein aggressiver oder polemischer Tonfall[1348], ein heftiger Angriff, eine Herabwürdigung oder die Wiederholung von Beschuldigungen kann genügen, damit die Rechtfertigungsmöglichkeit ausscheidet[1349]. Nur sofern sich die Kritik auf Auseinandersetzungen im politischen Bereich bezieht, macht sich in der Rechtsprechung der unterinstanzlichen Gerichte die Tendenz bemerkbar, die Grenzen zulässiger Polemik weiter zu öffnen[1350].

### (3) *prudence et mesure dans l'expression*

Das Gebot der vorsichtigen und maßvollen Ausdrucksdrucksweise *(prudence et mesure dans l'expression)* stellt bestimmte Mindestanforderungen an die Art und Weise der

---

[1343] Vgl. dazu auch TGI de Paris v. 26.1.1986, D. 1987, som. com., S. 136; Auvret, Les Journalistes, S. 122: „*Une indiscrétion qui ne constitue en aucune façon une information aus sens juridique du terme, mais s'apparente plus à une mode ou à des formules accrocheuses propres à une presse (...) dite à sensation sera inexorablement sanctionnée.*"

[1344] Vgl. TGI de Paris v. 16.2.1993, D. 1994, som.com., S. 195; TGI de Paris v. 13.4.1976, Gaz. Pal. 1976, 2, som., S. 315.

[1345] Vgl. dazu oben C I 3 b.

[1346] Vgl. Auvret, Les Journalistes, S. 150: „*On ne s'interrogera évidemment pas sur les sentiments profonds du journaliste mais sur ceux que son écrit ou ses paroles révèlent*".

[1347] Vgl. dazu oben 2. Kap. B I 2 b bb (3) (2.1) (2.2.3).

[1348] Cass. Crim. v. 30.10. 1984, Bull. Crim., Nr. 325; Chavanne, Jur. Cl. Pénal, 90/120; Conte, S. 49, 59.

[1349] CA de Paris v. 17.3.1987, D. 1987, IR, S. 99; CA de Paris v. 9.5.1988, D. 1988, IR, S. 179; CA de Paris v. 15.1.1986, Gaz. Pal. 1986, 2, S. 701, Anm. Domingo; Auvret, Les journalistes, S. 150; aA. Marino, Rn. 427, wonach die *absence d'animosité personelle* - „*s'agissant de „professionels" de l'information*" - in der Regel zu bejahen sein wird.

[1350] Vgl. dazu unten (3).

Berichterstattung. Dazu zählt in erster Linie die Pflicht zur Objektivität[1351], aus der zweierlei abgeleitet wird. Neben dem Gebot der sorgfältigen Recherche bzw. dem Verbot verzerrender bzw. unwahrer Darstellungen[1352] beinhaltet sie die „Pflicht zur Unparteilichkeit“[1353]. Die Publikation muß zwar nicht absolut neutral sein; das Objektivitätsgebot, so das *Tribunal de grande instance* von Paris, zwinge den Journalisten nicht,

> *„(...) de faire abstraction de ses opinions, de ses sympathies et antipathies, en d'autres termes qu'il soit parfaitement objectif“* [1354].

Es bedeute jedoch, so dasselbe Gericht unter Berufung auf eine von *Jean Carbonnier*[1355] geprägte, allerdings sehr ungenaue Formulierung[1356], dass der Journalist *„intellectuellement honnête“*, also „intellektuell ehrlich“ sein müsse:

> *„(...) les sentiments qu'il éprouve ne doivent altérer ni la pureté de ses intentions ni la sincérité de sa démarche“* [1357].

Leitlinie für die daraus folgenden Vorgaben an die Art der Darstellung ist die - naturgemäß nur schwer bestimmbare - Perspektive des „(...) des guten, umsichtigen und gewissenhaften Journalisten, ähnlich dem guten Familienvater“[1358]. Vor diesem Hintergrund verlangen die Gerichte zwar keine „gepflegte Sprache“[1359], es sind jedoch schon verhöhnende[1360], überspitzte[1361] bzw. giftige oder oder polemische[1362] Äußerungen prinzipiell geeignet, die Rechtswidrigkeit einer Publikation zu begründen.

---

[1351] Cass. civ, Assemblée plénière v. 25.2.2000, Légipresse 2000, Heft 170, S. III-45; Cass. Crim. v. 13.2.1990, Bull., Nr. 75; TGI v. 11.12.1974, Gaz. Pal. 1975, Jur., S. 260 ; TGI de Douai v. 22.11.1963, JCP 1964, II, 13482; Conte, S. 49, 58; Lamy, Rn. 329; ausf. Marino Rn. 240 ff.

[1352] Vgl. dazu ausf. Marino, Rn. 272 f.

[1353] Wörtlich: *„devoir d'impartialité“*, Marino, Rn. 259; Debbasch, Rn. 3170.

[1354] Freie Übersetzung: „(...) von seinen Meinungen, Sympathien und Antipathien zu abstrahieren, so daß er, mit anderen Worten, absolut objektiv ist“, TGI de Paris v. 4.7.1985, D. 1986, S. 5, Anm. Agostini;ebenso Marino, Rn. 259; aA. TGI de Douai v. 22.11.1963, JCP 1964, II, 13482, wonach sich die Presse jenseits des „Kommentars“ sogar jeglicher Kommentierung enthalten soll: *„Tout journal a le droit de relater une manifestation qui s'est produite à condition de rester objectif. La presse d'information relate les faits qui se produisent, mais les raisons profondes et non apparentes, qui font agir les individus ne sont pas de son domaine“*.

[1355] Carbonnier, Le silence et la gloire, D. 1951, chron., S. 119.

[1356] Ebenso Marino, Rn. 240.

[1357] Freie Übersetzung: „(...) seine Empfindungen dürfen weder die Reinheit seiner Absichten noch die Ernsthaftigkeit seiner Handlung beeinflussen“; TGI de Paris v. 4.7.1985, D. 1986, S. 5, Anm. Agostini

[1358] Wörtlich: *„(...) bon journaliste circonspect et consciencieux, un peu analogue au bon père de famille“*, Chavanne, Jur. Cl. Pénal, 90/120; ebenso Conte, S. 49, 59.

[1359] Wörtlich: *„langage châtié“*, Auvret, Les journalistes, S. 125.

[1360] Vgl. Auvret, Les Journalistes, S. 125: *„Les expressions virulentes, les formules outrageantes sont à écarter“*.

[1361] Vgl. Cass. Civ. v. 9.10.1996, Gaz. Pal., 1997, I, pan. S. 119; Auvret in Blin/Chavanne/Drago/Boinet, 122/112.

Ungeachtet dieser strengen Anforderungen gibt es allerdings auch in Frankreich bestimmte Materien journalistischer Berichterstattung, in denen die Benutzung einer deutlichen Sprache - zumindest tendenziell - mit weniger Risiken behaftet ist. Die Gerichte befürworten eine flexiblere Handhabung der *bonne foi* einerseits bei Äußerungen, die dem Bereich der Satire zuzuordnen sind[1363], andererseits lockern sie die Anforderungen an die gewählte Ausdrucksweise bei ehrverletzenden Äußerungen, die im Rahmen politischer Debatten veröffentlicht werden[1364]. Grundlegend für diese Tendenz war ein Urteil der *Cour de Cassation* vom 23. März 1978. Der ehemalige Minister *Foyer* hatte einen Artikel verfasst, in dem er das *„syndicat de la magistrature"* - einen Verband, in dem sich Richter und Staatsanwälte zusammenschließen - als „subversive, linke Organisation" bezeichnet hatte, die die Justiz als „Instrument zum Klassenkampf" benutze und das Ziel habe „die Macht innerhalb der Justiz zu ergreifen"[1365]. Anlässlich dieser - offenkundig nicht mehr „objektiven" Kritik - prägte das Gericht den Grundsatz, wonach das Erfordernis der „maßvollen Ausdrucksweise" in bestimmten Bereichen keine Gültigkeit habe[1366]. Entscheidend sei, ob eine Veröffentlichung darauf ausgerichtet sei,

> *„(...) den Wert von Meinungen und Theorien über die Rolle des Staates und das Funktionieren staatlicher Institutionen darzulegen und zu diskutieren"*[1367].

Ausgehend von diesen Grundsätzen sind vor allem die unterinstanzlichen Gerichte zu einer zunehmend pressefreundlichen Entscheidungspraxis übergegangen[1368]. Vor dem Hintergrund des Wahlkampfes wurde zum Beispiel die Aktualisierung von Ereignissen als zulässig angesehen, die mehr als vierzig Jahre zurückliegen und insoweit - wie schon aus Art. 35 Abs. 3 b) des Gesetzes von 1881 hervorgeht[1369] - besonders stark in die Persönlichkeitsrechte des Betroffenen eingreifen[1370]. Die unterinstanzlichen Ge-

---

1362 Vgl. Cass. Crim. v. 30.10.1984, Bull. Crim., Nr. 325; Conte, S. 49, 59.

1363 Lamy, Rn. 356.

1364 Dazu ausf. Beignier, S. 164; vgl. auch Lamy, Anm. unter Cass. crim. v. 1.10.1996, D. 1998, Jur., S. 499, 500.

1365 Wörtlich: *„organisation subversive gauchiste qui utilise la justice comme instrument de la lutte des classes et qui a pour objectif de conquérir le pouvoir au sein du corps judiciaire"*, Cass. Crim. v. 23.3.1978, Bull. Crim., Nr. 115;

1366 Cass. Crim. v. 23.3.1978, Bull. Crim., Nr. 115; Lamy, Rn. 357 f.

1367 Wörtlich: *„ (...) à exposer et à discuter la valeur d'opinions et de doctrines concernant le rôle et le fonctionnement de certaines institutions de l'État (...)"*, Cass. Crim. v. 23.3.1978, Bull. Crim., Nr. 115; Lamy, Rn. 357 f.

1368 Lamy, Anm. unter Cass. crim. v. 1.10.1996, D. 1998, Jur., S. 499, 500; kritisch dazu Beignier, S. 165.

1369 Vgl. dazu oben 2. Teil C I 3 a bb.

1370 So die Behauptung, ein Wahlkandidat habe sich im Rahmen des Algerienkrieges an Folterungen beteiligt, CA de Paris v. 22.6.1994, D. 1995, som. com., S. 274, Anm. Bigot m.w.N.; aA. unter Berufung auf die zitierte Formel der Grundsatzentscheidung vom 23.3.1978 die *Cour de cassation* bei einer ebensolchen, gegen *Le Pen* gerichteten Unterstellung: *„l'imputation visant un homme politique qui aurait, ent tant qu'officier de parachutistes, pratiqué personellement la torture ne peut constituer* richte legitimieren auch „kräftige“[1371] Ausdrücke; dies selbst dann, wenn sich diese weniger auf „Meinungen und Theorien“, als auf die Eigenschaften einer *Person* beziehen. Zulässig war zum Beispiel die Betitelung eines Abgeordneten, der wegen Totschlags verurteilt und in der Folge begnadigt worden war, als *„assassin“* (Mörder)[1372] oder die im Rahmen einer Fernsehdebatte gefallene Äußerung „(...) er ist Milliardär, aber es gibt Zweifel über die Umstände, unter denen er seinen Reichtum erworben hat, das weiß jeder“, mit der im Rahmen einer Wahlkampfdebatte die Eignung eines politischen Gegners zur Erfüllung öffentlicher Aufgaben in Frage gestellt werden sollte[1373]. Die Grenzen zulässiger Personenkritik, so ein Urteil des *Tribunal de grande instance* von Paris, seien erst dort erreicht, wo sie der Debatte keinerlei positive oder konstruktive Elemente hinzufügten[1374]. Schließlich sind die unterinstanzlichen Gerichte dazu übergangen, die Entbehrlichkeit der „sorgfältigen und maßvollen Ausdrucksweise“ auch auf sonstige, nicht-politische Angelegenheiten von allgemeinem Interesse auszuweiten[1375]. Ausgehend von der Berichterstattung über die „Rolle des Staates und das Funktionieren staatlicher Institutionen“[1376], über die Darstellung von Funktion und Einfluss einer politischen Partei[1377], wurden die Grenzen zulässiger Kritik auch dort weiter gezogen, wo es um die administrative und finanzielle Führung einer Vereinigung ging[1378].

Diese progressive Rechtsprechung, mit der die Gerichte eine deutliche Annäherung an die Vorgaben des Europäischen Gerichtshofs für Menschenrechte herbeiführten, wurde von der *Cour de cassation* weitgehend abgelehnt. Im Unterschied zu den unterinstanzlichen Gerichten hat der Kassationshof den in seiner eigenen Grundsatzentscheidung vom 23. März 1978 eingeschlagenen Weg nicht weiter verfolgt[1379]. Schon in einem Urteil vom 12. Juni 1978, in dem die Polizei von *Nanterre* mit schwerwiegenden Beschuldigungen konfrontiert wurde, ließ das Gericht die Berufung auf die *bonne foi* unter anderem daran scheitern, dass es der journalistischen Darstellung an „Objektivität“ gemangelt habe[1380] - eine jener Anforderungen, die nach dem Urteil vom 23. März 1978 zumindest im Rahmen von Diskussionen über die Rolle des Staates und seiner Institutionen entbehrlich sein sollten. Eine Verkürzung der Meinungsfreiheit folgt auch

---

*une opinion relative au fonctionnement des institutions fondamentales de l'État“,* Cass. Crim. v. 7.11.1989, zit. aus Beignier, S. 166.

1371 Wörtlich *„propos virulent“,* CA de St.-Denis de la Réunion, Gaz. Pal. 1985, 1, S. 215.

1372 CA de St.-Denis de la Réunion, Gaz. Pal. 1985, 1, S. 215; ebenso für *„propos virulents“* TGI de Paris v. 19.12.1995, Légipresse 1996, Heft 129, I-33; kritisch Beignier, S. 167.

1373 Wörtlich: *„(...) il est milliardaire mais il y a des doutes sur les conditions d'acquisitions de sa fortune, tout le monde le sait“*, CA de Paris v. 22.6.1994, D. 1995, som. com., S. 274, Anm. Bigot.

1374 TGI de Paris v. 3.3.1994, wiedergegeben in D. 1995, som. com., S. 273.

1375 Lamy, Anm. unter Cass. crim. v. 1.10.1996, D. 1998, Jur., S. 499, 500 m.w.N.; vgl. auch Marino, Rn. 427.

1376 Cass. Crim. v. 23.3.1978, Bull. Crim., Nr. 115.

1377 Vgl. CA de Paris v. 8.11.1989, Gaz. Pal., 1990, 2, somm., S. 447.

1378 Vgl. CA de Paris v. 28.10.1991, D. 1992, IR, S. 17.

1379 Cass. crim. v. 1.10.1996, D. 1998, Jur., S. 499, Anm. Lamy, ebenso Beignier, S. 165.

1380 Vgl. Cass. Crim. v. 12.6.1978, Bull. Crim., Nr. 191, dazu Lamy, Rn. 360.

aus der Tatsache, dass die höchstinstanzlichen Richter - im Unterschied zur *Cour d'appel de Paris* - *jegliche* Art persönlicher Angriffe oder personalisierender Kritik verbieten; dies selbst dann, wenn sich die Äußerungen gegen *Politiker* richten[1381]. Wie eng die Grenzen zulässiger Kritik nach höchstinstanzlicher Rechtsprechung gesteckt sind, verdeutlicht ein Rechtsstreit aus dem Jahre 1996, in dem die *Cour de cassation* über die Rechtmäßigkeit eines Flugblattes zu entscheiden hatte. Die Angeklagten hatten einen für die Wahl kandidierenden, ehemaligen Gesundheitsminister mit dem in der Presse viel diskutierten Skandal um HIV-verseuchte Blutproben in Verbindung gebracht[1382]. Das Flugblatt enthielt die folgenden Beschuldigungen: *„Tentative de mise en place d'une maîtrise économique des dépenses de santé = rationnement des soins dont la 1^re^ rançon fût l'horrible drame de la transfusion sanguine"*[1383]. Dass die Angeklagten einen Zusammenhang hergestellt hatten zwischen dem Blutproben-Skandal und einem Minister, der sein Amt zum Zeitpunkt der Verteilung der verseuchten Blutproben noch nicht innegehabt hatte, veranlasste die Richter zu der Feststellung, dass die beanstandeten Äußerungen über die Grenzen des von einem Politiker Hinnehmbaren weit hinausgingen[1384]. Selbst die Tatsache, dass die Flugblätter im Wahlkampf verteilt worden waren, konnte die Position der Angeklagten nicht stärken[1385]. Eine Abschwächung erfährt diese für die Presse bedenklich strenge Rechtsprechung des Kassationshof nur dort, wo nicht Äußerungen der Presse, sondern in den Medien gefallene Äußerungen von *Politikern* zu beurteilen sind. So konnte ein Abgeordneter einem italienischen Geschäftsmann „mafiöse Praktiken"[1386] unterstellen, ohne sich insoweit haftbar zu machen[1387]. Ein wesentlicher Gesichtspunkt für die Rechtmäßigkeit der Äußerung war laut Entscheidungsbegründung das politische Amt des Beklagten[1388].

---

[1381] Vgl. Cass. Crim. v. 20.10.1992, Bull. Crim., Nr. 329: *„Si les attaques de portée théorique et générale peuvent bénéficier de la liberté attachée à la critique du fonctionnement des institutions fondamentales de l'État et à la discussion des doctrines divergentes relatives à leur rôle, la polémique politique cesse là où commencent les attaques personnelles"*, ebenso Cass. Crim. v. 16.12.1986, Bull. Crim., Nr. 374; Cass. Crim. v. 27.6.1993, JCP 1993, éd. G., IV, 2434;

[1382] Cass. Crim. v. 1.10.1996, D. 1998, S. 499, Anm. Lamy.

[1383] Freie Übersetzung: „Versuch, die Ausgaben für die Volksgesundheit unter wirtschaftlichen Kriterien zu beschränken = Rationierung der Pflegeleistungen, die mit dem schrecklichen Drama der Bluttransfusionen bezahlt wurde".

[1384] Cass. Crim. v. 1.10.1996, D. 1998, S. 499, wörtlich: *„(...) ces imputation dépassent largement les critiques qui peuvent être admises à l'égard d'un homme politique en période électorale"*.

[1385] Dies hob das Gericht sogar ausdrücklich hervor: *„(...) la loi sur la liberté de la presse ne permet, en période électorale, aucune dérogation aux règles qu'elle a tracées en matière de diffamation (...)"*, Cass. Crim. v. 1.10.1996, D. 1998, S. 499, Anm. Lamy.

[1386] Wörtlich: *„pratiques mafieuses"*.

[1387] Cass. Civ. v. 16.2.1994, wiedergegeben in D. 1995, som. com., S. 273.

[1388] Kritisch dazu Bigot, Anm. unter Cass. Civ. v. 16.2.1994, D. 1995, som. com., S. 273: *„liberté d'expression à deux vitesses"*; ähnlich aber EGMR, Urt. v. 23.4.1992, ÖJZ 1992, S. 803, 805 (Ziff. 42) – Castells.

### (4) *vérification des sources, qualité et fiabilité de l'enquête*

Wie in Deutschland die „Wahrnehmung berechtigter Interessen" setzt die Berufung auf den Rechtfertigungsgrund der *bonne foi* schließlich voraus, daß der Journalist die von ihm veröffentlichten Behauptungen sorgfältig überprüft hat *(„devoir de vérification")*[1389]. Selbst der Hinweis, dass die publizierte Information „(...) unüberprüfbar ist und falsch sein kann", entlastet ihn nicht von dieser Verpflichtung[1390]. Welche Anforderungen die Recherchepflicht an ihn stellt, ist weitgehend unklar. Ausgehend von der bereits erwähnten Perspektive des „guten Familienvaters"[1391] entscheiden jeweils die gesamten Umstände des Einzelfalles. Dabei besteht - wie in Deutschland - eine Relation zwischen der Bedeutung der Angelegenheit für die Öffentlichkeit und den Anforderungen an die publizistische Sorgfalt[1392]. Auch nehmen die Sorgfaltsanforderungen ab, je größer der Aktualitätsdruck ist, unter dem der Journalist arbeitet[1393]. Gleiches gilt für den Fall, dass die Presse die Information aus vertrauenswürdigen Quellen bezieht[1394].

## c. Privilegierte Äußerungen

Werden ehrverletzende Äußerungen beanstandet, die im Zusammenhang mit der Berichterstattung über eine parlamentarische Sitzung der *Assemblée nationale* oder des *Sénat* veröffentlicht wurden, so kann sich die Presse - wie in Deutschland[1395] - auf den Tatbestand der parlamentarischen Immunität berufen, vgl. Art. 41 Abs. 2 des Gesetzes von 1881. Dies gilt unabhängig davon, ob die zivilrechtlichen Ansprüche vor den Straf- oder vor den Zivilgerichten anhängig gemacht wurden[1396]. Darüber hinaus wird in bestimmten Fällen auch die Berichterstattung über Gerichtsverhandlungen vom Privileg der Immunität erfasst, vgl. Art. 41 Abs. 3 des Gesetzes von 1881[1397]. Dies hat indessen allein strafrechtliche Konsequenzen; die zivilrechtlichen Ansprüche der Betroffenen bleiben gem. Art. 41 Abs. 4 des Gesetzes von 1881 weiter bestehen[1398].

---

[1389] St. Rspr. vgl. nur CA de Paris, 12. 10. 1989, D. 1989, IR, S. 292; CA de Paris, 13.1.1990, IR, S. 67; TGI de Paris v. 19.11.1980, D. 1981, S. 436, Anm. Bouloc; Marino, Rn. 243; Chavanne, Jur. Cl. Pénal, 90/139, Conte, S. 49, 59.

[1390] CA de Paris v. 13.1.1990, D. 1990, IR, S. 67.

[1391] Wörtlich: *„bon père de famille"*, Conte, S. 49, 59; vgl. dazu oben C I 3 b bb (3).

[1392] Vgl. Auvret, S. 122.

[1393] Vgl. Auvret, S. 122, für Verletzungen des Privatlebens: *„Un reportage d'intérêt général est jugé plus sévèrement qu'un fait d'actualité aux conséquences identiques"*, vgl. dazu TGI de Paris v. 31.3.1984, D. 1984, I.R., S. 332; CA de Paris v. 3.10.1988, D. 1988, som. com., S. 136.

[1394] So zum Beispiel, wenn eine offizielle Erklärung wiedergegeben wird, die eine unrichtige Tatsachen enthält, Chavanne, Jur. Cl. Pénal, 90/139, 123.

[1395] Vgl. dazu oben 2. Teil 2. Kap. B 2 c.

[1396] Guerder, Rapport annuel de la Cour de cassation, 1999, S. 1.

[1397] Vgl. dazu ausf. Gonnard, Jur. Cl. Pénal, 60/112 ff.; Pradel/Danti-Juan,Rn. 446 ff.

[1398] Marino, Rn. 408; Pradel/Danti-Juan,Rn. 450.

Ähnlich wie in Deutschland, wo nur die „wahrheitsgetreue" Parlamentsberichterstattung von jeglicher Haftung freigestellt wird, ist die parlamentarische Immunität auch in Frankreich an besondere Voraussetzungen geknüpft. Privilegiert wird nur die „redliche" Wiedergabe parlamentarischer Sitzungen[1399]. Die Möglichkeit, sich auf Art. 41 Abs. 2 des Gesetzes von 1881 zu berufen, entfällt daher, wenn die Presse die in einer parlamentarischen Sitzung gefallenen Äußerungen unrichtig zitiert hat[1400]. Darüber hinaus ist - nicht anders als in Deutschland - auch die parteiische Wiedergabe parlamentarischer Debatten mit erhöhten Risiken verknüpft; so zum Beispiel, wenn der beanstandete Bericht zwar der Sache nach richtig ist, bestimmte Äußerungen jedoch stärker gewichtet als andere[1401]. Auch die Einbeziehung subjektiv geprägter Werturteile dürfte die Redlichkeit bzw. *bonne foi* des Journalisten - in Übereinstimmung mit der oben dargestellten Rechtsprechung[1402] - von vornherein ausschließen.

#### d. *excuse de provocation*

Für den Fall, dass jemand durch die Handlungen eines anderen zur Äußerung beleidigender Werturteile gegenüber einer Privatperson provoziert wurde, enthält das Gesetz von 1881 in Art. 33 Abs. 2 einen eigenständigen Strafausschließungsgrund[1403]. Für die Presse hat die sogenannte *„excuse de provocation"* indessen keine praktische Bedeutung. Mangels gesetzlicher Definition verlangt die Rechtsprechung im Einklang mit den Stimmen in der Literatur für eine Exkulpation auf der Grundlage dieser Bestimmung, dass zwischen der Provokation und der Beleidigung ein unmittelbarer Zusammenhang besteht[1404]. Dieses Erfordernis wird sehr eng ausgelegt. Durch das Verhalten eines anderen kann sich nur derjenige „provoziert" fühlen, den der Provokateur unmittelbar herausgefordert hat[1405]. Journalisten verteidigen sich in ihren Artikeln in aller Regel nicht selbst, sondern greifen Themen von allgemeinem Interesse auf. Soweit sie sich insoweit durch das vorhergehende Verhalten der kritisierten Personen nicht persönlich angegriffen bzw. verletzt, sondern nur allgemein „veranlasst" fühlen können[1406], verspricht eine Berufung auf Art. 33 Abs. 2 des Gesetzes von 1881 somit keinen Erfolg. Dies bestätigt eine Entscheidung der *Cour d'appel de Paris* aus dem Jahre 1959. Der streitgegenständliche Artikel enthielt beleidigende Werturteile gegenüber

---

[1399] Vgl. Art. 41 Abs. 2: *„Ne donnera lieu à aucune action le compte rendu des séances publiques des assemblées (...) fait **de bonne foi** dans les journaux".*

[1400] Vgl. Gonnard, Jur. Cl. Pénal, 60/84.

[1401] Vgl. Gonnard, Jur. Cl. Pénal, 60/84.

[1402] Vgl. oben C I 3 b aa.

[1403] Wörtlich: *„L'injure commise (...) envers les particuliers, **lorsqu'elle n'aura pas été précédée de provocations,** sera punie (...)".*

[1404] Cass. Crim. v. 15.4.1959, Bull. Crim Nr. 226; Lamy, Rn. 383; Chavanne, Jur. Cl. Pénal, 100/78 m.w.N.

[1405] Cass. Crim. v. 4.12.1973, Bull. Crim. Nr. 480; Pradel/Danti-Juan,Rn. 480.

[1406] So zum Beispiel in dem vom EGMR entschiedenen Fall, in dem ein österreichischer Journalist *Jörg Haider* wegen seiner Äußerungen über die Rolle aller Soldaten im zweiten Weltkrieg als „Trottel" bezeichnete, EGMR, Urt. v. 25.5.1997, Az. 20834/92 - Oberschlick No. 2, abrufbar unter www.echr.coe.int; vgl. dazu oben 1. Teil 4. Kap. B III 5.

einer anderen Zeitschrift. Das Verteidigungsvorbringen der verantwortlichen Journalisten, wonach die beanstandeten Äußerungen durch eine Publikation der angegriffenen Zeitschrift „provoziert" worden seien, lehnte das Gericht ab. Die den Streit auslösende Publikation habe sich gegen eine *politische Partei* und nicht gegen die Zeitschrift gerichtet, für die der Journalist arbeite[1407].

### e. Verjährung

Während die *exceptio veritatis* und der Rechtfertigungsgrund der *bonne foi* an deutlich strengere Voraussetzungen geknüpft sind als die entsprechenden Rechtsinstitute in Deutschland, die persönliche Ehre insoweit also vergleichsweise stark geschützt ist, unterliegt die *Verjährung* deliktischer Ansprüche umgekehrt einem sehr medienfreundlichen Regime. Die Geltendmachung von Schadenersatzansprüchen ist, soweit diese auf die Art. 29 ff. des Gesetzes von 1881 gestützt werden, schon nach Ablauf von nur *drei Monaten* seit Begehung des Äußerungsdelikts ausgeschlossen[1408]. Die kurze Verjährungsfrist kommt sogar dann zur Anwendung, wenn den Betroffenen an der Fristversäumnis keine Schuld traf; beispielsweise, weil er von der ehrverletzenden Publikation keine Kenntnis hatte. Überdies ist es nach Maßgabe eines Grundsatzurteils der *Cour de cassation* vom 24. Juni 1998 - entgegen der in Art. 2223 cc festgelegten Regel - nicht mehr erforderlich, dass sich der Journalist auf die Verjährung beruft. Die Gerichte müssen *von Amts wegen* prüfen, ob die Frist für die Verjährung der klägerischen Forderung bereits abgelaufen ist[1409].

## 4. Ansprüche

Sind die Voraussetzungen der Art. 29 ff. des Gesetzes von 1881 erfüllt und scheitern die Versuche der Presse, den Vorwurf der *diffamation* oder *injure* im Wege der oben dargestellten Verteidigungsstrategien zu entkräften, so können die Kläger gem. Art. 2 NCPC die „Schadensbeseitigung" verlangen *(réparation du dommage)*. Anders als in Deutschland ist das wichtigste Mittel zur Wiedergutmachung einer Ehrverletzung die Entschädigung in Geld *(réparation pécuniaire* oder *réparation en dommages-intérêts)* (a). Die Beseitigung von Rufschädigungen auf *immateriellem* Wege *(réparation en nature)* erkennt die französische Rechtsprechung zwar an; ihre gerichtliche Durchsetzung ist indessen mit vielen Unwägbarkeiten verbunden (b).

---

[1407] Vgl. Cass. Crim. v. 15.4.1959, Bull. Crim Nr. 226, dazu Lamy, Rn. 383.

[1408] Vgl. dazu ausf. oben B I b. Gleiches gilt seit dem Inkrafttreten des Gesetzes Nr. 2000-516 vom 15. Juni 2000 für die Geltendmachung von Gegendarstellungsansprüchen (*droit de réponse),* vgl. dazu unten 2. Teil 3. Kap. C II 2 b .

[1409] Cass. civ. v. 24. Juni 1998, Bull. Nr. 211; Guerder, Rapport annuel de la Cour de cassation, 1999, S. 4.

### a. *réparation pécuniaire* oder *réparation en dommages-intérêts*

Grund für den Anspruch auf eine finanzielle Entschädigung können - nicht anders als im deutschen Recht - sowohl die materiellen als auch die immateriellen Schäden sein, die der Betroffene aufgrund einer ansehensschädigenden Presseveröffentlichung erlitten hat.

#### aa. Ersatz materieller Schäden

Hat der Betroffene materielle Schäden zu beklagen - wurde ihm zum Beispiel der Arbeitsvertrag gekündigt oder sind seine Geschäftsgewinne im Anschluss an eine ehrverletzende Presseveröffentlichung zurückgegangen -, so ist der Nachweis der Ursächlichkeit zwischen der Publikation und dem entstandenen Schaden nur schwer zu führen[1410]. Schon aus diesem Grund sind Forderungen nach einem Ausgleich für materielle Einbußen in der Praxis - nicht anders als in Deutschland - die Ausnahme[1411]. Demgegenüber beziehen sich die auch im Presserecht weit verbreiteten Fälle, in denen die Betroffenen einen entgangenen Gewinn *(gain manqué)* ersetzt verlangen, regelmäßig auf Publikationen, in denen bekannte Persönlichkeiten ohne deren Einwillung werbewirksam eingesetzt wurden[1412]. Hier wird allerdings der „gute Ruf" der Prominenz für Werbezwecke benutzt - die Publikation *ehrverletzender* Äußerungen wird von dieser Fallgruppe in aller Regel gerade nicht erfasst.

#### bb. Ersatz immaterieller Schäden

Die Möglichkeit, einen finanziellen Ausgleich nicht nur im Falle materieller, sondern auch *immaterieller* Schäden *(dommage moral)* zu verlangen, löst in der französischen Literatur bis heute starke Bedenken aus. Immaterielle Einbußen, so die Kritiker, lassen sich auch durch Geld nicht ausgleichen:

> *„ (...) comment réparer en argent une perte qui, par définition, n'est pas d'argent? Il est choquant de monnayer les larmes: les larmes qui se tarissent contre de l'argent sont des larmes suspectes"* [1413].

---

1410 Marino, Rn. 479.

1411 Vgl. Auvret, Les journalistes, S. 274.

1412 So zum Beispiel in der Rechtssache BELMONDO, in der der Abdruck einer Fotografie des Schauspielers in einer Werbung für Mode aus Leder einen Anspruch auf Ersatz des entgangenen Gewinns begründete, CA de Paris, 13.2.1971, D. 1971, som. com. , S. 120, vgl. für weitere Beispiele Marino, Rn. 480.

1413 Freie Übersetzung: „(...) wie sollte man mit Geld einen Schaden ausgleichen können, der nicht in Geld besteht? Es ist anstößig, Tränen zu Geld zu machen: Tränen, die durch Geld versiegen, sind verdächtige Tränen", Malaurie/Aynès, Les obligations, Rn. 129; ähnlich Marino, Rn. 477; Beignier, 211; kritisch auch Auvret, Les journalistes, S. 276, der die finanzielle Entschädigung für immaterielle Einbußen als „Ausflucht" *(subterfuge)* bezeichnet, auf das man zurückgreife, weil es keine angemessenere Form des Ausgleichs gebe.

Aus heutiger Sicht ist diese Auffassung, wonach die Geltendmachung finanzieller Forderungen als Entschädigung für den Schmerz, der mit Persönlichkeitsverletzungen einhergeht, gleichsam „verdächtig“ ist, weitgehend überholt. In der Rechtsprechung ist die Debatte über die Risiken einer „Kommerzialisierung des immateriellen Schadens“[1414] seit langem abgeschlossen[1415]. Die Gerichte gehen in ständiger Entscheidungspraxis davon aus, dass der Geldentschädigungsanspruch vom materiellen oder immateriellen Charakter des erlittenen Schadens *unabhängig* ist[1416]. Auf der Ebene des haftungs*ausfüllenden* Tatbestandes machen sich indessen die Bedenken gegenüber der Gewährung einer finanziellen Entschädigung für immaterielle Einbußen nach wie vor bemerkbar. Denn die Gerichte machen von ihrem Recht, die im Einzelfall zugesprochene Entschädigungssumme frei zu bestimmen[1417], auf vergleichsweise zurückhaltende Weise Gebrauch.

### (1) *L'Euro symbolique*

Eine - in Deutschland unbekannte - Besonderheit des französischen Presserechts liegt darin, dass sich die Höhe der zugesprochenen Schadensersatzsumme auf einen sogenannten *„Euro symbolique“* beschränken kann[1418]. Soweit diese Lösung des Konflikts vom Kläger beantragt wird, trägt sie einen *„cachet d'élégance“*[1419]. Der Betroffene erspart sich den bereits angesprochenen Vorwurf, sein Schmerz sei „suspekt“, da er durch schnöde Geldforderungen kompensiert werden könne. Zudem, so die Ansicht mancher Autoren, ist die Forderung nach einem *„Euro symbolique“* das beste Mittel, die Unermesslichkeit des erlittenen Leides zu verdeutlichen[1420]. Allerdings begnügen sich in der Praxis die wenigsten Kläger mit einer bloß symbolischen Genugtuung. Den *Euro symbolique* wählen die Betroffenen erfahrungsgemäß allein in den „großen Rechtsfällen“[1421], in denen sich Personengruppen zusammenschließen, um gegen Kollektivbeleidigungen vorzugehen[1422].

---

[1414] Wörtlich: *„commercialisation du dommage moral“*, vgl. Esmein, Commercialisation du dommage moral, D. 1954, chronique, S. 114, zit. aus Marino, Rn. 469.

[1415] Marino, Rn. 469.

[1416] Vgl. Marino, Rn. 469 m.w.N.; Beignier, S. 204.

[1417] Auvret, Les journalistes, S. 276; Flour/Aubert, Rn. 377.

[1418] Vgl. zum sogenannten *„franc symbolique“*: Marino, Rn. 470; Beignier, S. 212; Auvret, Les journalistes, S. 273.

[1419] Freie Übersetzung: „vornehmen Anstrich“, vgl. Kayser, La protection de la vie privée par le droit, Rn. 199.

[1420] Vgl. Carbonnier, De peu, de tout et de rien, Études offertes à R. RODIÈRE, 1981, S. 48, zit. aus Marino, Rn. 470: *„Rien de tel, comme on sait, pour attester une douleur incommensurable que de réclamer un franc seulement en réparation du préjudice moral“*.

[1421] Wörtlich: *„grandes causes“*, vgl. Marino, Rn. 471.

[1422] Guinchard, RIDC 1990, S. 599; vgl. als Beispiel für die seltenen Fälle, in denen sich einzelne *Privatpersonen* mit einer symbolischen Entschädigung begnügen: CA de Paris v. 27.1.1988, D. 1988, S. 480, Anm. Mayer (Mme Mitterand); CA de Paris v. 27.2.1967, D. 1967, S. 450 (Brigitte Bardot).

Weit häufiger sind die Fälle, in denen die Zusprechung einer allein symbolischen Entschädigung nicht auf Antrag der Kläger, sondern von Amts wegen erfolgt[1423]. Dabei gibt es keinerlei richterliche Leitlinien, die eine mehr oder weniger genaue Prognose darüber ermöglichen, inwieweit der Kläger eine Geldentschädigung zu erwarten hat, die *mehr* als nur symbolisch ist. Typischerweise beschließen die Gerichte, dass der ideelle Schaden durch die Bezahlung nur eines *Euro* ausgeglichen werden kann, wenn die erlittene Persönlichkeitsrechtsverletzung nur geringfügig war[1424]. Auch die Tatsache, dass die Rufschädigung bereits auf *immateriellem* Wege behoben wurde, nehmen die Gerichte gelegentlich zum Anlass, dem Betroffenen einen mehr als nur symbolischen Ausgleich zu verwehren[1425].

### (2) Die quantitative Lösung

Entscheiden die Gerichte - was zunehmend der Fall ist[1426] -, dass nur ein Betrag von *mehr* als einem *Euro* den erlittenen Schaden angemessen ausgleichen kann, so obliegt ihnen die schwierige Aufgabe, die Höhe des Schadensersatzes zu beziffern. Hierfür gibt es - wie in Deutschland - keinerlei Bewertungsskalen[1427]. Allerdings folgt aus den allgemeinen Regeln des französischen Zivilrechts, dass sich der Entschädigungsbetrag allein an der Intensität des erlittenen Schadens orientieren darf, nicht aber an dem Fehlverhalten des Beklagten[1428].

In der Theorie bedeutet dieser Grundsatz, dass sich die Gerichte bei ihrer Entscheidungsfindung *de lege lata* allein von den „Empfindungen" der Medienopfer leiten lassen dürfen[1429]. Allerdings sind die subjektiv erlittenen Einbußen der Sache nach meistens die Kehrseite der objektiv begangenen Handlung. Dies gilt zumindest für zwei der wichtigsten Kriterien, die die Rechtsprechung bei ihrer Entscheidungsfindung be-

---

[1423] Marino, Rn. 471; vgl. z.B. TGI Angers v. 7.9.1990, Gaz. Pal. v. 5.-6.6.1992, S. 18; TGI de Paris v. 20.6.1973, S. 1974, S. 766, Anm. Lindon; CA de Paris v. 19.4.1985, D. 1985, IR, S. 324; CA de Paris v. 5.12.1988, D. 1989, IR, S. 16; vgl. dazu auch Beignier, 212; Auvret, Les journalistes, S. 273.

[1424] So zum Beispiel in einem Fall, in dem das Foto einer - unbekannten - Frau ohne deren Einverständnis in der Vitrine des Fotografen ausgestellt war, CA de Paris v. 19.4.1985, D. 1985, IR, S. 324.

[1425] Vgl. TGI de Paris v. 20.11.1985, Gaz. Pal. 1987, 1, somm., S. 30; die Kläger hatten im Verfahren des einstweiligen Rechtsschutzes eine Berichtigung erwirkt: *„Il apparaît ainsi que ces mesures ont permis de réparer immédiatement le préjudice subi par les demandeurs; dans ces conditions, il ne saurait leur être accordé en l'absence de tout préjudice particulier démontré par eux que le franc symbolique destiné à réparer leur préjudice moral"*; vgl. auch Marino, Rn. 471; Beignier, S. 213/214, wonach insbesondere Verfügungen über die vorläufige Beschlagnahme (*saisie*) der beanstandeten Publikationen vielfach den Hinweis enthalten, dass damit die spätere Geltendmachung von Schadensersatzansprüchen ausgeschlossen ist.

[1426] Auvret, Les journalistes, S. 276.

[1427] Zu den damit verbundenen Gefahren: Marino, Rn. 476. Denkbar ist allerdings, dass die Gerichte sich auf bisher ergangene Entscheidungen stützen, um zumindest eine gewisse Einheitlichkeit ihrer Rechtsprechung zu gewährleisten, vgl. Marino, Rn. 472.

[1428] Vgl. Auvret, Les journalistes, S. 269; Marino, Rn. 463.

[1429] Vgl. Beignier, S. 214: *„(...) les tribunaux sont bel et bien réduits à tenter l'impossible et se livrent à l'opération qui a arraché tant de clameurs: l'appréciations des sentiments".*

rücksichtigt: Das Ausmaß bzw. die Wirkung[1430] ebenso wie die Intensität des erlittenen Schadens[1431]. Der erste Gesichtspunkt hat zur Folge, daß der beanstandete Eingriff schwerer wiegt, wenn die Publikation in einer auflagenstarken Zeitung oder Zeitschrift veröffentlicht wurde[1432]. Unter Berücksichtigung der Eingriffsstärke werden höhere Entschädigungssummen auch dann zugesprochen, wenn sich eine Zeitschrift eine kontinuierliche Kampagne gegenüber einer Person hat zuschulde kommen lassen[1433] oder eine ehrverletzende Äußerung durch den Abdruck einer Fotografie des Betroffenen noch intensiviert wird[1434]. Abgesehen von diesen Kriterien, die sich nicht nur auf den erlittenen Schaden beziehen, sondern zugleich das Fehlverhalten der Medien beschreiben, kann auch die Persönlichkeit bzw. das Mitverschulden des Medienopfers in die Bemessung der Schadenshöhe einfließen[1435]. Soweit der Kläger mit seinem eigenen Verhalten zu der beanstandeten Darstellung seiner Persönlichkeit beigetragen hat, muß er mit geringeren Entschädigungssummen rechnen[1436]. Wichtig ist dies vor dem Hintergrund, dass ein Eingriff in die *honneur* bzw. *considération* im Sinne des Art. 29 des Gesetzes von 1881 - wie oben ausgeführt[1437] - auch dann vorliegen kann, wenn der ehrenrührige Vorwurf der Wahrheit entspricht. Wer wegen Diebstahls verurteilt wurde, darf daher zwar grundsätzlich nicht als „Dieb" bezeichnet werden[1438]; er muss jedoch damit rechnen, eine nur geringe Entschädigungssumme bzw. einen nur „symbolischen Euro" zu erhalten. Schließlich dürften auch die wirtschaftlichen Verhältnisse des Verletzers - zumindest unausgesprochen - in die Schadensbemessung einfließen[1439].

Die dargestellten Kriterien decken sich weitgehend mit den Gesichtspunkten, die auch in der deutschen Rechtsprechung von Bedeutung sind[1440]. Anders verhält es sich mit dem sogenannten „Präventionsgedanken", der in der neueren deutschen Rechtsprechung hervorgehoben wird und wonach auch die Gewinnerzielungsabsicht der Presse in die Bemessung der Schadenshöhe einfließt[1441]. Angesichts des zivilrechtlichen Grundsatzes, wonach das Fehlverhalten der Medien für die Beurteilung der Schadens-

---

1430 Vgl. Auvret, Les journalistes, S. 272; Marino, Rn. 475; vgl. Cass. Civ. v. 1.1.1990, D. 1990, IR, 26 in Bezug auf den Film „*Je vous salue Marie*" von *Jean-Luc Godard*: „*une oeuvre qui, de compréhension difficile et achevant sa carrière dans l'indifférence, n'avait eu qu'un impact très limité*".

1431 Auvret, Les journalistes, S. 272.

1432 Vgl. Cass. Civ. v. 21.1.1987, D. 1987, IR, S. 25; Auvret, Les journalistes, S. 272; Marino, Rn. 475.

1433 CA de Paris v. 17.11.1983, D. 1985, IR , S. 166; CA de Paris v. 27.10. 1986, D. 1987, som. com., S. 140, Anm. Lindon und Amson; Auvret, Les journalistes, S. 273 m.w.N.

1434 CA de Paris v. 10.3.1987, D. 1987, IR, S. 96; Auvret, Les journalistes, S. 273.

1435 Auvret, Les journalistes, S. 274; vgl. dazu auch Marino, Rn. 467.

1436 Vgl. TGI Paris v. 21.6.1989: „*le demandeur a largement contribué à donner lui-même l'image de sa personnalité contestée (...) Ce qui a pour résultat de développer contre lui des imputations graves... Il a participé de ce fait à la réalisation des son propre préjudice matériel et moral*"; zit. aus Auvret, Les journalistes, S. 274.

1437 Vgl. dazu oben 2. Teil 3. Kap. C I 2 a bb.

1438 Vgl. dazu oben 2. Teil 3. Kap. C I 2 a bb.

1439 Marino, Rn. 461; Beignier, S. 212.

1440 Vgl. dazu oben 2. Kap. B I 3 c bb (1).

1441 Vgl. dazu oben 2. Kap. B I 3 c bb (1).

höhe keine Rolle spielt, sind die französischen Gerichte *de lege lata* daran gehindert, diesen Aspekt zu berücksichtigen[1442]. Teilweise wird allerdings angenommen, dass sie sich zumindest inoffiziell von der Höhe der Gewinne leiten lassen, die die Presseunternehmen mit der beanstandeten Zeitungsausgabe erwirtschaftetet haben[1443].

Während die deutschen Gerichte klargestellt haben, dass mit der Geldentschädigung für immaterielle Schäden eine *Bestrafung* mit zivilrechtlichen Mitteln nicht beabsichtigt sei[1444], wird die Zulässigkeit der Privatstrafe im französischen Schrifttum nach wie vor sehr kontrovers diskutiert. Zwar steht die Rechtsprechung dem Gedanken einer sogenannten *„peine privée"* bis heute skeptisch gegenüber[1445]; im Schrifttum findet hingegen die Annahme, dass die Geldentschädigung für immaterielle Einbußen einen Strafcharakter enthalte, viele Befürworter. So sehen manche Autoren den Vorteil der *„peine privée"* darin, dass die Journalisten „(...) an ihrer empfindlichsten Stelle, ihrer Geldbörse getroffen"[1446] und somit effektiv an der Vornahme persönlichkeitsverletzender Handlungen gehindert werden[1447]. Demgegenüber heben andere Autoren die damit verbundenen Gefahren hervor: Die Erhöhung der Schadenssummen dürfe sich keinesfalls den „vollkommen unvernünftigen" Beträgen annähern, die von britischen und amerikanischen Gerichten zugesprochen würden und die für viele Zeitungsverlage einem „Todesurteil" gleichkämen[1448]. Auch aus dogmatischen Gesichtspunkten verbiete sich der Gedanke der *peine privée.* Die Rolle der *responsabilité civile* liege ausschließlich darin, Schaden *wiedergutzumachen*, die anderen zugefügt wurden[1449]. Ihr darüber hinaus eine Straffunktion zuzusprechen, würde sie „entstellen"[1450].

### b. *réparation en nature*

Anders als in Deutschland, wo die Rechtsprechung die Beseitigung der immateriellen Rechtfolgen einer Rufschädigung im Wege des Berichtigungsanspruchs hinsichtlich

---

[1442] Vgl. Cass Civ. v. 17.11.1987, Bull. I, Nr. 301, wonach die *Cour d'appel* zu Recht festgehalten habe, *„que l'importance du préjudice subi par M. Delon n'était pas fonction du profit réalisé par la société Ici-Paris";* Marino, Rn. 465; Beignier, S. 215.

[1443] Vgl. Marino, Rn. 502; 465: *„Ainsi, malgré l'indifférence théorique de la destination de la faute, le juge est parfois tenté d'en tenir secrètement compte afin de proportionner le dommage au profit réalisé";* ebenso Malaurie/Aynès, Les personnes, Rn. 329.

[1444] BGH, NJW 1977, S. 626, 628; vgl. auch Steffen, NJW 1997, S. 10, 13, wonach die Geldentschädigung als „Sanktion" zu bewerten ist, die „(...) trotz ihrer Nähe zur Privatstrafe keine Strafe ist".

[1445] Vgl. Viney, Les effets de la responsabilité, Rn. 4.

[1446] Malaurie/Aynès, Les personnes, Rn. 329; wörtlich: *„(...) ils sont frappés dans leur partie sensible, leur portefeuille";* für diese Lösung auch: Flour/Aubert, Rn. 376.

[1447] Vgl. Marino, Rn. 502 m.w.N.

[1448] Beignier, S. 215; vgl. auch Marino, Rn. 503; Auvret, Les journalistes, S. 276: *„(...) la sanction civile est détournée de son but qui est d'empêcher un enrichissement injuste et vient remplacer la responsabilité pénale en détournant la raison même de la loi de 1881".*

[1449] Azéma, S. 166; Marino, Rn. 504; vgl. auch Beignier, S. 212,

[1450] Wörtlich: *„(...) là n'est pas le rôle dela responsabilité civile et (...) cela la défigure",* Marino, Rn. 504.

Voraussetzungen und Rechtsfolgen präzise definiert hat, war in der französischen Literatur lange Zeit umstritten, ob deliktische Schäden *überhaupt* im Wege einer sogenannten *réparation en nature* beseitigt werden können[1451]. Aus heutiger Sicht ist diese Form der Wiedergutmachung allerdings allgemein anerkannt[1452]. Die Gerichte gehen auch zunehmend dazu über, die Geldentschädigung durch andere Maßnahmen zu ergänzen[1453]. Über die grundlegenden Unterschiede zwischen den beiden Rechtsordnungen darf diese Tendenz in der französischen Rechtsprechung allerdings nicht hinweg täuschen.

### aa. Freies Ermessen

In Frankreich ist die Beurteilung, ob bzw. inwieweit die Presse verpflichtet wird, eine Rufschädigung auf immateriellem Wege zu beseitigen, in das Ermessen des zuständigen Richters gestellt[1454]. Die Entscheidungen der unterinstanzlichen Gerichte können von der *Cour de cassation* nicht überprüft werden; vielmehr sind die Richter erster und zweiter Instanz *(juges de fond)* nach ständiger Rechtsprechung

> *„(...) souverains pour apprécier les modalités de la réparation et, en particulier, pour choisir entre l'allocation d'une indemnité ou une autre mesure imposant au responsable un acte ou une abstention"*[1455].

Die *juges de fond* sind nicht daran gehindert, eine immaterielle Schadensbeseitigung sogar generell abzulehnen[1456]. Die einzige Begrenzung ihres Ermessensspielraums, deren Einhaltung vom obersten Zivilgericht überprüft wird, liegt darin, dass zwischen dem erlittenen Schaden des Betroffenen und der vom Gericht angeordneten Wiedergutmachung ein „angemessenes" Verhältnis bestehen muss[1457]. Nach alledem hat der Betroffene zwar einen gerichtlich nachprüfbaren Anspruch auf *„réparation"*, nicht aber ein ebensolches Recht auf eine bestimmte *Form* der - materiellen oder immateriellen - Wiedergutmachung.

---

[1451] Ripert, La réparation du préjudice dans la responsabilité délictuelle, thèse, Paris, 1933; vgl. dazu Viney, Les effets de la responsabilité, Rn. 26; Flour/Aubert, Rn. 374; Marino, Rn. 527.
[1452] Viney, Les effets de la responsabilité, Rn. 26.
[1453] Viney, Les effets de la responsabilité, Rn. 27.
[1454] Viney, Les effets de la responsabilité, Rn. 39; Marino, Rn. 527.
[1455] Freie Übersetzung: „(...) souverän bei der Beurteilung der Ausgleichsmodalitäten, inbesondere im Hinblick auf die Entscheidung zwischen der Gewährung einer Entschädigung oder einer anderen Maßnahme, die dem Verantwortlichen eine Handlung oder Unterlassung auferlegt", Viney, Les effets de la responsabilité, Rn. 39; vgl. Cass. Civ. v. 29.7.1961, Bull. II, Nr. 285; Cass. Civ. v. 18.12.1990, Bull., I, Nr. 298; Marino, Rn. 527.
[1456] Flour/Aubert, Rn. 373.
[1457] Vgl. Viney, Les effets de la responsabilité, Rn. 40; Marino, Rn. 512; Auvret, Les journalistes, S. 278.

### bb. Typische Formen der immateriellen Wiedergutmachung

In der Praxis presserechtlicher Verfahren werden die beklagten Medienunternehmen vielfach dazu verpflichtet, die ergangene Entscheidung auf ihre Kosten zu veröffentlichen *(publication de la condamnation)* (1). Üblich ist weiter die Berichtigung (*rectification*) (2).

#### (1) *Publication de la condamnation*

Die Verpflichtung der Presse, das zivilrechtliche Urteil zu veröffentlichen, in dem die Persönlichkeitsverletzung festgestellt wird, werten viele französische Autoren als „angemessenes Mittel", um eine erlittene Rufschädigung zu beseitigen[1458]. Für die Betroffenen habe die Publikation des Urteils den Vorteil, dass nicht nur die Wahrheit bekannt, sondern zugleich das Fehlverhalten der Presse öffentlich geäußert wird[1459]. Auch die Gerichte verpflichten den Beklagten häufig, einen Auszug, eine Zusammenfassung oder die gesamte Entscheidung auf eigene Kosten zu publizieren[1460].

Entscheiden sich die Gerichte für die Veröffentlichung des den Kläger begünstigenden Urteils als Form der immateriellen Schadensbeseitigung, so können sie anordnen, dass der Abdruck in dem Medium erfolgt, das auch die beanstandete Erstveröffentlichung enthielt. Darüber hinaus können sie den Beklagten dazu verurteilen, die Entscheidung - nach Wahl des Klägers - in anderen Zeitungen abzudrucken oder im Wege sonstiger Medien verbreiten zu lassen[1461]. Die Vorgaben für die Urteilsveröffentlichung in dem für die Ehrverletzung verantwortlichen Presseorgan werden von dem Gericht genau bestimmt[1462]. Es gilt das in der deutschen Rechtsprechung unter dem Stichwort der „Waffengleichheit"[1463] bekannte Prinzip der „Parallelität der Formen"[1464]. Im äußersten Fall muß die Presse die ergangene Entscheidung auf der Titelseite des Magazins bekannt geben, in dem auch die persönlichkeitsverletzenden Äußerungen veröffentlicht wurden[1465].

---

[1458] Marino, Rn. 509; Beignier, S. 200; Auvret, Les journalistes, S. 278.

[1459] Marino, Rn. 513.

[1460] Vgl. TGI de Paris v. 5.11.1986, Gaz. Pal. v. 8.1.1987, S. 20; Marino, Rn. 513; Kayser, La protection de la vie privée par le droit, Rn. 204 f.

[1461] Marino, Rn. 513; Auvret, Les journalistes, S. 278. Soweit bestimmte Medien, die für die inkriminierte Äußerung keine Verantwortung tragen, in den Gerichtsurteilen als mögliches Publikationsorgan genannt werden, besteht allerdings keine Verpflichtung zur Veröffentlichung bzw. Verbreitung des Urteils, vgl. Auvret, S. 278.

[1462] Marino, Rn. 519; Auvret, Les journalistes, S. 278. Allerdings ist die Presse nicht daran gehindert, die Bekanntgabe der Gerichtsentscheidung mit Kommentaren zu versehen, soweit diese als objektiv zu bewerten sind, vgl. TGI de Paris v. 12.9.1990, Gaz. Pal. 1992, som., S. 21; Auvret, Les journalistes, S. 279.

[1463] Vgl. dazu oben 2. Teil 2. Kap. B I 3 b.

[1464] Wörtlich: *„parallélisme des formes"*, Marino, Rn. 519; Auvret, Les journalistes, S. 278; vgl. CA de Paris v. 27.2.1967, D. 1967, S. 450.

[1465] Marino, Rn. 519.

### (2) *rectification*

Neben der Verpflichtung zur Urteilsveröffentlichung hat sich in Frankreich auch die *rectification* - auch „*contre-information*", also „Gegeninformation" genannt[1466] - als Mittel der immateriellen Schadensbeseitigung durchgesetzt[1467]. Wie die „Berichtigung" im Sinne des deutschen Rechts sieht diese vor, dass das beklagte Presseorgan eine eigene Erklärung abgibt, in der die beanstandeten Äußerungen korrigiert werden[1468]. Daraus, dass die *rectification* der Presse eine „selbstkritische Information"[1469] abverlangt und damit besonders stark in die Meinungsfreiheit eingreift, werden keine Einschränkungen hergeleitet. Anders als in Deutschland[1470] ist die Anordnung einer *rectification* weder auf Sachverhalte begrenzt, in denen die Unwahrheit der beanstandeten Äußerungen positiv feststeht, noch ist sie als zivilrechtliche Sanktionierung ehrverletzender Werturteile schon prinzipiell ausgeschlossen. Die Berichtigung als Methode der immateriellen Schadensbeseitigung wird als „Variante" der oben dargestellten *publication de la condamnation* bezeichnet[1471]. Daher folgt sie denselben Regeln. Das Gericht kann anordnen, dass die Veröffentlichung in der nächsten Ausgabe derselben Zeitung erfolgt wie die Erstveröffentlichung[1472]. Darüber hinaus können die Beklagten - anders als in Deutschland - verpflichtet werden, ihre Richtigstellung auch in anderen Presseorganen abdrucken zu lassen[1473].

## II. Die Gegendarstellung *(droit de réponse)*

Die Wiege des heutigen Gegendarstellungsrechts *(droit de réponse)* liegt in Frankreich. Die Verpflichtung des Eigentümers und Verlegers periodischer Druckschriften, unter bestimmten Voraussetzungen die Antwort jeder in einer Publikation erwähnten Person kostenlos abzudrucken, hat der französische Gesetzgeber schon im Jahre 1822 kodifiziert[1474]. Heute ist das Gegendarstellungsrecht unter der nur teilweise zutreffen-

---

[1466] CA de Paris v. 17.12.1991, D. 1992, S. 244, Anm. Debbasch.
[1467] Auvret, Les journalistes, S. 278.
[1468] Marino Rn. 523; vgl. als Beispiel: *„L'information publiée dans le numéro 666 daté du 7 au 13 juin 1990, sous le titre „Vulcain, l'ôtage des Libyens était une taupe", doit être sérieusement reconsidérée, à la suite de nouveaux renseignements qui viennent de nous être communiqués"*, zit. aus Marino, Rn. 524.
[1469] Wörtlich: *„information autocritique"*, Marino, Rn. 524.
[1470] Vgl. dazu oben 2. Teil 2. Kap. B I 3 b.
[1471] Vgl. Marino, Rn. 522, vgl. auch Auvret, Les journalistes, S. 279.
[1472] Marino, Rn. 528. Für diesen Fall gelten die oben erwähnten Grundsätze der „Parallelität der Formen", d.h. die Gerichte ordnen an, dass die Art und Weise der Zweitveröffentlichung der Erstpublikation entspricht, vgl. CA de Paris v. 27.2.1967, D. 1967, S. 450; Auvret, Les journalistes, S. 278. Üblich ist die Veröffentlichung in der nächstmöglichen Ausgabe der betreffenden Zeitschrift, vgl. Auvret, Les journalistes, S. 279; Marino, Rn. 528.
[1473] Auvret, Les journalistes, S. 278. Allerdings muss der Richter insoweit die maximalen Publikationskosten bestimmen, vgl. Cass. Crim. v. 24.6.1980, Gaz. Pal. 1981, 1, som., S. 10.
[1474] Vgl. zur Entstehungsgeschichte des französischen Gegendarstellungsrechts ausf. Elmaleh, S. 87.

den Überschrift[1475] *„des rectifications"* in Art. 13 des Gesetzes vom 29. Juli 1881 geregelt[1476]. Neben dem Gegendarstellungsrecht hat der Gesetzgeber an dieser Stelle den Sondertatbestand der *rectification* kodifiziert, auf den hier nicht weiter eingegangen werden soll[1477]. Denn das aus Art. 12 des Gesetzes von 1881 fließende Privileg des Staates, Falschinformationen über seine hoheitliche Tätigkeit in der nächsten Ausgabe der streitgegenständlichen Zeitung oder Zeitschrift in eigenen Worten berichtigen zu können, ist keine spezialgesetzliche Ausformung der Persönlichkeitsrechte. Schutzgut dieser Sonderbestimmung ist die Aktivität des hoheitlich handelnden Staates[1478].

## 1. Ratio legis und Bedeutung

Der Sinn und Zweck des *droit de réponse* im Sinne des Art. 13 des Gesetzes von 1881 wird zum einen in der Herstellung eines „(...) Gegengewichts zur Pressefreiheit und zur Macht der Zeitungen" gesehen[1479]. Darüber hinaus dient das Gegendarstellungsrecht dem Schutz der Persönlichkeitsrechte[1480]. Die offene Formulierung des Art. 13 Abs. 1 des Gesetzes von 1881, wonach der Eigentümer und Verleger periodischer Druckschriften zum Abdruck einer - nicht näher definierten – „Antwort" *(réponse)* verpflichtet ist, veranlasste die Gerichte in ständiger Rechtsprechung seit 1886, das Gegendarstellungsrecht als „absolutes und allgemeines Recht"[1481] auszulegen. Damit hat dieser Rechtsbehelf einen denkbar umfassenden Anwendungsbereich, der über die Abwehr von Angriffen bzw. von ehrverletzenden Publikationen weit hinausgeht:

> *„Le droit de réponse trouve son fondement non pas dans la nécessité d'une riposte à une attaque, mais dans la possibilité pour une personne nommée ou désignée dans un article de journal de faire connaître ses*

---

[1475] Chavanne in Blin/Chavanne/Drago/Boinet, 185/1.

[1476] Vgl. Art. 13 Satz 1 und 2 des Gesetzes von 1881: *„Le directeur de la publication sera tenu d'insérer dans les trois jours de leur réception, les réponses de toute personne nommée ou désignée dans le journal ou écrit périodique quotidien (...).*
*En ce qui concerne les journaux ou écrits périodiques non quotidiens, le directeur de la publication (...) sera tenu d'insérer la réponse dans le numéro qui suivra le surlendemain de la réception".*

[1477] Dazu ausf. Chavanne in Blin/Chavanne/Drago/Boinet, 185/1 ff.; Derieux, S. 389 ff.

[1478] Chavanne in Blin/Chavanne/Drago/Boinet, 185/12. Richtet sich eine Publikation demgegenüber gegen dessen Persönlichkeit, so hat er die Möglichkeit, wie eine Privatperson von seinem *droit de réponse* aus Art. 13 des Gesetzes von 1881 Gebrauch zu machen, Chavanne in Blin/Chavanne/Drago/Boinet, 185/18. Darüber hinaus kann er sich, sofern die Äußerung ehrverletzend ist, auf Art. 31 des Gesetzes von 1881 berufen.

[1479] Beignier, S. 201; Chavanne in Blin/Chavanne/Drago/Boinet, 185/40; Mayaud in Dupeux/Lacabarats, S. 5, 8.

[1480] Cass. Crim v. 13.7.1998, zit. aus Friedman, S. 29; Auvret, Les journalistes, S. 238; Mayaud in Dupeux/Lacabarats, S. 5, 8.

[1481] Wörtlich: *„droit absolu et général"*, ständige Rechtsprechung seit Cass. Crim. v. 12.7.1884, D. 1886, I, S. 47; vgl. Beignier, S. 201 m.w.N., Chavanne in Blin/Chavanne/Drago/Boinet, 185/59 m.w.N.

*explications ou protestations sur les circonstances et dans les conditions mêmes qui ont provoqué sa désignation"* [1482].

## 2. Voraussetzungen

In materieller Hinsicht ist das *droit de réponse* mit dem deutschen Gegendarstellungsrecht kaum vergleichbar. Es hat nicht nur einen sehr viel weiteren Anwendungsbereich; auch die inhaltliche Ausgestaltung der Gegendarstellung unterliegt in Frankreich nur wenigen Beschränkungen. In formaler Hinsicht muss der Berechtigte die Vorgaben für die Länge des Textes und bestimmte Fristen einhalten.

### a. Materielle Voraussetzungen

#### aa. Anforderungen an die Erstmitteilung

Nach französischem Recht ist nicht nur der Kreis der anspruchsberechtigten Personen weiter gefaßt als in Deutschland[1483]; umfassender ist die Reichweite des *droit de réponse* nach Art. 13 des Gesetzes von 1881 auch insoweit, als nicht nur Tatsachenbehauptungen, sondern auch *Werturteile* gegendarstellungsfähig sind[1484]. Diese Betrachtungsweise folgt aus dem Verständnis des Gegendarstellungsrechts als „absolutes Recht" und hat zur Folge, dass selbst eine subjektiv geprägte Kritik an literarischen, künstlerischen, dramatischen oder wissenschaftlichen Werken die davon Betroffenen berechtigt, die Veröffentlichung einer Gegendarstellung zu verlangen[1485]. Der im Jahre 1901 unternommene Versuch, das *droit de réponse* für den Bereich der literarischen oder wissenschaftlichen Kritik abzuschaffen, wenn und soweit die beanstandeten Äußerungen durch eine Publikation oder eine öffentliche Ausstellung „veranlasst" wurden, endete im Ergebnis fruchtlos[1486]. In der französischen Literatur wurde allerdings die „Absurdität des geltenden Regimes"[1487] noch lange kritisiert[1488]. Die Presse dürfe

---

[1482] Freie Übersetzung: „Das Gegendarstellungsrecht beruht nicht auf der Notwendigkeit, einem Angriff zu begegnen, sondern darauf, dass eine in einem Zeitungsartikel benannte oder bezeichnete Person die Möglichkeit haben muss, unter gleichen Bedingungen ihren Erklärungen oder ihrem Protest über die Umstände Ausdruck zu verleihen, die der Anlass waren für ihre Erwähnung"; Cass. Crim. v. 15.12.1934, D. 1935, 1, S. 27, Anm. Nast, vgl. auch Friedman, S. 12; Chavanne in Blin/Chavanne/Drago/Boinet, 185/41.

[1483] Anders als im deutschen Recht können sich auch die Nachfahren einer verstorbenen Person - allerdings unter eingeschränkten Voraussetzungen - auf Art. 13 des Gesetzes von 1881 berufen, vgl. dazu unten IV 2 b.

[1484] Seitz/Schmid/Schoener, Rn. 622; Elmaleh, S. 87.

[1485] Vgl. Cass. crim. v. 2.12.1936, S. 1937, 1, S. 26; TGI de Paris (réf) v. 4.1.1988, Juris-Data Nr. 042250.

[1486] Toulemon, JCP 1967, éd. G,2082.

[1487] Wörtlich: *„absurdité du régime actuel"*, Toulemon, JCP 1967, éd G, 2082.

[1488] Toulemon, JCP 1967, éd G, 2082; vgl. auch die Kritik von Josserand, Anm. zu Cass. crim. v. 21.5.1924, D.P. 1924, II, S. 97; vgl. auch Chavanne in Blin/Chavanne/Drago/Boinet, 186/62; Elmaleh, S. 90, jeweils m.w.N.

selbst „stupide", von „Idioten" verfasste Bücher oder Artikel nur lobend erwähnen; andernfalls müsse sie mit Gegendarstellungen rechnen, wonach die journalistische Beurteilung „(...) falsch und das veröffentlichte Buch in Wahrheit ein Meisterwerk sei"[1489]. Die Befürchtung, dass sich die Kritiker literarischer oder sonstiger Werke wegen der Bedrohung durch künftige Gegendarstellungen auf schmalzige, beweihräuchernde Lobhymnen beschränken könnten[1490], war freilich überzogen. In der Praxis haben Künstler oder Schriftsteller das Recht aus Art. 13 des Gesetzes von 1881 nur sehr zurückhaltend in Anspruch genommen[1491]. Dies hat seinen Grund darin, dass die Presse über effektive Mittel verfügt, um einer übermäßigen Inanspruchnahme des *droit de réponse* zu begegnen. Indem sie Künstler, Autoren und Wissenschaftler schlicht *ignoriert*, kann sie diesen wesentlich mehr schaden, als durch die Publikation einer noch so vehementen Kritik[1492].

### bb. Anforderungen an die Gegendarstellung

Das Gegendarstellungsrecht ist auch insofern „absolut", als der Richter den Inhalt der *réponse* nur bedingt überprüfen kann. Prinzipiell hat allein der Anspruchsberechtigte die Nützlichkeit und den Inhalt seiner Gegendarstellung zu beurteilen[1493]. Die Grenze zur Unzulässigkeit wird erst dort gezogen, wo zwischen dem Thema der Erstpublikation und dem Inhalt der *réponse* keinerlei Verbindung besteht, es also an einer „Antwort" fehlt[1494]. Davon geht die Rechtsprechung indessen nur in Extremfällen aus; so zum Beispiel, wenn die Gegendarstellung ein Kapitel der *Mélanges* von *Voltaire* wiedergibt[1495].

### cc. Kein Auschluss des Gegendarstellungsrechts

Um angesichts dieses fast unbegrenzten Anwendungsbereichs des *droit de réponse* Ergebnisse zu vermeiden, die für die Presse untragbar geworden wären, sind die Gerichte im Laufe der letzten Jahrzehnte dazu übergegegangen, weitere Kriterien zur Beschränkung dieses Rechtsbehelfs zu entwickeln.

So legitimiert die Rechtsprechung vor dem Hintergrund, dass die Verleger bzw. Eigentümer periodischer Druckschriften für den Inhalt der von ihnen veröffentlichten *„réponses"* verantwortlich sind[1496], die Ablehnung von Gegendarstellungsbegehren,

---

1489 Toulemon, JCP 1967, éd G, 2082.
1490 Toulemon, JCP 1967, éd G, 2082.
1491 Chavanne in Blin/Chavanne/Drago/Boinet, 186/63; ähnlich Elmaleh, S. 103.
1492 Vgl. Chavanne in Blin/Chavanne/Drago/Boinet, 186/63.
1493 Auvret, Les journalistes, S. 240.
1494 Cass. Crim. v. 15.4.1982, D. 1984, S. 358; Auvret, Les journalistes, S. 241.
1495 Cass. crim. v. 26.6.1903, D. 1906, 1, S. 126; Auvret, Les journalistes, S. 241. Soweit sie einen Zusammenhang zur Erstpublikation aufweisen, kann die Presse demgegenüber sogar verpflichtet werden, Zitate abzudrucken, vgl. Cass. crim. v. 27.10.1910, Bull. Crim., Nr. 524.
1496 CA de Limoges v. 21.1.1888, S. 1889, 2, S. 189; Auvret, Les journalistes, S. 240.

die den Verfasser der Erstmitteilung in seiner Ehre verletzen[1497] oder in berechtigte Interessen Dritter eingreifen[1498]. „Dritte" in diesem Sinne sind nach Ansicht der *Cour d'appel de Paris* sämtliche Personen, die aus der Publikation auf hinreichend erkennbare Weise hervorgehen[1499] und an der Veröffentlichung der Erstmitteilung nicht beteiligt waren[1500]. Von einer Verletzung der Interessen Dritter gehen die Gerichte zum Beispiel aus, wenn in der Gegendarstellung die Behauptung aufgestellt wird, jemand habe sich seiner Steuerpflicht entziehen wollen[1501], nicht aber, wenn die Darstellung die „Regierung" und die sie unterstützenden Parteien betrifft, ohne dass sich die Kritik gegen ein bestimmtes Mitglied dieser Regierung richtet[1502]. Die Rechtsprechung geht weiter davon aus, dass eine rechtmäßige *réponse* keine Äußerungen enthalten darf, die gegen den *ordre public*, die Gesetze oder die guten Sitten verstoßen[1503]. Zulässig war daher die Ablehnung einer Gegendarstellung, in der die freiwillige Sterilisierung von Frauen zu deren Recht und Pflicht erklärt wurde[1504]. Gleiches galt angesichts einer *réponse*, deren Verfasserin sich mit einem ehrenvollen Namen geschmückt hatte, der nicht der ihrige war[1505]. Kein hinreichender Ablehnungsgrund war demgegenüber die nicht näher begründete Behauptung, die Gegendarstellung sei geeignet, „(...) die Geister zu verwirren"[1506].

Auch aus dem auf den Schutz der Persönlichkeitsrechte ausgerichteten Normzweck des Art. 13 des Gesetzes von 1881 hat die Rechtsprechung Beschränkungen des *droit de réponse* hergeleitet. Ausgelöst wurde diese neue Tendenz durch eine Fülle an Verfahren, in denen - meist rechtsextreme - Parteien das Gegendarstellungsrecht als Vehikel benutzten, um ihre politischen Ideen zu verbreiten[1507]. Die Gerichte, die die Zeitungen und Zeitschriften davor schützen wollten, als Publikationsorgan für jegliche Art politischer Diskussion missbraucht zu werden, stellten den Grundsatz auf, wonach die *réponse* darauf ausgerichtet sein müsse, die „Persönlichkeit" der in der Erstpublikation erwähnten Person zu „verteidigen":

---

[1497] Cass. civ. v. 5.1.1994, Bull. II, Nr. 11; Beignier, S. 202; Friedmann, S. 40; Derieux, S. 380; Mayaud in Dupeux/Lacabarats, S. 5, 8.

[1498] Cass. crim. v. 16.5.1955, D. 1956, S. 615; Cass. crim. v. 25.6.1965, D. 1965, som. com., S. 119; Auvret, Les journalistes, S. 241; Chavanne in Blin/Chavanne/Drago/Boinet, 186/86.

[1499] CA de Paris v. 12.3.1985, Gaz. Pal. 1985, 2, somm., S. 243; dafür kann es schon ausreichen, wenn nur die Initialien einer Person genannt werden, vgl. Levy in Dupeux/Lacabarats, S. 31, 32.

[1500] Kein „Dritter" ist danach der Verfasser der Erstpublikation, der Verleger oder Chefredakteur, vgl. Auvret, Les journalistes, S. 241.

[1501] Cass. crim. v. 21.5.1898, D. 1900, 1, S. 32; Chavanne in Blin/Chavanne/Drago/Boinet, 186/88.

[1502] Cass. crim. v. 10.3.1938, D. 1938, S. 341; Chavanne in Blin/Chavanne/Drago/Boinet, 186/87.

[1503] Chavanne in Blin/Chavanne/Drago/Boinet, 186/84.

[1504] CA de Paris v. 22.3.1907, D. 1907, 2, S. 191; Chavanne in Blin/Chavanne/Drago/Boinet, 186/85.

[1505] Eine Frau *Laprade* hatte ihre Darstellung mit dem Namen *Amélie de Bourbon* unterschrieben, CA de Caen v. 26.3.1890, D. 1891, 2, S. 207; Chavanne in Blin/Chavanne/Drago/Boinet, 186/85.

[1506] Cass. crim. v. 29.6.1965, Bull. Crim., Nr. 166.

[1507] Vgl. Levy in Dupeux/Lacabarats, S. 31.

*„Pour absolu qu'il soit, il [le droit de réponse] est attaché à un fondement, celui de la défense de la personnalité, ce qui requiert, pour qu'il s'exerce, d'une part que celle-ci soit mise en cause, d'autre part que la réponse apportée concerne la défense de cette personnalité."*[1508]

### b. Formelle Voraussetzungen

In formeller Hinsicht darf die Länge des Entgegnungstextes - nicht anders als in Deutschland - den Umfang der Erstmitteilung nicht überschreiten, vgl. Art. 13 Abs. 4 des Gesetzes von 1881[1509]. Die Frist für die Geltendmachung des Gegendarstellungsrechts ist erst mit Inkrafttreten des Gesetzes vom 15. Juni 2000 an die kurze Verjährungsfrist aus Art. 65 des Gesetzes von 1881 angeglichen worden[1510]. Konnte eine Gegendarstellung gegenüber der periodischen Presse zuvor noch bis zum Ablauf von *einem Jahr* seit Veröffentlichung des beanstandeten Artikels verlangt werden, so ist der Anspruch heute schon nach drei Monaten verjährt, vgl. Art. 13 Abs. 9 des Gesetzes von 1881. Im übrigen unterliegt die Zuleitung der Gegendarstellung an den Herausgeber - anders als in Deutschland - keinen weiteren Formerfordernissen[1511].

## 3. Rechtsfolge

Die Anforderungen an den Zeitraum, in dem die Presse einen berechtigten Gegendarstellungsanspruch erfüllen muss, sind auch in Frankreich genau geregelt[1512]. Wurde die Erstmitteilung in einer Zeitschrift veröffentlicht, die nicht täglich erscheint, so ist die Gegendarstellung in der Ausgabe abzudrucken, die dem übernächsten Tag nach Empfang der Antwort nachfolgt, vgl. Art. 13 Abs. 2 des Gesetzes von 1881. Ansonsten, also insbesondere bei Tageszeitungen, muss die Gegendarstellung schon innerhalb von drei Tagen nach Erhalt des Abdruckverlangens erscheinen, Art. 13 Abs. 1 des Gesetzes von 1881[1513]. Die Art des Abdrucks ist auch in Frankreich vom Grundsatz der

---

[1508] Freie Übersetzung: „Das Recht der Gegendarstellung, so absolut es auch sein mag, beruht auf dem Grundsatz der Verteidigung der Persönlichkeit; um diese in die Tat umzusetzen, ist es einerseits erforderlich, dass die Persönlichkeit in Frage gestellt wurde, andererseits, dass die Gegendarstellung ihrer Verteidigung dient", vgl. CA de Paris v. 17.4.1996, D. 1997, som. com., S. 75, Anm. Bigot; TGI de Paris v. 15.1.1997 (unveröffentlicht), zit. aus Levy in Dupeux/Lacabarats, S. 31, 32.

[1509] Vgl. Art. 13 Abs. 4 Satz 1 des Gesetzes von 1881; sie kann aber „50 Zeilen umfassen bei einem Artikel geringeren Umfangs und darf nicht mehr als 200 Zeilen umfassen, selbst bei einem Artikel größeren Umfangs", vgl. Art. 13 Abs. 4 Satz 2 des Gesetzes von 1881; vgl. dazu Elmaleh, S. 110; Derieux, S. 378.

[1510] Derieux, Légipresse 2001, Heft 184, S. II-99, 103.

[1511] Derieux, S. 378; Elmaleh, S. 111. Neben der Schriftform, die den Regelfall darstellt, kann die Zuleitung der Gegendarstellung damit grundsätzlich auch am Telefon, per Telegramm, Minitel oder andere elektronische Kommunikationswege (z.B. E-Mail) erfolgen, vgl. Friedman, S. 38; Elmaleh, S. 111.

[1512] Vgl. dazu Derieux, Légipresse 2001, Heft 184, S. II-99, 104; Friedman, S. 42.

[1513] Kürzer ist die Frist in Wahlkampfzeiten, wo sie gem. Art. 13 Abs. 9 des Gesetzes von 1881 zugunsten der für die Wahl aufgestellten Kandidaten auf 24 Stunden reduziert ist.

Waffengleichheit geprägt. Wie in Deutschland muss sie an derselben Stelle[1514] und in denselben Buchstaben[1515] veröffentlicht werden wie die Erstmitteilung und nur so, wie sie von dem Anspruchsinhaber beabsichtigt war, d.h. ohne Verbesserungen[1516], Unterbrechungen oder Zusätze[1517]. Anders verhält es sich, wenn die Gegendarstellung nur teilweise berechtigt ist, zum Beispiel, wenn sie die vorgeschriebene Länge überschreitet oder ehrverletzende Abschnitte enthält. Für diese Fälle galt früher auch in Frankreich das Prinzip, wonach eine Gegendarstellung, die den gesetzlichen Voraussetzungen nicht gerecht wird, weder von dem in Anspruch genommenen Verlag, noch von den Gerichten geändert werden kann und demzufolge zurückgewiesen werden muss[1518]. Seit Anfang der siebziger Jahre ist allerdings anerkannt, dass die Gerichte Kürzungen der Gegendarstellung zumindest insoweit anordnen können, wie diese die in Art. 13 des Gesetzes von 1881 vorgeschriebene Länge überschreiten[1519]. Eigene Kommentare kann die Presse schließlich - wie in Deutschland - nur unter engen Voraussetzungen abdrucken. Sie müssen kürzer sein als die Gegendarstellung[1520] und sich auf zwingend notwendige Informationen, Ergänzungen und Klarstellungen beschränken[1521].

## 4. Durchsetzung des *droit de réponse*

Verweigert die Presse den Abdruck der Gegendarstellung (sogenannter *refus d'insertion*), obwohl ein Anspruch des Betroffenen vorlag, so begeht sie eine Pflichtverletzung im Sinne des Art. 1382 cc. Abgesehen von einer Geldentschädigung kann der Betroffene zum Zwecke der Wiedergutmachung verlangen, dass die Presse zur Veröffentlichung der Antwort als Mittel der *réparation en nature* verpflichtet wird[1522]. Zu diesem Zweck steht ihm auch das einstweilige Rechtsschutzverfahren vor dem sogenannten *juge des référés* zur Verfügung[1523].

---

[1514] Cass. crim v. 20.1.1987, Bull. Crim. Nr. 28; Friedman, S. 42; Beignier, S. 203.

[1515] Vgl. Cass. crim. v. 20.1.1987, Bull. Crim., Nr. 28; Auvret, Les journalistes, S. 242.

[1516] Dies gilt selbst im Falle unwahrer Angaben, vgl. CA de Dijon v. 29.3.1882, D. 1882, 2, S. 135; Cass. crim. v. 8.7.1905, D. 1909, 1, S. 407; Auvret, Les journalistes, S. 242.

[1517] Cass. crim. v. 10.1.1969, D. 1969, S. 239; Auvret, Les journalistes, S. 242; Chavanne in Blin/Chavanne/Drago/Boinet, 187/104.

[1518] CA de Paris v . 22.3.1907, S. 1907, S. 191; Auvret, Les journalistes, S. 242; zum Parallelproblem im deutschen Recht vgl. oben 2. Teil 2. Kap. B II 3.

[1519] Cass. crim. v. 30.4.1970, D. 1970, S. 721, Anm. Agostini; Auvret, Les journalistes, S. 242.

[1520] Friedman, S. 47.

[1521] Friedman, S. 48.

[1522] Elmaleh, S. 131, Auvret, Les journalistes, S. 243; Chavanne in Blin/Chavanne/Drago/Boinet, 187/134.

[1523] CA de Paris v. 29.2.1988, D. 1988, I.R., S. 96; Elmaleh, S. 131, Auvret, Les journalistes, S. 243; Chavanne in Blin/Chavanne/Drago/Boinet, 187/132.

## III. Das *référé*-Verfahren

Für den Fall, dass eine ansehensschädigende Pressepublikation zugleich das Recht auf Achtung der Privatsphäre oder der Unschuldsvermutung verletzt, hat der Gesetzgeber die Befugnis der Gerichte zum Erlass einstweiliger Anordnungen in Art. 9 Abs. 2 cc und Art. 9-1 Abs. 2 cc ausdrücklich geregelt[1524]. Ungeachtet dieser spezialgesetzlichen Bestimmungen steht das Schnellverfahren den Betroffenen auch dann zur Verfügung, wenn die beanstandeten Äußerungen „nur" ehrverletzend sind, ohne in weitere Aspekte der Persönlichkeitsrechte einzugreifen. In diesen Fällen können sich die Betroffenen auf die allgemeine zivilprozessuale Regelung des Art. 809 NCPC berufen[1525]. Für die Opfer ehrverletzender Publikationen besteht damit eine überaus effektive Möglichkeit, die Verwertung herabsetzender Artikel zu behindern oder sogar eine (vorläufige) Zahlung von Schadensersatz durchzusetzen. Denn die Voraussetzungen für den Erlass einer einstweiligen Anordnung auf der Grundlage des Art. 809 NCPC werden in der Praxis vergleichsweise großzügig ausgelegt (1). Auch auch auf der Ebene der Rechtsfolgen garantieren die von den *référé*-Gerichten angeordneten Maßnahmen einen sehr wirksamen Schutz der Persönlichkeitsrechte (2).

### 1. Voraussetzungen

Voraussetzung für den Erlass einer einstweiligen Verfügung auf der Grundlage des Art. 809 NCPC ist das Vorliegen eines „unmittelbar bevorstehenden Schadens" *(dommage imminent)*[1526] oder einer „eindeutig rechtswidrigen Störung des Rechtsfriedens" *(trouble manifestement illicite)*[1527]. Im Presserecht haben die Gerichte vor allem das letzte Merkmal herangezogen, um den Erlass einstweiliger Verfügungen zum Schutze der persönlichen Ehre zu rechtfertigen[1528]. Während die ältere Rechtsprechung noch verlangte, dass eine „unerträgliche" Ehrverletzung vorliege[1529], sind die Gerichte von

---

[1524] Vgl. dazu Burgelin in Dupeux/Lacabarats, S. 39, 49 f.; vgl. zu diesen Spezialregelungen auch oben 2. Teil 3. Kap. B I.

[1525] Burgelin in Dupeux/Lacabarats, S. 39, 49 f; Auvret, J.Cl. pén., 160/56.

[1526] Davon ist nach überwiegender Rechtsprechung nur auszugehen, wenn die beanstandete Publikation bereits veröffentlicht wurde, vgl. TGI de Paris (réf) v. 26.12.1975, JCP 1976, II, 18385, Anm. Lindon; TGI de Paris (réf) v. 26.10.1992, Légipresse 1992, Heft 100, S. II-46; Dreyer in Blin/Chavanne/Drago/Boinet, 215/36; aA. TGI de Paris (réf) v. 16.11.1976, JCP 1977, II, 18701, Anm. Lindon. Das Merkmal des *„dommage imminent"* kann daher nicht herangezogen werden, um auf Publikationen zu reagieren, die noch in Vorbereitung sind.

[1527] Art. 809 Abs. 1 NCPC: *„Le président peut toujours, même en cas de contestation sérieuse, prescire en référé les mesures conservatoires ou de remise en état qui s'imposent, soit pour prévenir un dommage imminent, soit pour faire cesser un trouble manifestement illicite"*. Zum Verhältnis der beiden Tatbestandsmerkmale untereinander vgl. Auvret, J.Cl.pén., 160/62.

[1528] Louvet in Dupeux/Lacabarats, S. 87, 89; vgl. dazu ausf. Bertin, Gaz. Pal. 1986, doctr., S. 27, 28.

[1529] Wörtlich: *„atteinte intolérable à l'honneur ou à la considération"*, vgl. Massis, Légipresse 1991, Heft 84, S. II-70: Konkretisierend verlangte z.B. die *Cour d'appel de Paris „(...) une agression dont la violence extrême ou la répétition délibérée mettent la personne visée dans l'impossibilité absolue de se défendre et de répondre aux attaques qui lui sont portées, sauf à subir les effets de ce qui ne serait* dieser engen Auslegung des *„trouble manifestement illicite"* in den letzten Jahren deutlich abgerückt. Anders als im Hauptsacheverfahren, wo ein Schadensersatzanspruch wegen ehrverletzender Presseäußerungen unter Zugrundelegung der beiden Grundsatzentscheidungen der *Assemblée Plénière* vom 12. Juli 2000 nur dann mit Sicherheit bejaht werden kann, wenn die beanstandete Publikation die Voraussetzungen eines *délit de presse* im Sinne des Gesetzes von 1881 erfüllt[1530], ist das Vorliegen eines *trouble manifestement illicite* nach der neueren Rechtsprechung der *référé*-Gerichte von der Feststellung eines Gesetzesverstoßes *unabhängig*[1531]. Schon eine Veröffentlichung, die aus Sicht der Gerichte als „unmoralisch" zu bewerten ist oder gegen „allgemein anerkannte Konventionen verstößt", kann daher - soweit es sich um eine „eindeutige" Verletzung von Verhaltensregeln handelt - den Erlass einer einstweilige Verfügung rechtfertigen[1532]. Anders als für den Fall, in dem ein „unmittelbar bevorstehender Schaden" verhindert werden soll, kann eine einstweilige Verfügung wegen eines *trouble manifestement illicite* sogar dann erlassen werden, wenn keine besondere Dringlichkeit besteht[1533]. Verstärkt wird die Machtstellung der *juges des référés* schließlich dadurch, dass die Entscheidung, ob von einer „eindeutig rechtswidrigen Störung des Rechtsfriedens" auszugehen ist, ihrer souveränen Entscheidung unterliegt und vom Kassationshof nicht überprüft werden kann[1534].

## 2. Rechtsfolgen

Nicht nur über die Auslegung der Tatbestandsvoraussetzungen für den Erlass einer einstweiligen Verfügung, auch über die *Art* der angeordneten Maßnahme kann der *juge des référés* nach freiem Ermessen entscheiden[1535]. Von diesem Recht macht er im Presserecht auf sehr großzügige Weise Gebrauch. Sowohl die einstweiligen Verfügun-

---

*alors qu'une pure et simple persécution";* CA de Paris (réf) v. 8. 11.1985, zit. aus Burgelin in Dupeux/Lacabarts; vgl. Massis, Légipresse 1991, Heft 84, S. II-71 m.w.N.

[1530] Vgl. dazu oben 2. Teil 3. Kap. C I 1.

[1531] Vgl. Cass. civ. v. 6.12.1987, Bull. Civ. II, Nr. 266; Cass. civ. v. 11.10. 1989, JCP 1989, G, IV, S. 397; Dreyer in Blin/Chavanne/Drago/Boinet, 215/42; Louvet in Dupeux/Lacabarats, S. 87, 89, 92; kritisch Gras, Anm. unter TGI de Paris (réf) v. 10.2.1997, Petites affiches 1997, Nr. 24, S. 10; Auvret, thèse, S. 315-316; vgl. auch Burgelin in Dupeux/Lacabarats, S. 39, 51; erst in der jüngeren Rechtsprechung gehen die Gerichte teilweise dazu über, den *Begriff des trouble manifestement illicite* an die Feststellung eines Gesetzesverstoßes zu knüpfen, vgl. dazu Louvet in Dupeux/Lacabarats, S. 89, 92/93 m.w.N.

[1532] Bertin, Gaz. Pal. v. 23.10.1983, S. 2.

[1533] Cass. civ. v. 26.10.1986, Bull. Civ. 1986, III, Nr. 207, S. 153; Couchez, Rn. 56; aA. Derieux, Anm. unter CA de Paris (réf) v. 13.3.1996, Légipresse 1996, Heft 130, S. III-39; anders nur, wenn die Beschlagnahme *(saisie)* der beanstandeten Publikationen angeordnet wird, vgl. TGI Basse-Terre v. 5.5.1988, D. 1990, som. com., S. 240, 241.

[1534] Cass. civ. v. 6.12.1987, Bull. Civ. II, Nr. 266; Cass. civ. v. 11.10. 1989, JCP 1989, G, IV, S. 397; Louvet in Dupeux/Lacabarats, S. 92; Auvret, Jur. Cl. Pénal, 160/62; Dreyer in Blin/Chavanne/Drago/Boinet, 215/41.

[1535] Vgl. Cass. Civ. v. 11.10.1989, Gaz. Pal. v. 18.3.1990, S. 28: *„Le juge des référés apprécie souverainement l'existence et la prolongation d'un trouble manifestement illicite ainsi que les mesures propres à le faire cesser".*

gen zur Beseitigung der infolge einer Rufschädigung erlittenen immateriellen Einbußen, als auch die in der Praxis übliche Verurteilung der Presse zur Zahlung einer vorläufigen Geldentschädigung, gehen über die Reichweite der Maßnahmen, die die Betroffenen vor deutschen Gerichten erwirken können, weit hinaus.

Zu den Maßnahmen, die der Befriedigung *immaterieller* Interessen dienen, zählt zunächst die Verpflichtung zum Abdruck einer Gegendarstellung[1536]. Dieser Anspruch wird auch nach deutschem Recht im Verfahren des einstweiligen Rechtsschutzes durchgesetzt[1537] und greift, da die Gegendarstellung als subjektive Stellungnahme aus der Sicht des Betroffenen nur begrenzte Überzeugungskraft hat, vergleichsweise schwach in die Rechte der Medienunternehmen ein. Sehr viel bedrohlicher für die Meinungsfreiheit der Presse ist die Praxis der *référé*-Gerichte, Maßnahmen anzuordnen, die sich - anders als die Gegendarstellung bzw. die in Deutschland übliche strafbewehrte Unterlassungsverpflichtung - nicht auf *künftige* Ausgaben der betreffenden Publikationsorgane, sondern auf bereits *vertriebene* Exemplare beziehen.

Hierzu zählt in erster Linie die Beschlagnahme *(saisie)* der Zeitschriften und Zeitungen, in denen die beanstandete Äußerung abgedruckt ist. Während die Anordnung einer solchen Maßnahme im Hauptsacheverfahren als unzulässig angesehen wird, da insoweit die einschränkenden Regelungen der Art. 51 und 61 des Gesetzes von 1881 zu berücksichtigen seien[1538], steht einer entsprechenden Verfügung im *référé*-Verfahren nach Ansicht der Rechtsprechung nichts im Wege[1539]. Zwar beschränken die Gerichte die Anordnung derart „extremer Maßnahmen"[1540] auf Ausnahmefälle, in denen der Eingriff in die Ehre des Betroffenen so intensiv ist, dass er „(...) durch die nachfolgende Gewährung einer Geldentschädigung nicht behoben werden kann"[1541] oder in denen von „(...) einer Übertreibung, einer boshaften Absicht und einer parteiischen sowie wirklichkeitsfremden Darstellung und damit von einem offenkundigen Missbrauch der Meinungsfreiheit auszugehen ist"[1542]. Angesichts dieser vagen Anfor-

---

[1536] Dass der Gesetzgeber das *droit de réponse* in Art. 13 des Gesetzes von 1881 spezialgesetzlich geregelt hat, ist für die Gerichte kein Hindernis, eine Durchsetzung dieses Rechts auch im provisorischen Schnellverfahren zu ermöglichen, vgl. TGI de Paris (réf) v. 8.10.1996, Légipresse 1996, Heft 138, S. I-5; CA Bordeaux (réf) v. 14.1.1991, Légipresse 1991, Heft 94, S. I-92; Dreyer in Blin/Chavanne/Drago/Boinet, 215/12; Elmaleh, S. 136; Auvret, Les journalistes, S. 244.

[1537] Vgl. dazu oben 2. Kap. III.

[1538] Auvret, Jur. Cl. Comm., 3700/16; vgl. dazu oben B I b.

[1539] Vgl. nur TGI de Basse-Terre (réf) v. 5.5.1988, D. 1990, som. com., S. 240, Anm. Amson; CA de Paris v. 11.6.1986, JCP 1987, II, 20754; ebenso Auvret, Jur. Cl. Comm, 3700/16; aA. Burgelin in Dupeux/Lacabarats, S. 51, Dreyer in Blin/Chavanne/Drago/Boinet, 215-1/62 ff.

[1540] Wörtlich: *„mesure extrême"*, vgl. Auvret, Jur. Cl. Pénal, 160/75; ähnlich CA de Paris v. 11.6.1986, JCP 1987, II, 20754; Auvret, Jur. Cl. Pénal, 160/75: *„mesure exceptionelle"*.

[1541] TGI de Paris (réf) v. 6.6.1988, Gaz. Pal. 1989, 1, S. 30; TGI de Basse-Terre (réf) v. 5.5.1988, D. 1990, som. com., S. 240; Auvret, Jur. Cl. Pénal, 160/75.

[1542] Wörtlich: *„(...) une outrance, une volonté de nuire et une présentation tendancieuse ou fantaisiste des faits constituant un abus manifeste de la liberté d'expression"*, zit. aus Bertin, Gaz. Pal. 1986, doctr. , S. 27.

derungen sind die im konkreten Einzelfall getroffenen Entscheidungen der *référé*-Gerichte allerdings kaum vorhersehbar. So war für das *Tribunal de grande instance* von *Basse-Terre* die Behauptung, der Antragsteller habe eine Summe von ungefähr 1 Mio FF unterschlagen und genieße seit den letzten Gemeindewahlen den Ruf eines „Intriganten", Grund genug, die Beschlagnahme sämtlicher noch zum Verkauf angebotenen Exemplare der betreffenden Zeitung anzuordnen[1543]. Gleiches galt angesichts einer Pressepublikation, in der das Foto eines namentlich genannten Psychiaters mit den Worten kommentiert wurde: „*Ne tombez jamais entre les mains d'un psychiatre...chacun de vous est menacé. Il l'a faite interner en banlieue*"[1544]. Demgegenüber sah das *Tribunal de grande instance* von Paris anlässlich der - nicht minder schwerwiegenden - Behauptung, der Präsident von Zentralafrika *Kolingba* bereichere sich im Wege der Korruption und begehe die schlimmsten Gewalttätigkeiten, indem er Menschen töte und in Gefangenschaft setze, keine Veranlassung, den Antrag auf Beschlagnahme positiv zu bescheiden[1545].

Nicht weniger intensiv ist die Behinderung der Meinungsfreiheit, wenn die *référé*-Gerichte die Presse verpflichten, die Verwertung der beanstandeten Publikationen zu unterlassen und bereits vertriebene Exemplare zurückzurufen[1546]. Erhebliche Einbußen erleidet das zur Verantwortung gezogene Medienunternehmen auch dann, wenn die *juges des référés* die weitere Verwertung einer Publikation nur unter der Bedingung legalisieren, dass bestimmte Schwärzungen oder Auslassungen vorgenommen wurden[1547]. Soweit sich diese Verpflichtung auch auf *bereits vertriebene* Exemplare einer Zeitung bezieht, ist die Nähe zur Beschlagnahme unverkennbar[1548]. Sowohl die zeitliche Verzögerung, die mit der Erfüllung der gerichtlichen Auflagen einhergeht, als auch die Kosten, die mit einer rückwirkenden Änderung der bereits gedrucken Exemplare bzw. mit deren Rückruf verbunden sind, veranlassen die Presseunternehmen in den meisten Fällen, auf die Verwertung der beanstandeten Ausgaben insgesamt zu

---

[1543] TGI de Basse-Terre (réf) v. 5.5.1988, D. 1990, som. com., S. 240, Anm. Amson.

[1544] Freie Übersetzung: „Geraten Sie nie in die Hände eines Psychiaters..., jeder von Ihnen ist bedroht. Er hat sie in den Vororten internieren lassen", TGI de Paris (réf) v. 7.4.1973, JCP 1973, 17561; vgl. auch Dreyer in Blin/Chavanne/Drago/Boinet, 215-1/60; Auvret, J.Cl. pén., 160/75, jeweils m.w.N.

[1545] Vgl. TGI de Paris v. 4.11.1985, wiedergegeben in Bertin, Gaz. Pal. 1986, doctr. , S. 27 f.; diese Entscheidung erscheint umso widersprüchlicher, als das Gesetz von 1881 die Beschlagnahme von Publikationen im Falle ehrverletzender Publikationen gegenüber ausländischen Regierungschefs audrücklich zulässt, vgl. dazu oben B I b.

[1546] Vgl. TGI de Paris (réf) v. 30.11.1983, D. 1984, jur., S. 111, Anm. Lindon; TGI de Paris (réf) v. 6.7.1991, Légipresse 1991, Heft 96, S. I-130; TGI de Nanterre (réf) v. 22.6.1996, Gaz. Pal. v. 6.11.1996, S. 23; Dreyer in Blin/Chavanne/Drago/Boinet, 215-1/60 m.w.N

[1547] Vgl. TGI de Paris (réf) v. 13.10.1997, Légipresse 1997, Heft 147, S. III-163 (für ein Buch); TGI de Paris (réf) v. 19.2.1992, Légipresse 1992, Heft 96, S. I-132; Auvret, J.Cl.pénal, 160/77; Louvet in Dupeux/Lacabarats, S. 87, 91; Dreyer in Blin/Chavanne/Drago/Boinet, 215-1/60 m.w.N.

[1548] Dreyer in Blin/Chavanne/Drago/Boinet, 215-1/62; vgl. TGI de Paris (réf) v. 5.9.1996, Légipresse 1997, Heft 137, S. I-149, wonach die mit dieser Maßnahme einhergehende Verpflichtung zum Rückruf der beanstandeten Exemplare „(...) praktisch dieselben Folgen wie eine Beschlagnahme" habe und aus diesem Grund zurückgewiesen wurde.

verzichten[1549]. Auch die Verpflichtung zum Abdruck der gerichtlichen Entscheidung betrifft - anders als in Deutschland[1550] - regelmäßig nicht nur künftige, sondern auch *bereits vertriebene* Ausgaben der beanstandeten Zeitung und stellt damit einen intensiven Grundrechtseingriff dar[1551].

Sofern nur die geltend gemachte Forderung „nicht ernsthaft" zu bestreiten ist, kann der *juge des référés* die Presse schließlich zur Zahlung einer vorläufigen Geldentschädigung verurteilen, vgl. Art. 809 Abs. 2 NCPC[1552]. Von dieser Befugnis machen die Gerichte auch im Presserecht regelmäßig Gebrauch[1553]. Teilweise macht sich indessen die Tendenz bemerkbar, die Beurteilung, ob der Anspruch ernsthaft bestreitbar sei, den Richtern des Hauptsacheverfahrens vorzubehalten[1554]. Dem ist schon deswegen zuzustimmen, weil kaum Fälle denkbar sind, in denen die Berechtigung oder zumindest die Höhe der zum Ausgleich einer Persönlichkeitsverletzung gewährten Entschädigung *nicht* ernsthaft bestritten werden kann[1555].

## IV. Aktivlegitimation *(droit d'agir)*

Wie im deutschen Recht folgt die Beurteilung der Frage, welche Personen bzw. Personengruppen berechtigt sind, auf zivilrechtlichem Wege gegen ehrverletzende Publikationen vorzugehen, unterschiedlichen Regeln, je nachdem, ob die Anspruchsteller eine Wiedergutmachung materieller bzw. immaterieller Schäden durchsetzen wollen (1.) oder ob ihre Forderungen auf den Abdruck einer Gegendarstellung gerichtet sind (2.).

### 1. Schadensersatz

Die *action civile*, mit der die Opfer einer *diffamation* oder *injure* gem. Art. 2 NCPC die Beseitigung ihres Schadens verlangen können[1556], ist an vergleichsweise enge Voraussetzungen geknüpft. Wie in Deutschland, wo die Rechtsprechung das Erfordernis der "individuellen Betroffenheit" entwickelt hat, muss der Anspruchsteller nachwei-

---

[1549] Dreyer in Blin/Chavanne/Drago/Boinet, 215-1/62.

[1550] Hier beschränkt sich die Verpflichtung zum Abdruck des Gerichtsurteils auf *künftige* Ausgaben der beanstandeten (oder einer anderen) Zeitung, vgl. BGHZ 14, 163, 172 – Constanze II; BGH NJW 1984, 1102 – Wahlkampfrede.

[1551] Dreyer in Blin/Chavanne/Drago/Boinet, 215-1/71; Gras, Anm. unter TGI de Paris (réf) v. 3.3.1992, Légipresse 1992, Heft 90, S. III-38, 40 m.w.N. (Fn.7); vgl. TGI de Paris (réf) v. 21.10.1987, J.C.P. 1982, 19794, Anm. Boulanger (für ein Buch).

[1552] Vgl. Art. 809 Abs. 2 NCPC: *„Dans les cas où l'existence de l'obligation n'est pas sérieusement contestable, il peut accorder une provision au créancier (...)"*.

[1553] Vgl. nur TGI de Paris (réf) v. 4.3.1988, Légipresse 1988, Heft 49, S. III-31; CA de Paris (réf) v. 12.6.1990, Légipresse 1990, Heft 74, S. III-81, Anm. Ader.

[1554] Louvet in Dupeux/Lacabarats, S. 87, 91, der insoweit auf (unveröffentlichte) Entscheidungen verweist.

[1555] Dreyer in Blin/Chavanne/Drago/Boinet, 215-1/67; vgl. zur Kritik an einer vorläufigen Geldentschädigung im Presserecht auch Louvet in Dupeux/Lacabarats, S. 87, 91.

[1556] Vgl. dazu oben A I 1.

sen, dass die beanstandete Publikation ihn sowohl "persönlich" als auch "unmittelbar" verletzt hat, vgl. Art. 2 NCPC[1557] (a). Zu einer Ausweitung des Kreises der aktivlegitimierten Personen führt demgegenüber die Rechtsprechung der *Cour de cassation*, wonach die Betroffenen ihre Schadensersatzforderungen in bestimmten Fällen auch auf die deliktische Generalklausel des Art. 1382 cc stützen können (b).

### a. *action civile*

"Persönlich" und "unmittelbar" betroffen im Sinne des Art. 2 NCPC und damit auch in zivilrechtlicher Hinsicht aktivlegitimiert sind all jene Anspruchsteller, die in den Art. 29 ff. des Gesetzes von 1881 als Opfer ehrverletzender Äußerungen vorgesehen sind[1558]. Das sind gem. Art. 29 Abs. 1 des Gesetzes von 1881 sowohl natürliche Personen als auch juristische Personen bzw. Personengemeinschaften.

### aa. Natürliche Personen *(personnes physiques)*

### (1) Lebende Personen

Wie in Deutschland kann nur derjenige Opfer einer *diffamation* oder *injure* sein, der als Adressat der beleidigenden Publikation erkennbar ist. Der Betroffene muss nicht ausdrücklich benannt sein; ausreichend ist gem. Art. 29 S. 2 des Gesetzes von 1881, dass seine „Identifizierung möglich ist". Damit können auch bloße Andeutungen ausreichen, soweit aus den Umständen der Äußerung erkennbar ist, wer gemeint ist[1559]. Wie in Deutschland genügt es schon, dass der Anspruchsteller nur innerhalb eines kleinen Personenkreises - zum Beispiel die Stammgäste einer Diskothek[1560] - als Betroffener erkennbar ist[1561].

Zu häufigeren Problemen als die Frage der Erkennbarkeit führt in der Praxis die Bestimmung derjenigen Personen, die durch eine ehrverletzende Äußerung „persönlich" und „unmittelbar" betroffen sind. Richtet sich die Beleidigung gegen Einzelpersonen, so sind in aller Regel nur diese als Geschädigte anspruchsberechtigt. So ist etwa *Albert Chavanne* der Ansicht, dass die Beleidigung einer Frau - soweit diese noch lebt - nur dieser, nicht aber ihrem Ehemann die Berechtigung verleiht, gegen die beanstandete Publikation vorzugehen[1562]. Eine Forderung, die aus einer ehrverletzenden Äußerung

---

[1557] Art. 2 Abs. 1 NCPC: *„L'action civile en réparation du dommage causé par un crime, un délit ou une contravention appartient à tous ceux qui ont* ***personnellement*** *souffert du dommage* ***directement*** *causé par l'infraction";* Stefani/Levasseur/Bouloc, Rn. 170; Soyer, Rn. 666.

[1558] Vgl. Soyer, Rn. 665: *„Que la victime soit fondée à exercer l'action civile est une évidence qui n'appelle pas de commentaire".*

[1559] Pradel/Danti-Juan,Rn. 437; Chavanne, Jur. Cl. Pénal, Rn. 90/79.

[1560] Cass. Crim. v. 13.11.1990, Dr. pén., 1991, S. 138.

[1561] Pradel/Danti-Juan,Rn. 437; Lamy, Rn. 304 (Fn. 481); Marino, Rn. 48.

[1562] Chavanne, Jur. Cl. Pénal, 90/91; vgl. zu dem Problem der Ehrverletzung von Familienangehörigen ausf. Marino Rn. 60 ff.; anders im deutschen Recht: Wenzel, Rn. 12.38.

abgeleitet ist, kann wegen des nichtvermögensrechtlichen Charakters der persönlichen Ehre auch nicht auf Dritte übertragen werden[1563]. Beziehen sich die ehrverletzenden Äußerungen nicht auf einzelne, sondern auf eine *Gruppe* von Personen, so sind die unter der Sammelbezeichnung beleidigten Menschen - nicht anders als in Deutschland[1564] - nur dann „persönlich" und „unmittelbar" verletzt, wenn der betroffene Personenkreis zahlenmäßig überschaubar ist[1565]. Davon gehen die französischen Gerichte nur bei vergleichsweise kleinen Personengruppen aus[1566].

Eine "persönliche" und "unmittelbare" Betroffenheit der Einzelpersonen wurde zum Beispiel bejaht im Falle der herabsetzenden Kritik an einer Gruppe von zehn Chirurgen[1567], den Sprecherinnen im Fernsehen[1568] oder den öffentichen Lehrern einer Stadt[1569], nicht aber, soweit sich die beanstandeten Äußerungen gegen "die Homosexuellen"[1570], "die Anwältinnen"[1571] oder - ohne geschlechtsspezifische Einschränkung - gegen andere Berufsgruppen richtete[1572].

### (2) Postmortaler Schadensersatzanspruch

Nach französischem Recht war die persönliche Ehre bis vor wenigen Jahren auch nach dem Tode des Betroffenen sehr umfassend vor ansehensschädigende Pressepublikationen geschützt. Noch im Jahre 1994 konnten die Erben, Ehegatten oder Vermächtnisnehmer des Verstorbenen im Falle postmortaler Ehrverletzungen auf der Grundlage des Art. 1382 cc die Verpflichtung der verantwortlichen Presseunternehmen durchsetzen, eine Berichtigung abzudrucken oder gar Entschädigungszahlungen zu leisten[1573]. Die Risiken, die mit der postmortalen Publikation ehrverletzender Äußerungen einhergingen, waren somit - anders als in Deutschland[1574] - nicht nur immaterieller, sondern auch *materieller* Natur.

---

[1563] Vgl. Cass. civ. v. 12.1.1988, D. 1989, 1, Anm. Gautier; Marino, Rn. 51.
[1564] Vgl. dazu 2. Kap. B IV 1 a aa.
[1565] Chavanne, Jur. Cl. Pénal, 90/89; Rassat, 408.
[1566] Vgl. dagegen die deutsche Rechtspraxis, wonach sogar die sich im aktiven Dienst befindlichen Soldaten der Bundeswehr als zahlenmäßig hinreichend eingegrenzte Gruppe angesehen wurde, BVerfG NJW 1995, S. 3305 – Soldaten sind Mörder II; ebenso BGH, AfP 1989, S. 535, 536 – Soldatenbeleidigung; vgl. dazu oben 2. Kap. B IV 1 a aa.
[1567] Cass. Crim. v. 6.12.1994, Dr. pénal 1999, comm. Nr. 55, Anm. Véron.
[1568] TGI de Paris v. 25.10. 1978, D. 1980, S. 33, Anm. Mayer.
[1569] Cass. Crim. v. 16.12.1893, Bull. Crim. Nr. 355; vgl. für weitere Beispiele: Chavanne, Jur. Cl. Pénal, 90/87 ff.
[1570] Cass. Crim. v. 16.10.1984, Gaz. Pal. 1985, 1, S. 161, Anm. Doucet; TGI de Colmar v. 27.6.1983, D. 1983, S. 550, Anm. Koering-Joulin.
[1571] TGI de Paris v. 13.12.1978, D. 1979, S. 378, Anm. Mayer.
[1572] Rassat, Rn. 406; vgl. für eine gegen „die Anwälte" gerichtete Beschuldigung: CA de Paris, 23.9.1987, Gaz. Pal. 1987, 2, S. 705.
[1573] Vgl. das - später aufgehobene - Urteil der zweiten Zivilkammer der *Cour de cassation* in dem Zivilklageverfahren der Angehörige des verstorbenen Generals *Érulin* gegen die Zeitschrift *l'Événement du jeudi,* Cass. civ. v. 22.6.1994, Bull. Civ., II, Nr. 165 = D. 1995, somm., S. 268, Anm. Massis.
[1574] In der deutschen Rechtsprechung wird eine Geldentschädigung im Falle postmortaler Persönlichkeitsverletzungen nach wie vor abgelehnt, vgl. dazu oben 2. Kap. B IV 1 a bb (2).

Zu einer Neubewertung der viel diskutierten Frage nach den zivilrechtlichen Auswirkungen postmortaler Ehrverletzungen führten erst die bereits erwähnten Grundsatzurteile der *Assemblée Plénière* der *Cour de cassation* vom 12. Juli 2000. Mit diesen beiden Entscheidungen wurde klargestellt, dass sich die Presse wegen der Publikation ehrverletzender Äußerungen gegenüber verstorbenen Personen ausschließlich unter den besonderen Voraussetzungen des Art. 34 Abs. 1 des Gesetzes von 1881 haftbar macht[1575]. Danach müssen die Journalisten die Absicht gehabt haben, die Ehre oder das Ansehen auch der Erben, Ehegatten oder Vermächtnisnehmer des Verstorbenen zu verletzen, vgl. Art. 34 Abs. 1 des Gesetzes von 1881[1576]. Davon ist nur unter engen Voraussetzungen auszugehen. Die herabsetzende Publikationen darf nicht nur den Toten, sie muss auch die Anspruchsteller "persönlich" und "unmittelbar" betreffen[1577]. Davon ist zum Beispiel auszugehen, wenn über ein Verbrechen berichtet wird und die Ehegattin des zum Totschlag verurteilten - inzwischen verstorbenen - Mannes als *"femme bafouée"*[1578] oder dessen Sohn als *"fils d'assassin"*[1579] bezeichnet werden[1580], nicht aber, wenn einem verstorbenen General unterstellt wird, er habe während des Algerienkrieges Folterungen vorgenommen oder einem verstorbenen jungen Mann, er sei verantwortlich für den bereits eingetretenen oder noch bevorstehenden Aids-Tod vieler Menschen, die Angehörigen dieser Personen in den beanstandeten Publikationen indessen keine Erwähnung finden[1581].

Die Anforderungen an die unmittelbare Betroffenheit der Anspruchsteller ist im Rahmen der Spezialregelung des Art. 34 des Gesetzes von 1881 nach alledem keine andere als unter Zugrundelegung der allgemeinen Beleidigungsdelikte[1582]. Zur Durchsetzung ihrer Ansprüche können sich die Kläger daher ebensogut auf die allgemeinen Rege-

---

[1575] Vgl. Cass. civ. v. 12.7.2000, *Assemblée plénière*, Légipresse 2000, Heft 175, S. III-153 (Veuve Érulin ./. L'Événement du jeudi; Époux Collard ./. Jamet et autres); vgl. dazu oben 2. Teil 3. Kap. C I 1 a bb.

[1576] Vgl. Art. 34 des Gesetzes von 1881: *„Les articles 29, 30 et 31 ne sont applicables aux diffamations et injures dirigées contre la mémoire des morts que dans les cas où les auteurs des ces diffamations ou injures auraient eu l'intention de porter atteinte à l'honneur ou à la considération des héritiers, époux ou légataires universels vivants"*.

[1577] Vgl. Joinet, Légipresse 2000, Heft 175, S. III-154, 156: *„imputations dirigées ouvertement contre la personne des héritiers vivants, ces derniers étant personnellement victime"*; ähnlich Pradel/Danti-Juan, Rn. 442.

[1578] Freie Übersetzung: „Verhöhnte Frau".

[1579] Freie Übersetzung: „Sohn eines Mörders".

[1580] Cass. Crim v. 10.3.1955, J.C.P 1955, II, 8845, Anm. Chavanne, Pradel/Danti-Juan, Rn. 442.

[1581] Vgl. Cass. civ. v. 12.7.2000, *Assemblée plénière*, Légipresse 2000, Heft 175, S. III-153 (Veuve Érulin ./. L'Événement du jeudi; Époux Collard ./. Jamet et autres), vgl. dazu oben 2. Teil 3. Kap. C I 1 a bb.

[1582] Entsprechend hat bereits der Justizminister *Cazot* in einem Rundschreiben vom 9.11.1881 klargestellt, daß es bei dem aus Art. 34 des Gesetzes von 1881 resultierenden Verfahren um den Schutz der persönlich diffamierten Erben gehe, wiedergegeben in Mallet-Poullol, Anm. unter CA de Paris v. 17.9.1997, D. 1998, Jur., S. 433, 434; vgl. auch Pradel/Danti-Juan, Rn. 442: *„Il s'agit donc moins, en réalité, d'une diffamation contre la mémoire des morts que d'une atteinte à la considération des vivants"*.

lungen der Art. 29, 32 des Gesetzes von 1881 berufen. Die spezialgesetzliche Bestimmung in Art. 34 Abs. 1 des Gesetzes von 1881 ist lediglich als klarstellende Regelung zu verstehen, deren Bedeutung sich daraus erklärt, dass der Verabschiedung der *loi sur la liberté de la presse* eine lebhafte Debatte über die Berechtigung postmortalen Ehrenschutzes voranging.

Im Ergebnis haben die beiden Grundsatzurteile der *Assemblée Plénière* eine nicht unerhebliche Beschränkung des postmortalen Persönlichkeitsschutzes zur Folge. Anders als in Deutschland, wo die Angehörigen Verstorbener im Falle „(...) schwerer, die Menschenwürde tangierender Eingriffe in die Persönlichkeitsrechte" des Toten zumindest die Möglichkeit haben, im Wege der Unterlassungs- und Berichtigungsklage gegen die postmortalen Ehrverletzungen vorzugehen[1583], können sie nach französischem Recht weder einen materiellen Schadensausgleich verlangen, noch können sie durchsetzen, dass die Presse zum Abdruck des Gerichtsurteils bzw. einer sogenannten *rectification* verurteilt wird. An dieser Einschätzung ändert sich auch dann nichts, wenn eine ehrverletzende Publikation zugleich - wahre oder unwahre - Details aus dem Privatleben des Toten verbreitet[1584]. Trotz alledem ist die persönliche Ehre Verstorbener auch in Frankreich nicht schutzlos[1585]. Gem. Art. 34 *Abs. 2* des Gesetzes von 1881 haben die wahrnehmungsberechtigten Personen ein Gegendarstellungsrecht, das allein daraus abgeleitet wird, dass der *Tote* in seiner Ehre verletzt wurde[1586].

**bb. Juristische Personen und Personengemeinschaften *(personnes morales)***

Art. 29 Abs. 1 des Gesetzes von 1881 benennt sowohl „Personen" *(personnes),* als auch „Körperschaften" *(corps)* als Adressaten ehrverletzender Publikationen[1587]. Daraus folgt, dass auch in Frankreich prinzipiell nicht nur einzelne natürliche Personen, sondern auch *Gruppen* von Menschen berechtigt sind, auf zivilrechtlichem Wege gegen herabsetzende Publikationen vorzugehen[1588]. Dieser Grundsatz gilt jedoch nicht unbeschränkt. Aktivlegitimiert sind nur Personengruppen, die - anders als zum Bei-

[1583] LG Hamburg, AfP 1993, S. 595, 596 – NS-Künstler; OLG Düsseldorf, NJW-RR 2000, S. 321, 322 – Galinski; vgl. dazu oben 2. Kap. B IV 1 a bb (2).

[1584] Vgl. CA de Paris v. 6.5.1997, D. 1997, S. 596, Anm. Beignier, wonach das Recht auf Achtung des Privatlebens aus Art. 9 cc nur den Lebenden zusteht und auf die Erben nicht übertragen werden kann; ähnlich CA de Paris v. 3.11.1982, D. 1983, S. 248, Anm. Lindon; CA de Paris v. 7.6.1983, Gaz. Pal. 1984, 2, 528, Anm. Lamoureux und Pochon.

[1585] Ebenso Mallet-Poullol, Anm. unter CA de Paris v. 17.9.1997; D. 1998, Jur., S. 433, 434; ähnlich Marino, Rn. 55 f.; aA. TGI de Paris v. 16.11.2000 Légipresse 2001, Heft 178, S. III-15: *„(...) la liberté d'expression (...) permettrait de dire n'importe quoi sur les morts (...)".*

[1586] Vgl. dazu unten 2. Teil 3. Kap. C V 2.

[1587] Darüber hinaus hat der Gesetzgeber die strafrechtliche Relevanz von Beleidigungen gegenüber bestimmten Körperschaften des öffentlichen Rechts in Art. 30 des Gesetzes von 1881 spezialgesetzlich geregelt, vgl. dazu oben 2. Teil 3. Kap. A I 2.

[1588] Stefani/Levasseur/Bouloc, Rn. 178 ff; Chavanne, Jur. Cl. Pénal, Rn. 90/83 ff.; 92 ff; Pradel/Danti-Juan, Rn. 438; Rassat, Rn. 408; vgl. auch Marino, Rn. 81 ff.

spiel eine Familie oder ein Ehepaar - geschäftsfähig sind[1589]. Zu diesen anspruchsberechtigten *„personnes morales"* zählen sowohl juristische Personen des Privatrechts, als auch solche des öffentlichen Rechts[1590], ferner Verbände bzw. Vereine[1591], Gewerkschaften[1592], Handelsgesellschaften[1593] oder politische Parteien[1594]. Zwar wird gelegentlich hervorgehoben, dass die Ehre und der gute Ruf insoweit „(...) nicht genau denselben Inhalt aufweisen" wie für natürliche Personen[1595]. Dennoch können die genannten Personengemeinschaften in Frankreich - anders als in Deutschland[1596] - nicht nur einen immateriellen Ausgleich, sondern prinzipiell auch eine *materielle* Entschädigung für die erlittenen Einbußen verlangen[1597].

Wie für den Fall, dass eine Gruppe von Personen unter einer Sammelbezeichung beleidigt wird, ist die Feststellung der "unmittelbaren" und "persönlichen" Betroffenheit allerdings auch bei den *personnes morales* oftmals mit Schwierigkeiten verbunden[1598]. Fest steht, dass diese immer dann beleidigungsfähig sind, wenn sie *selbst* Opfer eines ehrverletzenden Angriffs geworden sind[1599]. So war zum Beispiel das "Nationale Kommittee zur Verhinderung von Alkoholismus" *(Comité national de défense contre l'alcoolisme)* berechtigt, im Wege der *action civile* wegen übler Nachrede gegen eine Publikation vorzugehen, in der von "militanten Antialkoholikern" die Rede war[1600]. "Unmittelbar" und "persönlich" betroffen war auch ein als Verein gegründeter Orden *("l'Association de l'Ordre souverain de Saint-Jean de Jérusalem"),* der in einer historischen Publikation als "Stamm ohne Wurzeln"[1601] bezeichnet wurde[1602]. Anders verhält es sich, wenn die ehrverletzende Publikation nicht die juristische Person selbst, sondern die Interessen ihrer *Mitglieder*[1603] oder die von ihr wahrgenommenen *Belan-*

---

1589 Marino, Rn. 109; Chavanne, Jur. Cl. Pénal, 90/96.

1590 Stefani/Levasseur/Bouloc, Rn. 178; Marino, Rn. 85 (Fn. 5). Vgl. aber für die in Art. 30 des Gesetzes von 1881 benannten Personen des öffentlichten Rechts die Einschränkungen hinsichtlich des Rechtsweges, dazu oben oben 2. Teil 3. Kap. A II.

1591 Vgl. Chavanne, Jur. Cl. Pénal, 90/92; Marino, Rn. 85.

1592 Vgl. Chavanne, Jur. Cl. Pénal, 90/93.

1593 Vgl. Pradel/Danti-Juan, Rn. 438; Marino, Rn. 85.

1594 Vgl. Chavanne, Jur. Cl. Pénal, 90/83.

1595 Pradel/Danti-Juan, Rn. 438.

1596 Vgl. dazu oben 2. Kap. B IV 1 b.

1597 Allerdings dürfte sich die Geldentschädigung in diesen Fällen oft auf den oben dargstellten *„franc symbolique"* beschränken; vgl. zum Beispiel für den Fall der Schadensersatzklage eines Berufsverbandes: CA de Paris v. 23.9.1987, Gaz. Pal. 1987, 2, S. 705.

1598 Vgl. Chavanne, Jur. Cl. Pénal, 90/83; 92 f.; Soyer, Rn. 670.

1599 Stefani/Levasseur/Bouloc, Rn. 179, Soyer, Rn. 670; Marino, Rn. 83 ff.

1600 Wörtlich: *"militants antialcooliques"*, TGI de Paris v. 8.7.1970, D. 1972, S. 88, Anm. Fourgoux; Chavanne, Jur. Cl. Pénal, 90/83.

1601 Wörtlich: *"trone sans racines"*.

1602 Vgl. TGI de Paris v. 14.3.1984, Gaz. Pal. 1984, S. 673, Anm. Guyenot und Oberlin; vgl. Marino, Rn. 85.

1603 Chavanne Jur. Cl. Pénal, 90/94, wonach eine *diffamation* gegenüber einem Berufsverband z.B. ausgeschlossen ist, wenn sich die ehrverletzenden Äußerungen nicht gegen den Verband als solchen, sondern gegen die von diesem vertretene *Berufsgruppe* richtet (z.B. „die Ärzte" oder „die Models", *ge*[1604] betrifft. Nicht anders als in Deutschland[1605] fehlt es in diesen Fällen nach der ständigen Entscheidungspraxis der Strafgerichte an den Erfordernisse der "persönlichen" und "unmittelbaren" Betroffenheit - und damit an den Voraussetzungen einer Wiedergutmachung im Wege der *action civile.*

## b. Art. 1382 cc

Offen ist allerdings, ob die Chancen geschäftsfähiger juristischer Personen bzw. Personengemeinschaften *(personnes morales)*, gegen nur "mittelbar" verletzende Pressepublikationen vorzugehen, damit schlechthin ausgeschlossen sind oder ob sie sich insoweit auf Art. 1382 cc berufen können. Bislang haben die Zivilgerichte die Berechtigung der *personnes morales*, sich auf die deliktische Generalklausel zu berufen, sehr weit ausgelegt. Anders als für den Fall, dass sich die Kläger auf die strafrechtlichen Beleidigungsdelikte stützten, bejahten sie die Aktivlegitimation insoweit auch jenseits der Fälle, in denen die *personnes morales* direkt angegriffen wurden[1606]. Ausreichend war, dass sich die Kritik gegen die Interessen ihrer Mitglieder oder gegen die von ihnen wahrgenommenen Belange richtete. So gelang es zum Beispiel der französischen Anwaltsgewerkschaft *(Syndicat des avocats de France – SAF),* auf der Grundlage des Art. 1382 cc gegen eine Publikation vorzugehen, die einen Richter mit der Behauptung zitierte, wonach "die Anwälte" zu oft Gehilfen von Terroristen seien[1607]. Im Einklang mit den oben dargestellten Grundsätzen stellte die *Cour d'appel de Paris* zwar ausdrücklich fest, dass die Publikation niemanden individuell betreffe, der Straftatbestand der *diffamation* daher nicht erfüllt sei. Die Anwaltsgewerkschaft werde jedoch in ihrer Zielsetzung betroffen, die "materiellen und immateriellen Interessen der Anwälte" zu vertreten und könne ihre Schadensersatzklage daher auf Art. 1382 cc stützen[1608]. Auf derselben Linie wie diese Entscheidung liegt ein Urteil der *Cour de cassation* aus dem Jahre 1993, dem der folgende Sachverhalt zugrunde lag: Die Zeitschrift *New Look* hatte unter einem satirischen Titel[1609] eine Serie von Fotos abgedruckt, auf denen Jugendliche in Pfadfinderbekleidung abgebildet waren, die sich erotischen Spielen hingaben. Mit der Begründung, dass diese Publikation "(...) die tiefen Empfindungen tausender Anhänger der Jugendbewegung" verletze, zogen verschiedene Pfadfindervereinigungen vor die Zivilgerichte. Die *Cour de cassation* gab ihrer Klage auf der

---

vgl. dazu Cass. crim. v. 5.5.1964, JCP 1964, éd G, IV, S. 86); vgl. dazu auch Stefani/Levasseur/Bouloc, Rn. 180 (Fn. 7).

1604 Cass. Crim. v. 26.5.1987, Bull. Crim., Nr. 217, R.S.C. 1988, S. 303, Nr. 7 und 304-II, Anm. Levasseur; wonach eine politische Partei nicht gegen Äußerungen vorgehen kann, die lediglich die von dieser Partei vertretene *Doktrin* betreffen; Chavanne, Jur. Cl. Pénal, 90/83 m.w.N.; vgl. dazu auch Stefani/Levasseur/Bouloc, Rn. 178; Soyer; Rn. 670

1605 Vgl. dazu oben 2. Kap. B IV 1 b.

1606 Zustimmend Chavanne, 90/97; ebenso die (anonyme) Anm. unter CA de Paris v. 23.9.1987, Gaz. Pal.1987, 705, 706; aA. Marino, Rn. 95.

1607 Wörtlich: „*(...) lorsque les terroristes discutent avec leurs avocats...qui sont trop souvent des complices*", CA de Paris v. 23.9.1987, Gaz. Pal. 1987, 2, S. 705.

1608 CA de Paris v. 23.9.1987, Gaz. Pal. 1987, 2, S. 705, 506.

1609 *"Scouts toujours - Souvenirs d'une partie de jamborée en l'air dans le Vercors"*.

Grundlage des Art. 1382 cc statt[1610], ohne der Frage nachzugehen, ob die Anspruchsteller überhaupt berechtigt waren, die Interessen der jugendlichen Pfadfinder wahrzunehmen[1611].

Die Risiken einer solchen Entscheidungspraxis sind im Schrifttum vielfach unterstrichen worden: Die Möglichkeit der Personenvereinigungen, nicht nur ihre *eigene* Ehre, sondern auch das ideelle Interesse ihrer Mitglieder zu verteidigen, führe zu einer unbestimmten Rechtsprechung

> *"(...) qui donne trop souvent l'impression désagréable de solutions purement divinatoires"*[1612].

Die Gefahr einer uneinheitlichen, willkürlichen Rechtsprechung bestehe umso mehr, als das "kollektive Interesse" (*interêt collectif*[1613]) der Personenvereinigungen, das eine zivilrechtliche Klage rechtfertige, kaum zu unterscheiden sei von dem "Interesse der Allgemeinheit" (*interêt général*[1614]), das allein der Staatsanwalt verteidigen könne[1615]. Diese Kritik ist durchaus berechtigt. Ungeachtet der - bislang nicht entschiedenen Frage - inwieweit eine solche Umgehung des Gesetzes von 1881 mit den Grundsatzurteilen der *Assemblée Plenière* vom 12. Juli 2000 vereinbar ist[1616], hat der Verzicht auf das Erfordernis einer "unmittelbaren" Ehrverletzung zur Folge, dass es in das Ermessen der Richter gestellt ist, die - unzulässige[1617] - Popularklage von der - zulässigen - Wahrnehmung kollektiver Vereinsinteressen abzugrenzen. Zu Rechtsunsicherheiten führt dies insoweit, als sich die kollektiven Vereinsinteressen nicht überzeugend konkretisieren lassen. Könnte die Anwaltsgewerkschaft *SAF* auf der Grundlage der deliktischen Generalklausel auch gegen Äußerungen vorgehen, in denen beispielsweise das Rechtsberatungsmonopol für Anwälte auf beleidigende Weise an den Pranger gestellt wird? Hätten die Pfadfindervereiningungen eine Wiedergutmachung auch wegen

---

[1610] Cass. civ. v. 5.5.1993, D. 1994, som. com., 193, 194, Anm. Massis.

[1611] Zustimmend Chavanne, Jur. Cl. Pénal, 90/97; kritisch Massis, Anm. unter Cass. civ. v. 5.5.1993, D. 1994, som. com., 194. Vgl. auch Cass. civ. v. 13.6.1939, DC 1941, S. 6, Anm. Minim: Verurteilung eines Autors zur Zahlung von Schadensersatz wegen der Veröffentlichung eines Artikels, in dem der "Klerus" beleidigt wurde. Der Kläger war hier - im Namen der Geistlichen - der Bischof einer Diözese.

[1612] Freie Übersetzung: „(... ) die zu oft den unangenehmen Eindruck rein hellseherischer Lösungen vermittelt", Conte, Rép. Civ., 1992, Nr. 182; Marino, Rn. 95.

[1613] Marino Rn. 93.

[1614] Marino, Rn. 93.

[1615] Marino Rn. 91, 93, 95; vgl. dagegen Chavanne, Jur. Cl. Pénal, 90/97: *"Si des poursuites en diffamation ne sont pas possibles, en revanche il serait choquant de permettre d'écrire n'importe quel flot d'injures, de contre vérités et de diffamation sans aucune sanction"*; ähnlich die (anonyme) Anm. zu dem bereits erwähnten Urteil der CA de Paris v. 23.9.1987, Gaz. Pal.1987, 705, 706: *"Plus qu'une satisfaction pour le S.A.F. que pour la profession d'avocat, cette décision est une victoire pour la démocratie dont les droits de la défense sont un pilier"*.

[1616] Vgl. dazu oben 2. Teil 3. Kap. C I 1 a cc.

[1617] Marino, Rn. 93.

einer beleidigenden Kritik an den Grundwerten der Brüderlichkeit, Hilfsbereitschaft und Solidarität, wie sie von den *Scouts* verkörpert werden, verlangen können? Die extensive Auslegung der *Cour de cassation* führt zu Rechtsunsicherheiten, die der Europäische Gerichtshof für Menschenrechte mit seiner Rechtsprechung zu den "formellen Schranken" des Art. 10 Abs. 2 EMRK gerade verhindern wollte[1618]. Auch mit den materiellen Schranken der Grundrechtsgarantie ist diese Spruchpraxis nicht vereinbar. Sie erstreckt das Sanktionsrisiko auf Presseäußerungen, die sich auf einer abstrakten Ebene - d.h. ohne bestimmte Personen *konkret* zu verletzen - mit Ideen, Wertvorstellungen und Weltanschauungen befassen. Eine derart umfassende Möglichkeit der Gerichte, die Meinungsfreiheit zu beschränken, ist "in einer demokratischen Gesellschaft" keineswegs "notwendig", vgl. Art. 10 Abs. 2 EMRK. Zwingend erforderlich zum Erhalt demokratischer Strukturen ist es jedoch, Presseäußerungen, die niemanden "persönlich" oder "unmittelbar" verletzen, dem Bereich haftungsrechtlich relevanter Publikationen von vornherein zu entziehen.

### 2. Gegendarstellung

Anders als in Deutschland, wo ein postmortales Gegendarstellungsrecht nach ständiger Rechtsprechung verneint wird, haben nach französischem Recht nicht nur die Betroffenen selbst, sondern auch die Erben, Ehegatten und Vermächtnisnehmer verstorbener Personen die Möglichkeit, den Abdruck einer sogenannten *"réponse"* zu verlangen.

#### a. Lebende Personen

Gem. Art. 13 Abs. 1 des Gesetzes von 1881 kann das Gegendarstellungsrecht von „jeder Person" *(„toute personne")* geltend gemacht werden, die in einer periodisch erscheinenden Zeitschrift oder Zeitung „genannt" oder auf die insoweit „hingewiesen" wird[1619]. Anspruchsberechtigt sind sowohl natürliche als auch juristische Personen[1620]. Wie im Rahmen der *action civile* genügt es, dass der Betroffene aus der Erstpublikation erkennbar hervorgeht; seine namentliche Benennung wird nicht vorausgesetzt[1621]. Wird das Gegendarstellungsrecht von einer *juristischen Person* eingefordert, so verlangt die Rechtsprechung, dass diese selbst von der beanstandeten Publikation unmittelbar und direkt betroffen wurde[1622]. Eine Vereinigung oder Gewerkschaft kann sich daher nicht auf dieses Recht berufen, um sich für ihre Mitglieder oder die von ihr

---

1618 Vgl. dazu oben 1. Teil 4. Kap. B I 2 a.

1619 Vgl. Art. 13 S. 1 des Gesetzes von 1881: *„Le directeur de la publication sera tenu d'insérer dans les trois jours de leur réception, les réponses de toute personne nommée ou désignée dans le journal ou écrit périodique quotidien"*.

1620 Cass. Crim. v. 6.11.1956, JCP 1957, II 9723; Chavanne in Blin/Chavanne/Drago/Boinet, 185/46; Auvret, Les journalistes, S. 239.

1621 Vgl. Cass. Crim. v. 4.6.1953, D. 1953, S. 665, Anm. Chavanon; Chavanne in Blin/Chavanne/Drago/Boinet, 185/53; Auvret, Les journalistes, S. 239.

1622 Cass. Crim. v. 2.2.1988, Gaz. Pal. 1989, somm. , S. 3, Auvret, Les journalistes, S. 239/240.

wahrgenommenen Belange einzusetzen[1623]. Das Gegendarstellungsrecht, so die Begründung, sei verliehen worden, um den Respekt vor natürlichen oder juristischen Personen zu gewährleisten; nicht aber zum Schutze der Interessen, die diese wahrnehmen oder zum Schutze der Meinungsdebatte bezüglich der von ihr vertretenen Berufe[1624].

### b. Postmortales Gegendarstellungsrecht

Während die persönliche Ehre einer verstorbenen Person nach deutschem Recht lediglich im Wege des Unterlassungs- oder Berichtigungsanspruchs geschützt werden kann, beschränken sich die Möglichkeiten postmortalen Persönlichkeitsschutzes in Frankreich auf das Recht der Erben, Ehegatten oder Vermächtnisnehmer, den Abdruck einer Gegendarstellung zu verlangen. Dieses Recht, das der Gesetzgeber in Art. 34 Abs. 2 des Gesetzes von 1881 ausdrücklich kodifiziert hat[1625], besteht im Unterschied zum Schadensersatzanspruch *unabhängig* davon, ob die Presse zugleich die Ehre der wahrnehmungsberechtigten Personen verletzen wollte[1626]. Es dient somit ausschließlich dem Schutze des Verstorbenen und wird von den Antragstellern nicht als eigenes, sondern als übertragenes Recht wahrgenommen[1627]. Allerdings ist der Anwendungsbereich des postmortalen *droit de réponse* deutlich enger gefasst als das für lebende Personen bestehende Gegendarstellungsrecht. Während es in seiner ursprünglichen Fassung „immer“ galt, wenn ein Toter in einer Publikation benannt wurde[1628], beschränkt sich dieses Recht seit einer Gesetzesänderung aus dem Jahre 1919 auf Fälle, in denen der Tote Opfer einer *diffamation* oder *injure* geworden ist[1629].

## V. Passivlegitimation

Auch die Bestimmung derjenigen Personen, die für eine ehrverletzende Publikation haftbar gemacht werden können, folgt unterschiedlichen Regeln, je nachdem, ob die

---

1623 CA de Lyon v. 13.11.1950, D. 1951, S. 191; CA de Paris v. 13.7.1965, D. 1966, somm., S. 51; Auvret, Les journalistes, S. 240; Chavanne in Blin/Chavanne/Drago/Boinet, 185/58; anders die Rechtsprechung der *Cour de cassation* im Hinblick auf Art. 1382 cc, vgl. dazu oben I b.

1624 Vgl. CA de Lyon v. 13.11.1950, D. 1951, S. 191; Chavanne in Blin/Chavanne/Drago/Boinet, 185/58.

1625 Vgl. Art. 34 Abs. 2 des Gesetzes von 1881: „*Que les auteurs des diffamations ou injures aient eu ou non l'intention de porter atteinte à l'honneur ou à la considération des héritiers, époux ou légataires universels vivants, ceux-ci pourront user, dans les deux cas, du droit de réponse prévu à l'article 13*“.

1626 Vgl. zu diesem Erfordernis im Rahmen der *action civile* oben 1 a aa (2).

1627 Vgl. Chavanne in Blin/Chavanne/Drago/Boinet, 185/48.

1628 Chavanne in Blin/Chavanne/Drago/Boinet, 185/48.

1629 Vgl. Mayaud in Dupeux, Lacabarats, S. 5, 11. Es greifen dieselben Exkulpationsmöglichkeiten wie im Rahmen der *action civile*. Daher entfällt das postmortale Gegendarstellungsrecht, wenn sich der Journalist mit Erfolg auf den Rechtfertigungsgrund der *bonne foi* berufen kann, vgl. CA de Paris v. 15.1. und 22.3.1932, D. 1932, 2, S. 119, Anm. Lalou; kritisch zu dieser restriktiven Rechtsprechung: Chavanne in Blin/Chavanne/Drago/Boinet, 185/49.

Betroffenen einen Ausgleich ihrer materiellen oder immateriellen Einbußen (1.) oder den Abdruck einer Gegendarstellung (2.) durchsetzen wollen.

### 1. Schadensersatz

Nach französichem Deliktsrecht sind alle Personen, die an der Herbeiführung eines Schadens ursächlich beteiligt sind, zu dessen Ausgleich verpflichtet[1630]. Dies ist in der Regel der Autor des beanstandeten Artikels *(auteur)*, darüber kommt diejenige Person in Betracht, die das Unternehmen nach außen hin vertritt *(directeur de la publication)*[1631] sowie der Eigentümer der Zeitung oder oder Zeitschrift, in der die beanstandete Äußerung veröffentlicht wurde *(propriétaire des journaux ou écrits périodiques)*[1632]. Letzerer fällt in der Praxis vielfach mit dem Verlagsunternehmen bzw. dem Verleger *(éditeur)* zusammen[1633].

Nicht anders als in Deutschland[1634] richten die Kläger ihre Ansprüche in der Praxis in den meisten Fällen ausschließlich gegen den Verlag bzw. das Verlagsunternehmen und damit gegen denjenigen Verantwortlichen, der am ehesten liquide sein dürfte[1635]. Dessen Haftung ist im französischen Recht besonders weitreichend. Zum einen ist der Verleger - anders als in Deutschland[1636] - für den Ausgleich finanzieller Forderungen selbst dann alleine zuständig, wenn sich auch die anderen Klagegegner wegen einer *diffamation* oder *injure* zivilrechtlich haftbar gemacht haben. Art. 44 des Gesetzes von 1881 übernimmt insoweit die Funktion einer internen Schadensausgleichsbestimmung[1637]. Zum anderen haftet der Eigentümer bzw. der Verleger auch dann für eine von seinen Mitarbeitern begangene *injure* oder *diffamation*, wenn er nachweisen kann,

---

1630 Vgl. nur Cass. Civ. v. 27.10.1975, Gaz. Pal. 1976, 1, 169.

1631 Dieser kann in bestimmten Fällen mit dem Inhaber des Presseunternehmens bzw. dem Verlagsunternehmen zusammenfallen, muss dies aber nicht. Von einer Personenidentität ist gem. Art. 6 Satz 2 des Gesetzes von 1881 auszugehen, wenn eine *natürliche* Person Inhaberin eines Verlagsunternehmens ist und diese mehrheitlich an dem Unternehmenskapital beteiligt ist bzw. die überwiegenden Stimmrechte auf sich vereint.

1632 Vgl. für Fälle, in denen die vorgenannten Personen *gemeinsam* zum Schadenersatz verurteilt wurden: Urteil des TGI de Paris, das dem Urteil CA de Paris v. 28.5.1999, Légipresse 1999, Heft 167, S. III-179 - *Naomi Campbell* zugrundelag; Urteil der CA de Paris, das dem Urteil Cass. civ. v. 10.5.2001, Petites affiches 2001, Nr. 125, S. 14 zugrundelag.

1633 Vgl. nur CA de Paris v. 13.10.2000, Légipresse 2001, Nr. 179, S. III-38; CA de Paris v. 28.5.1999, Légipresse 1999, Heft 167, S. III-170.

1634 Vgl. dazu oben 2. Kap. B V 3.

1635 Vgl. nur TGI de Nanterre v. 8. Juni 1999, Légipresse 1999, Heft 167, S. III-172; Cass. civ. v. 23.5.2001, Petites affiches 2001, Nr. 142, S. 25; Cass. civ. v. 29.3.2001, Petites affiches 2001, Nr. 118, S. 21.

1636 Vgl. zu der insoweit geltenden gesamtschuldnerischen Haftung oben 2. Kap. B V 3.

1637 Vgl. Art. 44 Abs. 1 des Gesetzes von 1881: „*Les propriétaires des journaux ou écrits périodiques sont responsables des condamnations pécuniaires prononcées au profit des tiers contre les personnes désignées dans les deux articles précédents, conformément aux dispositions des articles 1382, 1383, 1384 du Code civile*".

dass er den betreffenden Journalisten sorgfältig ausgewählt und überwacht hat[1638]. Während also die *unbeschränkte* Haftung für fremdes Verschulden in Deutschland auf das Verhalten der Organe bzw. der verfassungsmäßig berufenen Vertreter eines Verlages und damit in der Praxis auf Publikationen des Chefredakteurs beschränkt bleibt[1639], erstreckt sich diese nach französischem Recht auch dann auf den Autor des beanstandeten Artikels, wenn dieser freier Mitarbeiter ist bzw. keinerlei geschäftliche Verbindungen zu dem Presseunternehmen unterhält, z. B. wenn auf den *Feuilleton*-Seiten einer Zeitung der Kommentar eines Wissenschaftlers oder Politikers abgedruckt wird.

## 2. Gegendarstellungsrecht

Die Verpflichtung zum Abdruck einer Gegendarstellung trifft allein den *„directeur de la publication“*, vgl. Art. 13 S. 1 des Gesetzes von 1881. Verweigert dieser seine Mitwirkung, so ist er derjenige, gegen den sich die gerichtliche Durchsetzung des Gegendarstellungsanspruchs richtet[1640].

---

[1638] Vgl. Viney, JCP 1995, éd. G, I, 3893 (S. 507); vgl. dazu CA de Paris, D. 1997, somm. S. 69 mit kritischer Anm. von *Thierry Massis*; Auvret, Jur. Cl. Comm., 3700/15; ders., Les journalistes, S. 67.
[1639] Vgl. dazu oben 2. Kap. B V a.
[1640] Auvret, Les journalistes, S. 243; vgl. Cass. crim. v. 15.1.1991, D. 1992, som. com., S. 100.

## 3. Teil: Rechtsvergleichung

Ziel der nachfolgenden Untersuchung ist es, die Unterschiede und Gemeinsamkeiten bei der Lösung des Konflikts zwischen der Meinungsfreiheit der Presse und dem Ehrenschutz im deutschen und im französischen Recht herauszuarbeiten. Die wichtigsten Unterschiede im Presserecht beider Länder machen sich zunächst angesichts des Verhältnisses zwischen den strafrechtlichen Ehrenschutzbestimmungen und dem allgemeinen Deliktsrecht bemerkbar, das in Frankreich für eine lebhaft diskutierte und bis heute noch nicht abschließend geklärte Debatte sorgt (siehe unten A). Auch bei den Voraussetzungen äußerungsrechtlicher Ansprüche ergeben sich zahlreiche Differenzen, was u.a. bei der Beweislast für die Unwahrheit einer Behauptung (siehe unten B) und bei der Abwägung zwischen den widerstreitenden Interessen im Rahmen der Wahrnehmung berechtigter Interessen bzw. der *bonne foi* deutlich wird (siehe unten C). Weitere Unterschiede sind hinsichtlich der Bedeutung der - auch inhaltlich voneinander abweichenden - publizistischen Sorgfaltspflichten festzustellen (siehe unten D). Die Differenzen zwischen dem deutschen und dem französischen Gesetzes- und Richterrecht führen zu einer verschiedenartigen Würdigung ehrverletzender Tatsachenbehauptungen und Werturteile (siehe unten E). Schließlich sind auch angesichts der Rechtsfolgen ehrverletzender Äußerungen deutliche Unterschiede erkennbar (siehe unten F).

### A. Das Verhältnis zwischen den strafrechtlichen Beleidigungsdelikten und dem allgemeinen Deliktsrecht im deutschen und französischen Presserecht

Das Verhältnis zwischen den strafrechtlichen Beleidigungsdelikten und dem allgemeinen Deliktsrecht, das in Deutschland weitgehend geklärt ist, gehört im französischen Recht zu den wichtigsten Fragen des Presserechts. Für die Rechtsstellung der Medienopfer im Prozess hat die jeweils sehr unterschiedliche Ausgangslage wichtige Konsequenzen.

#### I. Ausgangslage

Die Besonderheit der französischen Rechtslage liegt darin, dass die strafrechtlichen Bestimmungen zum Schutz der persönlichen Ehre - anders als in Deutschland die §§ 185 ff. StGB - in einem Spezialgesetz enthalten sind, das den Zweck verfolgt, die verfassungsrechtlich geschützte Meinungsfreiheit der Presse im Wege vielfältiger Sonderregeln zu begünstigen. Zu den wohl wichtigsten Bestimmungen gehört die kurze Verjährungsfrist von nur drei Monaten für die Geltendmachung von Schadensersatzansprüchen, die Durchbrechung des Rechtsgrundsatzes *da mihi factum, dabo tibi jus* gem. Art. 53 Abs. 1 des Gesetzes von 1881 sowie - in materiellrechtlicher Hinsicht - die Möglichkeit der Presse, die Wahrheit der beanstandeten Äußerungen zu beweisen oder sich im Wege der *bonne foi* zu exkulpieren. Das Sonderregime des Gesetzes von 1881 steht somit im Spannungsverhältnis zur deliktischen Generalklausel des Art. 1382 cc, wonach jeder, der den nur umgenau umrissenen Tatbestand der „Pflichtverletzung“ *(faute)* erfüllt, bis zum Ablauf von *zehn Jahren* mit Ausgleichsansprüchen der Geschädigten rechnen muss. Damit stellt sich die Frage, inwieweit die Opfer persönlichkeitsverletzender Publikationen das presseschützende Spezialregime des Gesetzes von 1881 umgehen können, indem sie ihre Schadensersatzansprüche auf die allgemeine Bestimmung des Art. 1382 cc stützen.

Dass ein Rückgriff auf die Generalklausel immer dann ausgeschlossen ist, wenn die persönlichkeitsverletzende Publikation die Voraussetzungen eines *délit de presse* im Sinne der Art. 29 ff. des Gesetzes von 1881 erfüllt, ist einhellig anerkannt[1641]. Für diese Fälle hat die Rechtsprechung zudem ausdrücklich klargestellt, dass die prozessualen Spezialbestimmungen des Gesetzes von 1881, die ursprünglich nur für das Strafverfahren vorgesehen waren, auch im zivilgerichtlichen Verfahren zur Anwendung gelangen[1642]. Anders als in Deutschland, wo die strafrechtlichen Bestimmungen der §§ 185 ff. StGB i.V.m. § 823 Abs. 2 BGB und die Auffangklausel des § 823 Abs. 1 BGB im Verhältnis der Idealkonkurrenz zueinander stehen, steht somit fest, dass das allgemeine Deliktsrecht niemals *neben* den presseschützenden Sonderregelungen zur Anwendung gelangt. Ob indessen eine *subsidiäre* Berufung auf Art. 1382 cc für den Fall in Frage kommt, dass die Voraussetzungen der Art. 29 ff. des Gesetzes von 1881 im Einzelfall *nicht* erfüllt bzw. ihr Vorliegen *zweifelhaft* ist[1643], hat die Rechtsprechung bis heute noch nicht abschließend geklärt.

## II. Konsequenzen für die Stellung des Klägers im Prozess

Für die in ihren Persönlichkeitsrechten betroffenen Kläger ist die deutsche Rechtslage insoweit von Vorteil, als diese sich, wenn der Nachweis einer „ehrverletzenden“ Presseveröffentlichung schwer fällt, immer noch auf ihr allgemeines Persönlichkeitsrecht berufen können. Demgegenüber ist es nach französischem Recht ungewiss, ob für einen Rückgriff auf die deliktische Generalklausel des Art. 1382 cc Raum verbleibt, wenn die Intensität der beanstandeten Kritik die - nur schwer bestimmbare - Schwelle zur Ehrverletzung *(atteinte à l'honneur)* unberührt lässt[1644]. In diesen Fällen können die Kläger den Ausgang eines zivilrechtlichen Verfahrens nur dann mit Sicherheit vorhersagen, wenn die beanstandeten Äußerungen „jedenfalls“ ihre Privatsphäre oder ihr Recht auf Achtung der Unschuldsvermutung im Sinne der Art. 9 bzw. 9-1 cc verletzen.

Der Schutzbereich des allgemeinen Persönlichkeitsrechts im Sinne des § 823 Abs. 1 BGB ist indessen sehr viel umfassender als diese nur punktuell geschützten *droits de*

---

[1641] Vgl. dazu oben 2. Teil 3. Kap. C I 1 a aa.
[1642] Vgl. dazu oben 2. Teil 3. Kap. B II 3 a und oben 2. Teil B II 3; anders nur im Falle eines Eingriffs in das Recht auf Achtung der Unschuldsvermutung, vgl. dazu oben 2. Teil 3. Kap. B II 3 b.
[1643] Vgl. für Beispiele oben 2. Teil 3. Kap. C I 1 a cc.
[1644] Vgl. dazu ausf. oben 2. Teil 3. Kap. C I 1 a cc.

*la personnalité.* Das „Quellrecht“[1645] des § 823 Abs. 1 BGB erstreckt sich auf das sogenannte „Bestimmungsrecht über die eigene Darstellung“, das den Einzelnen „(...) vor verfälschenden oder entstellenden Darstellungen seiner Person“ schützt, „(...) die von nicht ganz unerheblicher Bedeutung für die Persönlichkeitsentfaltung sind“[1646]. Angesichts dieser Rechtsprechung kann die Presse auch für Publikationen haftbar gemacht werden, die zum Privatleben des Betroffenen keinerlei Bezug aufweisen und auch die zu seinen Gunsten bestehende Unschuldsvermutung unberührt lassen. Nach deutschem Recht kann sich zum Beispiel ein Künstler, dem in fälschlicher oder entstellender Weise die Zugehörigkeit zur *Scientology*-Kirche unterstellt wird, pauschal auf sein allgemeines Persönlichkeitsrecht aus § 823 Abs. 1 BGB berufen. Es bedarf keiner Entscheidung, ob die beanstandete Publikation die persönliche Ehre des Betroffenen bzw. dessen Privatleben verletzt[1647]. Unter Zugrundelegung der französischen Gesetzeslage fällt eine rechtliche Bewertung desselben Sachverhalts sehr viel schwerer. Die Behauptung, jemand gehöre einer bestimmten weltanschaulichen oder religiösen Gruppierung an, ist weder als eindeutiger Eingriff in die *„honneur“* bzw. die *„considération“* im Sinne des Art. 29 des Gesetzes von 1881 zu bewerten, noch dürfte zweifelsfrei davon auszugehen sein, dass diese Äußerung vom Schutzbereich des *„droit au respect de la vie privée“* im Sinne des Art. 9 cc erfasst wird[1648].

Die Unwägbarkeiten bei der rechtlichen Zuordnung des streitgegenständlichen Sachverhalts wiegen für die Opfer persönlichkeitsverletzender Publikationen umso schwerer, als gem. Art. 53 Abs. 1 des Gesetzes von 1881 alle Zweifelsfragen einseitig zu Lasten des Klägers gehen. Anders als in Deutschland kann er sich nicht darauf beschränken, den für die Durchsetzung seiner Forderung relevanten *Sachverhalt* vorzubringen. Er muss sich so genau auskennen, dass ihm auch die *rechtliche Qualifizierung* der beanstandeten Presseäußerung auf Anhieb - also schon in der Klageschrift - gelingt. Dabei ist vielfach schon die Entscheidung, ob im Einzelfall ein Beleidigungsdelikt im Sinne der Art. 29 ff. des Gesetzes von 1881 oder die deliktische Generalklausel einschlägig ist, nicht eindeutig zu treffen. Auch die oben dargestellten Grundsatzurteile der *Assemblée Plénière* vom 12. Juli 2000 haben eine Klarstellung dieser Frage nur bedingt herbeiführen können[1649]. Doch auch dann, wenn die Anwendbarkeit der Art. 29 ff. des Gesetzes von 1881 außer Frage steht, kann die rechtliche Qualifizierung der beanstandeten Äußerungen problematisch sein. So ist nicht nur die Abgrenzung zwischen den Straftatbeständen der *diffamation* und *injure*, sondern auch die Unterscheidung zwischen den einzelnen Sondertatbeständen der *diffamation* mit Wertungsfragen verbunden, die eine Prognose im Hinblick auf die richterliche Entscheidung

---

[1645] BGHZ 72, 78; Wasserburg, S. 53; Löffler/Ricker, 42. Kap., Rn. 2.
[1646] BVerfG, NJW 1999, S. 1322, 1323 – Helnwein.
[1647] Vgl. BVerfG, NJW 1999, S. 1322, 1323 – Helnwein.
[1648] Vgl. zu den Abgrenzungsproblemen zwischen „privatem“ und „öffentlichem“ Leben ausf. Amson in Blin/Chavanne/Drago/Boinet/, 300; vgl. auch Malaurie/Aynès, Les personnes, Rn. 325 f. ; Le Tourneau/Cadiet, Rn. 769 f. ; Terré/Fenouillet, Rn. 106 f.
[1649] Vgl. dazu oben 2. Teil 3. Kap. C I 1 a cc.

erheblich erschweren[1650]. Es genügt, dass der Kläger eine Tatsachenbehauptung mit einem Werturteil verwechselt oder dass er die einzelnen Sondertatbestände der *diffamation* ungenau voneinander abgrenzt, damit das Gericht die klägerischen Forderungen wegen „Nichtigkeit der Klage" *(nullité de l'assignation)*[1651] zurückweist[1652]. Der Prozessbevollmächtigte des Klägers muss nach alledem ein ausgewiesener Kenner des Presserechts sein[1653]. Diesen zu finden wird durch die Erstreckung des Art. 53 Abs. 2 des Gesetzes von 1881 auch auf das Zivilgerichtsverfahren zusätzlich erschwert[1654].

Schließlich ist die deutsche Rechtslage für die Opfer ehrverletzender Publikationen auch angesichts der *Verjährungsregelungen* beider Länder von Vorteil. In Deutschland gelten für die deliktischen Ansprüche auf Unterlassung, Berichtigung oder Schadensersatz die allgemeinen Regeln, d.h. die Betroffenen können sie grundsätzlich bis zum Ablauf von mindestens *drei Jahren* nach der Veröffentlichung der beanstandeten Äußerung geltend machen[1655]. Dagegen hat der französische Gesetzgeber mit der drei-Monats-Frist des Art. 65 des Gesetzes von 1881 eine in der Praxis sehr bedeutsame Privilegierung der Presse herbeigeführt.

## III. Kritische Würdigung

Die prozessualen Hürden des Gesetzes von 1881 sind in der französischen Literatur auf vehemente Ablehnung gestoßen. So spricht etwa *Emmanuel Derieux* von einem *„formalisme excessif"*[1656]; *Jean-François Burgelin* bezeichnet die Sonderbestimmungen gar als *„conditions draconiennes pour la victime"*[1657], d.h. als Bedingungen, die für das Opfer *übermäßig* streng sind[1658]. Ungeachtet dieser berechtigten Kritik sieht sich die Rechtsprechung seit einigen Jahren nicht gehindert, die ursprünglich rein strafprozessuale Regelung des Art. 53 des Gesetzes von 1881 auch im zivilgerichtlichen Verfahren anzuwenden[1659]. Das Ziel, das die Gerichte mit dieser Kehrtwende verfolgen, ist zweifellos ein berechtigtes. So sollte nicht nur das Ungleichgewicht zwi-

---

1650 Vgl. Derieux, S. 399; Levasseur, R.S.C. 1984, S. 317, 321.
1651 TGI de Nanterre, Légipresse 1999, Heft 167, S. III-172.
1652 Cass. civ. v. 15.4.1999, Bull., Nr. 20; Guerder, Rapport annuel de la Cour de cassation, 1999, S. 3.
1653 Ebenso Burgelin, Anm. unter Cass. civ. v. 5.2.1992, D. 1992, Jur., S. 442.
1654 Danach muss der für die Schadensersatzklage zuständige Anwalt zwingend in derselben *Stadt* niedergelassen sein wie das angerufene Gericht, vgl. dazu oben 2. Teil 3. Kap. C I 1 b bb.
1655 Vgl. dazu oben 2. Teil 2. Kap. B 2 d. Davon ist für den Unterlassunganspruch die Frage zu unterscheiden, ob das Vorliegen einer Wiederholungsgefahr nach den Umständen des Einzelfalles wegen des ungewöhnlich langen Zeitablaufs, während dessen der Verletzer die Verletzungshandlung nicht begangen und während dessen der Verletzte eine strafbewehrte Unterlassungserklärung nicht gefordert hat, zu verneinen ist, vgl. dazu AG Hamburg, AfP 1996, 189; Soehring, Rn. 30.9 b.
1656 Derieux, S. 367.
1657 Burgelin in Dupeux/Lacabarats, S. 46; vgl. auch Robert in Blin/Chavanne/Drago/Boinet, 110/15, demzufolge die Rechtsverfolgung aufgrund der prozessualen Hürden „gelähmt" wird.
1658 Vgl. für weitere Nachweise kritischer Stimmen Raguin/Bigot, Légipresse 1999, Heft 160, S. II-43, Fn. 14.
1659 Vgl. dazu oben 2. Teil 2. Kap. C I 1 b bb.

schen den Erfolgsaussichten eines Verfahrens vor den Straf- und vor den Zivilgerichten behoben werden; es galt auch, die „Autonomie" des Gesetzes von 1881 zu bekräftigen und damit den Schutz der Pressefreiheit zu verstärken[1660]. Die prozessualen Sonderbestimmungen der *loi sur la liberté de la presse* sind m.E. jedoch nicht das geeignete Mittel, um die Presse vor unverhältnismäßigen Eingriffen zu schützen.

Die „Falltüren"[1661] des Gesetzes von 1881 gelangen - ihrem prozessualen Charakter entsprechend - ungeachtet der materiellen Rechtslage zur Anwendung. Es entscheidet allein die Versiertheit des beauftragten Anwalts darüber, ob der Kläger seine zivilrechtlichen Ansprüche wird durchsetzen können[1662]. Der „übertrieben prozessuale Charakter des Presserechts", so die zutreffende Auffassung mancher Kritiker, hat zur Folge, dass die eigentliche Debatte umgangen wird,

> *„(...) pour se réfugier dans les méandres de la procédure"*[1663].

Dadurch wird der zivilrechtliche Ehrenschutz reduziert auf eine Beziehung zwischen einem Schuldigen und einem Opfer,

> *„(...) alors qu'il consiste à rechercher un équilibre entre le droit à la protection de la personne et le droit à l'information, droit qu'on ne peut à priori sacrifier l'un à l'autre"*[1664].

Besonders schwer wiegt die Unausgewogenheit bei der Berücksichtigung der widerstreitenden Rechtsgüter, wenn sich nicht nur die Presse, sondern auch die Betroffenen auf Schutzgüter berufen können, die vom *Conseil constitutionnel* als Grundrechte anerkannt sind; so zum Beispiel, wenn eine ehrverletzende Äußerung den Betroffenen zugleich in seinem Recht auf Achtung des Privatlebens bzw. in seiner Menschenwürde verletzt. In diesen Fällen besteht die Gefahr, dass die nur dreimonatige Verjährungsfrist oder die rigide Unzulässigkeitsregelung des Art. 53 Abs. 1 des Gesetzes von 1881 klageabweisende Entscheidungen herbeiführen, die mit dem verfassungsrechtlichen Stellenwert dieser Persönlichkeitsrechte nicht zu vereinbaren sind.

---

[1660] Guerder, Rapport annuel de la Cour de cassation, 1999, S. 10.

[1661] Wörtlich: *„chausse-trapes"* , Burgelin, Anm. unter Cass. civ. v. 5.2.1992, D. 1992, Jur., S. 442, 443.

[1662] Ebenso Burgelin in Dupeux/Lacabarats, S. 43; vgl. auch Kiejman, wiedergegeben in Légipresse, 1999, Heft 165, S. II-140, wonach die „exzessive Komplexität" der Sonderbestimmungen zur Folge habe, dass rein statistisch betrachtet mehr als die Hälfte aller Prozesse schon wegen der unzähligen im Gesetz von 1881 enthaltenen Unzulässigkeitsgründe nicht zu Ende geführt werden.

[1663] Freie Übersetzung: „(...) um sich in die Winkelzüge des Prozessrechts zu flüchten", Raguin/Bigot, Légipresse 1999, Heft 160, S. II-41, 43.

[1664] Freie Übersetzung: „(...) obwohl es darum gehe, einen Ausgleich zwischen dem Persönlichkeitschutz und dem Recht auf Information herzustellen, Rechte, von denen man keines schon von vornherein dem anderen opfern kann", Raguin/Bigot, Légipresse 1999, Heft 160, S. II-41, 43.

Vorzugswürdig erscheint es nach alledem, die Abwägung der widerstreitenden Rechtsgüter nicht schon auf prozessualer Ebene, sondern an einem Standort der rechtlichen Prüfung vorzunehmen, der eine umfassende Würdigung aller Umstände des Einzelfalls ermöglicht. Dies ist im französischen Recht der Rechtfertigungsgrund der *„bonne foi"*, der mit dem deutschen Rechtsinstitut der „Wahrnehmung berechtigter Interessen" korrespondiert[1665].

## B. Verteilung der Beweislast für die Wahrheit bzw. Unwahrheit von Tatsachenbehauptungen

Sowohl nach deutschem als auch nach französischem Recht liegt das Risiko der Unwahrheit einer ehrverletzenden Tatsachenbehauptung grundsätzlich bei der Presse. Derjenige, der ehrenrührige Behauptungen aufstellt und ihre Rechtmäßigkeit verteidigt, muss in der Lage sein, ihre Grundlage zu beweisen. Um zu dieser Wertung zu gelangen - von der hier wie dort Ausnahmen gemacht werden - sind die Gesetzgeber beider Länder jeweils unterschiedliche Wege gegangen.

### I. Ausgangslage

Nach deutschem Recht folgt die Umkehr der Beweislast aus § 186 StGB, wonach der Beklagte für ehrverletzende Behauptungen haftbar gemacht werden kann, die „nicht erweislich wahr" sind. In Abweichung von dem zivilprozessualen Grundsatz, wonach der Kläger die Beweislast für die anspruchsbegründenden Tatsachen trägt, geht ein *non liquet* prinzipiell zu seinen Lasten. Von dieser Ausgangssituation macht die Rechtsprechung nur für die Durchsetzung von Berichtigungsansprüchen eine Ausnahme[1666]. Im übrigen kehrt sich die Beweislast zu Lasten des Klägers abermalig um, sofern die Presse „in Wahrnehmung ihrer berechtigten Interessen" gehandelt hat[1667]. Im französischen Recht knüpft die *diffamation* nur an den „ehrverletzenden" Charakter einer Behauptung an. Die Möglichkeit des Journalisten, die Wahrheit der beanstandeten Behauptung zu beweisen, hat der Gesetzgeber als spezifisch presserechtlichen Rechtfertigungsgrund ausgestaltet[1668], dessen Vorliegen naturgemäß der *Beklagte* beweisen muss. Dies führt im Ergebnis zu einer Umkehr der Beweislast[1669].

### II. Kritische Würdigung

Die gesetzlichen Regelungen zur Verteilung der Beweislast für die Wahrheit einer Behauptung sind im Schrifttum beider Länder stark kritisiert worden. Während indessen die deutschen Autoren die Interessen der *Presse* im Auge behalten und die Beweisla-

---

[1665] Vgl. zu diesen Rechtfertigungsgründen ausf. unten C.
[1666] Vgl. dazu oben 2. Teil 2. Kap. B I 3 b.
[1667] Vgl. dazu oben 2. Teil 2. Kap. B I 2 b aa.
[1668] Pradel/Danti-Juan,Rn. 453.
[1669] Vgl. Ader, Légipresse 1999, Heft 159, S. II-17.

stumkehr des § 186 als „berichterstattungsfeindlich“ bezeichnen bzw. befürchten, dass Medienberichterstattung zur „gefahrgeneigten Tätigkeit“ werde[1670], sind die französischen Kritiker umgekehrt um den Schutz der *Betroffenen* besorgt.

Sie gehen von der Annahme aus, dass *jegliche* Äußerung ehrverletzender Tatsachenbehauptungen - ungeachtet ihres Wahrheitsgehalts - eine straf- bzw. zivilrechtliche Sanktion verdiene. Dass die *zutreffende diffamation* nach den Regeln des Gesetzes von 1881 ungestraft bleibe, sei eine

*„(...) chose très grave, et peut-être tout le contraire d'un progrès“* [1671].

Der weite Anwendungsbereich der *exceptio veritatis* habe zur Folge, dass es bis zu einem bestimmten Grad möglich sei, einen Feind mit ehrverletzenden, aber nachweislich wahren Tatsachenbehauptungen „(...) in Erpressungsabsicht oder aus reiner Gemeinheit und ohne jeden Nutzen für die Allgemeinheit zu quälen“[1672]. Die spezielle Verordnung aus dem Jahre 1944, die es der Presse erstmals ermöglichte, den Wahrheitsbeweis im Falle ehrverletzender Tatsachenbehauptungen *immer* zu führen - also auch in Fällen, in denen sich die beanstandeten Tatsachenbehauptungen gegen *Privatpersonen* richteten - sei nur vor dem Hintergrund der Kriegswirren gerechtfertigt gewesen. Es sei schade, dass diese ursprünglich auf einen bestimmten provisorischen Zweck begrenzte Regelung bis heute beibehalten worden sei[1673].

Die Legalisierung *zutreffender* ehrverletzender Tatsachenbehauptungen kann zwar bedauert werden; aus heutiger Sicht wäre indessen eine Aufgabe der umfassend geltenden Exkulpationsmöglichkeit juristisch nicht mehr vertretbar. Der Europäische Gerichtshof für Menschenrechte hat ausdrücklich klargestellt, dass der Wahrheitsbeweis (generell) zulässig sein muss, wenn die beanstandeten Äußerungen - wie dies bei Tatsachenbehauptungen prinzipiell der Fall ist - einem solchen Versuch zugänglich sind[1674]. Darüber hinaus ist aber auch die Befürchtung weit überzogen, dass die Möglichkeit des Journalisten, die Richtigkeit der streitgegenständlichen Behauptungen zu beweisen, „sämtliche Schleusen“ öffne[1675]. Die gesetzlichen und richterrechtlichen Anforderungen an die Erbringung des Wahrheitsbeweises sind nach französischem

---

1670 Damm/Rehbock, Rn. 318; Soehring, Rn. 12.12.
1671 Freie Übersetzung: „(...) sehr schlimme Sache und vielleicht das genaue Gegenteil eines Fortschritts“, Rassat, Rn. 419.
1672 Wörtlich: *„(...) car elle permet dans une certaine mesure à quelqu'un de pouvoir harceler un ennemi par chantage ou par pure méchanceté sans aucun profit pour la collectivité“*, Beignier, S. 178 f.Chavanne, J.cl. pénal, 90/8.
1673 Vgl. Rassat, Rn. 419; Beignier, S. 178 f.Chavanne, J.cl. pénal, 90/8.
1674 EGMR, Urt. v. 23.4.1992, ÖJZ 1992, S. 803, 805 (Ziff. 48) - Castells; vgl. dazu oben 1. Teil 4. Kap. III 4.
1675 Vgl. Beignier, S. 178.

Recht so hoch, dass die *exceptio veritatis* in der Praxis der französischen Zivilgerichte eine kaum beachtliche Rolle spielt[1676].

Auch die Kritik der umgekehrt um den Schutz der Meinungsfreiheit besorgten deutschen Autoren kann m.E. nicht überzeugen. Die gesetzliche Beweislastumkehr im Sinne des § 186 StGB wirkt sich nur bedingt zu Lasten der Presse aus. Von einer „nahezu unbeschränkten Verbreiterhaftung" der Medien kann keine Rede sein[1677]. Werden Berichtigungsansprüche geltend gemacht, so liegt die Beweislast für die Unwahrheit der veröffentlichten Darstellung ohnehin uneingeschränkt beim Kläger[1678]. Doch auch wenn die Betroffenen die Medien mit Unterlassungs- oder Schadensersatzansprüchen konfrontieren, haben die Beklagten die Möglichkeit, die Beweislastverteilung des § 186 StGB im Einzelfall auszuhebeln. Es genügt, dass sie sich mit Erfolg auf die „Wahrnehmung berechtigter Interessen" berufen, damit die Beweislast wieder uneingeschränkt bei den Geschädigten liegt[1679]. Dabei kommt es der Presse zugute, dass die Rechtsprechung die Meinungsfreiheit im Rahmen der insoweit erforderlichen Güter- und Interessenabwägung vergleichsweise *weit* auslegt.

## C. Wahrnehmung berechtigter Interessen und *bonne foi*

In beiden Ländern kann sich die Presse auf einen speziell für äußerungsrechtliche Streitigkeiten entwickelten Rechtfertigungsgrund berufen.

### I. Bedeutung

Die Rechtsinstitute der „Wahrnehmung berechtigter Interessen" im deutschen sowie der *bonne foi* im französischen Recht ermöglichen es den Gerichten beider Länder, nach einer umfassenden Abwägung der kollidierenden Interessen zu einer ausgewogenen Entscheidung zu gelangen. Die Bedeutung der Rechtfertigungsgründe liegt hier wie dort darin, dass sie das Risiko für die Nichterweislichkeit oder nachträgliche Unwahrheit einer Behauptung - entgegen der oben beschriebenen Beweislastverteilung - von dem Beklagten auf den Kläger verschieben. Allerdings kann die „Wahrnehmung berechtigter Interessen" im Sinne des deutschen Rechts nicht nur ehrverletzende Tatsachenbehauptungen, sondern auch herabsetzende Werturteile legitimieren, wohingegen der Anwendungsbereich der *bonne foi* von vornherein auf ansehensschädigende Tatsachenbehauptungen beschränkt bleibt[1680]. Für deren Legitimierung ist die Bedeutung der *bonne foi* allerdings besonders groß. Sie bietet der Presse eine - im Detail noch ungeklärte - Möglichkeit, sich einer Haftung auch für Behauptungen zu entzie-

---

[1676] Vgl. dazu oben 2. Teil 3. Kap. C I 3 a cc.
[1677] So aber Damm/Rehbock, Rn. 318; Soehring, Rn. 12.12.
[1678] Vgl. dazu oben 2. Teil 2. Kap. B I 3 b.
[1679] Vgl. dazu oben 2. Teil 2. Kap. B I 2 b aa.
[1680] Vgl. dazu ausf. unten E IV 1.

hen, deren Richtigkeit wegen der gesetzlichen Einschränkungen der *exceptio veritatis* aus Art. 35 Abs. 3, Art. 55 des Gesetzes von 1881 nicht bewiesen werden kann[1681].

## II. Richterrechtliche Leitlinien

Gemeinsam ist der Rechtsprechung beider Länder, dass zunächst eine *sachbezogene* Abgrenzung vorgenommen wird. Je bedeutungsvoller die Angelegenheit, mit der sich die beanstandete Publikation befasst, desto besser stehen die Aussichten auf eine Klageabweisung. Das Risiko einer zivilrechtlichen Sanktion steigt somit in dem Maße, wie sich die beanstandete Publikation dem Bereich der Skandal- oder Sensationsberichterstattung annähert, wohingegen umgekehrt *politische* Debatten - inbesondere in Wahlkampfzeiten - vergleichsweise frei geführt werden können[1682]. Diese sach- bzw. inhaltsbezogene Abgrenzung deckt sich mit der Rechtsprechung des Europäischen Gerichtshofs für Menschenrechte, wonach die Grenzen zulässiger Kritik besonders weit gesteckt sind, wenn sich die beanstandete Publikation auf „Angelegenheiten von öffentlichem Interesse" bezieht[1683].

Auffällig ist, dass persönliche Angriffe nach deutschem Recht weitaus großzügiger beurteilt werden als in Frankreich. Die „zusätzliche Begründung", derer es für die Legitimierung persönlicher Angriffe nach deutschem Recht bedarf[1684], liefern die Gerichte vergleichsweise schnell. So konnte zum Beispiel ein Wahlkandidat nicht dagegen vorgehen, dass ihn seine politischen Gegner im Wahlkampf charakterlicher Mängel bezichtigten, wenn er durch sein eigenes früheres Verhalten begründeten Anlass zur Erhebung solcher Vorwürfe gegeben hatte[1685]. Auch die Betitelung von *Franz Josef Strauss* als „Zwangsdemokraten" hatte das Bundesverfassungsgericht unterhalb der Grenze zur Schmähkritik angesiedelt, weil es dem Kritiker weniger um die Diffamierung des ehemaligen bayerischen Ministerpräsidenten gegangen sei, als darum, „(...) auf die Gefährdung der demokratischen Ordnung durch Personen hinzuweisen, die diese Staatsform nur äußerlich anerkennen, innerlich aber ablehnen"[1686]. Schließlich wurde auch die Kategorisierung eines ehemaligen Reserveroffiziers als „geb. Mörder" und „eine der 7 peinlichsten Persönlichkeiten" als zulässig angesehen, da es sich um einen Fall der Satire gehandelt habe, der es wesenseigen sei, „(...) mit Übertreibungen, Verzerrungen und Verfremdungen" zu arbeiten[1687].

---

[1681] Vgl. dazu unten E IV 1.

[1682] Vgl. dazu für das deutsche Recht oben 2. Teil 2. Kap. B I 2 b bb (2) (2.1) (2.1.1); für das französische Recht vgl. oben 2. Teil C I 3 b bb (1) und 2. Teil C I 3 b bb (3).

[1683] Vgl. dazu oben 1. Teil 4. Kap. III 1.

[1684] Steffen in Löffler, § 6 LPG Rn. 47.

[1685] Vgl. BGH, NJW 1959, 636 – Altbaden.

[1686] BVerfG, NJW 1991, 95 – Zwangsdemokrat; vgl. dagegen in der Vorinstanz das OLG München NJW-RR 1990, 1435, 1436.

[1687] BVerfG, NJW 1992, 2073, 2074 – Titanic.

Deutlich strenger ist die Berichterstattung über Personen des öffentlichen Lebens nach französischem Recht. Hier bleibt das legitime Informationsbedürfnis regelmäßig auf die Thematik als solche beschränkt. Die gegen Personen gerichtete Kritik ist nach Meinung der *Cour de cassation* schlechterdings, also sogar dann rechtswidrig, wenn der Betroffene aufgrund seines *öffentlichen* Verhaltens kritisiert wird[1688]. Unter dem Gesichtspunkt des *„but légitime"* unterfallen nur solche Äußerungen einer großzügigeren Entscheidungspraxis, die sich auf die *„Meinungen und Theorien"* beziehen, die die Rolle und das Funktionieren der wesentlichen staatlichen Institutionen betreffen[1689]. Der Presse wird es daher nicht gelingen, die Vermutung der *mauvaise foi* zu widerlegen, wenn z.B. ein Beamter als Person kritisiert wird[1690].

Einer der wichtigsten Unterschiede zwischen den Abgrenzungskriterien beider Länder betrifft schließlich die subjektive Einstellung des Journalisten und die damit untrennbar verknüpfte Frage nach den Anforderungen an die *Art und Weise der Berichterstattung.*

Nach deutschem Recht spielen die Motive, die der Journalist im Rahmen seiner Berichterstattung verfolgt, für die Prüfung der Wahrnehmung berechtigter Interessen nur in seltenen Extremfällen eine Rolle. Sie sind nur dann entscheidungserheblich, wenn der Journalist den Betroffenen schädigen will und dieser Schädigungswille das alleinige Motiv für die Berichterstattung darstellt[1691]. Dementsprechend werden auch die Anforderungen an die Art und Weise der Berichterstattung vergleichsweise großzügig gehandhabt. Übereinstimmend mit dem Grundsatz, wonach Art. 5 Abs. 1 S. 1 GG auch die *Form* der Meinungsäußerung schützt[1692], wird eine generelle Pflicht zur Sachlichkeit oder Objektivität nach herrschender Meinung abgelehnt[1693]. Das Erfordernis der „Angemessenheit" der Stilmittel[1694] ermöglicht es den Gerichten hingegen, eine flexible Abwägung vorzunehmen, die polemische, persönliche oder sonst subjektiv geprägte Attacken nicht schon generell verbietet, sondern zur Bedeutung der besprochenen Angelegenheit in Beziehung setzt.

Im französischen Recht sind Pressepublikationen, bei denen sich die kritische Einstellung des Verfassers in der Wahl der Stilmittel widerspiegelt, mit sehr viel stärkeren Haftungsrisiken verbunden. Die persönliche Feindseligkeit *(animosité personelle)* des

---

[1688] Vgl dazu oben 2. Teil C I 3 b bb (3).

[1689] Vgl. Cass. civ. v. 3.7.1991, Légipresse 1991, Heft 95, S. III-107; zit. in Bigot, Anm. unter CA de Paris v. 22.3.1994, D. 1995, som. com. S. 274.

[1690] Wörtlich: *„Le domaine de la polémique politique portant sur les opinions et les doctrines relatives au rôle et au fonctionnement des institutions fondamentales de l'Etat permettent le fait justificatif tiré de la bonne foi. (...) Mais s'il y a mise en cause personelle d'un fonctionnaire (...), la présomption de mauvaise foi réapparaît";* Chavanne, Jur. Cl. Pénal, 90/123.

[1691] Vgl. dazu oben 2. Teil 2. Kap. B I 2 b bb (1) (2.1) (2.2.3).

[1692] BVerfG, AfP 1982, S. 163, 163 – Kredithaie.

[1693] Vgl. dazu oben 2. Teil 2. Kap. B I 2 b bb (1) (2.1) (2.2.4).

[1694] Vgl. dazu oben 2. Teil 2. Kap. B I 2 b bb (1) (2.1) (2.2.4).

Journalisten ist hier schon für sich genommen geeignet, die Rechtswidrigkeit einer Publikation zu begründen[1695]. Für das Recht der Presse, ihre Meinungen frei zu äußern, hat dies weitreichende Konsequenzen. Zum einen ist das Erfordernis der „fehlenden persönlichen Feindseligkeit“ *(absence d'animosité personnelle)* nach Auffassung mancher Autoren der Grund, weshalb sich die Veröffentlichung ehrverletzender *Werturteile* dem Anwendungsbereich der *bonne foi* von vornherein entzieht[1696]. Die *expression injurieuse* im Sinne des Art. 29 Abs. 2 des Gesetzes von 1881 könne diesem Erfordernis schon deswegen nicht gerecht werden, weil diese sich gerade dadurch auszeichne, dass der Autor die (böswillige) Absicht habe, einen anderen in seiner Ehre zu verletzen:

> *„Le plus souvent, l'intention d'attenter à la respectabilité de la victime existe bel et bien et est consubstantielle aux expressions outrageantes, termes de mépris ou invectives (...)“*[1697].

Ein ehrverletzendes Werturteil wird also - anders als in Deutsschland - nicht erst dadurch rechtswidrig, dass „(...) die Absicht zu verletzen *stärker* hervortritt, als die Absicht zur Äußerung einer eigenen Meinung“[1698]; der nicht zu rechtfertigende Unrechtsgehalt liegt vielmehr schon darin, dass der Autor *überhaupt* böswillige Verletzungsmotive gehabt hat.

Auch der Vorwurf der Veröffentlichung ehrverletzender *Tatsachenbehauptungen* scheitert nach französischem Recht sehr viel häufiger daran, dass der Journalist eine deutliche Sprache gewählt hat, als dies in der Entscheidungspraxis deutscher Gerichte der Fall ist. Als eigenständige Voraussetzung für die Bejahung des Rechtfertigungsgrundes der *bonne foi* haben die französischen Gerichte das Gebot der „sorgfältigen und maßvollen Ausdrucksweise“ *(prudence et mesure dans l'expression)* entwickelt, das über das in Deutschland geltende Erfordernis der „Angemessenheit“ der verwendeten Mittel[1699] weit hinausgeht und nach Ansicht der *Cour de cassation* sogar bei kritischen Beiträgen zu politischen Debatten zur Anwendung kommt[1700]. Vor dem Hintergrund dieser restriktiven Rechtsprechung genügt nicht schon die Feststellung, dass die Wahl der Stilmittel im Hinblick auf die Zielsetzung einer Publikation *verhältnismäßig* war[1701], sie soll darüber hinaus dem Gebot der Objektivität genügen[1702]. Wäh-

---

[1695] Vgl. dazu oben 2. Teil C I 3 b bb (2).
[1696] Vgl. dazu oben 2. Teil C I 3 b aa.
[1697] Freie Übersetzung: „Meistens besteht die deutliche Absicht, das Ansehen des Opfers zu verletzen; diese ist mit den beleidigenden Äußerungen, den Ausdrücken von Verachtung oder Schmähung [den Tatsbestandmerkmalen der *injure*] untrennbar verbunden“, Pradel/Danti-Juan,Rn. 479.
[1698] Vgl. zum Merkmal der Schmähkritik im Sinne der deutschen Rechtsprechung oben 2. Teil 2. Kap. B I 2 bb (2) (2.1).
[1699] Vgl. dazu oben 2. Teil 2. Kap. B I 2 b bb (1) (2.1) (2.2.4).
[1700] Vgl. dazu oben 2. Teil C I 3 b bb (3).
[1701] Lamy, Anm. unter Cass. crim. v. 1.10.1996, D. 1998, Jur., S. 499, 500; ders., Rn. 331.

rend sich das Objektivitäts- bzw. Sachlichkeitserfordernis nach deutschem Recht auf die Verpflichtung beschränkt, keine unwahren Behauptungen aufzustellen, für die Art der Darstellung indessen keine eigenständige Bedeutung erlangt[1703], werden der Meinungsfreiheit nach französischem Recht darüber hinaus zusätzliche Grenzen gezogen. Das Objektivitätsgebot erstreckt sich auch auf die Verpflichtung des Journalisten, eine *unparteiliche Ausdrucksform* zu wählen[1704]. Werden die Grenze zur unzulässigen Schmähkritik in Deutschland erst *jenseits* auch überspitzter und polemischer Kritik gezogen[1705], so ist nach französischem Recht eine heftige bzw. schonungslose Sprache schon für sich genommen geeignet, zivilrechtliche Ersatzansprüche zu rechtfertigen.

## D. Sorgfaltspflichten und Verschulden

Zu den wichtigen Unterschieden im Presserecht beider Länder gehört weiter die Bedeutung, die die - auch inhaltlich nur teilweise übereinstimmenden - publizistischen Sorgfaltspflichten für den Ausgang äußerungsrechtlicher Auseinandersetzungen jeweils einnehmen.

### I. Bedeutung der publizistischen Sorgfaltspflichten

Im französischen Presserecht spielen publizistische Sorgfaltspflichten allein als Element des Rechtfertigungsgrundes der *bonne foi* eine Rolle[1706]. Demgegenüber bedarf es für die Durchsetzung einer Geldentschädigung zum Ausgleich der materiellen oder immateriellen Einbußen, die der Kläger aufgrund einer Persönlichkeitsverletzung erlitten hat, keines Verschuldensnachweises. Umgekehrt muss jedoch der Journalist, der sich auf seine „guten Absichten" *(bonne foi)* berufen will, den Beweis erbringen, dass er seine publizistischen Sorgfaltspflichten eingehalten hat. Kann er sich dem klägerischen Anspruch nicht schon im Wege des Wahrheitsbeweises entziehen bzw. ist die *exceptio veritatis* von vornherein unzulässig, so steht und fällt seine Verteidigungsstrategie mit diesem Nachweis.

Unter diesem Gesichtspunkt stehen die Chancen der Kläger, einen finanziellen Ausgleichsanspruch durchzusetzen, nach französischem Recht deutlich besser als in Deutschland. Hier zählt das Verschulden des Journalisten zu den *Voraussetzungen* des Geldentschädigungsanspruchs; das Vorliegen einer Sorgfaltspflichtverletzung ist daher vom *Kläger* zu beweisen. Erschwerend kommt für diesen hinzu, dass die Durchsetzung eines materiellen Ausgleichs im Falle *immaterieller* Einbußen an die Feststellung

---

[1702] Cass. civ, Assemblée plénière v. 25.2.2000, Légipresse 2000, Heft 170, S. III-45; Cass. Crim. v. 13.2.1990, Bull., Nr. 75; TGI v. 11.12.1974, Gaz. Pal. 1975, Jur., S. 260 ; TGI de Douai v. 22.11.1963, JCP 1964, II, 13482; Conte, S. 49, 58; Lamy, Rn. 329; ausf. Marino Rn. 240 ff.
[1703] Ähnlich Soehring, Rn. 15.13; vgl. dazu oben 2. Teil 2. Kap. B I 2 b bb (1) (2.1) (2.2.4).
[1704] Vgl. dazu oben 2. Teil C I 3 b bb (3).
[1705] BVerfG, NJW 1991, S. 95, 96 – Zwangsdemokrat.
[1706] Vgl. dazu oben 2. Teil C I 3 b bb (4).

einer „besonders schwerwiegenden" Persönlichkeitsverletzung geknüpft ist[1707]. Nur die Durchsetzung von Unterlassungs- und Berichtigungsansprüchen ist vom Nachweis des Verschuldens unabhängig. Allerdings kann es auch hier entscheidend darauf ankommen, ob die Presse ihre publizistischen Sorgfaltspflichten eingehalten hat. Denn nur wenn dies der Fall ist, kann sie sich auf die Wahrnehmung berechtigter Interessen berufen und auf diesem Wege erreichen, dass sich der Rechtsschutz des Klägers erheblich reduziert[1708].

## II. Inhalt der publizistischen Sorgfaltpflichten

Gemeinsam ist beiden Länder, dass die Recherchepflicht, die sich hier wie dort nicht nur auf die Wahrheit, sondern auch auf die Vollständigkeit der journalistischen Darstellung bezieht[1709], zu den wichtigsten Sorgfaltspflichten eines Publizisten zählt. Dabei verlangen die Gerichte beider Länder keine wahre, sondern nur das *Bemühen* um eine wahre Berichterstattung[1710]. Der Umfang der Recherchepflicht bemisst sich jeweils allein nach objektiven Kriterien[1711]; die Richtigkeit einer Nachricht muss der Publizist auch dann prüfen, wenn er subjektiv von der Wahrheit bzw. Vollständigkeit der von ihm verbreiteten Darstellung überzeugt ist[1712]. In beiden Ländern gilt weiter ein gleitender Sorgfaltsmaßstab, d.h. die Anforderungen an die Überprüfung des Wahrheitsgehalts nehmen in dem Maße ab, wie die Bedeutung der Angelegenheit zunimmt[1713]. Auch bei steigendem Aktualitätsdruck können sich die Anforderungen an die Recherche verringern. Die Geschwindigkeit, mit der tagesaktuelle Nachrichten publiziert werden müssen, um sich gegenüber Konkurrenten zu behaupten, rechtfertigt indessen hier wie dort niemals einen *vollständigen* Verzicht auf eine Überprüfung der publizierten Meldung[1714].

Unterschiedlich ausgestaltet sind die publizistischen Sorgfaltspflichten insoweit, als die Art und Weise der Berichterstattung nur im französischen Recht bestimmten Mindestanforderungen genügen muss[1715]. Anders als in Deutschland, wo die Wahl der Stilmittel für die Bewertung der Rechtmäßigkeit einer Publikation nur ein Kriterium unter vielen darstellt, begründet eine aggressive oder polemische Sprache hier - wie

---

1707 Vgl. dazu oben 2. Teil B I 3 c (2) (1.1).

1708 Vgl. dazu oben 2. Teil 2. Kap. B I 2 b aa.

1709 Zum deutschen Recht vgl. Prinz/Peters Rn. 279; zum französischen Recht vgl. Marino, Rn. 243.

1710 Zum deutschen Recht vgl. oben 2. Teil 2. Kap. B I 2 b bb (3); zum französischen Recht vgl. oben 2. Teil C I 3 b bb (4).

1711 Zum deutschen Recht vgl. BGH, NJW 1963, S. 665; BGH NJW 1965, S. 1374; Wenzel, 6 Rn. 117; im französischen Recht folgt dies aus der für die Beurteilung maßgeblichen Perspektive des „guten Familienvaters", vgl. dazu oben 2. Teil C I 3 b bb (4).

1712 Vgl. zum französischen Recht Chavanne, Jur. Cl. pénal, 90/106 m.w.N.

1713 Vgl. zum deutschen Recht oben 2. Teil 2. Kap. B I 2 b bb (3); zum französischen Recht vgl. oben 2. Teil C I 3 b bb (4).

1714 Zum deutschen Recht vgl. OLG München, ZUM-RD 1998, S. 218, 219; Prinz/Peters, Rn. 281; zum französischen Recht vgl. Auvret, Les journalistes, S. 122.

1715 Vgl. zum Gebot der „vorsichtigen und maßvollen Ausdrucksweise" oben 2. Teil C I 3 b bb (3).

gesagt - schon für sich genommen einen Sorgfaltspflichtverstoß, der einer Berufung auf den Rechtfertigungsgrund der *bonne foi* im Wege steht[1716].

## E. Werturteile und Tatsachenbehauptungen

Am Anfang jeder rechtlichen Prüfung steht in beiden Ländern die Frage, ob es sich bei den beanstandeten Äußerungen um Tatsachenbehauptungen oder um Werturteile handelt (I). Dies führt zu schwierigen Abgrenzungsproblemen, die die Gerichte beider Länder auf verschiedene Weise lösen (II). Auch das zivilrechtliche Risiko, das die Medien wegen der Veröffentlichung ehrverletzender Werturteile (III) oder ebensolcher Tatsachenbehauptungen (IV) nach deutschem bzw. französischem Recht eingehen, ist jeweils sehr unterschiedlich zu bewerten.

### I. Relevanz der Unterscheidung

Nach deutschem Recht wird die Unterscheidung zwischen Tatsachenbehauptungen und Werturteilen zunächst für die Frage relevant, ob die komplexen Regelungen der Verteilung und Umkehr der Beweislast[1717] bzw. die vom Bundesverfassungsgericht entwickelten Vorzugsregeln zur Anwendung gelangen, wonach bei Angelegenheiten von wesentlichem öffentlichen Interesse eine Vermutung für die Zulässigkeit der freien Rede besteht[1718]. Auf der Ebene der Rechtsfolgen ist die Unterscheidung insofern von Bedeutung, als zwar Unterlassungs- und Schadensersatzansprüche auch bei Werturteilen in Betracht kommen, Berichtigungs- und Gegendarstellungsansprüche indessen lediglich im Falle ehrverletzender Tatsachenbehauptungen durchgesetzt werden können.

Auch nach französischem Recht kann die Presse den Wahrheitsbeweis nur bei rufschädigenden Tatsachenbehauptungen führen, nicht aber bei sonstigen Äußerungen[1719]. Darüber hinaus haben die Medien nur dann eine realistische Chance, sich mit Erfolg auf den Rechtfertigungsgrund der *bonne foi* zu berufen, wenn die beanstandeten Äußerungen als Tatsachenbehauptungen zu bewerten sind[1720]. Umgekehrt kommt der Rechtfertigungsgrund der *provocation* gemäß Art. 33 Abs. 2 des Gesetzes von 1881 nur im Falle der *injure* zur Anwendung, was aber für presserechtliche Auseinandersetzungen kaum relevant werden dürfte[1721]. Eine sorgfältige Differenzierung zwischen Werturteilen und Tatsachenbehauptungen ist schließlich insoweit notwendig, als eine unzutreffende rechtliche Einordnung - d.h. als *diffamation* im Falle einer *injure* (oder

---

[1716] Vgl. dazu oben 2. Teil C I 3 b bb (3).
[1717] Vgl. dazu oben B.
[1718] Vgl. dazu oben 1. Teil 2. Kap. A III 2.
[1719] Vgl. dazu oben 2. Teil C I 3 a.
[1720] Vgl. dazu oben 2. Teil C I 3 b aa.
[1721] Vgl. dazu oben 2. Teil C I 3 d.

umgekehrt) - neuerdings Grund genug ist, die Klage wegen Verstoßes gegen Art. 53 Abs. 1 des Gesetzes von 1881 abzuweisen[1722].

## II. Abgrenzungskriterien

In der Praxis bereitet die Unterscheidung zwischen Tatsachenbehauptungen und Werturteilen erhebliche Schwierigkeiten und ist im Detail hier wie dort nicht abschließend geklärt[1723]. Theoretisch ist zwar in beiden Ländern das Kriterium der Beweisbarkeit das wesentliche Merkmal einer Tatsachenbehauptung[1724]. Auch ist für die Frage, ob die behauptete Information bewiesen werden kann, jeweils auf den Kontext bzw. den Gesamtzusammenhang abzustellen, in dem die Äußerung gefallen ist; die Beurteilung darf also nicht auf einzelnen, aus dem Zusammenhang herausgelösten Formulierungen beruhen[1725]. Diese Gemeinsamkeiten sind indessen nur vordergründig und können über die grundlegenden Unterschiede in der Rechtsprechung beider Länder nicht hinwegtäuschen.

Nach deutschem Recht müssen die Gerichte die wertsetzende Bedeutung von Art. 5 Abs. 1 S. 1 GG schon bei der Deutung einer Äußerung berücksichtigen[1726]. Sind mehrere sich gegenseitig ausschließende Deutungen des Inhalts einer Äußerung möglich, so ist der rechtlichen Beurteilung diejenige zu Grunde zu legen, die der Presse günstiger ist und den Betroffenen weniger beeinträchtigt[1727]. Der Begriff des Werturteils ist prinzipiell *weit* zu verstehen[1728] mit der Folge, dass eine Äußerung im Zweifel den umfassenden und nicht den eingeschränkten Grundrechtsschutz genießt.

Die französischen Gerichte gelangen demgegenüber im Bereich des *„no man's land"*[1729] zwischen der *injure* und der *diffamation* sehr viel schneller zu der Annahme einer präzisen Tatsachenbehauptung. So hat etwa die *Cour de cassation* die gegenüber

---

[1722] Vgl. dazu oben 2. Teil 2. Kap. C I 1 b bb.

[1723] Vgl. zum deutschen Recht Grimm, NJW 1995, S. 1697, 1699; Soehring, NJW 2000, S. 2466, 2468; Soehring, Rn 14.2; zum frz. Recht vgl. Lamy, Rn. 297, 309; kritisch Beignier, S. 179: *„(...) la frontière entre l'injure et la diffamation, parfois, tient plus de la théorie que de la réalité."*

[1724] Vgl. zum deutschen Recht Soehring, 14.3; Damm/Rehbock, Rn. 444; Seitz/Schmid/Schoener, Rn. 304, Löffler/Ricker, 42. Kap., Rn. 23; zum französischen Recht vgl. die ständige Rechtsprechung seit Cass. Crim v. 29.7.1865, DP 1866, I, S. 48: *„(...) pour être diffamatoire, une allégation ou une imputation doit se présenter sous la forme d'une articulation précise de faits de nature à être, sans difficulté, l'objet d'une preuve et d'un débat contradictoire (...)"*; vgl. Lamy, Rn. 300; Chavanne, Jur. Cl. Pénal, 100/27 ff.; Auvret, Les journalistes, S. 147 m.w.N.

[1725] Vgl zum deutschen Recht BGH, NJW-RR 1994, S. 1242, 1243 – Verdeckte Behauptung II; Timm, S. 35 m.w.N.; zum frz. Recht vgl. Lamy, Rn. 374; Levasseur, R.S.C. 1984, S. 317, 319.

[1726] Vgl. dazu ausf. Grimm, NJW 1995, S. 1697, 1700.

[1727] BVerfG, NJW 1995, S. 3303, 3305 – Soldaten sind Mörder II; BGH, NJW 1998, S. 3047, 3048 - Stolpe; BGH, NJW 2000, S. 1036, 1039; OLG Hamm, AfP 2002, S. 224, 225.

[1728] BVerGE 61, 1, 9 - Wahlkampf; 71, 162, 179; NJW 1992, 1439, 1440 – Bayer; Wendt in v. Münch/Kunig, Art. 5 Rn. 8; Löffler, § 6 LPG, Rn. 84; Damm/Rehbock, Rn 445; kritisch Seitz/Schmid/Schoener, Rn. 351.

[1729] Levasseur, R.S.C. 1984, S. 317, 319.

einem Reserveoffizier korsischer Abstammung getätigte Äußerung *„les Corses ne sont pas des français"* (Die Korsen sind keine Franzosen) als *diffamation* beurteilt[1730], ohne zu berücksichtigen, dass es dem Urheber dieser Worte weniger darum ging, sich über die - eindeutige - Nationalitätsfrage zu äußern, als den Adressaten in einem weiteren Sinne die - ihrerseits kaum beweisbare - Zugehörigkeit zum französischen Volk abzusprechen[1731]. Noch fragwürdiger erscheint eine Entscheidung der *Cour d'appel* von *Aix*, in der die Äußerung, ein mit der Nachbesserung eines Monuments befaßter Architekt besitze „weder Geschmack, noch Talent und erfülle nicht die Voraussetzungen für die Durchführung einer solchen Arbeit", als *diffamation* gewertet wurde[1732]. Dass die Anforderungen an die Beweisbarkeit einer Tatsachenbehauptung nach französischem Recht vergleichsweise *gering* sind[1733], zeigt sich auch daran, dass selbst bloße Schimpfwörter, denen kein präziser Lebenssachverhalt zuzuordnen ist, den Vorwurf der *diffamation* begründen können. So galt etwa die nicht näher konkretisierte Betitelung eines Händlers als *„imposteur"* (Hochstapler) und *„charlatan"* (Quacksalber)[1734] oder eines Journalisten als *„ivrogne bien connu"* (wohlbekannter Säufer)[1735] als beweisbare Tatsachenbehauptung. Sogar Äußerungen, die erkennbar dem Bereich der Phantasie entspringen, werden als *diffamation* eingestuft. So ging etwa die *Cour de Cassation* davon aus, dass ein Plakat mit der Aufschrift *„Génocide Familial – Front National"*, auf dem das Gesicht und die Hand einer Frau abgebildet waren, die mit einer Spraydose kleine, als Insekten wiedergegebene Personen besprühte, als Tatsachenbehauptung zu bewerten sei[1736]. Wie weit die Rechtsprechung das Merkmal der Beweisbarkeit auslegt, wird auch daran deutlich, dass sie sogar Äußerungen, die sich auf *künftige* Ereignisse bezieht, als *fait précis* qualifiziert. Dies galt etwa für die gegenüber Moslems getätigte Äußerung *„Ce sont vos femmes, vos filles, vos enfants qui seront kidnappés et emmenés dans des quartiers réservés comme il en existe à Casablanca"*[1737], in der die *Cour d'appel de Paris* eine rassistische *diffamation* entdeckte[1738].

Die unterschiedliche Entscheidungspraxis beider Länder macht sich schließlich auch an der rechtlichen Beurteilung von Äußerungen bemerkbar, in denen Tatsachenbehauptungen und Werturteile untrennbar miteinander verknüpft sind (sogenannte „Mischäußerungen"[1739]). Nach deutschem Recht kommt es in diesen Fällen entschei-

---

[1730] Cass. crim. v. 8.12.1966, JCP 1967, éd. G., II, 15008.
[1731] Ebenso Lamy, Rn. 316; Chavanne, Anm. unter Cass. crim. v. 15.3.1983, JCP 1984, II, 20145.
[1732] CA Aix v. 28.7.1947, JCP 1948, II, 4031, Anm. Colombini; kritisch Lamy, Rn. 316.
[1733] Pradel/Danti-Juan, Rn. 431.
[1734] Cass. crim. v. 14.4.1992, Bull. Crim., Nr. 162; Pradel/Danti-Juan, Rn. 431.
[1735] Cass. crim. v. 6.12.1988, Bull. Crim., Nr. 44; Pradel/Danti-Juan, Rn. 44.
[1736] Cass. crim. v. 22.5.1990, Bull. Crim., Nr. 211; kritisch zu dieser Entscheidung Lamy, Rn. 312: *„(...) une certaine hypocrisie de la jurisprudence (...)"*.
[1737] Freie Übersetzung: „Es sind eure Frauen, eure Töchter und eure Kinder, die man kidnappen und in reservierte Viertel bringen wird, wie es sie in Casablanca gibt".
[1738] CA de Paris v. 7.5.1991, zit. aus Lamy, Rn. 312; ders. für weitere Beispiele zur weiten Auslegung der *diffamation*, Rn 313 ff.
[1739] Vgl. Timm, S. 44.

dend darauf an, ob der Schwerpunkt der Aussage auf wertenden oder auf tatsächlichen Gesichtspunkten liegt[1740]. Wird die Äußerung durch Elemente der Stellungnahme, des Dafürhaltens oder Meinens geprägt, so wird sie als Meinung geschützt[1741]. Demgegenüber gehen die französischen Gerichte in ständiger Rechtsprechung davon aus, dass das Delikt der *injure* von der zugleich verwirklichten *diffamation* schlicht „absorbiert" werde[1742].

Nach französischem Recht hat allerdings die weite Auslegung der Tatsachenbehauptung - anders als dies in Deutschland der Fall wäre - , keine Benachteiligung der Presse zur Folge. Sie ist für diese vielmehr insoweit von Vorteil, als sich eine *diffamation* unter dem Gesichtspunkt der *bonne foi* besser rechtfertigen lässt als ein als *injure* qualifiziertes Werturteil[1743]. Die weite Auslegung der Tatsachenbehauptung steht daher zwar im Widerspruch zur Rechtsprechung des Europäischen Gerichtshofs für Menschenrechte[1744], hat indessen für sich genommen keine Verletzung von Art. 10 Abs. 1 EMRK zur Folge[1745]. Von einem ungerechtfertigten Eingriff in das Grundrecht der Meinungsfreiheit geht der Gerichtshof nur für den Fall aus, dass sich die Presse einer Haftung für ehrverleztende Werturteile - zu denen die oben genannten Äußerungen zweifellos zählen - *ausschließlich* dadurch enziehen kann, dass sie deren Richtigkeit beweist[1746]. Dies ist im französischen Recht aber gerade nicht der Fall. Misslingt es dem Journalisten, die Richtigkeit der beanstandeten Äußerung zu belegen - was bei den oben genannten, vermeintlichen *„faits précis"* immer der Fall sein dürfte -, so hat er gleichwohl die Chance, sich auf den Rechtfertigungsgrund der *„bonne foi"* zu berufen und sich dadurch einer zivil- bzw. strafrechtlichen Haftung zu entziehen[1747].

## III. Werturteile

Nach deutschem Recht ist das Publizieren ehrverletzender Werturteile sehr umfassend geschützt. Inbesondere bei Angelegenheiten von wesentlichem öffentlichen Interesen

---

[1740] Vgl. nur BGHZ 45, 296, 304 - Höllenfeuer; BGH, GRUR 1969, S. 555, 558; NJW 1988, S. 1589 f. – mit Verlogenheit zum Geld; BVerfG, NJW 1992, S. 1439, 1440 – Bayer; Timm, S. 45, m.w.N.

[1741] BVerfG, NJW 1992, S. 1439, 1440 - Bayer.

[1742] Lamy, Rn. 374; Pradel/Danti-Juan, Rn. 430; Chavanne, Jur. Cl. Pénal, 100/37.Vor diesem Hintergrund wurde sogar die Bezeichnung eines anderen als *„traître"* (Verräter) als Tatsachenbehauptung bewertet, Cass. crim. v. 31.3.1960, Bull. Crim., Nr. 193; ebenso die Betitelung als *„fraudeur"* (Betrüger), Cass. crim. v. 12.3.1969, Bull. Crim., Nr. 120.

[1743] Vgl. dazu oben 2. Teil C I 3 b aa.

[1744] Der Gerichtshof legt den Begriff des Werturteils – wie das Bundesverfassungsgericht – vergleichsweise weit aus, vgl. nur EGMR, Urt. v. 12.7.2001, Az. 29032/95 (Ziff. 86) – Feldek, abrufbar unter www.echr.coe.int; Lamy, Rn. 318.

[1745] Vgl. aber Lamy, Rn. 319.

[1746] Vgl. dazu oben 1. Teil 4. Kap. B III 4.

[1747] Marino, Rn. 429.

findet die verfassungsrechtlich gewährleistete Kritikfreiheit ihre Schranken erst bei der Überschreitung der - eng gezogenen - Grenzen zur Schmähkritik[1748].

Zu dieser Rechtsprechung steht die Entscheidungspraxis der französischen Gerichte, wonach ehrverletzende Werturteile schon prinzipiell weniger schützenswert sind als ebensolche Tatsachenbehauptungen, in deutlichem Gegensatz. Vergleicht man den Anwendungsbereich der „Wahrnehmung berechtigter Interessen" mit der *„bonne foi"* des französischen Presserechts, so ist von einer Umkehrung des in Deutschland bestehenden Regel-Ausnahme-Verhältnisses auszugehen. Sind die Grenzen der Kritikfreiheit im Rahmen des § 193 StGB wegen der verfassungsgerichtlichen Vorzugsregeln gerade bei Werturteilen sehr weit gesteckt, so bleibt eine Berufung auf den Rechtfertigungsgrund der *bonne foi* bei subjektiv geprägten Äußerungen, die als *injure* im Sinne des Art. 29 Abs. 2 des Gesetzes von 1881 zu bewerten sind, in aller Regel erfolglos[1749].

Dieser Gesichtspunkt darf allerdings nicht isoliert betrachtet werden. Der im französischen Recht geltende Grundsatz, wonach eine *injure* schon per se rechtswidrig ist[1750], wird einerseits dadurch relativiert, dass der Schutzbereich dieses Delikts, wie oben dargestellt, vergleichsweise eng umrissen ist[1751]. Dies hat zur Folge, dass gegebenenfalls auch stark subjektiv geprägte Äußerungen das Privileg der *bonne foi* genießen können; so zum Beispiel die Kritik des ehemaligen Ministers *Foyer*, wonach es sich bei dem französischen Richterverband um eine „subversive, linke Organisation" handele, die als präzise Tatsachenbehauptung bewertet wurde[1752]. Zum anderen macht sich in der Rechtprechung der unterinstanzlichen Gerichte die Tendenz bemerkbar, den Begriff der *„expression injurieuse"* auch dann *eng* auszulegen, wenn es an einem *„fait précis"* fehlt und der Anwendungsbereich des Art. 29 Abs. 2 des Gesetzes von 1881 somit prinzipiell eröffnet ist. Inbesondere im Bereich politischer Debatten oder der Satire bemühen sich die Richter, das Vorliegen einer *injure* unter Berücksichtigung wertender Gesichtspunkte bereits auf der Tatbestandsebene zu verneinen und somit die Kritikfreiheit zu verstärken[1753].

---

1748 BGH, GRUR 1977, 801, 803 – Halsabschneider; BGH, NJW 1987, S. 2225, 2227 - Chemiegift; vgl. auch BGH, NJW 1981, 2117, 2118; dies schließt indessen eine zivilrechtliche Haftung der Presse auch unterhalb dieser Schwelle nicht schon prinzipiell aus, vgl. dazu oben 2. Teil 2. Kap. B I 2 b bb (1) (2.1) (2.2.4).

1749 Vgl. dazu oben 2. Teil C I 3 b aa.

1750 Vgl. Chavanne, Jur. Cl. Pénal, 100/51: *„Aucune nécéssité d'informer le public ne peut notamment justifier les injures"*.

1751 Vgl. dazu oben E II; die theoretische Möglichkeit der Presse, sich im Falle einer *injure* auf den Rechtfertigungsgrund der *„provocation"* zu berufen, hat demgegenüber keine praktische Bedeutung, vgl. dazu oben 2. Teil C I 3 d.

1752 Cass. Crim. v. 23.3.1978, Bull. Crim., Nr. 115; kritisch dazu Lamy, Rn. 359 (Fn. 609); vgl. für weitere Beispiele oben E II.

1753 Vgl. dazu ausf. oben 2. Teil 3. Kap. C I 2 b aa.

Trotz dieser Rechtsprechung, die im Ergebnis zu einer vergleichsweise engen Auslegung der *injure* führt, ist die Veröffentlichung ehrverletzender Werturteile nach französischem Recht mit deutlich höheren Risiken verbunden als in Deutschland. Die Tendenz der Gerichte, auch eindeutig subjektiv geprägte Äußerungen als Tatsachenbehauptung zu qualifizieren, hat zur Folge, dass die Entscheidungsfindung in äußerungsrechtlichen Streitigkeiten kaum mehr vorhersehbar ist[1754]. Aus der Sicht der Beteiligten ist es nicht nachvollziehbar, weshalb die Äußerung „Die Korruption ist die grundlegende Doktrin des Verbandes der Lastwagenfahrer“[1755], eine unzulässige *injure* sein soll[1756], wohingegen die bereits erwähnte Betitelung des französischen Richterverband als eine „subversive, linke Organisation“ bzw. die Kritik an einem Architekten, der „weder Geschmack, noch Talent“ besitze, den Vorwurf der *diffamation* begründet. Leidtragende dieser Rechtsunsicherheiten sind einerseits die Kläger, denen es schwer fallen dürfte, den Erfordernissen aus Art. 53 Abs. 1 des Gesetzes von 1881 gerecht zu werden und die Rechtsgrundlage für ihre Ersatzansprüche schon in ihrer Klageschrift zutreffend zu benennen. Doch auch für die Presse ist es kaum vorhersehbar, ob die Gerichte eine für die Veröffentlichung beabsichtigte Äußerung im Falle eines Rechtsstreits als *diffamation* oder *injure* bewerten werden, was insoweit besonders schwer wiegt, als der Ausgang presserechtlicher Auseinandersetzungen entscheidend von dieser Qualifizierung abhängt. Im Zweifel gilt es, mit subjektiven Wertungen möglichst sparsam umzugehen. Auch die Bemühungen einiger Gerichte, das Vorliegen einer *injure* schon auf der Tatbestandsebene zu verneinen, kann die Stellung der Presse nur bedingt stärken. Da diese pressefreundliche Tendenz von der *Cour de cassation* bislang wenig Unterstützung erfahren hat[1757], ziehen die französischen Gerichte die Grenze zur *injure* im allgemeinen weit unterhalb der Schwelle zur - generell unzulässigen - „Schmähkritik“ im Sinne der deutschen Rechtsprechung. So könnte das Grundrecht aus Art. 5 Abs. 1 S. 1 GG etwa angesichts der Äußerung, dass es einem anderen an „Zivilcourage fehle“ aus deutscher Sicht wohl ohne weiteres Vorrang beanspruchen gegenüber den Persönlichkeitsrechten des Betroffenen, wohingegen die *Cour de cassation* diesen Vorwurf als schlechthin unzulässige *injure* wertete[1758]. Gleiches dürfte für das Adjektiv „*mesquin*“ (kleinlich)[1759] gelten oder für die Feststellung: *„Vous êtes, avec M. (...), un malhonnête homme“* (Sie sind, wie M., (...) ein unehrlicher

---

[1754] Ähnlich Lamy, Rn. 316; Levasseur, R.S.C. 1984, S. 317, 319 m.w.N; vgl. auch Pradel/Danti-Juan, Rn. 431: *„La jurisprudence se montre parfois indécise sur certains points“*.

[1755] Wörtlich: *„La corruption est la doctrine de base de la Fédération nationale des Transporteurs routiers“*.

[1756] So zu Recht Cass. Crim. v. 3.12.1963, Bull. Crim., Nr. 345; dazu Levasseur, R.S.C. 1984, S. 316, 319.

[1757] Vgl. Lamy, Rn. 375. Zudem wirft diese Rechtsprechung die Frage auf, ob eine Meinungsäußerung, deren Angriffsintensität *unterhalb* der Schwelle zur - eng definierten - *injure* verbleibt, zivilrechtliche Ansprüche auf der Grundlage von Art. 1382 cc auslösen kann, vgl. dazu ausf. oben 2. Teil 3. Kap. C I 1 a cc; *für* diese Annahme, deren Vereinbarkeit mit den Entscheidungen der *Assemblée Plénière* vom 12. Juli 2000 zumindest fraglich sein dürfte, wohl das TGI de Nanterre v. 21.7.1993, D. 1995, som. com., S. 269, Anm. Massis; Debbasch, Rn. 3159 f. m.w.N.

[1758] Cass. Crim. v. 20.6.1946, Gaz. Pal. 1946, 2, S. 178.

[1759] Cass. Crim. v. 25.1.1962, JCP 1962, éd. G, IV, S. 34.

Mensch[1760]), die von den französischen Gerichten ebenfalls als *injure* eingestuft wurden und sich damit der Möglichkeit einer Legimitierung von vornherein entzogen.

## IV. Tatsachenbehauptungen

Auch die Veröffentlichung ehrverletzender Tatsachenbehauptungen ist in Deutschland mit weniger Risiken behaftet als in Frankreich. Dies gilt für wahre und unwahre Tatsachenbehauptungen gleichermaßen

### 1. Wahre Tatsachenbehauptungen

Herabsetzende Tatsachenbehauptungen, deren Richtigkeit entweder allgemein bekannt ist oder vom Journalisten bewiesen werden konnte, erfüllen nach deutschem Recht nicht die Anforderungen der zivilrechtlichen Anspruchsgrundlagen im Sinne der § 823 Abs. 2 BGB i.V.m. § 186 StGB bzw. § 823 Abs. 1 BGB. Unter Zugrundelegung des „normativen“ Ehrbegriffs ist jenseits der Fälle der Schmähkritik bzw. der Formalbeleidigung allein der „verdiente“ soziale Geltungsanspruch geschützt[1761]. Zwar trägt prinzipiell der Journalist die Beweislast für die Richtigkeit der von ihm aufgestellten Behauptung. Die Durchführung des Wahrheitsbeweises unterliegt jedoch den allgemeinen zivilprozessualen Regeln der Beweisführung; sie ist also - anders als in Frankreich, vgl. Art. 55 des Gesetzes von 1881 - an die Einhaltung bestimmter Fristen nicht gebunden. Haben die Beklagten den Wahrheitsbeweis erfolgreich geführt, so ist eine Exkulpation - abgesehen von den eng umrissenen Fällen der Formalbeleidigung (vgl. § 192 StGB) - lediglich unter den Voraussetzungen des wenig praxisrelevanten § 190 S. 2 StGB ausgeschlossen.

Demgegenüber erfüllt nach französischem Recht *jegliche* Behauptung oder Verbreitung ehrverletzender Tatsachen den Tatbestand der *diffamation*. Dies gilt für objektiv wahre, aber nicht beweisbare Tatsachen ebenso wie für Behauptungen, deren Richtigkeit allgemein bekannt ist. Anders als in Deutschland bestimmt sich die Frage, ob eine Äußerung in die persönliche Ehre des Betroffenen eingreift und damit die Voraussetzungen des Art. 29 des Gesetzes von 1881 erfüllt *(„atteinte à l'honneur ou à la considération“)*, allein danach, inwieweit die vorgebrachte Kritik nach *objektiven* Gesichtspunkten ehrverletzend ist. Ob der Betroffene die Vorwürfe - in subjektiver Hinsicht - insoweit „verdient“ hat, als sie der Wahrheit entsprechen, ist an dieser Stelle unbeachtlich[1762].

Die Richtigkeit der beanstandeten Tatsachenbehauptung kann den Journalisten gem. Art. 35 des Gesetzes von 1881 erst auf der Rechtfertigungsebene entlasten. Dabei un-

---

[1760] Trib. Corr. Grasse v. 26.2.1966, zit. aus Derieux, S. 407.

[1761] Vgl. dazu oben 1. Teil 2. Kap. B III 1. Zu einer Haftung der Presse kann es in diesen Fällen nur dann kommen, wenn die Publikation zugleich andere Aspekte des Persönlichkeitsrechts tangiert.

[1762] Vgl. dazu oben 2. Teil 3. Kap. C I 2 a bb.

terliegt die Möglichkeit, die Wahrheit der beanstandeten Behauptung zu beweisen, erheblichen Beschränkungen. Anders als in Deutschland ist die *exceptio veritatis* schon dann ausgeschlossen, wenn die beanstandete Äußerung sich auf Tatsachen bezieht, die mehr als zehn Jahre zurückliegen[1763]. Bei der Berichterstattung über Straftaten reicht schon die Verjährung der betreffenden Delikte, um der Presse eine Berufung auf Art. 35 des Gesetzes von 1881 zu versagen[1764]. Im Unterschied zum deutschen Recht versperrt darüber hinaus die Missachtung der zehn-Tages-Ausschlussfrist des Art. 55 des Gesetzes von 1881 den Weg zur Durchführung des Wahrheitsbeweises[1765]. Für die Verteidigungsmöglichkeiten der Presse ist die *exceptio veritatis* schließlich insoweit ein stumpfes Schwert, als die Gerichte selbst dann, wenn der Journalist die genannten materiellrechtlichen und prozessualen Hürden überwunden hat, nur in seltenen Ausnahmefällen davon ausgehen, dass die Beklagten den Wahrheitsbeweis erbracht haben[1766].

## 2. Unwahre bzw. nicht erweislich wahre Tatsachenbehauptungen

Die Veröffentlichung unwahrer ehrverletzender Tatsachenbehauptungen führt weder in Deutschland, noch in Frankreich zu einer prinzipiellen Haftung der Medien. Generell unzulässig ist jeweils nur die Verbreitung von Tatsachenbehauptungen, deren Unwahrheit *zum Zeitpunkt der Veröffentlichung* positiv feststand. Nach deutschem Recht ist diese Art der journalistischen Betätigung schon vom Schutzbereich der Meinungsfreiheit nicht erfasst[1767]. Legt man die französische Rechtsprechung zugrunde, so scheitert die Legitimierung bewusst unwahrer Informationen daran, dass diese per se einen Verstoß gegen das Erfordernis darstellen, ehrverletzende Nachrichten vor ihrer Veröffentlichung auf ihre Stichhaltigkeit hin zu verifizieren.
Bessere Aussichten auf eine Klageabweisung haben die Beklagten, sofern die Wahrheit der beanstandeten Äußerungen nicht bewiesen werden kann oder sich ihre Unwahrheit erst *nach* Veröffentlichung herausstellt. In beiden Ländern ist anerkannt, dass die Presse ein berechtigtes Interesse daran haben kann, mit der Verbreitung eines noch nicht erhärteten Verdachts an die Öffentlichkeit zu gehen oder über Vorgänge zu berichten, die noch nicht vollständig aufgeklärt wurden[1768]. Einen so weitgehenden Informationsauftrag kann die Presse nur erfüllen, wenn sie auch im Falle der Veröffentlichung nicht erweislich wahrer oder sich nachträglich als unwahr erweisender Tatsachenbehauptungen die Möglichkeit hat, einer straf- bzw. zivilrechtlichen Haftung aus dem Wege zu gehen:

---

[1763] Vgl. oben 2. Teil C I 3 a bb.
[1764] Vgl. oben 2. Teil C I 3 a bb.
[1765] Vgl. dazu oben 2. Teil 3. Kap. C I 2 a bb.
[1766] Vgl. dazu oben 2. Teil 3. Kap. C I 3 a cc.
[1767] Vgl. dazu oben 1. Teil 2. Kap. A II 1.
[1768] Vgl. zum deutschen Recht: BVerfG, NJW 1999, S. 1322, 1324 – Helnwein; BGH, AfP 1997, S. 700, 702 – Stern TV; Steffen in Löffler, § 6 LPG, Rn. 52; zum französischen Recht vgl. Chavanne, Jur. Cl. Pénal, 90/139; Auvret, Les Journalistes, S. 122/123.

> *„La presse doit „sortir" rapidement les nouvelles et on ne saurait exiger d'un journaliste la vérification de tout le monceau d'informations qui lui parviennent"* [1769].

Wie *Albert Chavanne* hebt auch das Bundesverfassungsgericht hervor, dass die Presse ihre Kontrollfunktion nur erfüllen kann, sofern sie über Spielräume verfügt, im Rahmen derer sie keine Sanktionen befürchten muss. So heißt es im *Helnwein*-Beschluss vom 10. November 1998:

> „Grundsätzlich tritt die Meinungsfreiheit bei unwahren Tatsachenbehauptungen hinter das Persönlichkeitsrecht zurück. Dabei muß aber bedacht werde, dass die Wahrheit im Zeitpunkt der Äußerung oft ungewiß ist und sich erst als Ergebnis eines Diskussionsprozesses oder auch einer gerichtlichen Klärung herausstellt. Würde angesichts dieses Umstands die nachträglich als unwahr erkannte Äußerung immer mit Sanktionen belegt werden dürfen, so stünde zu befürchten, dass der Kommunikationsprozess litte, weil risikofrei nur unumstößliche Wahrheiten geäußert werden könnten. Damit wäre ein vom Grundrechtsgebrauch abschreckender Effekt verbunden, der aus Gründen der Meinungsfreiheit vermieden werden muß."[1770]

Sofern der Nachweis erbracht werden kann, dass die Voraussetzungen der „*bonne foi*" bzw. der „Wahrnehmung berechtigter Interessen" vorliegen, ist somit die Veröffentlichung nicht erweislich wahrer oder sich nachträglich als unwahr herausstellender Tatsachenbehauptungen in beiden Ländern haftungsrechtlich irrelevant. Dabei wirkt sich allerdings der Umstand, dass die Anforderungen an die Art und Weise der Berichterstattung in Frankreich sehr viel strenger sind als in Deutschland, stark zu Lasten derjenigen Journalisten aus, deren ehrverletzende Publikationen nach französischem Recht zu beurteilen sind.

## V. Kritische Würdigung

Lässt man die prozessualen Behinderungen außen vor, die das Gesetz von 1881 für die Durchsetzung von Ausgleichsansprüchen wegen ehrverletzender Äußerungen vorsieht, so bleibt zusammenfassend festzuhalten, dass die Veröffentlichung herabsetzender Artikel nach französischem Recht mit deutlich größeren Risiken behaftet ist als in Deutschland.

---

[1769] Freie Übersetzung: „Die Presse muss Nachrichten schnell veröffentichen und man kann von einem Journalisten nicht verlangen, dass er sämtliche Informationen überprüft, die er erhält"; Chavanne, Jur. Cl. Pénal, 90/139; 90/123; Auvret, Les Journalistes, S. 123.

[1770] BVerfG, NJW 1999, S. 1322, 1324 -- Helnwein; ähnlich BGH, NJW 1981, 2117, 2120 – Abgeordnetenprivileg; BGH, NJW 1985, 1621, 1622 – Türkol.

Dies gilt zunächst für die strengen Anforderungen an die Art und Weise der Berichterstattung, die - wie auch in der französischen Literatur zu Recht kritisiert wird - , mit den Vorgaben des Europäischen Gerichtshofs für Menschenrechte nicht vereinbar sind[1771]. Die geforderte Zurückhaltung bei der Formulierung kritischer Artikel steht im Widerspruch zu einer Rechtsprechung, die den Schutz der Meinungsfreiheit ausdrücklich nicht nur auf den *Inhalt* einer Äußerung, sondern auch auf die *Form* der Berichterstattung erstreckt[1772].

Im Widerspruch zu den Vorgaben aus Straßburg steht insbesondere der restriktive Maßstab, den die französischen Gerichte bei der Beurteilung ehrverletzender Werturteile ansetzen. Wer dem Beispiel des österreichischen Journalisten *Oberschlick* folgt und einen Politiker in der Presse als „Idiot“ oder „Trottel“ betitelt, wird die französischen Richter kaum von der Rechtmäßigkeit einer solchen Meinungsäußerung überzeugen können[1773]. Da der Rechtfertigungsgrund der *excuse de provocation* im Sinne des Art. 32 Abs. 2 des Gesetzes von 1881 für die Presse keine praktische Bedeutung erlangt[1774], dürfte dies selbst dann gelten, wenn der Adressat die beanstandete Beleidigung durch seine öffentlichen Äußerungen veranlasst hat. Bei französischen Autoren stößt denn auch die gegenteilige Auffassung der Straßburger Richter, die die Betitelung *Jörg Haiders* als „Trottel“ vor dem Hintergrund seiner vorangegangenen öffentlichen Rede als zulässig angesehen hatten[1775], auf Unverständnis:

> *„Le juge européen admet par conséquent que l'indignation s'exprime au moyen d'une invective dès lors qu'elle repose sur une enquête sérieuse. Il légitime ainsi l'usage de l'injure qui ne peut qu'avilir le débat d'idées. Il a qualifié d'opinion ce qui n'est qu'une caricature alors que l'indignation peut s'exprimer avec ardeur sans avoir recours à cette facilité qu'est la grossièreté“*[1776].

Darüber hinaus sind aber auch die Anforderungen des französischen Rechts an die Zulässigkeit ehrverletzender Tatsachenbehauptungen vergleichsweise streng. Unvereinbar mit der europäischen Rechtsprechung, wonach der Wahrheitsbeweis bei Tatsa-

---

[1771] Bigot, Anm. unter CA de Paris v. 22.3.1994, D. 1995, som. com. S. 274; Chavanne, Jur. Cl. Pénal, 90/123.
[1772] Vgl. dazu oben 1. Teil 2. Kap. A II 1.
[1773] Vgl. zur Rechtwidrigkeit des Schimpfwortes *„imbécile“* (Idiot): Cass. Crim. v. 23.1.1902, D. 1904, 1, S. 383.
[1774] Vgl. dazu oben 2. Teil C I 3 d.
[1775] EGMR, Urt. v. 25.5.1997, Az. 20834/92 (Ziff. 29) - Oberschlick No. 2, abrufbar unter www.echr.coe.int.; vgl. dazu oben 1. Teil 4. Kap. B III 2.
[1776] Freie Übersetzung: „Soweit sie auf einer ernsthaften Recherche beruht, lässt es der europäische Richter somit zu, dass sich die Empörung im Wege einer Schmähung ausdrückt. Damit legitimiert er die Verwendung von Beleidigungen, die den Meinungskampf nur entwerten können. Er hat das, was nur eine Karikatur darstellt, als Meinung qualifiziert, während sich die Empörung mit Schärfe ausdrücken kann, ohne auf das einfache Mittel der Grobheit zurückzugreifen“, Lamy, Rn. 382.

chenbehauptungen generell zulässig sein muss[1777], sind insbesondere die Beschränkungen des Wahrheitsbeweises im Falle von Äußerungen, die sich auf mehr als zehn Jahre zurückliegende Umstände beziehen[1778]. Auch die Rechtmäßigkeite der verfahrensrechtlichen Beschränkung des Art. 55 des Gesetzes von 1881, wonach die Presse die zur Erbringung des Wahrheitsbeweises vorgesehenen Nachweise innerhalb einer Zehn-Tages-Frist beibringen muss[1779], erscheint vor dem Hintergrund des pressefreundlichen Beurteilungsmaßstabes der europäischen Richter zumindest fraglich.

Angesichts der eindeutigen Gesetzeslage können die Gerichte den Vorgaben aus Straßburg *de lege lata* allerdings nur dadurch gerecht werden, dass sie die Reichweite dieser Bestimmungen auf den Wahrheitsbeweis beschränken; Auswirkungen auch für die Möglichkeit, die beanstandeten Äußerungen unter dem Gesichtspunkt der *bonne foi* zu legitimieren, sind demgegenüber abzulehnen. Die damit angesprochene Frage nach dem Verhältnis der *exceptio veritatis* zur *bonne foi* ist indessen noch weitgehend ungeklärt. Zwar ist anerkannt, dass die Berufung auf den Rechtfertigungsgrund der *bonne foi* - anders als die Erbringung des Wahrheitsbeweis - immer möglich ist[1780]. Die Beschränkungen aus Art. 35 Abs. 3 und Art. 55 des Gesetzes von 1881 entfalten keine Sperrwirkung[1781]. Das flexible Rechtsinstitut der *bonne foi* hat vielmehr den Zweck, die Rigorosität der Bestimmungen zum Wahrheitsbeweis abzufedern bzw. zu regulieren[1782]. Fraglich ist indessen, ob sich Journalisten, denen der Wahrheitsbeweis aufgrund der strengen Ausschlussregelungen versagt wurde, als Argument zum Nachweis ihrer „guten Absichten" auf die *Richtigkeit* der beanstandeten Behauptungen berufen können. Schließlich würden dadurch die strengen Ausschlussbestimmungen *de facto* umgangen.

Bislang hat sich die *Cour de cassation* nur bedingt für eine weite Auslegung der *bonne foi* ausgesprochen. So konnten sich die beklagten Journalisten einem Urteil vom 29. Juni 1988 zufolge auf Dokumente stützen, die einen Nachweis für die Wahrheit der beanstandeten Äußerungen darstellten, *obwohl* diese sich auf Tatsachen bezogen, die mehr als dreißig Jahre zurücklagen und damit der Ausschlussregelung des Art. 35 Abs. 3 b des Gesetzes von 1881 unterfielen[1783]. Es bleibt abzuwarten, ob das höchstin-

---

[1777] EGMR, Urt. v. 23.4.1992, ÖJZ 1992, S. 803, 805 (Ziff. 48) - Castells; vgl. dazu oben 1. Teil 4. Kap. III 4.

[1778] Gleiches dürfte für Art. 35 Abs. 3 c) des Gesetzes von 1881 zumindest insoweit gelten, wie diese Regelung den Wahrheitsbeweis im Hinblick auf Tatsachenbehauptungen ausschließt, die sich auf bereits *verjährte* Delikte beziehen.

[1779] Vgl. dazu oben 2. Teil 3. Kap. C I 1 b aa.

[1780] Marino, Rn. 429.

[1781] Vgl. Cass. Civ. v. 29.6.1988, Bull., Nr. 160; Cass. Crim. v. 21.2.1967, JCP 1967, IV, éd. G 51; Guerder, Rapport annuel de la Cour de cassation, 1999, S. 6.

[1782] Vgl. Chavanne, Jur. Cl. Pénal, 90/149; vgl. Lamy, Anm. unter Cass. Crim. v. 1.10.1996, D. 1998, som. com., S. 499.

[1783] Cass. Civ. v. 29.6.1988, Bull., Nr. 160; dazu Marino, Rn. 429; Chavanne, Jur. Cl. Pénal, 90/168; aA. Cass. Crim. v. 19.11.1985, Gaz. Pal. 1986, 1, 202; Cass. Crim. v. 21.2.1967, JCP 1967, IV, éd. G 51: *„Dans certains cas, le délai de dix ans peut paraître court. Dans les luttes politiques, par exemple,* stanzliche Zivilgericht diese pressefreundliche Rechtsprechung auch dann vertreten wird, wenn der Wahrheitsbeweis im Sinne des Art. 35 des Gesetzes von 1881 daran gescheitert ist, dass der Beklagte die zehntägige Ausschlussfrist des Art. 55 des Gesetzes von 1881 nicht einhalten konnte[1784]. Doch selbst wenn sich die *Cour de cassation* künftig stärker an den Vorgaben aus Straßburg orientieren und die Wahrheit der beanstandeten Behauptung zumindest bei der Würdigung der *bonne foi* einfließen lassen sollte, wäre die Veröffentlichung von Tatsachenbehauptungen, die zwar ehrverletzend, aber zutreffend sind, nach französischem Recht mit deutlich größeren Risiken behaftet als in Deutschland. Nach deutschem Recht endet die Meinungsfreiheit bei wahren Tatsachenbehauptungen, wie gesagt, erst in den Fällen der Schmähkritik. Demgegenüber gelten die strengen Voraussetzungen der *bonne foi* - insbesondere das Erfordernis der *absence d'animosité personelle* bzw. die hohen Anforderungen an die Art und Weise der Berichterstattung - prinzipiell *unabhängig* vom Wahrheitsgehalt der beanstandeten Äußerung[1785].

## F. Ansprüche und Rechtsfolgen

Nach französischem Deliktsrecht steht dem Opfer einer ehrverletzenden Publikation nur ein Anspruch auf Beseitigung des erlittenen Schadens zu, wohingegen deutsche Gerichte auch Maßnahmen zur *Verhinderung* künftiger Ehrverletzungen anordnen können (I). Deutliche Unterschiede bestehen auch angesichts der Entscheidungspraxis bei der Gewährung von Schadensersatz (II). Schließlich ist das Gegendarstellungsrecht nach französischem Recht deutlich stärker ausgestaltet als in Deutschland (III).

### I. Verhinderung künftiger Ehrverletzungen

Das französische Deliktsrecht sieht ausschließlich die Beseitigung *bereits eingetretener* Ehrverletzungen vor[1786]. Präventivklagen, die einem erst drohenden, die Rechte des Klägers eventuell beeinträchtigenden Ereignis zuvorkommen sollen, sind nur dort möglich, wo es um die Verhinderung von Eingriffen in das Intimleben geht[1787]. Lässt

---

*il est légitime de s'interroger sur l'attitude d' un candidat pendant la guerre ou l'occupation. C'est alors la notion de bonne foi qui permettra d'écarter une condamnation pénale. Mais cette bonne foi devra être tirée* ***d'autres éléments*** *de la vérité des faits imputés.*"

1784 Zumindest die Strafkammer der *Cour de cassation* ist bislang in ständiger Rechtsprechung davon ausgegangen, dass die wegen der Fristversäumnis nicht zugelassenen Zeugen auch im Rahmen des Beweises der *bonne foi* über die Wahrheit der beanstandeten Behauptungen nicht gehört werden können; Cass. Crim. v. 11.5.1907, Bull. Crim., Nr. 227; Cass. Crim. v. 9.7.1970, JCP 1970, IV, éd. G, 235; Chavanne, Jur. Cl. Pénal, 90/168.

1785 Vgl. Cass Crim. v. 9.1.1974, zit. aus Derieux, S. 404, wonach die Vermutung der böswilligen Absicht - vgl. dazu oben 2. Teil C I 2 a dd - behoben ist, „(...) *lorsque les juges déclarent que la directrice d'un journal n'a pas excédé les limites d'une information objective* ***et*** *n'a pas cherché à nuire aux demandeurs (...);* vgl. auch Derieux, S. 404.

1786 Sonnenberger, 1 C 29, 1 C 177; Mazeaud-Chabas, Band 1, Rn. 333, Ziff. 4; vgl. auch Viney, Les effets de la responsabilité, Rn. 10; Schmitz, S. 103.

1787 Vgl. dazu oben B II 2.

eine Äußerung den Schutzbereich der *„intimité de la vie privée“* hingegen unberührt - befasst sich eine Pressepublikation beispielsweise mit ansehensschädigenden Details aus dem *Berufsleben* eines Prominenten - so beschränkt sich die sogenannte *„réparation en nature“* auf Maßnahmen, die der Beseitigung der *bereits erlittenen* Rufschädigung dienen. So kann das Gericht zwar anordnen, dass eine ehrverletzende Äußerung berichtigt oder das erlassene Urteil veröffentlicht wird[1788]; anders als im deutschen Recht kann es das Presseunternehmen jedoch nicht auch für die Zukunft zur Unterlassung der betreffenden Äußerung verpflichten.

Der Grund für die Zurückhaltung gegenüber präventiven Maßnahmen liegt darin, dass ein Klagerecht des Betroffenen gem. Art. 31 NCPC nur im Falle eines *intérêt légitime* bejaht wird[1789]. Dieses „berechtigte Interesse“ liegt nur dann vor, wenn es bereits entstanden und aktuell *(„né et actuel“)* ist[1790]. Im Presserecht lehnen manche Autoren die Möglichkeit eines präventiven Rechtsschutzes gegenüber ehrverletzenden Äußerungen auch deswegen ab, weil es sich dabei um eine Form der Vorzensur handele. Von der Beschlagnahme unterscheide sich das Verbot, eine Äußerung zu veröffentlichen, nur dadurch, dass erstere auf den Träger einer Information gerichtet sei, um *indirekt* den Inhalt zu treffen, wohingegen sich letzteres *unmittelbar* auf den Inhalt beziehe[1791].

## II. Materieller und immaterieller Schadensersatz

Die Verpflichtung zum Schadensersatz ist in beiden Ländern eine wichtige Rechtsfolge äußerungsrechtlicher Auseinandersetzungen. Nicht nur hinsichtlich des Verhältnisses zwischen den materiellen und immateriellen Formen der Schadensbeseitigung; auch bei der Bemessung der jeweils zugesprochenen Entschädigungshöhe bestehen jedoch wichtige Unterschiede.

Obwohl ihre Eignung als Mittel zur Wiederherstellung immaterieller Einbußen vielfach angezweifelt wird[1792], ist die Geldentschädigung in der französischen Rechtsprechung die vorrangige Rechtsfolge äußerungsrechtlicher Auseinandersetzungen. Die *immateriellen* Formen der *„réparation“*, wozu typischerweise die Verpflichtung zum Abdruck des betreffenden Gerichtsurteils oder einer Berichtigung zählt, treten lediglich ergänzend hinzu[1793]. Damit wird der deutsche Grundsatz in sein Gegenteil verkehrt, wonach umgekehrt die *Geldentschädigung* nur dann in Betracht kommt, wenn

[1788] Vgl. dazu ausführlich oben 2. Teil 3. Kap. C I 4 b.
[1789] Sonnenberger 1 C 177; 1 C 21.
[1790] Sonnenberger, 1 C 177; Mazeaud/Chabas, Rn. 333 Ziff. 4; Vincent/Guinchard, Rn. 105.
[1791] Marino, Rn. 529; vgl. auch Auvret, Les journalistes, S. 259, wonach das Verbot einer Äußerung „weniger radikal erscheine“ als die Beschlagnahme, in Wahrheit jedoch eine noch beschränkendere Wirkung entfalte, da „die Information selbst zensiert werde“.
[1792] Vgl. dazu oben 2. Teil 3. Kap. C I 4 a bb.
[1793] Vgl. Marino, Rn. 509; Debbasch, Rn. 3189.

die Rufbeeinträchtigung nicht auf andere Weise befriedigend ausgeglichen werden kann[1794].

Nach französischem Recht ist die Naturalrestitution nicht nur eine gegenüber der Geldentschädigung *nachrangige* Form der Schadensbeseitigung; ihre Durchsetzung ist zudem mit erheblichen Unwägbarkeiten verbunden. Während das Recht, eine Berichtigung zu verlangen, in Deutschland einen eigenständigen Anspruch darstellt, der im Falle der Verweigerung unter bestimmten, in der Rechtsprechung weitgehend konkretisierten Voraussetzungen gerichtlich durchgesetzt werden kann, ist demgegenüber die Art der *réparation* bzw. die Frage, ob das Opfer einer Rufschädigung *überhaupt* eine immaterielle Form der Schadensbeseitigung verlangen kann, nach französischem Recht in das freie Ermessen des zuständigen Gerichts gestellt[1795]. Dabei wird der Wille des Klägers gelegentlich ohne zwingenden Grund übergangen. So kommt es vor, dass die Gerichte die auf Veröffentlichung des Urteils gerichteten Anträge mit dem Argument zurückweisen, die damit verbundene Wiederholung der beleidigenden Äußerungen verletze die Interessen des Klägers[1796]. Eine solche - gerichtlich nicht nachprüfbare - Betätigung des freien Ermessen grenzt aus meiner Sicht an Bevormundung[1797], die umso schwerer wiegt, als die Betroffenen oftmals nicht so sehr an Schadensersatz, als vielmehr daran interessiert sind, die Rechtswidrigkeit oder Unrichtigkeit einer Veröffentlichung feststellen zu lassen[1798].

Doch auch dann, wenn die Betroffenen eine *finanzielle* Kompensation für die erlittene Rufschädigung verlangen, ist die Entscheidung des zuständigen Richters kaum vorhersehbar. In Deutschland ist zwar die Zuerkennung einer Geldentschädigung dem Grunde nach an das Vorliegen einer „besonders schwerwiegenden Persönlichkeitsverletzung" geknüpft[1799]; soweit die beanstandete Publikation diese vergleichsweise strengen Anforderungen erfüllt, kann der Betroffene indessen auf eine Entschädigungssumme vertrauen, die oberhalb eines Betrages von 2500, - Euro liegt[1800]. In Frankreich haben die Kläger keine entsprechende Gewißheit. Hier hat vielmehr der Gedanke, wonach ein bloß „symbolischer *Euro*" immaterielle Einbußen hinreichend ausgleicht, eine lange Tradition[1801]. Daran konnte auch die Kritik mancher Autoren nichts ändern,

---

[1794] Vgl. dazu oben 2. Teil B I 3 c bb.

[1795] Vgl. dazu oben 2. Teil 3. Kap. C I 4 b aa.

[1796] CA de Paris v. 14.5.1975, D. 1976, S. 291 (C. Deneuve), Anm. Lindon: Abweisung der Veröffentlichung *„(...) qui aurait l'inconvénient d'attirer à nouveau l'attention sur le numéro du magazine incriminé";* CA de Paris v. 14.10.1981, D. 1983, S. 346, Anm. Lindon; TGI de Paris v. 22. 4. 1992 (C. Grimaldi), Gaz. Pal. 1993, som., S. 19: *„Le préjudice sera réparé par l'allocation d'une somme de 30 000 FF, sans qu'il apparaisse nécessaire de faire droit à la demande de publication qui irait à l'encontre du souci de discrétion manifesté par la demanderesse";* Marino, Rn. 516.

[1797] aA. Marino, Rn. 516, die diese Entwicklung begrüßt.

[1798] Vgl. zu diesbezüglichen rechtssoziologischen Untersuchungen, die in den Vereinigten Staaten durchgeführt wurden, aber auch in Frankreich Gültigkeit haben dürften, Stadler, JZ 1989, 1084, 1094.

[1799] Vgl. dazu oben 2. Teil B I 3 c bb (2) (1.1).

[1800] Prinz/Peters Rn. 768.

[1801] Vgl. dazu oben 2. Teil 3. Kap. C I 4 a bb (1).

die auf die Gefahr willkürlicher Gerichtsentscheidungen hingewiesen haben[1802]. Danach komme es allein auf die „Laune des Richters" an, ob die Medienopfer im Einzelfall - „nur einen symbolischen *Franc* oder mehrere Millionen dieser *Francs*" erhielten[1803]. Dieser Vorwurf ist durchaus berechtigt. Denn in welchen Fällen der *Euro symbolique* und wann eine über diesen Betrag *hinausgehende* Entschädigung zuzusprechen ist, wird in der französischen Rechtsprechung nirgends präzisiert.

Doch auch wenn sich die französischen Gerichte dazu entschließen, den Opfern ehrverletzender Publikationen *mehr* als eine nur symbolische Entschädigung zu gewähren, liegen die zugesprochenen Summen deutlich unter dem deutschen Niveau. In der Rechtsprechung der deutschen Zivilgerichte sind die traditionell ohnehin vergleichsweise hohen Entschädigungssummen weiter gestiegen, seitdem der Bundesgerichtshofs den Präventionsgedanken in seiner *Caroline von Monaco*-Entscheidung vom 15. November 1994 erstmals ausdrücklich anerkannt hat[1804]. So hat sich das Oberlandesgericht Köln ausdrücklich auf den Präventionszweck der Geldentschädigung berufen, um den Anspruch eines Arztes, der Opfer einer Serie über angebliche ärztliche Kunstfehler geworden war, von den erstinstanzlich zugebilligten 50 000 DM (ca. 25 000 Euro) auf insgesamt 80 000 DM (ca. 41 000 Euro) zu erhöhen[1805], während ein als „perverser Kinderschänder" betitelter Mann unter dem Gesichtspunkt des Erfordernisses einer „fühlbaren Geldentschädigung" eine Forderung in Höhe von immerhin 70 000 DM (ca. 36 000 Euro) durchsetzen konnte[1806]. Zuvor haben sich die Beträge für Persönlichkeitsverletzungen meistens unterhalb von 40 000 DM (ca. 20 500 Euro) gehalten[1807]. Demgegenüber dürfen französische Richter den Präventionsgedanken - anders als ihre deutschen Kollegen - *de lege lata* nicht berücksichtigen[1808]. Zwar werden die Vorteile einer Schadensbemessung, die sich an der Höhe des erzielten Gewinns orientiert, auch im französischen Schriftttum hervorgehoben. So ist *Laure Marino* der Ansicht, dass man einer Medienpraxis, die die finanziellen Folgen eines Rechtsbruchs als Passivposten in der Geschäftsbilanz werden lasse, nur dann effektiv begegnen könne, wenn das Risiko einer Persönlichkeitsverletzung höher sei als der damit erwirtschaftete Profit[1809]. Eine Entscheidungspraxis, die sich an dieser Erkenntnis orientiert, sei jedoch nur dann denkbar, wenn der Gesetzgeber die französischen Grundsätze der zivilrechtlichen Haftung entsprechend reformieren würde[1810]. Solange dies nicht der

---

[1802] Vgl. Beignier, S. 216; Malaurie/Aynès, Les personnes, Rn. 342.
[1803] Wörtlich: *„(...) tout le commande pour mettre un terme à l'arbitraire de la pratique actutelle qui fait que, selon l'humeur des juges, la victime touchera un franc symbolique ou plusieurs millions des ces mêmes francs"*, Beignier, S. 216.
[1804] Steffen, NJW 1997, S. 10, 12; zum Präventionsgedanken vgl. oben 2. Teil 2. Kap. B I 3 c bb (1).
[1805] OLG Köln, ZUM 1999, S. 948 – Stern TV.
[1806] LG Ansbach, NJW-RR 1997, S. 978, 979. Für eine umfassende Übersicht über die in jüngerer Zeit zugesprochenen Summen vgl. Prinz/Peters, Rn. 769.
[1807] Steffen, NJW 1997, S. 10, 12, mit weiteren Beispielen aus der Rechtsprechung.
[1808] Vgl. dazu oben 2. Teil 3. Kap. C I 4 a bb (2).
[1809] Marino, Rn. 465.
[1810] Marino, Rn. 465.

Fall sei, könne sich der Entschädigungsbetrag allein an der Intensität des erlittenen Schadens orientieren, nicht aber an dem Fehlverhalten des Beklagten oder an dem hierdurch erzielten Gewinn[1811]. Vor diesem Hintergrund verwundert es nicht, dass die von den französischen Gerichten zugesprochenen Entschädigungssummen vergleichsweise bescheiden sind. Zwar weisen die zugebilligten *dommages-intérêts* auch hier eine tendenziell steigende Tendenz auf[1812]; die Obergrenze für Indiskretionen in der Wortberichterstattung liegt jedoch schon bei ca. 50 000 FF (ca. 7600 Euro)[1813] und ist damit deutlich niedriger als in Deutschland.

## III. Das Gegendarstellungsrecht

Die Rechtsordnungen beider Länder gehen übereinstimmend davon aus, dass das Gegendarstellungsrecht unabhängig von der Frage besteht, ob die Erstmitteilung ehrverletzend war[1814], der Journalist seine Sorgfaltspflichten verletzt hat[1815] oder die Publikation, auf die die Gegendarstellung reagiert, der Wahrheit entsprach[1816]. Entscheidend ist allein, ob der Anspruchsteller von einer Äußerung „betroffen"[1817] bzw. ob er in einer periodischen Druckschrift „genannt" wird[1818]. Ungeachtet dieser Gemeinsamkeiten verdient es allein das *droit de réponse* im Sinne des Art. 13 des Gesetzes von 1881, als „absolutes und allgemeines Recht" *(droit absolu et général)* bezeichnet zu werden[1819]. Denn nicht nur der persönliche, auch der sachliche Anwendungsbereich des französischen Gegendarstellungsrechts ist sehr viel umfassender als in Deutschland.

Den *persönlichen* Schutzbereich des Gegendarstellungsrechts hat der französische Gesetzgeber auch auf Tote erstreckt. Anders als für lebende Personen reicht hier zwar nicht die bloße Betroffenheit; soweit Tote jedoch Opfer einer *diffamation* oder *injure* geworden sind, können ihre Erben, Ehegatten oder Vermächtnisnehmer den Abdruck einer Gegendarstellung verlangen[1820]. Im deutschen Recht wird der postmortale Per-

---

[1811] Vgl. Marino, Rn. 465; vgl. auch Auvret, Les journalistes, S. 269.

[1812] Dazu kritisch: Auvret, Les journalistes, S. 276.

[1813] TGI de Paris v. 13.7.1989, Gaz. Pal. 1990, 2, 445 – Johnny Halliday (hier ging es um einen unautorisierten Bericht über die Liebschaften des Sängers uns sein Verhalten gegenüber Frauen); vgl. auch TGI de Paris v. 22.4.1992, Gaz. Pal. v. 25.8.1993, 19 – C. Grimaldi; weitere Nachweise bei Marino, Rn. 473; nur bei Persönlichkeitsverletzungen im Wege der ungenehmigten Veröffentlichung von Fotografien können die Entschädigungssummen bis hin zu 300 000, - FF (ca. 46 000 Euro) betragen, vgl. CA de Paris v. 28.11.1988, D. 1989, 410; Marino, Rn. 473.

[1814] Zum französischen Recht vgl. Derieux, S. 375/376; Friedmann, S. 29. In der Praxis ist dies allerdings fast immer der Fall, vgl. Derieux, S. 278, Beignier, S. 202; zum deutschen Recht vgl. oben S. 2. Teil 2. Kap. B II 1.

[1815] Zum französischen Recht vgl. Chavanne in Blin/Chavanne/Drago/Boinet, 185/60; zum deutschen Recht vgl. oben 2. Teil 2. Kap. B II 1.

[1816] Zum französischen Recht vgl. Chavanne in Blin/Chavanne/Drago/Boinet, 185/61; zum deutschen Recht vgl. oben 2. Teil 2. Kap. B II 1.

[1817] Zu diesem Erfordernis im deutschen Recht vgl. oben 2. Teil 2. Kap. B IV 2 b.

[1818] Zu diesem Erfordernis im französischen Recht vgl. oben 2. Teil 3. Kap. C IV 2 a.

[1819] Vgl. dazu oben 2. Teil 3. Kap. C II 1.

[1820] Vgl. dazu oben 2. Teil 3. Kap. C IV 2 b.

sönlichkeitsschutz demgegenüber vergleichsweise eng ausgelegt. So ist die Geltendmachung postmortaler Unterlassungs- und Berichtigungsansprüche an sehr hohe Anforderungen geknüpft[1821], wohingegen die Rechtsprechung die Möglichkeit der Angehörigen bzw. Erben, gegen eine allein den Toten betreffende Publikation im Wege einer Gegendarstellung vorzugehen, entgegen einer vereinzelten Literaturmeinung sogar generell ablehnt[1822]. In *sachlicher* Hinsicht umfasst das französische *droit de réponse* Tatsachenbehauptungen und Werturteile gleichermaßen[1823], während das in den deutschen Landespressegesetzen vorgesehene Gegendarstellungsrecht auf erstere beschränkt bleibt[1824]. Damit vermeidet das *droit de réponse* im Sinne des Art. 13 des Gesetzes von 1881 Abgrenzungsprobleme, die in Deutschland in allein 70 bis 80 % aller Fälle zu einer Zurückweisung der Anträge auf Erlass einer einstweiligen Verfügung führen[1825].

Sehr viel stärker als das deutsche Gegendarstellungsrecht ist das *droit de réponse* im Sinne des Art. 13 des Gesetzes von 1881 auch insoweit, als für den Berechtigten keine Verpflichtung besteht, sich im Sinne des deutschen Postulats „Tatsachen gegen Tatsachen“[1826] mit jedem Satz der Gegendarstellung auf eine Behauptung der Erstpublikation zu beziehen. Der Betroffene kann den Inhalt der *réponse* frei bestimmen. Abgesehen von den formalen Anforderungen an die Länge seines Textes, die in beiden Ländern dieselben sind, muss er Beschränkungen seines Rechts nur dann erdulden, wenn seine Darstellung die guten Sitten, den *ordre public*, die berechtigten Interessen Dritter oder die Ehre des Journalisten verletzt[1827]. Anders als in Deutschland kann daher die Gegendarstellung im Sinne des französischen Rechts grundsätzlich auch bewußt unwahre, fehlerhafte oder belanglose Informationen enthalten[1828]. Ebensowenig steht ein heftiger, aggressiver oder polemischer Stil der Rechtdurchsetzung entgegen, soweit nur der Ton dem des beanstandeten Artikels entspricht[1829]. Anders als im deutschen Recht[1830] wird teilweise sogar angenommen, dass auch die Berichterstattung über parlamentarische Sitzungen - ungeachtet der aus Art. 41 des Gesetzes von 1881 folgenden Privilegierung[1831] - gegendarstellungsfähig sei[1832].

---

[1821] Vgl. dazu oben 2. Teil 3. Kap. C IV 2 b.
[1822] Vgl. dazu oben 2. Teil 3. Kap. C IV 2 b.
[1823] Vgl. dazu oben 2. Teil 3. Kap. C II 2 a aa.
[1824] Vgl. dazu oben 2. Teil 3. Kap. C II 2 a aa.
[1825] Mathy, S. 11 f.
[1826] Vgl. dazu oben 2. Teil 2. Kap. B II 2 a bb.
[1827] Cass. civ. v. 5.1.1994, Bull. II, Nr. 11; Beignier, S. 202; Friedmann, S. 40; Derieux, S. 380; ausf. Elmaleh, S. 104 ff.
[1828] Seitz/Schmid/Schoener, Rn. 622. Die Fälle, in denen die französischen Gerichte von einem unzulässigen Missbrauch des droit de réponse ausgehen, sind so eng umrissen, dass sie für die Praxis kaum eine Rolle spielen, vgl. Chavanne in Blin/Chavanne/Drago/Boinet, 186/72.
[1829] Friedman, S. 40; einschränkend, aber widersprüchlich: Beignier, S. 202.
[1830] Vgl. dazu oben 2. Teil 2. Kap. B II 2 a cc.
[1831] Vgl. dazu oben 2. Teil 3. Kap. B I 2 c.
[1832] Chavanne in Blin/Chavanne/Drago/Boinet, 186/71; Elmaleh, S. 103 m.w.N.; aA. Pinto, S. 169.

## IV. Kritische Würdigung

Nach alledem geht das deutsche Recht von einer Anspruchsvielfalt aus, die den Opfern ehrverletzender Publikationen in vielerlei Hinsicht entgegenkommt. Geht es den Klägern darum, einer Wiederholung der herabsetzenden Äußerungen zu begegnen, so steht ihnen mit dem Unterlassungsanspruchs allein nach deutschem Recht das entsprechende Instrumentarium zur Hand, wohingegen sich die Betroffenen nach französischem Recht mit der abschreckenden Wirkung einer erfolgreichen Schadensersatz- bzw. Gegendarstellungsklage begnügen müssen. Wollen die Betroffenen bereits eingetretene Rufschädigungen nachträglich beseitigen bzw. korrigieren, so liegt ein wichtiger Unterschied zwischen beiden Rechtsordnungen darin, dass das Recht auf Abdruck einer Berichtigung allein in Deutschland einen eigenständigen Anspruch begründet, wohingegen die französischen Gerichte über die Gewährung einer *réparation en nature* nach freiem Ermessen entscheiden. Schließlich sieht das deutsche Recht einen Anspruch auf Geldentschädigung vor, der die erlittenen Einbußen in der Praxis mit ungleich höheren Summen ausgleicht, als dies in Frankreich der Fall ist.

Dennoch haben die Opfer ehrverletzender Publikationen auch nach französischem Recht effektive Mittel, um gegen rufschädigende Verlage vorzugehen. So ist das *droit de réponse* im Sinne des Gesetzes von 1881 eine so starke Waffe, dass es die oben beschriebenen Nachteile für die Rechtsstellung der betroffenen Medienopfer zumindest relativiert. Zwar wird das Gegendarstellungsrecht auch in Frankreich als Eingriff in die Meinungsfreiheit bewertet, weshalb es im Sinne des Art. 10 Abs. 2 EMRK streng begrenzt sein müsse auf dasjenige, was zum Schutz der Ehre und der Rechte anderer zwingend erforderlich sei[1833]. Die verfassungsrechtliche Würdigung des Gegendarstellungsrechts deckt sich insoweit mit dem deutschen Verständnis, wonach die gerichtliche Anordnung, eine Gegendarstellung abzudrucken, nur dann rechtmäßig ist, wenn bei der gebotenen Abwägung der widerstreitenden Interessen berücksichtigt wird, dass ein solcher Eingriff in Art. 5 Abs. 1 S. 1 GG geeignet und erforderlich sein muss, den verfolgten Zweck zu erreichen und die Betroffenen nicht übermäßig belasten darf[1834].

Ungeachtet dieser gleichgelagerten Ausgangssituation haben die deutschen Landesgesetzgeber das Gegendarstellungsrecht deutlich zurückhaltender ausgestaltet als die Verfasser des französischen *droit de réponse*. Dies erscheint insofern paradox, als sich in Deutschland mit dem durch Art. 2 Abs. 1, Art. 1 Abs. 1 GG geschützten allgemeinen Persönlichkeitsrecht und dem Grundrecht aus Art. 5 Abs. 1 S. 1 GG Rechtsgüter gegenüberstehen, die *jeweils* „(...) essentielle Bestandteile der Verfassungsordnung des Grundgesetzes" bilden, so dass keines dieser Verfassungsgüter einen grundsätzlichen Vorrang beanspruchen kann[1835]. Demgegenüber genießt nach französischem Recht

---

[1833] Levy in Dupeux/Lacabarats, S. 31, 33.
[1834] BVerfGE 63, 131, 144.
[1835] Vgl. BVerfG 35, 202, 225; BVerfGE 63, 131, 144 (jeweils zur Rundfunkfreiheit).

allein die *liberté d'expression* Verfassungsrang, die Persönlichkeitsrechte des Gegendarstellungsberechtigten hingegen nur insoweit, wie sich diese in dem Recht auf Achtung des Privatlebens bzw. auf den Schutz der Menschenwürde konkretisieren[1836].

Eine Erklärung für die Diskrepanz zwischen der Reichweite des Gegendarstellungsrechts beider Länder dürfte darin liegen, dass es in Frankreich - abgesehen von dem *droit de réponse* - keinen eigenständigen Anspruch auf die Beseitigung der immateriellen Folgen einer Rufschädigung gibt. Ohne ein effektives Gegendarstellungsrecht wäre der von einem Pressebericht Betroffene demnach weitgehend schutzlos. Nach deutschem Recht soll hingegen, so das Bundesverfassungsgericht, ein wirksamer Schutz vor Angriffen Dritter auch *ohne* Gegendarstellungsrecht bestehen. Hier habe der Betroffene

> „(...) die Möglichkeit, gegen ehrverletzende Presseberichte Widerrufs- oder Unterlassungsansprüche geltend zu machen. Diese sind zwar an höhere Voraussetzungen gebunden als der Gegendarstellungsanspruch in den Landespressegesetzen, verhindern aber jedenfalls, dass das Persönlichkeitsrecht Angriffen Dritter schutzlos ausgesetzt ist".[1837]

M.E. sind allerdings die Ansprüche auf Berichtigung und Unterlassung für sich genommen nicht geeignet, einen wirksamen Persönlichkeitsschutz zu garantieren. Die Effektivität dieser Instrumentarien ist vielmehr so gering, dass sie den Vorsprung, den das französische Recht dem Betroffenen im Wege des weit gefaßten *droit de réponse* im Sinne des Art. 13 des Gesetzes von 1881 gewährt, keinesfalls aufwiegen können.

Besonders deutlich wird dies angesichts der jeweils unterschiedlich ausgestalteten Möglichkeiten, gegen ehrverletzende *Werturteile* vorzugehen. Nach französischem Recht kann der Betroffene eine Rufschädigung, die er aufgrund eines subjektiv geprägten Stimmungsberichts erleidet, vergleichsweise leicht nachträglich beseitigen bzw. korrigieren. Wenn auch die Entscheidung darüber, ob das verantwortliche Presseunternehmen zum Abdruck des stattgebenden Urteils bzw. einer *rectification* verpflichtet wird, in das freie Ermessen des zuständigen Gerichts gestellt ist, so hindert der subjektiv geprägte Charakter der beanstandeten Publikation den Betroffene nicht, den Abdruck einer - überdies sehr frei gestalteteten - Gegendarstellung gerichtlich durchzusetzen.

Nach deutschem Recht sind die Betroffenen der Veröffentlichung ansehensschädigender Werturteile demgegenüber weitgehend schutzlos ausgeliefert. Sie können weder den Abdruck einer Gegendarstellung, noch die Publikation einer Berichtigung verlangen. Die aus Sicht der Presse ähnlich belastende Verpflichtung zur Veröffentlichung des zugunsten des Klägers ergangenen Urteilstenors oder einer strafbewehrten Unter-

---

[1836] Vgl. dazu oben 1. Teil 3. Kap. C 3 und 1. Teil 3. Kap. C 4.
[1837] BVerfG, AfP 1993, S. 474, 475 – Gegendarstellung III.

lassungserklärung hat der Bundesgerichtshof zwar auch bei Werturteilen prinzipiell zugelassen[1838]. Eine solche Rechtsfolge kommt indessen nur dann in Betracht, wenn der ehrverletzende Angriff besonders intensiv war, d.h. wenn die beanstandeten Äußerungen die Grenze zur diffamierenden Schmähkritik überschritten haben[1839]. Auf diese Extremfälle ist auch der Unterlassungsanspruch beschränkt. Die Unterlassungsverfügung als Rechtsfolge ist für die Stellung des Klägers darüber hinaus insoweit von nur begrenzter Bedeutung, als ein Unterlassungsgebot naturgemäß allein auf *künftige* Ehrverletzungen gerichtet ist. An einer *bereits eingetretenen* Rufschädigung vermag dieser Anspruch nichts mehr zu ändern. Zudem, so das Oberlandesgericht München in einem Urteil vom 9. August 2002, kann der Unterlassunganspruch bei einer erstmaligen Veröffentlichung in einem Medium

> „(...) in der Regel erst nach Abschluss der Veröffentlichung geltend gemacht werden, weil Kenntnis von der drohenden Tat vor der Veröffentlichung nicht gegeben ist. Damit können die Medien solche Eingriffe ohne erhebliches Risiko vornehmen“[1840].

Begrenzt ist die Wirkung dieses Anspruchs schließlich insoweit, als die Betroffenen den Anspruchsgegner, bevor sie eine Unterlassungsklage einreichen, abmahnen müssen, um das Kostenrisiko bei sofortigem Anerkenntnis auszuschalten. Deshalb kann

> „(...) in diesen Fällen mit vergleichsweise geringen Kosten eine Unterlassungsverpflichtungserklärung abgegeben werden. Ein hinreichender Schutz, wie er von Art. 1 Abs. 1 GG schon vom Wortlaut her ausdrücklich verlangt wird, ist auf diese Weise nicht zu erreichen.“[1841]

Schließlich ist die Wirksamkeit des Unterlassungsanspruchs auch deswegen begrenzt, da die Wiederholungsgefahr nur insoweit besteht, wie die begangene Rechtsverletzung reichte. Inhalt und Umfang des Anspruchs werden durch den konkret beanstandeten ehrverletzenden Eingriff festgelegt[1842]. Daher ist die Presse nicht gehindert, den Betroffenen erneut anzugreifen, sofern nur der Wortlaut der Kritik von dem - meist eng umrissenen[1843] - Tenor der Unterlassungsverpflichtung nicht erfasst wird. Dies wiegt umso schwerer, als es dem Betroffenen in aller Regel nicht um die Untersagung einer *bestimmten* rufschädigenden Äußerung geht, sondern darum, ehrverletzenden Angriffen auf die eigene Person *schlechthin* entgegen zu wirken.

---

[1838] BGHZ 99, 133, 140, 141 - Oberfaschist; Sedelmeier in Löffler, § 7 LPG Rn. 351.

[1839] BGHZ 99, 133, 139 - Oberfaschist.

[1840] OLG München, ZUM 2002, S. 744, 745.

[1841] OLG München, ZUM 2002, S. 744, 745.

[1842] BGH, NJW 1980, 2801 2804 – Medizin-Syndikat III; Prinz/Peters, Rn. 382.

[1843] Zur Frage der Bestimmtheit von Unterlassungsanträgen im Äußerungsrecht vgl. Prinz/Peters, Rn. 383.

Auch zum Schutz gegen ehrverletzende *Tatsachenbehauptungen* stellt das französische System mit seinem weit gefaßten *droit de réponse* ein vergleichsweise effektives Instrumentarium bereit. Zwar sind im Falle ansehensschädigender Tatsachenbehauptungen die Rechtsschutzmöglichkeiten, auf die sich der Betroffene nach deutschem Recht berufen kann, um den Berichtigungsanspruch erweitert. Die Vorteile dieses Anspruchs liegen auf der Hand. Während sich die Gegendarstellung in einer abweichenden Darstellung aus der Sicht des Betroffenen erschöpft und daher vom Leser häufig als Schutzbehauptung abgetan wird[1844], ist die Berichtigung insoweit glaubhafter, als sie die Presse dazu verpflichtet, ihre Erstmitteilung im Wege einer *eigenen* Stellungnahme zu revidieren. Dennoch ist die Wirksamkeit dieses Rechtsmittels gering. Da die Verurteilung zum Abdruck einer Berichtigung erst nach Rechtskraft vollstreckbar wird, der Betroffene also u.U. durch sämtliche Instanzen (ggf. bis hinauf zum Bundesverfassungsgericht) gehen muss[1845], führt sie regelmäßig erst zu einem Zeitpunkt zum Erfolg, in dem der zugrundeliegende Vorgang in der Öffentlichkeit bereits wieder vergessen ist[1846]. Damit ist dieses Rechtsmittel für den Betroffenen eine im Medienalltag wenig hilfreiche Verteidigungsmöglichkeit. Sie ist deutlich weniger wirksam als das Gegendarstellungsrecht, das in beiden Ländern im einstweiligen Rechtsschutzverfahren durchgesetzt werden kann und damit die Möglichkeit bietet, auf die *aktuelle* Meinungsbildung Einfluss zu nehmen - und zwar zu einem Zeitpunkt, da die öffentliche Diskussion noch im Gange ist.

## G. Besonderheiten des einstweiligen Rechtsschutzverfahrens

In Frankreich können die *juges des référés* mit einer Schärfe gegen die Presse vorgehen, die dem deutschen Recht fremd ist (1.). Dies hat in der französischen Literatur die viel beachtete Frage aufgeworfen, inwieweit die gerichtliche Praxis mit dem verfassungsrechtlich verankerten Schutz der Meinungs- bzw. Pressefreiheit vereinbar ist (2.).

## I. Ausgangslage

Nach deutschem Recht führt der einstweilige Rechtsschutz allein in *verfahrensrechtlicher* Hinsicht zu einer Verstärkung der Rechte des Betroffenen. In *materiellrechtlicher* Hinsicht laufen die Voraussetzungen für den Erlass einer einstweiligen Anordnung mit den Anforderungen im Hauptsacheverfahren insoweit parallel, als der Erlass einer Leistungsverfügung die Glaubhaftmachung eines Verfügungs*anspruchs* voraussetzt, §§ 936, 940 ZPO analog, 920 Abs. 2 ZPO. Das Verbot der Vorwegnahme der Hauptsache führt sogar dazu, dass in presserechtlichen Ehrenschutzverfahren von den vier möglichen Hauptansprüchen nur der Unterlassungs- und der Gegendarstellungsanspruch im

---

[1844] Ähnlich kritisch zur Effektivität des *droit de réponse*: TGI de Paris v. 16.11.2000 Légipresse 2001, Heft 178, S. III-15.

[1845] Soehring, Rn. 31.18.

[1846] Vgl. BVerfG, AfP 1983, S. 334, 336 – Gegendarstellung II.

Schnellverfahren durchgesetzt werden können - und auch dies nur dann, wenn hierfür eine besondere Dringlichkeit besteht[1847].

Der französische Gesetzgeber hat für die Ausgestaltung des provisorischen Rechtsschutzverfahrens einen auffallend unterschiedlichen Weg gewählt. Im Hauptsacheverfahren ist bei ehrverletzender Pressepublikationen die Geltendmachung von Schadensersatzansprüchen an die Feststellung einer *diffamation* oder *injure* im Sinne des Art. 29 des Gesetzes von 1881 geknüpft, wobei sich im Verhältnis zur deliktischen Auffangklausel des Art. 1382 cc komplizierte Konkurrenzprobleme stellen[1848]. Demgegenüber genügt für den Erlass einer sogenannten *ordonnance de référé* die bloße Feststellung einer „eindeutig rechtswidrigen Störung des Rechtsfriedens“ *(trouble manifestement illicite)*, vgl. Art. 809 NCPC[1849]. Angesichts dieser vagen Gesetzesformulierung eröffnet das einstweilige Rechtsschutzverfahren - anders als in Deutschland - einen *weiteren* Anwendungsbereich als das Hauptsacheverfahren. Dies gilt umso mehr, als eine besondere Dringlichkeit für den Erlass provisorischer Maßnahmen nur ausnahmsweise verlangt wird[1850]. Schließlich kommt hinzu, dass auch die Rechtsfolgen, die die *référé*-Gerichte in presserechtlichen Ehrenschutzverfahren anzuordnen pflegen, über die im Hauptsacheverfahren üblichen Verpflichtungen zur Leistung von materiellem oder immateriellem Schadensersatz weit hinausgehen. Neben einer regelrechten Beschlagnahme der beanstandeten Publikationen sind viele andere Maßnahmen möglich, die dieser Rechtsfolge in ihrer Intensität in nichts nachstehen[1851].

## II. Kritische Würdigung

Mit den strengen Vorgaben, denen eine Schadensersatzklage wegen einer ehrverletzenden Presseveröffentlichung im Hauptsacheverfahren unterliegt, scheint die großzügige Handhabung des Art. 809 NCPC kaum vereinbar. War der Gesetzgeber von 1881 darum bemüht, die Meinungsfreiheit der Presse durch die Kodifizierung eines abschließenden *„code de la presse“* weitgehend zu schützen, so bietet Art. 809 NCPC die Möglichkeit, diesen Normzweck auf dem schnellen Weg des einstweiligen Rechtsschutzverfahrens zu umgehen[1852]. Die Tatsache, dass die sogenannte *ordonnance de référé* vorläufiger Natur ist[1853] und auch nicht in Rechtskraft erwächst [1854], steht dem

---

[1847] Vgl. dazu Thomas/Putzo, § 940 Rn. 5.
[1848] Vgl. dazu ausf. oben 2. Teil 3. Kap. C I 1.
[1849] Vgl. dazu ausf. oben 2. Teil 3. Kap. C III 1.
[1850] Vgl. dazu oben 2. Teil 3. Kap. C III 1.
[1851] Vgl. dazu ausf. oben 2. Teil 3. Kap. C III 2.
[1852] Ebenso Dreyer in Blin/Chavanne/Drago/Boinet, 215/12; Burgelin in Dupeux/Lacabarats, S. 52; Massis, Légipresse 1991, Heft 84, S. II-69.
[1853] Vgl. Art. 484 NCPC: *„L'ordonnance de référé est une décision provisoire rendue à la demande d'une partie, l'autre présente ou appelée, dans les cas où la loi confère à un juge qui n'est pas saisi du principal le pouvoir d'ordonner immédiatement les mesures nécessaires“;* vgl. Sonnenberger, 1 C 175; Weber, S. 144; Couchez, Rn. 60.
[1854] Vgl. Art. 488 NCPC: *„L'ordonnance de référé n'a pas, au principa, l'autorité de la chose jugée“*; Weber, S. 144.

nur bedingt entgegen. Denn zumindest in den - sehr häufigen Fällen - in denen die einstweilige Verfügung irreversible Rechtsfolgen anordnet, wird der *juge des référés de facto* zum Richter der Hauptsache[1855]. So führt das Schnellverfahren nicht nur im Falle der Beschlagnahme einer Zeitung oder Zeitschrift zu einer endgültigen Streiterledigung[1856], sondern auch dann, wenn die Antragsgegner verpflichtet werden, den beanstandeten Artikel vor seiner weiteren Verwertung zu vernichten[1857]. Auch die Veröffentlichung eines "*communiqué*", in der das verantwortliche Presseunternehmen den diffamierenden Charakter einer Publikation zuzugeben verpflichtet ist, wird kein vernünftiger Redakteur im Falle einer gegenteiligen Hauptsacheentscheidung rückwirkend revidieren wollen[1858]. Die Anordnung von Schwärzungen oder sonstigen Änderungen[1859] ist schließlich zumindest dann irreversibel, wenn sich die beanstandete Publikation auf ein aktuelles Ereignis bezieht: mit zunehmendem Zeitablauf verliert die nachgeholte Veröffentlichung ihren Sinn[1860].

Je häufiger die Fälle, in denen sich eine presserechtliche Streitigkeit schon im einstweiligen Rechtsschutzverfahren erledigt, desto größer wird die Gefahr, dass der *juge des référés* - entgegen seiner eigentlichen Funktion als bloßer „Ausnahmerichter“[1861] - die Rolle des „Schiedsrichters über die Entwicklung der Sitten, der historischen, religiösen und politischen Debatten“ einnimmt[1862]. Vor diesem Hintergrund ist die oben dargestellte Praxis der *référé*-Gerichte in der Literatur auf umfassende Ablehnung gestoßen[1863].

Manche Autoren haben kritisiert, dass die Anwendung des Art. 809 NCPC zum Schutze gegen persönlichkeitsverletzende Pressepublikationen weder mit Art. 11 MBRE, noch mit der europäischen Grundrechtsgarantie aus Art. 10 EMRK vereinbar sei. Die Regelung des Art. 11 MBRE, wonach eine Beschränkung der *liberté d' expression* nur

---

[1855] Vgl. Auvret, Anm. unter TGI de Paris (réf) v. 30.5.1986 und 3.6.1986, CA de Paris v. 11.6.1986, JCP 1987, II, 20754: „*Le juge provisoire devient le juge de fond*“; ebenso Gras, Anm. unter TGI de Paris (réf) v. 3.3.1992, Légipresse 1992, Heft 90, S. III-38, 41; Massis, Légipresse 1991, Heft 84, S. II-67.

[1856] Auvret, Anm. unter TGI de Paris (réf) v. 30.5.1986 und 3.6.1986, CA de Paris v. 11.6.1986, JCP 1987, II, 20754.

[1857] Vgl. dazu oben 2. Teil 3. Kap. C III 2.

[1858] Ähnlich Massis, Légipresse 1991, Heft 84, S. II-72.

[1859] Gras, Anm. unter TGI de Paris (réf) v. 3.3.1992, Légipresse 1992, Heft 90, S. III-38, 41.

[1860] Vgl. dazu Dreyer in Blin/Chavanne/Drago/Boinet, 215/62.

[1861] Vgl. Gras, Anm. unter TGI de Paris (réf) v. 3.3.1992, Légipresse 1992, Heft 90, S. III-38, 41.

[1862] Wörtlich: „*(...) arbitre de l'évolution des moeurs et des débats historiques, politiques ou religieux (...)*“; Burgelin in Dupeux/Lacabarats, S. 52; ebenso Patrick Auvret, der den juge des référés als „*pivot du débat démocratique*“ bezeichnet, thèse, S. 1081; Massis, Légipresse 1991, Heft 84, S. II-67: „*juge de la foi, de l'opinion, de l'histoire*“.

[1863] Vgl. z.B. die Kritik von Burgelin in Dupeux/Lacabarats, S. 39, 52.; Auvret, Jur. Cl. Pénal, 160/67; Louvet in Dupeux/Lacabarats, S. 87 ff., S. 91 m.w.N.; Gras, Anm. unter TGI de Paris (réf) v. 3.3.1992, Légipresse 1992, Heft 90, S. III-38, 41; Dreyer in Blin/Chavanne/Drago/Boinet, 215-1/75 f.; Auvret, Anm. unter TGI de Paris (réf) v. 30.5.1986 und 3.6.1986, CA de Paris v. 11.6.1986, JCP 1987, II, 20754; Massis, Légipresse 1991, Heft 84, S. II-67 f.; Bertin, Gaz. Pal. 1986, doctr., S. 27.

in den „durch das Gesetz vorgesehenen Fällen" möglich sei, verbiete eine Beschränkung dieses Menschenrechts auf der Grundlage des Art. 809 NCPC[1864]. Diese Vorschrift sei keine „*loi*" in dem von der Verfassungsnorm vorgeschriebenen Sinne, sondern eine Rechtsverordnung *(réglement autonome)*, die zwar Gesetzesrang genieße, vgl. Art. 37 Verf., allerdings *ohne* die Zustimmung des Parlaments in Kraft getreten und daher nicht geeignet sei, die Meinungsfreiheit der Presse wirksam zu beschränken[1865]. Einige Autoren haben darüber hinaus bezweifelt, dass Art. 809 NCPC mit der Schrankenregelung des Art. 10 Abs. 2 EMRK vereinbar sei[1866]. Zwar sei eine Begrenzung der europäischen Menschenrechtsgarantie - anders als auf nationaler Ebene - nicht an das Vorliegen eines Parlamentsgesetzes geknüpft[1867]. Die Tatbestandsvoraussetzungen des Art. 809 NCPC seien jedoch zu ungenau, um den Anforderungen zu genügen, die der Europäische Gerichtshof für Menschenrechte im Hinblick auf die Bestimmtheit und Vorhersehbarkeit der Schrankenregelungen im Sinne des Art. 10 Abs. 2 EMRK entwickelt habe[1868]. Schließlich, so die Kritiker, verstoße die Praxis der *référé*-Gerichte gegen den allgemeinen Rechtsgrundsatz des *lex specialis derogat legi generali*[1869]. Dies gelte insbesondere für die Möglichkeit der Betroffenen, die *Beschlagnahme* von Pressepublikationen durchzusetzen. Diese Maßnahme habe der Gesetzgeber zwar für Verletzungen der Privatsphäre vorgesehen[1870], im übrigen jedoch auf *abschließend* benannte Fälle beschränkt[1871].

Eine Änderung der Rechtsprechung haben die Bedenken der Presserechtsspezialisten nur bedingt bewirken können. Die *référé*-Gerichte halten weiterhin an ihrer Auffassung fest, wonach die zivilprozessuale Auffangklausel des Art. 809 NCPC auch in dem sensiblen Bereich der Presseberichterstattung zur Anwendung gelangt[1872]. Allein in einem Punkt hat eine richterrechtliche Kehrtwende stattgefunden. Sie betrifft die

---

[1864] Massis, Légipresse 1991, Heft 84, S. II-67; Wachsmann, Anm. unter Cass. Civ. v. 5.2.1992, D. 1993, S. 53; Dreyer in Blin/Chavanne/Drago/Boinet, 215/20; Auvret, Anm. unter TGI de Paris (réf) v. 30.5.1986 und 3.6.1986, CA de Paris v. 11.6.1986, JCP 1987, II, 20754 m.w.N. (Fn. 6); aA. Dezeuze, Légipresse 1998, Heft 151, S. II-55.

[1865] Dreyer in Blin/Chavanne/Drago/Boinet, 215/20; Massis, Légipresse 1991, Heft 84, S. II-68.

[1866] Massis, Légipresse 1991, Heft 84, S. II-67; Dreyer in Blin/Chavanne/Drago/Boinet, 215/21; vgl. dazu Dezeuze, Légipresse 1998, Nr. 151, S. II-53; *für* die Vereinbarkeit mit Art. 10 Abs. 2 EMRK: Burgelin in Dupeux/Lacabarats, S. 39, 51.

[1867] Dreyer in Blin/Chavanne/Drago/Boinet, 215/21; Burgelin in Dupeux/Lacabarats, S. 51; Dezeuze, Légipresse 1998, Nr. 151, S. II-53; in diesem Sinne auch EGMR, Urt. v. 26.4.1979, EuGRZ 1979, S. 386, 390 (Zif. 30) - Sunday Times.

[1868] Dreyer in Blin/Chavanne/Drago/Boinet, 215/21; wohl auch Massis, Légipresse 1991, Heft 84, S. II-70; offen gelassen in Cass. civ. v. 31.1.1989, Bull. Civ. I, Nr. 47, S. 30; aA. TGI de Paris v. 13.10.1997, Légipresse 1997, Heft 147, S. III-163, 165; Dezeuze, Légipresse 1998, Nr. 151, S. II-55; zu diesen Anforderungen vgl. oben 1. Teil 4. Kap. B I 2 a.

[1869] Massis, Légipresse 1991, Heft 84, S. II-68.

[1870] Dreyer in Blin/Chavanne/Drago/Boinet, 215-1/63; vgl. zu Art. 9 Abs. 2 cc oben B II 2.

[1871] Massis, Légipresse 1991, Heft 84, S. II-69; Burgelin in Dupeux/Lacabarats, S. 51; ders., Anm. unter Cass. civ. v. 5.2.1992, D. 1992, Jur., S. 442, 443. zu den abschließenden Regelungen der Art. 51 Abs. 2 und Art. 61 des Gesetzes von 1881 vgl. oben 2. Teil B I b.

[1872] Vgl. Dezeuze, Légipresse 1998, Nr. 151, S. II-53.

prozessuale Sonderregelung des Art. 55 des Gesetzes von 1881, wonach der verantwortliche Journalist die für den Wahrheitsbeweis erforderlichen Beweismittel innerhalb einer Ausschlussfrist von zehn Tagen beibringen muss[1873]. Diese strafprozessuale Sonderbestimmung wenden die Gerichte nach nunmehr ständiger Rechtsprechung auch im *référé*-Verfahren an[1874], was hier allerdings - anders als im Hauptsacheverfahren - eine *Besserstellung* der Presseverantwortlichen zur Folge hat. Entgegen der Zwecksetzung des Schnellverfahrens, wonach die Gerichte eine einstweilige Verfügung innerhalb von nur *48 Stunden* erlassen können[1875], müssen die *juges des référés* den Presseverantwortlichen gem. Art. 55 des Gesetzes von 1881 die Möglichkeit geben, die für ihre Verteidigung notwendigen Beweismittel innerhalb von zehn Tagen beizubringen.

Fraglich ist nach derzeitigem Rechtsstand die Reichweite dieser neuen Entscheidungspraxis. Bislang beziehen sich die meisten Urteile, in denen die Gerichte die Zehn-Tages-Frist aus Art. 55 des Gesetzes von 1881 auf das *référé*-Verfahren übertragen, auf Streitigkeiten, in denen die Betroffenen eine provisorische Entschädigungsforderung durchsetzen wollen[1876]. Insoweit verringert die neue Rechtsprechung das Risiko, dass die Presse wegen der Veröffentlichung *zutreffender* Tatsachenbehauptungen zur Zahlung einer Entschädigungssumme verurteilt wird, die zwar theoretisch provisorischer Natur ist, in der Praxis indessen - sei es, dass der Antragsteller unbekannt verzogen oder insolvent geworden ist - auch irreversible Vermögensverschiebungen herbeiführen kann[1877].

Ob auch die Anordnung der oben dargestellten Maßnahmen der immateriellen Schadensbeseitigung[1878] vor Ablauf der Zehn-Tages-Frist als rechtswidrig zu beurteilen ist, hat die Rechtsprechung noch nicht eindeutig geklärt. Sollte sich die vereinzelt angedeutete Auffassung durchsetzen, wonach die Zehn-Tages-Frist *ungeachtet* der Art der

---

[1873] Ob bzw. inwieweit auch die aus Art. *53 Abs. 1* des Gesetzes von 1881 fließende Verpflichtung des Betroffenen, den einschlägigen Gesetzestext genau zu benennen, im *référé*-Verfahren Anwendung findet, ist noch nicht abschließend geklärt. Vgl. dazu Bigot, Légipresse 1998, Heft 153, S. II-77, 78, wonach das *TGI de Paris* eine solche Verpflichtung in seinem Urteil vom 13. Oktober 1997 (Légipresse 1997, Heft 147, S. III-163) zumindest für den Fall bejahen wollte, dass die Zahlung eines provisorischen *Schadensersatzes* geltend gemacht wird; ebenso Dezeuze, Légipresse 1998, Nr. 151, S. II-52.

[1874] Vgl. (wegweisend) Cass. civ. v. 5.2.1992, D. 1992, Jur., S. 442, Anm. Burgelin; TGI de Paris (réf) v. 3.3.1992, Légipresse 1992, Heft 90, S. III-38, 41, Anm. Gras; TGI de Nanterre (réf) v. 6.11.1995, Légipresse 1996, Heft 137, S. I-146; vgl. für weitere Nachweise aus der Rechtsprechung Dreyer in Blin/Chavanne/Drago/Boinet, 215-1/51; kritisch zur richterrechtlichen Kehrtwende: Gras, Anm. unter TGI de Paris (réf) v. 3.3.1992, Légipresse 1992, Heft 90, S. III-41; Dreyer in Blin/Chavanne/Drago/Boinet, 215-1/68; zustimmend: Ader, Légipresse 1999, Heft 159, II-23.

[1875] Massis, Légipresse 1991, Heft 84, S. II-69.

[1876] Vgl. Cass. civ. v. 5.2.1992, D. 1992, Jur., S. 442, Anm. Burgelin; TGI de Paris (réf) v. 3.3.1992, Légipresse 1992, Heft 90, S. III-38, 41, Anm. Gras; vgl. auch Dreyer in Blin/Chavanne/Drago/Boinet, 215-1/68, der die Reichweite der neuen Rechtsprechung auf die Gewährung einer provisorischen Geldentschädigung beschränkt.

[1877] Vgl. Louvet in Dupeux/Lacabarats, S. 87, 91.

[1878] Vgl. oben 2. Teil 3. Kap. C III 2.

angeordneten Rechtsfolgen eingehalten werden muss[1879], so würde dies die Möglichkeit der Beschlagnahme periodischer Pressepublikationen erheblich behindern. Zumindest den Vertrieb täglich bzw. wöchentlich erscheinender Zeitungen oder Zeitschrifen könnten die *référé*-Gerichte nicht mehr behindern, da diese sich nach dem Ablauf von zehn Tagen regelmäßig beim Endverbraucher und nicht mehr in den Verkaufsstellen befinden.

---

1879 TGI de Nanterre (réf) v. 6.11.1995, Légipresse 1996, Heft 137, S. I-146; gegen eine solche Ausweitung: Burgelin, Anm. unter Cass. civ. v. 5.2.1992, D. 1992, Jur., S. 442.

# 4. Teil: Schlussbetrachtung

„Wer die Hitze nicht erträgt, sollte nicht in der Küche arbeiten" - dieses Zitat von *Harry Truman*[1880] scheint die Kulisse zu sein, vor deren Hintergrund die deutschen Gerichte ihre Entscheidungen im Rahmen äußerungsrechtlicher Auseinandersetzungen fällen. Wer sich also in die Öffentlichkeit begibt, muss mit unbarmherzigen Attacken rechnen. Richterliches Verständnis kann er bestenfalls vor den einfachen Gerichten erwarten; schaukelt sich der Rechtsstreit hingegen hoch bis zum Bundesverfassungsgericht, so wird sein Ehrgefühl vielfach dem Grundsatz geopfert, wonach herabsetzende Äußerungen in der Presse, soweit sie zu den vielfältigen, allerdings nicht näher definierten Fragen zählen, „(...) die die Öffentlichkeit wesentlich berühren"[1881], die Vermutung der Zulässigkeit für sich haben[1882].

Die pauschale Vorzugsregel des Bundesverfassungsgerichts wird im Schrifttum zu Recht angegriffen. Kritisch zu betrachten sind allerdings weniger die *Ergebnisse,* die die Verfassungsrichter mit ihrer Rechtsprechung erzielen[1883]. Darüber zu streiten ist müßig. Denn ob es zulässig sein soll, jemanden als „Zwangsdemokraten"[1884], als „geborenen Mörder"[1885] oder als „Münzen-Erna"[1886] zu bezeichnen oder ob diese Ausdrücke vielmehr „zum Verfall der Kultur des öffentlichen Lebens" beitragen[1887] und ausserdem geeignet sind, „Menschen zu lähmen und sie zur Selbsttötung zu treiben"[1888], ist letztendlich eine Geschmacks- bzw. eine psychologische Frage[1889]. Aus juristischer Sicht können allein die Argumente gewürdigt werden, derer sich die Rechtsprechung bedient, um ihre Entscheidungen zu begründen. Die Vermutungsformel des Bundesverfassungsgerichts ist aber gerade *kein* Argument, sondern eine reine Behauptung[1890], die überdies weder mit der Sonderstellung vereinbar ist, die der Verfassungsgeber dem Recht der persönlichen Ehre in Art. 5 Abs. 2 GG eingeräumt hat, noch mit der Erkenntnis, dass eine Verletzung der persönlichen Ehre immer auch das grundrechtlich geschützte Bestimmungsrecht über die eigene Darstellung aus Art. 2 Abs. 1 i.V.m. 1 Abs. 1 GG berührt[1891].

---

[1880] Zitiert aus Kübler, NJW 1999, S. 1281, 1286.
[1881] Vgl. nur BVerfG, NJW 1999, S. 2358, 2359 - Alle reden vom Klima; BVerfGE 60, 234, 240 – Kredithaie.
[1882] Vgl. dazu oben 1. Teil 2. Kap. A III 2.
[1883] So aber Tettinger, Die Ehre – ein ungeschütztes Verfassungsgut?, S. 8.
[1884] BVerfG, NJW 1991, S. 95 – Zwangsdemokrat.
[1885] BVerfG, NJW 1992, S. 2073 – Titanic.
[1886] BVerfG, NJW 1998, S. 1386 – Münzen-Erna.
[1887] Vgl. Forkel, JZ 1994, S. 637, 642.
[1888] Vgl. Forkel, JZ 1994, S. 637, 642.
[1889] Ähnlich Soehring, Rn. 15.9: „Die Feststellung, ob eine bestimmte Berichterstattung einem berechtigten Interesse der Öffentlichkeit gilt, das höher wiegt als die Interessen desjenigen, dessen Rechte durch sie gefährdet oder gar verletzt werden, wird in der richterlichen Praxis – wenn auch vielfach unbewußt – nicht selten von dem gewünschten Ergebnis beeinflußt werden".
[1890] Ebenso Mackeprang, S. 144.
[1891] Vgl. dazu oben 1. Teil E.

Die Entscheidungspraxis der französischen Zivilgerichte wird der Einschätzung, wonach die Ehre einen „Schatz" darstelle, „(...) welchen wir nicht entbehren können"[1892] bzw. das „größte der äußeren Güter"[1893] sei, sehr viel stärker gerecht. Ungeachtet der verfassungsrechtlichen Ausgangslage, wonach nur die Meinungsfreiheit der Presse den Rang eines *droit fondamental* genießt, das Recht der persönlichen Ehre hingegen allein auf *einfachgesetzlicher* Ebene angesiedelt ist, wird der Schutz der *„honneur"* und *„considération"* in der Rechtsprechung der französischen Zivilgerichte nach wie vor groß geschrieben. Zwar haben die Opfer herabsetzender Publikationen zunächst mit prozessualen Hürden zu kämpfen, die ihnen - im Hinblick auf die dreimonatige Verjährungsfrist - nicht nur ein äußerst schnelles Reaktionsvermögen abverlangen, sondern zudem - angesichts der Anforderungen aus Art. 53 des Gesetzes von 1881 - eine unfehlbare Kenntnis der einschlägigen Ehrenschutzbestimmungen. Haben sie diese Hindernisse indessen überwunden, so unterliegt die beanstandete Publikation einem Beurteilungsmaßstab, der so streng ist, dass er mit der pressefreundlichen Entscheidungspraxis des Europäischen Gerichtshofs für Menschenrechte kaum vereinbar erscheint. Die starke Stellung des Ehrenschutzes macht sich inbesondere angesichts der erheblichen Risiken bemerkbar, die die Presse mit der Veröffentlichung rufschädigender *Werturteile* eingeht[1894]. Doch auch bei der Publikation ehrverletzender *Tatsachenbehauptungen* sind die Medien nur dann auf der „sicheren Seite", sofern sie sich auf die jeweilige Thematik als solche beschränken und mit persönlichen Angriffen nicht nur gegenüber Privatpersonen, sondern auch gegenüber Personen des öffentlichen Lebens möglichst sparsam umgehen[1895].

Den Vorwurf der Unvorhersehbarkeit richterlicher Entscheidungen, dem auch die deutschen Gerichte ausgesetzt sind[1896], müssen sich die französischen Zivilrichter im Bereich des Äußerungsrechts in mehrfacher Hinsicht gefallen lassen. Dabei sind die Unwägbarkeiten auch auf Ebenen der rechtlichen Prüfung zu beklagen, die sich für die Entwicklung richterrechtlicher Leitlinien besonders eignen würden. Die folgenden Gesichtspunkte verdeutlichen die Fehlbarkeiten des französischen Richterrechts, die sich - anders als dies in Deutschland im Hinblick auf die verfassungsgerichtliche Vermutungsformel der Fall ist - in erster Linie zu Lasten der *Presse* auswirken.

Kritisch zu würdigen ist insbesondere die von den französischen Gerichten vorgenommene Abgrenzung zwischen Tatsachenbehauptungen und Werturteilen, die aus

---

[1892] M. Luther, Der Große Katechismus (1529), Das achte Gebot, in: Luther Deutsch, Die Werke Martin Luthers in neuer Auswahl für die Gegenwart, hrsg. von K. Aland, Bd. 3, 4. Auflage 1983, S. 11, 64.
[1893] Aristoteles, Die Nikomanische Ethik, Viertes Buch, 7. Kapitel, 1123 b 15- 20, neu übersetzt u. mit Einleitung versehen von O. Gigon, S. 137.
[1894] Vgl. dazu oben 3. Teil E III.
[1895] Vgl. dazu oben 2. Teil C I 3 b bb (3).
[1896] Vgl. Forkel, JZ 1994, S. 637, 641; Ladeur, AfP 1993, S. 531, 532; Kiesel, NVwZ 1992, 1129, 1137; Stürner, JZ 1994, S. 865; Kriele, NJW 1994, S. 1879.

der Sicht des Laien oftmals nicht nachvollziehbar ist[1897], für die Entscheidung äußerungsrechtlicher Auseinandersetzungen allerdings auch im französischen Recht eine wichtige Rolle spielt[1898]. Groß ist die Gefahr richterliche Willkür weiter angesichts einer Entscheidungspraxis, die juristischen Personen bzw. Personengemeinschaften zivilrechtliche Ersatzansprüche auch dann zuspricht, wenn lediglich die nur schwer bestimmbaren Interessen ihrer Mitglieder bzw. die von ihnen wahrgenommenen Belange Gegenstand der beanstandeten Kritik gewesen sind[1899]. Auf der Ebene der Rechtsfolgen ist der Vorwurf der Unvorhersehbarkeit richterlicher Entscheidungen insofern berechtigt, als - anders als in Deutschland - nicht nur die *Höhe* der zu gewährenden Geldentschädigung in das freie Ermessen des zuständigen Gerichts gestellt ist, sondern auch die Frage, ob der Kläger *überhaupt* mit einer finanziellen Kompensation rechnen kann. Gleiches gilt für den Fall, dass die Betroffenen eine Wiedergutmachung im Wege *immaterieller* Maßnahmen beantragen: Ob die Presse zum Abdruck der Gerichtsentscheidung bzw. einer Berichtigung verpflichtet werden soll, liegt im freien Ermessen des zuständigen Gerichts[1900]. Unvorhersehbar sind die Risiken für die Meinungsfreiheit der Medien schließlich angesichts der weitreichenden Kompetenzen, über die die Gerichte im Verfahren des einstweiligen Rechtsschutzes verfügen und die den presseschützenden Schutzzweck des Spezialgesetzes von 1881 schlicht *ad adsurdum* führen[1901].

---

[1897] Vgl. dazu oben 3. Teil E II.
[1898] Vgl. dazu oben 3. Teil E I.
[1899] Vgl. dazu oben 2. Teil 3. Kap. C IV 1 b.
[1900] Vgl. dazu oben 2. Teil 3. Kap. C 4 b aa.
[1901] Vgl. dazu ausf. oben 3. Teil G.

# Abkürzungsverzeichnis

## A. Verzeichnis der deutschen Abkürzungen

| | |
|---|---|
| a.A. | andere Auffassung |
| a.a.O. | am angegebenen Ort |
| Abs. | Absatz |
| aF. | alte Fassung |
| AfP | Archif für Presserecht |
| Alt. | Alternative |
| Anm. | Anmerkung |
| AöR | Archiv für öffentliches Recht |
| Art. | Artikel |
| Bd. | Band |
| BGH | Bundesgerichtshof |
| BGHZ | Bundesgerichtshof Zivilrecht |
| BK | Bonner Kommentar |
| BVerfG | Bundesverfassungsgericht |
| BVerfGE | Bundesverfassungsgerichtsentscheidung |
| bzw. | beziehungsweise |
| ders. | derselbe |
| d.h. | das heißt |
| Diss. | Dissertation |
| DM | Deutsche Mark |
| EGMR | Europäischer Gerichtshof für Menschenrechte |
| EKMR | Europäische Kommisission zum Schutz der Menschenrechte |
| EMRK | Europäische Konvention zum Schutz der Menschenrechte und Grundfreiheiten |
| EuGVVO | Verordnung über die gerichtliche Zuständigkeit und die Anerkennung und Vollstreckung von Entscheidungen in Zivil- und Handelssachen |
| EuGRZ | Europäische Grundreche Zeitschrift |
| f. | folgende |
| ff. | ferner folgende |
| FN. | Fußnote |
| gem. | gemäß |
| GG | Grundgesetz |
| GRUR | Gewerblicher Rechtsschutz und Urheberrecht |
| i.S.d. | im Sinne des |
| i.V.m. | in Verbindung mit |
| JuS | Juristische Schulung |
| JZ | Juristenzeitung |
| LG | Landgericht |
| LPG | Landespressegesetz |
| MBRE | Menschen- und Bürgerrechtserklärung von 1789 |

| | |
|---|---|
| m.E. | meines Erachtens |
| m.w.N. | mit weiteren Nachweisen |
| MüKo | Münchener Kommentar |
| NJW | Neue Juristische Wochenschrift |
| NJW-RR | Neue Juristische Wochenschrift - Rechtsprechungsreport |
| Nr. | Nummer |
| NVwZ | Neue Zeitschrift für Verwaltungsrecht |
| OLG | Oberlandesgericht |
| ÖJZ | Österreichische Juristenzeitung |
| Rn. | Randnummer |
| RG | Reichsgericht |
| S. | Seite |
| s.o. | siehe oben |
| StGB | Strafgesetzbuch |
| u.a. | unter anderem |
| UFITA | Archiv für Urheber-, Film-, Funk- u. Theaterrecht |
| Urt. | Urteil |
| usw. | und so weiter |
| v. | vom |
| vgl. | vergleiche |
| z.B. | zum Beispiel |
| ZPO | Zivilprozessordnung |
| ZUM | Zeitschrift für Urheber- und Medienrecht |

## B. Verzeichnis der französischen Abkürzungen

| | |
|---|---|
| A.F.D.I. | Annuaire Français de Droit International |
| A.J.D.A. | Actualité juridique droit administratif |
| Art. | article |
| Bull. | Entscheidungssammlung zu den Entscheidungen der Zivilkammern der Cour de cassation |
| Bull. Crim. | Entscheidungssammlung zu den Entscheidungen der Strafkammern der Cour de cassation |
| CA | Cour d´appel |
| Cass. civ. | Cour de cassation, Zivilkammer (soweit nicht gegenteiliges vermerkt ist, bezeichnet diese Abkürzung immer die Entscheidung der 2. Zivilkammer (2e chambre civile) der Cour de cassation. |
| Cass. crim. | Cour de cassation, Strafkammer |
| C.C. | Conseil constitutionnel |
| cc | Code civil |
| chron. | chronique |
| COJ | Code de l´organisation judiciare |
| DC | Dalloz critique |
| DH | Dalloz Hebdomadaire |

| | |
|---|---|
| doctr. | doctrine |
| DP | Recueil périodique Dalloz |
| éd. | édition (Auflage) |
| éd. G | édition générale |
| Fasc. | Fascicule (Heft) |
| FF | Französische Francs |
| Gaz. Pal. | Gazette du Palais |
| IR | Informations rapides |
| J. cl. pénal | Juris-classeur pénal |
| JCP | La semaine juridique |
| Jur. | Jurisprudence |
| NCPC | Nouveau Code Procédure Civile |
| No. | numéro |
| pan. | Panoramique (Rubrik aus der Zeitschrift Gazette du Palais) |
| réf. | ordonnance de référé (einstweilige Verfügung) |
| Rev. trim. | Revue trimestrielle de droit civil |
| Rép. civ. | Répertoire de droit civil Dalloz |
| RIDC | Revue internationale du droit comparé |
| R.S.C. | Revue Science criminelle |
| S. | Recueil Sirey |
| som. com. | Sommaires commentés (Dalloz) |
| som. | Sommaires (Rubrik aus der Zeitschrift Gazette du Palais) |
| TGI | Tribunal de Grande Instance |
| T. Corr. | Tribunal correctionel |

# Literaturverzeichnis

## A. Literatur in deutscher Sprache

### I. Monographien, Aufsätze

**Arndt**, Adolf, NJW 1964, Umwelt und Recht, S. 1310; **Arzt**, Gunther, Der strafrechtliche Ehrenschutz - Theorie und praktische Bedeutung, JuS 1982, S. 717;

**Bar**, Christian von, Internationales Privatrecht, Band 2, Besonderer Teil, München 1991; **Bauer**, Steffen, Verfassungsgerichtlicher Grundrechtsschutz in Frankreich, Diss., Baden-Baden 1998; **Brox**, Hans, Besonderes Schuldrecht, 24. Auflage, München 1999;

**Canaris**, Claus-Wilhelm, Grundrechte und Privatrecht, AcP 184, S. 201;

**Damm**, Renate, **Rehbock**, Klaus, Widerruf, Unterlassung und Schadensersatz in Presse und Rundfunk, 2. Auflage, München 2001; **Decken**, Gregor v.d., Meinungsäußerungsfreiheit und Ehrenschutz in der politischen Auseinandersetzung, Diss., Göttingen 1980; **Decken**, Gregor v.d., Meinungsäußerungsfreiheit und Recht der persönlichen Ehre, NJW 1983, S. 1400;

**Ehmann**, Horst, Erfolgort bei grenzüberschreitenden Persönlichkeitsverletzungen, AfP 1996, S. 20; **Engel**, Christoph, Einwirkungen des europäischen Menschenrechtsschutzes auf Meinungsäußerungsfreiheit und Pressefreiheit – insbesondere auf die Einführung von innerer Pressefreiheit, AfP 1994, S. 1; **Elmaleh**, Katerina Kocian, Gegendarstellungsrecht – *droit de réponse*, eine rechtsvergleichende Studie zum Medienrecht von Deutschland, Frankreich und der Schweiz, Diss., Bern 1993; **Engel**, Privater Rundfunk vor der Europäischen Menschenrechtskonvention, Diss., Baden-Baden 1993;

**Ferid**, Murad, **Sonnenberger**, Hans Jürgen, Das französische Zivilrecht, Band 1, 2. Auflage, Heidelberg 1994; **Fischer**, Thomas, Sind Behörden beleidigungsfähig?, JZ 1990, S. 68; **Forkel**, Hans, Das Bundesverfassungsgericht, das Zitieren und die Meinungsfreiheit, JZ 1994, S. 637; **Fikentscher**, Wolfgang, Schuldrecht, 9. Auflage, 1997 Berlin;

v. **Gamm**, Otto-Friedrich, Persönlichkeitsschutz und Massenmedien, NJW 1979, S. 513; **Goose**, Peter Ernst, Der internationale Pakt über bürgerliche und politische Rechte, NJW 1974, S. 1305 ff; **Gornig**, Gilbert, Die Schrankentrias des Art. 5 Abs. 2 GG, JuS 1988, S. 274; **Gounalakis**, Georgios, Persönlichkeitsschutz und Geldersatz, AfP 1998, S. 10; **Grimm**, Dieter, Die Meinungsfreiheit in der Rechtsprechung des Bundesverfassungsgerichts, NJW 1995, S. 1697;

**Häberle**, Peter, Die Wesensgehaltgarantie des Art. 19 Abs. 2 Grundgesetz, 2. Auflage, Karlsruhe 1972; **Hager**, Johannes, Persönlichkeitsschutz gegenüber Medien, Jura 1995, S. 566; **Heinz**, Karl Eckhart, Zur Rechtsprechung des Bundesgerichtshofs über die Verletzung von „Persönlichkeitsrechten" - gleichzeitig ein Beitrag zur Dogmatik des Schadensersatzanspruchs und benachbarter Ansprüche, AfP 1992, S. 234; **Heldrich**, Andreas, Persönlichkeitsschutz und Pressefreiheit nach der Europäischen Menschenrechtskonvention, NJW 2004, 2634; **Helle**, Jürgen, Besondere Persönlichkeitsrechte im Privatrecht, JZ-Schriftenreihe, Heft 3, Tübingen, 1991; **Helle**, Ernst, Die Unwahrheit und die Nichterweislichkeit der ehrenrührigen Behauptung, NJW 1964, S. 841; **Hiller**, Armin: Das französische Presserecht, Diss., Würzburg, 1967; **Holleben**, Kevin von, Geldersatz bei Persönlichkeitsverletzungen durch die Medien, Diss., Baden-Baden, 1999; **Hübner**, Constantinesco, Einführung in das französische Recht, 3. Auflage, München 1994;

**Jarass**, Hans, Das allgemeine Persönlichkeitsrecht im Grundgesetz, NJW 1989, S. 857;

**Kiesel**, Manfred, Die Liquidierung des Ehrenschutzes durch das BVerfG, NVwZ 1992, S. 1129; **Klein**, Eckart, Einwirkungen des europäischen Menschenrechtsschutzes auf Meinungsäußerungsfreiheit und Pressefreiheit, AfP 1994, S. 9; **Koos**, Stefan, Geldentschädigung bei Verletzung des postmortalen Würdeanspruchs, WRP 2003, S. 202; **Kötz**, Heinz, **Wagner**, Gerhardt, Deliktsrecht, 8. Auflage, Neuwied-Kriftel 1998; **Korte**, Benjamin, Das Recht auf Gegendarstellung im Wandel der Medien, Diss., Hamburg 2001; **Kübler**, Friedrich, Ehrenschutz, Selbstbestimmung und Demokratie, NJW 1999, S. 1281;

**Lerche**, Peter, Übermaß und Verfassungsrecht, 1961, S. 125; **Löffler**, Martin, **Ricker**, Reinhart, Handbuch des Presserechts, 4. Auflage, München, 2000; **Löffler**, Anmerkung zum BGH-Urteil vom 19.3.1957 – Filmverleih X, NJW 1957, S. 1149; **Löwe-Rosenberg**, Die Strafprozeßordnung und das Gerichtsverfassungsgesetz, Großkommentar, 25. Auflage, 6. Band, Berlin, New York, 2001;

**Mackeprang**, Rudolf, Ehrenschutz im Verfassungsstaat, zugleich ein Beitrag zu den Grenzen der Freiheiten des Art. 5 Abs. 1 GG, Schriften zum Öffentlichen Recht, Band 577, Berlin 1990; **Mathy**, Klaus, **Wendt**, Detlef, Der Westfälische Friede und die Pressefreiheit, AfP 1982, S. 144; **Mathy**, Klaus, Die Gegendarstellung bei Hörfunk und Fernsehen, Köln 1987; **Medicus**, Dieter, Bürgerliches Recht, 17. Auflage, Köln, Berlin, Bonn, München 1996; **Mertens**, Hans-Joachim, Persönlichkeitsschutz und Schadensersatz – BGHZ 35, 363, JuS 1962, S. 261; **Müller**, Tobias, Vererblichkeit vermögenswerter Bestandteile des Persönlichkeitsrechts - Die neueste Rechtsprechung des BGH zum postmortalen Persönlichkeitsrecht, GRUR 2003, S. 31.

**Neumann-Klang**, Sybille, Das Recht am eigenen Bild aus rechtsvergleichender Sicht, Diss., Frankfurt am Main 1999; **Nipperdey**, Hans Carl, Boykott und freie Meinungsäußerung, DVBL 1958, S. 445; **Nixdorf**, Wolfgang, Presse ohne Grenzen: Probleme grenzüberschreitender Presseveröffentlichungen im europäischen Raum, GRUR 1996, S. 842; **Nolte**, Georg, Beleidigungsschutz in der freiheitlichen Demokratie, 1992;

**Ohly**, Ansgar, Harmonisierung des Persönlichkeitsrechts durch den Europäischen Gerichtshof für Menschenrechte?, GRUR Int. 2004, 902; **Otto**, Harro, Anmerkung zu BGH, JZ 1989, S. 801;

**Pabst**, Heinz-Joachim, Der postmortale Persönlichkeitsschutz in der neueren Rechtsprechung des BVerfG, NJW 2002, S. 999; **Peters**, Butz: Die publizistische Sorgfalt, NJW 1997, 1334f.; **Pieroth**, Bodo, **Schlink**, Bernhard,Grundrechte, Staatsrecht II, 16. Auflage, Heidelberg 2000; **Prien**, Jochen, Naturalrestitution als Schadensersatz bei deliktischer Verletzung der Ehre, Diss., Frankfurt am Main, 1985; **Prinz**, Matthias, **Peters**, Butz, Medienrecht, Die zivilrechtlichen Ansprüche, München, 1999; **Petersen**, Jens, Medienrecht, München 2003; **Prinz**, Matthias, Geldentschädigung bei Persönlichkeitsverletzungen durch Medien, NJW 1996, S. 953;

**Ricker**, Rechte und Pflichte der Medien unter Berücksichtigung des Rechtsschutzes des einzelnen, NJW 1990, S. 2097; **Roxin**, Claus, Strafverfahrensrecht, 25. Auflage, München 1998; **Rupp**, Hans Heinrich, Zum „Mephisto-Beschluß“ des Bundesverfassungsgerichts, DVBl 1972, S. 66;

**Sachs**, Michael, Verfassungsrecht II, Grundrechte, Berlin, Heidelberg, New York, 2000; **Schack**, Heimo, Internationales Zivilverfahrensrecht, München 1991; **Schack**, Heimo, Die grenzüberschreitende Verletzung allgemeiner und Urheberpersönlichkeitsrechte, UFITA 108, S. 51; **Schoener**, Alexander, **Seitz**, Walter, **Schmidt**, German, **Schoener**, Walter, Der Gegendarstellungsanspruch in Presse, Film, Funk und Fernsehen, 3. Auflage, München 1998; **Schmid**, Karlheinz, Freiheit der Meinungsäußerung und strafrechtlicher Ehrenschutz, Diss., Tübingen 1972; **Schmitt-Glaeser**, Walter, Die Meinungsfreiheit in der Rechtsprechung des Bundesverfassungsgerichts, AöR 1988, S. 52; **Schmitt-Glaeser**, Walter, Meinungsfreiheit, Ehrenschutz und Toleranzgebot, NJW 1996, S. 873; **Schmitz**, Inge, Persönlichkeitsrechte und zivilrechtliche Deliktshaftung im französischen und deutschen Recht, Diss., Düsseldorf, 1967; **Seidl-Hohenveldern**, Ignaz, Völkerrecht, 8. Auflage, Köln, Berlin, Bonn, München, 1994; **Seifert**, Fedor, Postmortaler Schutz des Persönlichkeitsrechts und Schadensersatz - Zugleich ein Streifzug durch die Geschichte des allgemeinen Persönlichkeitsrechts, NJW 1999, S. 1889; **Seitz**, Walter, Prinz und Prinzessin – Wandlungen des Deliktsrechts durch Zwangskommerzialisierung der Persönlichkeit, NJW 1996, S. 2848; **Seitz**, Walter, **Schmidt**, German, Aktuelle Probleme des Gegendarstellungsrechts, NJW 1991, S. 1009; **Senfft**, Heinrich, Begehungsgefahr bei Recherchen der Presse, NJW 1980, S. 367; **Sevecke**, Anwendungsbereich und Umfang der Impressumspflichten nach dem Hamburgischen Pressegesetz, AfP 1998, S. 353; **Seyfarth**, Georg, Der Einfluß des Verfassungsrechts auf zivilrechtliche Ehrenschutzklagen, NJW 1999, S. 1287; **Soehring**, Jörg, Presserecht, 3. Auflage, Stuttgart, 2000; **Soehring**, Jörg: Die Entwicklung des Presse und Äußerungsrechts 1997 bis 1999, NJW 2000, S. 2466; **Soehring**, Jörg, Zur Haftung des Verantwortlichen Redakteurs für Persönlichkeitsverletzungen durch Presseartikel, AfP 1997, S. 330; **Soehring**, Jörg, Caroline und ein Ende?, AfP 2000, 230; **Sonnenberger**, Hans-Jürgen, **Autexier**, Christian, Einführung in das französische Recht, 3. Auflage, Heidelberg 2000; **Stadler**, Astrid, Persönlichkeitsrecht contra Medienfreiheit, JZ 1989, S. 1084; **Starck**, Christian, Verfassungsgerichtsbarkeit und Fachgerichte, JZ 1996, S. 1032; **Stark**, Ralf, Ehrenschutz in Deutschland, Schriften zum Öffentlichen Recht, Bd. 690, Diss., Berlin 1996; **Steffen**, Erich, Schmerzensgeld bei Persönlichkeitsverletzung durch Medien, NJW 1997, S. 10; **Stern**, Klaus, Ehrenschutz und „allgemeine Gesetze“, in: Festschrift für Heinz Hübner, Berlin, New York, 1984; **Stürner**, Rolf, Die verlorene Ehre des Bundesbürgers – Bessere Spielregeln für die öffentliche Meinungsbildung, JZ 1994, S. 865; **Schwab**, Dieter, Einführung in das Zivilrecht, 12. Auflage, Heidelberg, 1995; **Schwabe**, Jürgen, Drittwirkung und kein Ende, NJW 1973, S. 229; **Stoll**, Hans, Freiheit der Meinungsäußerung und Schutz der Persönlichkeit in der neueren Rechtsprechung zur zivilrechtlichen Haftung, Jura 1979, S. 576;

**Tenckhoff**, Jörg, Die Bedeutung des Ehrbegriffs für die Systematik der Beleidigungstatbestände, Diss., Berlin, 1974; **Tenckhoff**, Jörg, Grundfälle zum Beleidigungsrecht, JuS 1988, S. 787; **Tettinger**, Peter, Der Schutz der persönlichen Ehre im freien Meinungskampf, JZ 1983, S. 317; **Tettinger**, Peter, Die Ehre – ein ungeschütztes Verfassungsgut? Köln, 1995; **Timm**, Birte, Tatsachenbehauptungen und Meinungsäußerungen, Eine vergleichende Darstellung des deutschen und US-amerikanischen Rechts der Haftung für ehrverletzende Äußerungen, Diss., Frankfurt am Main, 1996;

**Wagner**, Gerhard, Das Zweite Schadensrechtsänderungsgesetz, NJW 2002, S. 2049; **Wasserburg**, Klaus, Der Schutz der Persönlichkeit im Recht der Medien, Heidelberg, 1988; **Weber**, Gordon, Das *référé*-Verfahren in Frankreich, in: Neue Methoden im Zivilverfahren, Beiträge zur Strukturanalyse der Rechtspflege, Köln 1991; **Wenzel**, Karl Egbert, Das Recht der Wort- und Bildberichterstattung, 5. Auflage, Köln 2003;

## II. Kommentare

- **Baumbach**, Adolf, **Lauterbach**, Wolfgang, **Albers**, Jan, **Hartmann**, Peter, Zivilprozeßordnung, 61. Auflage, München 2003

- **Dreier**, Horst, Grundgesetz-Kommentar, Band 1, Tübingen 1996; **Dreher**, Eduard, **Tröndle**, Herbert, Strafgesetzbuch und Nebengesetze, 51. Auflage, München 2003

- **Erman**, Walter, Bürgerliches Gesetzbuch, Handkommentar, 10. Auflage, 2000

- **Frowein**, Jochen, **Peukert**, Wolfgang, Europäische Menschenrechtskonvention, EMRK-Kommentar, 2. Auflage, Kehl, Straßburg, Arlington, 1996

- **Isensee**, Josef, **Kirchhof**, Paul, Handbuch des Staatsrechts der Bundesrepublik Deutschland, Band VII, 1. Auflage, Heidelberg 1992, Band VI, 2. Auflage, Heidelberg 2001

- **Jauernig**, Othmar (Hrsg.), Bürgerliches Gesetzbuch, 10. Auflage, München 2003

- **Lackner**, Karl, **Kühl**, Kristian, Strafgesetzbuch mit Erläuterungen, 23. Auflage, München 1999

- **Löffler**, Martin, Kommentar zu den Landespressegesetzen der Bundesrepublik Deutschland, 4. Auflage, München 1997

- **Palandt**, Bürgerliches Gesetzbuch, 61. Auflage, München 2002

- **Palandt**, Gesetz zur Modernisierung des Schuldrechts, Ergänzungsband zu Palandt, BGB, 61. Auflage, München 2002

- **Rudolphi**, Hans-Joachim, **Horn**, Eckhard, **Samson**, Erich, Systematischer Kommentar zum Strafgesetzbuch, 6. Auflage, Neuwied und Kriftel, 2001

- **Schönke**, Adolf, **Schröder**, Horst, Strafgesetzbuch, Kommentar, 26. Auflage, München 2001

- **Thomas**, Heinz, **Putzo**, Hans, ZPO, 25. Auflage, München 2003

- **Schmidt-Bleibtreu**, Bruno, **Klein**, Franz, Kommentar zum Grundgesetz, 9. Auflage, Neuwied-Kriftel, 1999

- von **Mangoldt**, Hermann, **Klein**, Friederick, **Starck**, Christian, Bonner Grundgesetz, Kommentar, Band 1, 4. Auflage, München 1999

- von **Münch**, Ingo, **Kunig**, Philip, Grundgesetzkommentar, Band 1, 5. Auflage, München 2000

- **Villiger**, Mark, Handbuch der Europäischen Menschenrechtskonvention, 2. Auflage, Zürich, 1999

## B. Literatur in französischer Sprache

### I. Monographien, Aufsätze

**Ader**, Basile, La preuve de la vérité en droit de la diffamation, Légipresse 1999, Heft 159, S. II-17; **Auvret**, Patrick, La liberté d'expression du journaliste et le respect dû aux personnes, thèse, Paris, 1982; **Auvret**, Patrick, Les journalistes, statut – responsibilités, 1. Auflage, Paris 1994; **Auvret**, Patrick, Droit du public à l'information et exploitation médiatique de la personnalité d'autrui, Légipresse 2000, No. 170, S. 33; **Auvret**, Patrick, L'évolution du droit matériel de la presse, Mélanges Jacques Robert, Libertés, Paris 1998, S. 25; **Azéma**, Marcelle, De la responsabilité civile de l'écrivain, thèse, Bordeaux, 1935, S. 166;

**Bertin**, Philippe, Un trouble manifestement illicite: la lutte contre la vie chère, Gazette du Palais 1983, S. 2; **Bertin**, Philippe, Le juge des référés, la diffamation et le pouvoir noir, Gazette du Palais 1986, doctrine, S. 27; **Bigot**, Christophe, Le champ d'application de l'article 1382 du code civil en matière de presse, in: Dupeux/Lacabarats, liberté de la presse et droits de la personne, Paris 1997, S. 61; **Bigot**, Christophe, Diffamation et procédure civile : un état des lieux...toujours provisoire, Légipresse 1998, Heft 153, S. II-77; **Beignier**, Bernard, L'honneur et le droit, thèse, Paris 1995; **Bonnefoy**, André, Comment punir la diffamation ?, revue science criminelle 1953, S. 625; **Burdeau**, Georges, **Hamon**, Francis, **Carbonnier**, Jean, Droit civil, Introduction, 20. Auflage, Paris 1991; **Burdeau**, Georges, **Hamon**, Francis, **Troper**, Michel, Droit constitutionnel, 25. Auflage, Paris 1997; **Burgelin**, Jean-François, Le point sur l'application de la loi du 29 Juillet 1881 devant les juridictions civiles, in: Dupeux/Lacabarats, liberté de la presse et droits de la personne, Paris 1997, S. 49;

**Carbonnier**, Jean, Droit civil, Les personnes, 20. Auflage, Paris 1996; **Carbonnier**, Jean, Le silence et la gloire, Dalloz 1951, chronique, S. 199; **Chevallier**, Jacques, Constitution et communication, Dalloz 1991, chronique, S. 247; **Cohen-Jonathan**, Gérard, La France et la Convention européenne des droits de l'homme, l'arrêt Bozano contre France (18.12.1986), Revue trimestrielle de droit européen 1987, S. 255; **Colliard**, Claude-Albert, Libertés publiques, 7. Auflage, Paris 1989; **Conte**, Philippe, La bonne foi en matière de diffamation: notion et rôle, Mélanges Albert Chavanne, Litec 1990, S. 49; **Conte**, Philippe, Responsabilité du fait personnel, Répertoire de droit civil Dalloz, 1992, no. 182;

**Debbasch**, Charles, Droit des médias, Paris 1999; **Derieux**, Emmanuel, Droit de la communication, Paris 1991; **Dupeux**, Jean Yves, **Lacabarats**, Alain (Hrsg.), liberté de la presse et droits de la personne, Paris 1997; **Dezeuze**, La procédure de référé à l'épreuve de la diffamation, Légipresse 1998, Heft 151, S. II-50;

**Flour**, Jacques, **Aubert**, Jean-Luc, Les obligations, Band 2, Le fait juridique, 8. Auflage, Paris 1999; **Friedman**, Michel, Les droits de réponse, Paris 1994; **Favoreu**, Louis (Hrsg.), Droit des libertés fondamentales, 1. Auflage, Paris 2000; **Favoreu**, Louis (Hrsg.), Droit constitutionnel, 2. Auflage, Paris 1999;

**Goubeaux**, Gilles, Droit civil, Les personnes, 2. Auflage, 1989; **Guinchard**, Serge, L'action du groupe en droit français, RIDC 1990, S. 599; **Guerder**, Pierre, L'évolution récente de la jurisprudence civile en matière de presse, rapport annuel de la Cour de cassation 1999, im Internet unter www.courdecassation.fr/_rapport/rapport99/etudes&doc/Guerder08.htm, abgerufen am 25. April 2002; **Guerder**, Pierre, Saisine de la juridiction: quelle compétence?, Gazette du Palais 2002, doctrine, S. 30;

**Israel**, Jean-Jacques, Droit des libertés fondamentales, Paris 1998;

**Jourdain**, Patrice, Jurisprudence française en matière de droit civil, obligations et contrats spéciaux, revue trimestrielle de droit civil 2000, S. 840;

**Landry**, Bruno, l'application des règles de procédure de la loi du 29 juillet 1881 devant la juridiction civile: point de vue d'un avocat, in: Dupeux/Lacabarats, liberté de la presse et droits de la personne, Paris 1997, S. 69; **Larroumet**, Christian, Droit civil, Tome 1, Introduction à l'étude du droit privé, 3. Auflage, Paris 1998; **Le Poittevin**, Gustave, Traité de la Presse, Paris, 1902- 1903 ; **Le Tourneau**, Philippe, **Cadiet**, Loïc, Droit de la responsabilité, 4. Auflage, Paris, 1996; **Lindon**, Raymond, Dictionnaire juridique des droits de la personnalité, Paris 1983; **Luchaire**, François, La protection constitutionnelle des droits et des libertés, Paris 1987;

**Kayser**, Pierre, La protection de la vie privée par le droit, 3. Auflage, Paris 1995; **Kayser**, Pierre, Les droits de la personnalité, aspects théoriques et pratiques, revue trimestrielle de droit civil 1971, S. 445;

**Lacabarats**, Alain, La protection judiciaire des atteintes à la réputation: La voie civile, Gazette du Palais 1994, chronique, S. 1003; **de Lamy**, Bertrand, La liberté d'opinion et le droit pénal, thèse, Paris 2000; **Levasseur**, Georges, crimes et délits contre les personnes, revue science criminelle 1984, S. 316; **Levy**, Jean-Paul, Pratique du droit de réponse dans la presse écrite et la communication audiovisuelle, in: Dupeux/Lacabarats, liberté de la presse et droits de la personne, Paris 1997, S. 31; **Louvet**, Marc- Noël, Les nouveaux délit de presse de la loi du 15 juin 2000, Légipresse 2000, Heft 177, S. II -142; **Louvet**, Marc-Noël, Le référé en droit de la presse, in: Dupeux/Lacabarats, liberté de la presse et droits de la personne, Paris 1997, S. 87;

**Malaurie**, Philippe, **Aynès**, Laurent, Droit civil, Les personnes, les incapacités, 3. Auflage, Paris 1994/1995; **Malaurie**, Philippe, **Aynès**, Laurent, Droit civil, Les obligations, 6. Auflage, Paris 1994/1995; **Mallet-Poujol**, Nathalie, Abus de droit et liberté de la presse, Légipresse 1997, Heft 143, S. II-82; **Marino**, Laure, Responsabilité civile, activité d'information et médias, thèse, Paris, 1997; **Massis**, Thierry, Le juge des référés et la liberté d'expression, Légipresse 1991, Heft 84, S. II-67; **Massis**, Thierry, Le droit du citoyen à l'information dans la jurisprudence francaise, Gazette du Palais 1996, chronique, S. 139; **Mayaud**, Yves, L'abus de droit en matière de droit de réponse, in: Dupeux/Lacabarats, liberté de la presse et droits de la personne, Paris 1997, S. 5; **Mayer**, Pierre, **Heuzé**, Vincent, Droit international privé, 7. Auflage, Paris 2001; **Molina**, Manuel, Les journalistes, statut professionel, libertés et responsabilités, collection Légipresse, Paris 1989; **Mazeaud**, Henri, **Mazeaud**, Léon, **Chabas**, François, Introduction à l'étude du droit, 11. Auflage, Band 1, Paris 1996;

**Pactet**, Pierre, Institutions politiques, Droit constitutionnel, 18. Auflage, Paris 1999; Pinto, Roger, La liberté d'opinion, Domat-Montchrestien, 1955; **Pradel**, Jean, Procédure pénale, 9. Auflage, Paris 1997; **Pradel**, Jean, **Danti**-Juan, Michel, Droit pénal spécial, Paris 1995; **Rassat**, Marie-Laure, Infractions des et contre les particuliers, 2. Auflage, Paris 1999;

**Raguin**, Xavier, **Bigot**, Christophe, De l'opportunité d'unifier les prescriptions en matière de presse, Légipresse 1999, Heft 160, S. II-41; **Ravanas**, Jacques, Liberté d'expression et protection des droits de la personnalité, Dalloz 2000, chronique, S. 459; **Rivero**, Jean, Les libertés publiques, Band 1, Droits de l'homme, 8. Auflage, Paris 1997; **Rivero**, Jean, Les „principes fondamentaux reconnus par les lois de la République“: Une nouvelle catégorie constitutionnelle?, Dalloz-Sirey 1972, chronique, S. 265; **Rivero**, Jean, La garantie des droits fondamentaux par le Conseil constitutionnel, à l'occasion du contrôle de constitutionnalité, Actualité juridique droit administratif 1971, S. 537; **Robert**, Jacques, **Duffar**, Jean, Droits de l'homme et libertés fondamentales, 7. Auflage, Paris 1999; **Rousseau**, Dominique, Droit du contentieux constitutionnel, 5. Auflage, Paris 1999;

**Soyer**, Jean-Claude, Droit pénal et procédure pénale, 12. Auflage, Paris 1995; **Starck**, Boris, **Roland**, Henri, **Boyer**, Laurent, Obligations, responsabilité délictuelle, 5. Auflage, Paris 1985; **Stefani**, Gaston, **Levasseur**, Georges, **Bouloc**, Bernard, Procédure pénale, 15. Auflage, Paris 1993;

**Terré**, François, **Fenouillet**, Dominique, Droit civil, Les personnes, la famille, les incapacités, 6. Auflage, Paris 1996; **Toulemon**, André, Le refus d'insérer et le droit de réponse en matière de presse, La semaine juridique 1967, éd. G, 2082; **Turpin**, Dominique, Les libertés publiques, 3. Auflage, Paris 1996; **Turpin**, Dominique, Droit constitutionnel, 1. Auflage, Paris 1992;

**de Villiers**, Michel, Dictionnaire de droit constitutionnel, Paris 1998; **Vincent**, Jean, **Guinchard**, Serge, Procédure civile, 25. Auflage, Paris 1999; **Viney**, Geneviève, Traité de droit civil, Introduction à la responsabilité, 2. Auflage, Paris 1995; **Viney**, Geneviève, Traité de droit civil, Les effets de la responsabilité, 2. Auflage, Paris 2001; **Viney**, Geneviève, Responsabilité civile, La semaine juridique 1995, éd. G, I, 3893.

**Wachsmann**, Patrick, Libertés publiques, 2. Auflage, Paris 1998; **Waquet**, Claire, L'application de l'article 1382 du code civil à la liberté d'expression et au droit de la presse, in: Dupeux/Lacabarats, liberté de la presse et droits de la personne, Paris 1997, S. 81.

## B. Sonstige Hilfsmittel

**Blin**, Henri, **Chavanne**, Albert, **Drago**, Roland, **Boinet**, Jean (Hrsg.), Droit de la presse, Paris 1999, mit Beiträgen von:

- **Boccara**, David, Contentieux de la presse devant les jurictions civiles, Fasc. 305, 1998
- **Chavanne**, Albert, Droit de rectification et droit de réponse, Fasc. 185, 1998 = fasc. 3110 des Juris-Classeur communication, Paris 2002
- **Dreyer**, Emmanuel, Juge des référés et activités de la communication, Fasc. 215, 215-1, 1997 = fasc. 3710 des Juris-Classeur communication, Paris 2002

▪ **Cornu**, Gérard, Vocabulaire juridique, 8. Auflage, 2000

▪ **Goubeaux**, Gilles, **Bihr**, Philippe, **Henry**, Xavier, Code civil, Mégacode, 3. Auflage, Paris 1999

▪ **Juris-Classeur pénal**, mit Beiträgen von:

- **Auvret**, Patrick, Exercice de l'action civile, Fasc. 160, 1999
- **Chavanne**, Albert, diffamation, Fasc. 90, 1996
- **Chavanne**, Albert, injure publique, Fasc. 100, 1995
- **Gonnard**, Jean-Marie, Éléments communs aux infractions de la loi du 29 juillet 1881, 1999, Fasc. 60, 1999

▪ **Juris-Classeur communication**, mit Beiträgen von:

- **Bilger**, Philippe, Juridictions compétentes, Fasc. 3060, 1998
- **Auvret**, Patrick, Activités de communication et régime général de la responsabilité civile, Fasc. 3700, 2002

▪ **Pettiti**, Louis-Edmond, **Decaux**, Emmanuel, **Imbert**, Pierre-Henri, La convention européenne des droits de l'homme, commentaire article par article, 2. Auflage, Paris 1999;

Marc Gabriel

# Strafrechtliche Verantwortlichkeit für fremde Texte

## Eine Untersuchung unter besonderer Berücksichtigung der Sonderhaftung nach den Landespressegesetzen und der Verantwortlichkeit im Recht der neuen Medien wegen der Verwirklichung von Äußerungsdelikten

Frankfurt am Main, Berlin, Bern, Bruxelles, New York, Oxford, Wien, 2003. 377 S.
Europäische Hochschulschriften: Reihe 2, Rechtswissenschaft. Bd. 3774
ISBN 3-631-51659-2 · br. € 56.50*

Bei der Beurteilung der Strafbarkeit wegen der Verwendung fremder Texte treten im Bereich der klassischen Printmedien ebenso wie bei den sogenannten neuen Medien durchweg identische Probleme auf. Insbesondere das Erfordernis der Identifikation mit fremden Äußerungen bzw. des Zu-Eigen-Machens fremder Texte stellt ein zentrales Problem dar. Eine einheitliche Praxis hinsichtlich der an den Nachweis einer solchen Identifikation zu stellenden Anforderungen existiert jedoch nicht. Vor diesem Hintergrund wird in der Arbeit ein eigenständiges Konzept zur Erklärung und Bewältigung der strafrechtlichen Verantwortlichkeit für fremde Texte entwickelt. Die Grundlage dafür bildet ein typologisches Verständnis der Äußerungsdelikte, das mit zahlreichen Argumentationsbeispielen als praktikabel belegt wird.

*Aus dem Inhalt*: Das gesetzliche Instrumentarium zur strafrechtlichen Beurteilung von Kommunikationsformen und Kommunikationsinhalten · Täterschaftliche Deliktsverwirklichung aufgrund der Verwendung fremder Texte · Die Strafbarkeit wegen Teilnahme · Die Strafbarkeit im Bereich der neuen Medien · Die Identifikation mit fremden Texten als typenbildendes Merkmal der Äußerungsdelikte · Presserechtliche Vorgaben als grundrechtliche Wertungsgesichtspunkte einer typologischen Systembildung

MIX
Papier | Fördert gute Waldnutzung
FSC® C083411

Kolibri 360 GmbH
Ferdinand-Jühlke-Straße 7
99095 Erfurt, Deutschland
produktsicherheit@kolibri360.de

Druck:
CPI Druckdienstleistungen GmbH
im Auftrag der
Kolibri 360 GmbH
Ferdinand-Jühlke-Str. 7
99095 Erfurt